2018 Influence Report of Four Bay Areas
New York·San Francisco·Tokyo·GHM Greater Bay Area

四大湾区影响力报告

纽约·旧金山·东京·粤港澳

刘彦平　　　主　编
李　超　黄　浩
王方方　张方波　副主编

中国社会科学出版社

图书在版编目(CIP)数据

四大湾区影响力报告：2018：纽约、旧金山、东京、粤港澳 / 刘彦平主编．—北京：中国社会科学出版社，2019.5（2020.5 重印）
（中社智库年度报告）
ISBN 978 – 7 – 5203 – 4416 – 6

Ⅰ.①四… Ⅱ.①刘… Ⅲ.①城市群—区域经济发展—研究报告—世界—2018 Ⅳ.①F299.1

中国版本图书馆 CIP 数据核字（2019）第 085013 号

出 版 人	赵剑英
责任编辑	黄　晗
责任校对	郝阳洋
责任印制	王　超

出　　版	中国社会科学出版社
社　　址	北京鼓楼西大街甲 158 号
邮　　编	100720
网　　址	http://www.csspw.cn
发 行 部	010 – 84083685
门 市 部	010 – 84029450
经　　销	新华书店及其他书店
印　　刷	北京君升印刷有限公司
装　　订	廊坊市广阳区广增装订厂
版　　次	2019 年 5 月第 1 版
印　　次	2020 年 5 月第 2 次印刷
开　　本	710 × 1000 1/16
印　　张	29
插　　页	2
字　　数	490 千字
定　　价	136.00 元

凡购买中国社会科学出版社图书，如有质量问题请与本社营销中心联系调换
电话：010 – 84083683
版权所有　侵权必究

四大湾区影响力报告课题组

【课题主持单位】
　　中国社会科学院财经战略研究院

【课题组总顾问】
　　范恒山　何德旭

【课题组负责人】
　　刘彦平

【合作研究机构】
　　中国社会科学院城市与竞争力研究中心
　　中国人民大学中国市场营销研究中心
　　广东财经大学海洋经济研究院
　　中青华云大数据平台

【课题组核心成员】
　　刘彦平　中国社科院财经战略研究院城市与房地产经济研究室副主任
　　　　　　中国社会科学院中国城市营销发展报告课题组组长
　　王方方　广东财经大学经济学院副院长、海洋经济研究院常务副院长

李　超	中国社会科学院财经战略研究院城市与房地产经济研究室副研究员
黄　浩	中国社会科学院财经战略研究院互联网经济研究室副研究员
张方波	中国社会科学院财经战略研究院国际经贸研究室助理研究员
李凌燕	同济大学跨媒体艺术与传播研究中心副主任、副教授
张博文	英国莱斯特大学商学院 2015 级博士生
张巍巍	中国社会科学院社会发展研究院博士后
石先进	北京大学国家发展研究院博士后
王明康	中国社会科学院研究生院 2016 级博士生
王玉玺	中国人民大学商学院 2016 级博士生
雷羽尚	中国人民大学商学院 2017 级博士生
车良静	中国人民大学商学院 2016 级博士生
钮　康	中国社会科学院中国城市营销发展报告课题组研究助理
刘延莉	中国社会科学院中国城市营销发展报告课题组研究助理
王艳杰	中国社会科学院研究生院 2018 级硕士生

提　　要

　　粤港澳大湾区自概念提出以来，引发举世关注。原先的"大珠三角"区域经济合作战略，已上升为深化改革和扩大开放的重大国家战略。如今，粤港澳大湾区已具备了打造国际一流湾区的条件，成为中国经济活力最强、科技创新资源最集中、新兴产业发展最活跃的区域之一。作为中国参与世界经济发展与竞争的重要空间载体，粤港澳大湾区被公认为是继美国纽约湾区、旧金山湾区及日本东京湾区后的世界第四大湾区。为深入考察上述四大湾区的发展态势及其优劣得失，以为粤港澳大湾区的发展提供参考和借鉴，本书从影响力的角度对四大湾区及其主要城市的发展进行了评估和研究。

　　一是形成了2018年度四大湾区及其主要城市的影响力指数报告。在文献基础上，结合数据的可获得性考量，本书构建了湾区影响力指数（Bay Area Influence Index，BAII）和湾区城市影响力指数（Bay Area City Influence Index，BACII）的三级指标框架。两个指数的一级指标均为经济影响力、创新影响力、文旅影响力、宜居影响力和形象影响力。一级指标下又包含若干二、三级指标，每个三级指标由单一或多项数据合成。在此基础上，形成了"四大湾区整体影响力指数报告2018"和"四大湾区主要城市影响力指数报告2018"，共同组成四大湾区影响力报告的指数测度与分析部分。

　　二是对四大湾区的影响力进行了深度解析。除指数报告外，本书还分别从经济、文化、创新、旅游、宜居、形象6个维度，援引更多的数据和资料，对四大湾区及其主要城市的影响力发展，进行了更为深入的观察和解析。

　　三是对四大湾区发展模式及其经验进行了案例分析与研究。本书着重从影响力的角度，对四大湾区的发展历程、发展模式及经验，进行了研究、观察和提炼。

四是基于上述研究，对粤港澳大湾区影响力发展的优势与机遇、不足与挑战进行了分析和总结，对四大湾区的未来发展进行了展望，并且对粤港澳大湾区的可持续发展与影响力提升，提出了相应的对策建议。

总之，运用定量和定性相结合的方法，本书试图从多个维度来剖析四大湾区及其主要城市的影响力发展态势，以为粤港澳大湾区的协同发展与影响力提升，提供借鉴与参考。

Abstract

Since the concept was put forward, the Guangdong, Hong Kong and Macao Greater Bay Area has attracted worldwide attention. The original "Greater Pearl River Delta" regional economic cooperation strategy has risen to become a major national level strategy for deepening reform and opening up. Today, Guangdong, Hong Kong and Macao Greater Bay Area have already established the conditions for building a world-class Bay Area. It is one of the regions with the most economic vitality, the most intensive technology and innovation resources, and the most active development of emerging industries in China. As an important carrier for China's participation in world economic development and competition, Guangdong, Hong Kong and Macau Greater Bay Area is recognized as the fourth largest Bay Area in the world after the New York Bay Area, the San Francisco Bay Area and the Tokyo Bay Area. In order to thoroughly investigate the development status, trends and advantages and disadvantages of the above four Bay Areas, and to provide a valuable reference for the development of Guangdong, Hong Kong and Macao Greater Bay Area, this report studies and evaluates the development of the four Bay Areas and its major cities from the perspective of place influence.

First, a report on the influence index of the four Bay Areas and their major cities in 2018 was formed. Based on the literature and available data, this study constructed a three-level indicator framework of the Bay Area Influence Index (BAII) and the Bay Area City Influence Index (BACII). The first-level indicators of these two indexes are economic influence, innovation influence, cultural influence, livable influence and image influence. Under the first-level indicators, there are a number of second-and third-level indicators, each of which is synthesized from single or multiple data. On this basis, the "Four Bay Area Influence Index Report 2018" and the "Four Bay Area Major Cities Influence Index Report 2018" were formed to jointly formulate the index measurement and analysis part of the Report.

Second, the in-depth interpretation and analysis of the influence of the four Bay Areas. In addition to the index report, this study also draws more data and information, and conducts more in-depth observation and analysis on the influence development of the four Bay Areas and their major cities from six dimensions, including economy, culture, innovation, tourism, livability and image dimension.

Third, a case study of the development model and successful experience of the four Bay Areas was conducted. This report mainly focuses on the development process, development model and successful experience of the four Bay Areas from the perspective of influence.

Fourth, based on the above research, this report analyzes and summarizes the advantages, opportunities, deficiencies and challenges of the sustainable development of Guangdong, Hong Kong and Macau Greater Bay Area, and proposes corresponding countermeasures and suggestions.

In short, using a combination of quantitative and qualitative methods, this report attempts to analyze the influence development of the four Bay Areas and their major cities from multiple dimensions to provide theoretical and case experience for the coordinated development and the influence improvement of Guangdong, Hong Kong and Macao Greater Bay Area.

目　录

序言 ……………………………………………………………………（1）

Ⅰ　四大湾区影响力指数报告 2018

第一章　湾区现象与湾区经济：发展历程及研究之回顾 …………（3）
　　一　世界湾区形成和发展的历史回顾与比较观察 …………………（3）
　　二　湾区经济相关研究的文献回顾与比较评价 ……………………（14）

第二章　湾区影响力评估：指标与方法 ………………………………（23）
　　一　区域影响力概念综述 ……………………………………………（23）
　　二　湾区影响力研究的目的和意义 …………………………………（27）
　　三　湾区整体影响力评估指标构建 …………………………………（28）
　　四　湾区城市影响力评估指标构建 …………………………………（31）
　　五　数据来源与评估方法 ……………………………………………（34）

第三章　四大湾区整体影响力指数报告 2018 ………………………（37）
　　一　四大湾区影响力指数得分与排名 ………………………………（37）
　　二　四大湾区整体影响力点评与分析 ………………………………（39）
　　三　四大湾区整体影响力对比分析启示 ……………………………（55）

第四章　四大湾区主要城市影响力指数报告 2018 …………………（61）
　　一　四大湾区主要城市影响力得分与排名 …………………………（61）
　　二　四大湾区主要城市影响力的总体特征 …………………………（65）

三 四大湾区主要城市影响力点评 ………………………… (69)
四 城市与湾区：影响力指数的关系考察 ……………… (120)

Ⅱ 四大湾区影响力解析

第五章 四大湾区经济影响力解析 ……………………… (127)
一 经济基础 …………………………………………… (127)
二 产业结构 …………………………………………… (138)
三 重点产业解析 ……………………………………… (168)
四 四大湾区经济影响力总结 ………………………… (191)

第六章 四大湾区文化影响力解析 ……………………… (196)
一 文化创意产业 ……………………………………… (197)
二 公共文化设施资源 ………………………………… (202)
三 文化活动与消费 …………………………………… (206)
四 文化阶层状况 ……………………………………… (210)
五 创新文化生态 ……………………………………… (219)
六 文化资金投入 ……………………………………… (228)
七 总结与建议 ………………………………………… (232)

第七章 四大湾区创新影响力解析 ……………………… (235)
一 创新禀赋概述 ……………………………………… (235)
二 科技创新 …………………………………………… (236)
三 高等教育与人力资本 ……………………………… (238)
四 品牌创新 …………………………………………… (240)
五 金融支持 …………………………………………… (242)
六 创新口碑 …………………………………………… (244)
七 对粤港澳大湾区的发展启示 ……………………… (248)

第八章 四大湾区宜居影响力解析 ……………………… (250)
一 经济发展水平 ……………………………………… (250)

二　社会治安水平 …………………………………………… （259）
　三　绿色环境水平 …………………………………………… （265）
　四　公共服务水平 …………………………………………… （267）
　五　宜居口碑 ………………………………………………… （269）
　六　国外湾区宜居影响力经验 ……………………………… （270）
　七　粤港澳大湾区宜居影响力未来发展方向 ……………… （274）

第九章　四大湾区旅游影响力解析 ………………………… （277）
　一　旅游人气 ………………………………………………… （278）
　二　旅游效益 ………………………………………………… （283）
　三　旅游吸引力 ……………………………………………… （287）
　四　旅游营销传播 …………………………………………… （291）
　五　国外湾区旅游影响力经验 ……………………………… （294）
　六　粤港澳大湾区旅游影响力问题与挑战 ………………… （297）
　七　粤港澳大湾区旅游影响力未来发展方向 ……………… （299）

第十章　四大湾区形象影响力解析 ………………………… （302）
　一　概念与研究设计 ………………………………………… （302）
　二　湾区形象影响力：基于谷歌数据的测评与解读 ……… （313）
　三　湾区形象影响力：基于谷歌数据的潜力预测 ………… （322）

Ⅲ　经验与案例

第十一章　纽约湾区：高度发达的"金融湾区" ………… （331）
　一　纽约湾区概述 …………………………………………… （331）
　二　纽约湾区演进轨迹：发展历程回顾 …………………… （332）
　三　纽约湾区的发展特点及其经验 ………………………… （337）

第十二章　旧金山湾区：基于 ICON 模型的湾区品牌建设 ……… （350）
　一　旧金山湾区基本情况 …………………………………… （350）
　二　相关概念界定 …………………………………………… （353）

三　ICON 模型视角下的旧金山湾区品牌建设 …………… (355)
　　四　旧金山湾区品牌建设反思 ……………………………… (365)

第十三章　东京湾区：超级"产业湾区" ………………………… (370)
　　一　区位及经济优势 ………………………………………… (370)
　　二　东京湾区具有完整的产业体系 ………………………… (371)
　　三　东京湾区产业体系的治理经验借鉴 …………………… (378)
　　四　东京湾区治理经验为粤港澳大湾区的发展
　　　　提供借鉴 …………………………………………………… (384)

第十四章　粤港澳大湾区：崛起中的世界级大湾区 ………… (388)
　　一　粤港澳大湾区演进轨迹与特征 ………………………… (388)
　　二　粤港湾大湾区发展整体现状 …………………………… (392)
　　三　粤港澳大湾区的建设重点 ……………………………… (394)
　　四　粤港澳大湾区独特优势和发展经验 …………………… (396)
　　五　粤港澳大湾区核心城市建设布局 ……………………… (400)

Ⅳ　展望与建议

**第十五章　粤港澳大湾区影响力：优势、劣势、机遇与
　　　　　　挑战分析** …………………………………………… (409)
　　一　优势分析 ………………………………………………… (409)
　　二　劣势分析 ………………………………………………… (413)
　　三　机遇分析 ………………………………………………… (415)
　　四　挑战分析 ………………………………………………… (417)
　　五　小结 ……………………………………………………… (420)

第十六章　湾区影响力：展望与建议 …………………………… (421)
　　一　四大湾区未来发展目标展望 …………………………… (421)
　　二　粤港澳大湾区的战略目标与定位 ……………………… (423)
　　三　粤港澳大湾区影响力提升建议 ………………………… (427)

主要参考文献 …………………………………………………（434）

主要数据及资料来源 …………………………………………（440）

附录一　中国社会科学院财经战略研究院简介 ……………（442）

附录二　"中社智库"简介 ……………………………………（443）

跋 ………………………………………………………………（445）

序　　言

《四大湾区影响力报告（2018）：纽约·旧金山·东京·粤港澳》是中国社会科学院财经战略研究院和若干高校与研究机构合作完成的课题成果，书稿付梓之际，我谨向课题组同仁辛勤工作的成果致以诚挚的祝贺！

经过工业革命以来的长足发展，湾区已经成为当今世界经济版图中最为重要的空间载体。湾区经济的背后，是雄厚的腹地基础、丰富的创新要素、便捷的交通网络和密切的全球联系，不断引领和带动着世界经济增长和新一轮技术变革。继美国纽约湾区、旧金山湾区以及日本东京湾区之后，粤港澳大湾区的战略定位和强势崛起，必将进一步丰富湾区发展的理论与实践，对于中国打造世界级湾区和城市群、加快形成全面开放新格局、实现经济发展方式转变、探索创新"一国两制"体制机制，具有十分重要的战略意义。本书的问世，可以说具有鲜明的时代意义和重要的理论与实践价值。

首先，本报告以四大湾区影响力比较研究为主题，来观察、总结国际先进湾区发展经验，探讨粤港澳大湾区所具有的优势和条件以及所面临的问题和不足，是一项极具针对性和时代性的研究成果。建设粤港澳大湾区是习近平总书记亲自主持谋划、亲自拍板决策、亲自见证推动的重大发展战略。2017年7月1日，习近平总书记亲自见证国家发改委和粤港澳三地政府共同签署《深化粤港澳合作推进大湾区建设框架协议》。按照协议，粤港澳三地将在中央有关部门支持下，完善创新合作机制，促进互利共赢合作关系，共同将粤港澳大湾区建设成为更具活力的经济区、宜居宜业宜游的优质生活圈和内地与港澳深度合作的示范区，打造国际一流湾区和世界级城市群。2018年3月7日，习近平总书记在参加全国人大广东代表团审议时，再次要求广东要"抓住建设粤港澳大湾区重大机遇，携手港澳加快推进相关工作，打造国际一流湾区和世界级城市群"，为全力推进粤港澳大湾区的建设指明了方向。2018年10月22—25日，习近平总书记赴广东考察，再次对粤港澳大湾区的建设做出了一系列的指示，指出粤港澳大湾区建设，是我国全面深化改革开放的又一重大探索，并要求广东把粤港澳大湾区建设作为广东改革开放的大机遇、大文章，抓紧抓实办好。因此，粤港澳三地携手打造国际一流大湾区，就是要把粤港澳大湾区建设成为新时代深化改革、扩大开放的示范区，建设成为中国向世界展示改革开放的新名片。课题组提出了四大湾区影响力指数研究框架，针对湾区经济与可持续发展研究开创了一个重要的新视角，研究视角新颖，选题极具时代意义。

其次，本书对湾区影响力的关键要素进行梳理和剖析，构建了一个新的湾区影响力评价范式，得出若干分析结论和对策建议，对于推进粤港澳大湾区的建设，具有重要的参考价值。经过改革开放以来的长期合作发展，粤港澳大湾区已发展成为中国市场化程度最高、经济实力最强的区域之一。然而对标世界先进湾区，粤港澳大湾区在功能层级、创新引领和体制机制等方面还存在诸多的不足和挑战。党的十九大报告明确提出，"以粤港澳大湾区建设、粤港澳合作、泛珠三角区域合作等为重点，全面推进内地同香港、澳门互利合作"。2018年政府工作报告也提出要"出台实施粤港澳大湾区发展规划纲要，全面推进内地同香港、澳门互利合作"。可以预期的是，粤港澳大湾区在加快形成全面开放新格局、打造创新驱动现代产业体系、实施区域协调发展战略、进一步深化体制机制改革等方面，正在迎来一个千载难逢的战略机遇期。本书引入大量数据，对四大湾区影响力指数进行了较为深入的对比和解析，同时也对四大湾区的发展案例进行了对比研究，这种定性和定量相结合的研究方法，更能深刻揭示湾区发展的优劣得失，从而为粤港澳大湾区的发展，提出更为可靠的启示和建议，因此报告成果具有很强的理论与实践意义。

《四大湾区影响力报告（2018）：纽约·旧金山·东京·粤港澳》被中国社会科学出版社作为双年报告列入"中社智库"丛书出版，可喜可贺！当然，作为系列研究的第一份报告，书稿肯定还存在一些不足乃至错讹的地方，望各界读者提出批评和改进的意见。我希望课题组的各位同仁能保持踏实、勤奋的学风，坚持问题导向，突出使命担当，不断提高成果的学术水准和应用价值，把这份报告坚持做下去。

何德旭
2019 年 1 月 28 日

四大湾区影响力指数报告 2018

第一章 湾区现象与湾区经济：发展历程及研究之回顾

一 世界湾区形成和发展的历史回顾与比较观察

从历史发展阶段看，目前世界三大湾区即美国的纽约湾区、旧金山湾区和日本的东京湾区，其萌芽最早可追溯到14—15世纪。看似互不关联的三个湾区，实则在历史发展过程中有着相似的发展共性。在粤港澳大湾区的建设与发展进程中，我们可尝试从上述三大湾区的发展历程与经验中得到一些启示。本节将从初始形成、快速发展和成熟稳固三个阶段，来描述世界三大湾区发展历程中的异同，并得出相关启示。

（一）初始形成阶段

1. 纽约湾区的初始形成

1812—1815年第二次美英战争后，纽约跨国贸易日渐兴盛。这推动了海员服务的保险业以及商贾服务的金融业的出现和发展，纽约金融中心的地位开始悄然成形。

1841年纽约商业交易所竣工，成为纽约的权力代表，华尔街也成为美国财富的集聚地。到19世纪中叶，以纽约为中心，在美国东北部已经形成了一个经济核心区。八方货物云集于纽约，再转运往各地市场。纽约是出口棉花的贸易中心，纽约商人把南方的棉花和北部的面粉运往英国，再装上英国的工业品运回美国市场。纽约从进出口货物中收取代租费、运费、保险费等，积累了大量财富，逐渐成为金融中心。

1860年，纽约的人口超过了利物浦、曼彻斯特和伯明翰三个城市的总和。到19世纪70年代，由于纽约的兴起，美国东北部城市的规模与布局趋于合理，改变了 18 世纪大西洋沿岸城市"群雄并立"的局面。到 19 世纪中叶，以纽约为中心，在美国东北部形成了一个经济核心区。

美国第一次工业革命开始于 19 世纪初，基本完成于 19 世纪 70 年代。工业革命率先从棉纺织业开始，康涅狄格州和纽约州先后建立了新型纺纱厂。19 世纪 50 年代始，城市群内部人口开始聚集，城市化率在 1860 年超过 20%；蒸汽机的使用更加广泛，工厂制更加盛行，农村人口纷纷涌向城市，推动了城市化的进程。与此同时，东北部城市的规模与布局也开始趋于合理。工业革命也推动了交通运输革命。1811 年康涅狄格州已有公路 800 英里，纽约州有 1400 英里。1851 年，与伊利运河水陆互补的伊利铁路通车；同年，纽约中央哈德逊铁路又向西延伸，使纽约拥有两条通向西部的铁路。交通革命为纽约湾区的形成和发展搭建了良好的桥梁。

1921 年纽约区域规划委员会成立。历时 8 年，于 1929 年发表了《纽约及其周边地区的区域规划》，这是纽约第一个长远性的、区域性的大都市区总体规划，涉及的内容包括经济、交通和公共空间。纽约开始大量建设基础设施和城市建设项目，促使纽约在 20 世纪中期就成为全球领先城市。

2. 旧金山湾区的初始形成

1848 年起，旧金山湾区在淘金移民热潮的带动下，城市化开始起步。由于地处美国政治经济边缘地带，城市发展并不均衡，呈现为点状开发，旧金山利用区位优势成为首位城市。仅 1850—1870 年的两个十年间，人口就分别增长 97% 和 133%。淘金热期间，旧金山成为移民和货物集散中心，商业逐渐发展起来。

在这个时期，旧金山重工业、轻工业并举，金融机构也开始出现。旧金山的工业化开始起步，为了满足移民的生活需求，旧金山市采用轻工业和重工业并举的发展模式，工厂的出现为旧金山在湾区内奠定了制造业中心的地位，同时在一定程度上加速了城市化进程。淘金热时期，大部分的生活物资来源于海上，贸易的发展使部分金融机构开始兴起，旧金山经济开始逐渐发展起来。

1920 年美国联邦人口普查显示，美国城市人口数量已经占据总人口数的一半，这证实美国正在成为一个城市社会。此时的旧金山湾区还是一个建立在淘金、农业、制造业等传统行业基础上的地区，工业化进程加快。在这一时期，还只是在圣何塞北边的城市出现了斯坦福大学这一类新兴科研重镇，圣何塞的首要产业还是农产品行业。值得一提的是，当时的科研工作者创造了电子学，为后来圣何塞所在的整个圣塔克拉拉谷的转变打下坚实基础。

20世纪初，旧金山湾区的繁荣就是建立在美国铁路网和河道的完工之上。大量劳动力由一列列火车和一艘艘轮船从美国东部运至西部，湾区与外部贸易增多刺激了当地的发展，湾区内部的城市之间为成为铁路交会点而竞争。公共交通在这一阶段也得到长足的发展和改进，方便了城市内的工人通勤。20世纪20年代，旧金山湾区的高速公路网修建完成，20—30年代先后建成的7座跨海大桥，是湾区交通一体化发展的重要里程碑。跨海大桥的建成不仅消除了城市的孤立性，形成了湾区城市网络雏形，更让湾区在协同化发展上迈进了一大步。

3. 东京湾区的初始形成

日本的东京湾区开发始于江户时代。17世纪初，随着日本政治中心从关西地区移向关东地区，江户，也就是东京，逐渐成为日本新的经济中心。到了18世纪，江户已成为全国最大的消费市场，每天都有来自全国各地的商船在东京港停泊。江户人口已达100多万人。

据记载，东京湾在镰仓时代就是一条重要的水上交通要道。16世纪，东京湾成为后北条氏水军与里见氏水军海上军事之争的舞台。东京湾的旧称江户湾的普及，是在德川家康以江户城为根据地的17世纪以后（确切地说是在江户时代后期）。在那以前，东京湾简称为内湾或内海。

1603年开创江户幕府的德川家康，为了建设江户市街地，开始用神田山的沙土填埋日比谷湾头（现日比谷公园、丸之内、皇居前广场附近）。德川家康在江户建立德川幕府，实际上是为了限制他的发展，因为这里缺乏平坦的土地，地势为山、海所禁。但平坦土地的缺乏，迫使人们向东京湾要地。从此拉开了江户时代的帷幕。

17世纪，商品经济在日本农村出现。农村经济作物的生产，促进了手工业的发展。交通建设也如火如荼，形成了以江户为中心的呈反射状的交通要道。沿海岸到京都的东海道、经信浓到京都的中山道、通往甲州（今山梨县）的甲州街道、去往奥州（今东北地区）的奥州街道与通往日光的日光街道被称为当时的"五街道"。江户时代，菱垣回船、樽回船等商船就以东京湾为中心进行水上运输。

江户后期为了防备外国船来航,在品川建筑了"台场"(瞭望哨)。虽然长时间处于锁国状态,但19世纪中叶美国舰队来航之后,缔结了《日美修好通商条约》,开辟了横滨港。

1928年,日本在东京湾开始较大规模地填海造地,将川崎、子安、生麦等海边滩涂都填成了陆地。1940年以培育军需产业为目的,内务省土木会议出台了"东京湾临海工业地带造成计划",致使川崎地区出现了约600公顷的造地,在此建设以重化工业为主的大工场(日本钢管、昭和电工、浅野水泥等),形成了京滨工业区的中心。

4. 初始形成阶段特征的比较及启示

从世界三大湾区的初始形成与发展中,可以总结几个共同的特点。第一,湾区的萌芽发展几乎都离不开经济中心的形成,再从经济中心向外辐射,形成经济核心区或者工业区。第二,交通建设是湾区形成的关键。包括陆路运输到水上运输,再到水陆互补的交通建设。第三,区域空间格局规划的重要性。随着城市化与工业化进程加快,要更合理地规划湾区内各城市用地能更好地发挥各自长处,以达到一加一大于二的效果。第四,设立区域联动的相关政府或非政府组织机构。比如美国纽约都市圈的跨区域管理是典型的非政府组织形式。日本也有官方设立的针对东京都地区的总务局、建设局、都市整备局等统一负责首都圈内的区域经济社会发展各项事务,东京都政策计划局负责区域的未来发展规划,港湾局负责东京都临海区域的港口建设、维护、运输等事务。

表1—1　　　　　　　　　三大湾区初始形成阶段特征比较

湾区	时间	阶段特征
纽约湾区	1812—1929年	从纽约金融中心地位的确立,到美国东北部城市经济核心区的形成,进行工业革命和交通革命,再到纽约大都市区规划的提出
旧金山湾区	1848—1930年	在淘金移民热潮的带动下,城市化开始起步,重工业、轻工业并举,金融机构开始出现,跨海大桥的建成使湾区城市网络雏形形成
东京湾区	1603—1940年	从东京逐渐成为日本新的经济中心,以东京湾为中心进行水上运输,到在东京湾填海造地,以形成京滨工业区

资料来源:笔者整理。

(二) 快速发展阶段

1. 纽约湾区

进入20世纪以来，美国经济繁荣的背后也滋生了大量的泡沫。1929年10月，纽约证券市场崩盘，大萧条接踵而至，低迷的市场持续了25年，市场平均股价才重补"贝森缺口"。1939年第二次世界大战爆发，战争使得美国社会把和平时期的劳动力、资金和技术转移到了战时经济的备战需要，为纽约经济的重现辉煌提供了契机。凭借地理优势，纽约成为反法西斯国家重要的战略物资的输出地之一。战争也同时改变了纽约制造业不景气的局面。

第二次世界大战（以下简称"二战"）后，美国成为世界上经济最强大、最发达的国家，在世界经济体系中的地位达到顶峰，而纽约也进入了鼎盛时期。1946年，联合国总部设于纽约，纽约成为国际政治中心城市。布雷顿森林体系使得美元成为与黄金等同的世界硬通货，这是纽约成为全球金融中心之一的重要因素，它使得纽约外汇市场的运作影响着全球外汇市场。从此，纽约也成为继伦敦之后世界的首位城市——世界城市。

第二次世界大战结束以后，纽约本身的经济结构发生了很大的变化。1950年以后，科学技术的迅猛发展带来了交通和通信行业革命，劳动力结构也向知识型转变，使城市的产业结构不断升级换代。第三产业产值和从事第三产业的劳动力一直处于快速上升的态势，所占比重已经超过了所有产业的50%。纽约的产业结构则出现了制造业的急剧衰落，金融、服务业等第三产业崛起的双重变化。在这一过程中，损失最为惨重的行业是纽约的传统制造行业——服装制造业。这个行业在1950—1980年共有20万人失业，占纽约制造业失业人口总数的20%。自1980年以来，该行业的就业人数减少了60%。与制造业的衰落、就业人数减少形成比较鲜明对比的是第三产业，尤其是其中的金融等服务业，就业人口在总就业人口中的比重迅猛增加。就全美而言，从事采矿、建筑、运输、制造业等第二产业的人口在总就业人口的比重从1945年的53%下降到1975年的35%。而同期就业于贸易、金融及其他服务业等第三产业的人口比重则由47%上升到65%。

1968年，纽约区域规划协会完成大纽约地区第二次区域规划，规划的核心是通过"再集中",也就是将就业集中于卫星城,恢复区域公共交通体系,以解决郊区蔓延和城区衰落问题。此次规划通过部门协调,带动纽约大都市地区10亿美元的再投资,保住了成百上千亩开敞空间,并对区域通勤铁路系统的建设提供了正确指导。城市郊区化的出现,导致都市圈的空间范围扩大,并沿着发展轴紧密相连,大都市带自身的形态演化和枢纽功能逐渐走向完善,逐步形成了以纽约为核心的都市圈。

在这一时期,虽然经历了城市衰退和财政危机,但纽约作为一个全国性首位城市的地位仍然没有改变,它依然拥有雄厚的经济实力。可以说,这段时期的纽约处于经济结构调整的时期,一个地区经济的成长与衰退是相对的。经过纽约市政府以及公众的不懈努力,在20世纪70年代后期,纽约又重新焕发了生机与活力,在金融、广告、媒体、制造、娱乐等方面仍保持着领先的地位。

2. 旧金山湾区

"二战"时期,随着军方对精密电子产品的需求不断增加,圣何塞聚集起一批重要的军工企业,国防产业和电子产业在当地迅速发展起来。同时,精密产品依赖来自实验室的最新科研成果,政府科研投入加大,圣何塞科技园区建设不断完善。当圣何塞的高科技产业走过国防工业阶段、发展较为成熟的时候,它开始影响到湾区内的其他城市。在哈里市长治理时期,奥克兰政府对高科技产业采取积极态度,再加上奥克兰相对于旧金山和圣何塞的房价优势使其在吸引企业上具有竞争力,新兴产业也渐渐在奥克兰得到发展,逐步成就了奥克兰如今的经济实力。

到20世纪四五十年代,旧金山湾区内第三产业发生着广泛而深刻的改变。美国范围内的半数以上的风险投资来自旧金山湾区,金融业是湾区的传统优势产业。在战后,金融业得到进一步的发展与革新。一是战后太平洋贸易机会增加,国内外金融市场扩张;二是金融公司扩大金融业务,进行业务创新;三是金融业技术引进,提升了金融服务的实力。旧金山市政府采取了发展优先的策略,但之后逐渐演变成"曼哈顿热"。

20世纪70年代,旧金山市政府受"M提案"的影响,旧金山市中心建设不再是无限制开发,而是建立在充分考虑旧金山优势产业(如零售业、旅游业等)之后的限制建设。而另一大城市圣何塞随着人口不断增加、弊病不断显露，也开始另寻发展途径，即通过高技术产业的发展来平衡对住房的依赖以及实现人口和就业的均衡增长。政府改变哈曼时期"优先增长"的态度，逐步在圣何塞确立了管理增长策略。

在美国发达地区，郊区化是普遍现象，在这一阶段的旧金山湾区也不例外。郊区化（郊区去中心化）是指人口和部分企业从中心城市逐渐向城市周围的郊区迁移的趋势。随着中心城市不断发展，城市中的矛盾也不断凸显、难以调和。此时郊区的优势，诸如地价低（主要优势）、环境优良、税负低等，对城市居民和企业就具有很大的吸引力。工厂不断落户在市中心外，郊区开始挑战市中心的经济中心地位。随着湾区的发展，旧金山中心城市地位逐渐凸显，然而地价和劳动成本的上升使得部分低成本制造业，如钢铁和冶炼业逐渐从中心城市外迁。

在交通方面，旧金山湾区也作出了不少努力。20世纪50年代，加州海湾区捷运委员会同意旧金山建设快速铁路网络系统（BART）。该系统连接了旧金山与湾区内的其他重要城市，平衡了湾区内市民通勤对汽车和高速公路的依赖。BART的建成并未限制旧金山由于郊区化所导致的人口外流，但也方便了湾区内人口往来旧金山购物游玩，刺激了旧金山与湾区内部各城市零售业与服务业的发展。

3. 东京湾区

1945年8月15日，日本战败投降。战后的东京湾区经济政治均陷于极度混乱状态。在当时经济条件下，日本政府实行了一系列的统治措施，比如改变"自然经济体"为"统治经济体"等，经历了一系列的整改，日本经济以及东京湾区经济发展获得很大的成功。

"二战"后，日本工业迅速发展，原有的四大工业地带因人口和工业过度集中而不断向外延伸发展。在濑户内海一带逐渐形成了以重工业、化学工业为主的新兴工业地带，联结为太平洋带状工业地带（包括五大工业地带及其周围新工业区）。为了解决因大工业地带人口与工业过度聚集所造成的公害严重、工业配置条件与生活环境恶化等问题，日本政府于20世纪60年代前半期先后指定了15个新产业城市和6个"工业特别整备地区"，其后又限制大城市新设工厂，以及将关东、近畿临海等工业聚集地区的工厂外迁。

"二战"结束后，东京湾在开发中逐渐规划建成了两大工业地带。以银座为中心，向西（川崎市和神奈川县方向）发展出京滨工业地带，向东（千叶县方向）发展出了京叶工业地带。这两大工业地带，是日本的重工业和化学工业基地，集中了包括钢铁、有色冶金、炼油、石化、机械、电子、汽车、造船、现代物流等产业，成为全球最大的工业产业地带。日本乙烯产能的60%集中在东京湾地区。

东京从20世纪60年代的经济高速发展时期，就开始实施"工业分散"战略，将一般制造业外迁，机械、电器等工业逐渐从东京的中心城区迁移至横滨市、川崎市，进而形成和发展为京滨、京叶两大产业聚集带和工业区。而东京的中心城区则强化了高端服务功能，重点布局了高附加值、高成长性的服务行业、奢侈品生产业和出版印刷业。

在交通方面也开始了频繁的更新换代，为高速发展的经济提供了助力。1955年，东京湾区小汽车大量普及；1962年，都市交通审议会决定停止使用运量小、并受到道路严重拥挤影响的路面电车，至20世纪70年代初期全部撤除路面电车，而以地铁替代；1965—1976年，开始建设东京和横滨之间的高速公路；1978年东京成田机场投入运营；1979年后的高速公路的建设，除了继续完成放射性道路沟通和对外高速公路联系，同时开始加强中央环状线和东京外环高速公路建设。

4. 快速发展阶段特征的比较及启示

综观三大湾区的快速发展阶段，我们能总结出以下几点经验。第一，城市化和工业化的快速发展会出现向外延伸发展的现象，出现中心城区衰落、郊区迅速发展的情况。因此在推动湾区发展过程中要注意加强中心城区的经济功能，郊区要进行去中心化，分散的要进行优化"再集中"。第二，传统制造业发展到一定程度要及时进行升级和优化，促进新兴产业的发展，利用科技创新和大力发展高科技产业等，而中心城区产业结构需要进行适当调整，逐渐把制造业向外延伸发展，转而发展以金融业、高端服务业等为主的第三产业。第三，根据湾区内各大城市的优势和特色，因地制宜地进行城市治理和找准城市的发展定位。第四，湾区发展要具备长期前瞻性的都市圈规划理念。湾区经济需要协调城市经济与生态环境的发展，并且基于当时的社会背景，制定出超越时代发展、着眼于未来经济社会的发展规划，以促使湾区经济的协调统一发展。

表1—2　　　　　　　　三大湾区快速发展阶段特征比较

湾区	时间	阶段特征
纽约湾区	1929年—20世纪80年代	经历了经济危机的萧条和"二战"的发展契机后，纽约成为全球金融中心，以金融业为主的第三产业迅速发展，出现了城区衰落和郊区蔓延现象
旧金山湾区	"二战"后—20世纪80年代	高科技产业迅速发展，旧金山西部金融中心地位确立，湾区内部出现郊区化的普遍现象，各大城市开始进行城市治理
东京湾区	"二战"后—20世纪80年代	原有四大工业地带向外延伸发展，规划建成两大工业地带，实施工业分散战略，进行中心城区产业结构的转型与升级，发展第三产业

资料来源：笔者整理。

（三）成熟稳固阶段

1. 纽约湾区

走过20世纪60年代的城市危机和70年代的财政危机，经过了80年代的缓慢复苏，纽约迅速进入经济复苏阶段，并完成了迈向后工业时代的以信息服务业为主导的产业结构转型，许多轻型工业区改造后转变为居住、商业、娱乐用途为一体的综合开发区，并且终于迎来了经济繁荣的90年代。随着制造业的转移，纽约及其周边城市的定位逐渐变为跨国商业银行和其他跨国金融机构的集中地，越来越多的金融机构在这里设立总部。此时，纽约成了继伦敦之后世界上第二个全球金融中心，而以纽约为中心的世界级湾区地位也逐渐确立，它聚集了众多的跨国公司总部，从而使其成为全球经济控制的一个重要节点，能够对全球经济进行控制与协调。而湾区内的产业转型和生产服务业的走强，则为这些跨国公司对全球经济的控制与协调发挥了极大的辅助作用。

1978年前，在证券市场上，纽约证券交易所仍然实行最低佣金规则，以限制经纪商之间进行价格竞争，对外国公司在纽约上市也有很多限制。1956年纽交所有23家外国上市公司，到1980年也仅增加到37家。因此，从"二战"后到20世纪70年代美国的对外对内金融政策来看，管制是其主要特点，这部分地阻碍了纽约国际金融中心的发展。而在20世纪70年代中期之后，美国开始陆续取消或废除了管制措施。1974年，美国取消了资本管制，外国直接投资计划、利息平衡税、对外信贷限制计划等限制资本外流的措施被废除。在这种新的管制环境下，纽约国际金融中心从20世纪80年代起获得了很大的发展。

20世纪末期，纽约中心区的增长达到了"二战"后的最快速度，金融机构加速聚集。纽约外国银行数目在1970年为47家，资产达100亿美元；在1985年增长到了191家，资产飙升至2380亿美元。1986年，纽约吸收国外存款占美国吸收国外存款的68.8%，而洛杉矶和芝加哥仅占11.3%。在1977年，纽约已经拥有36家专门为美国驻外企业提供财政支持的银行。

2. 旧金山湾区

进入20世纪90年代，信息产业繁荣所带来的加州经济复兴使得人们购买力大为上升。一些零售巨头加快在湾区内的重要城市占据一席之地，新的零售业中心不断出现在湾区内。

美国的"阳光带"一直以其温和的气候、秀丽的风景吸引着大批游客和移民。随着城市更新，不少旅游基础设施得到改善，当地的自然景观资源和人文景观资源也得到充分的开发和利用。除了来自普通游客的收入，会展业和商务旅游也逐渐成为旅游业的主要创收途径。另外，建设大型展馆一般开支较大，政府会通过提高对酒店的税收来抵冲建设展馆的开支。20世纪80年代，有相当一部分的艺术家在旧金山湾区"城建衰落区"聚集，大量的艺术活动不仅形成独特的经济效益，还改变着湾区内城市的气质。同时，由于机场等交通设施建设趋于完善，来自世界各地的游客越来越多，这标志着旧金山湾区正在成长为一个国际性旅游区域。

"二战"至今，旧金山湾区步入后工业化发展，进入成熟期。伴随硅谷迅猛崛起，旧金山湾区主打硅谷为特色的高科技研发，大力推动创新经济快速成长，逐步形成"科技湾区"。在"矿业城市""铁路城市"两次城市化高潮下，旧金山湾区中心城市错位发展，逐渐成为引领全球湾区经济发展的重要标杆。在这一阶段，湾区中心城市定位更加明确并发展成型，旧金山的西部金融中心地位进一步巩固，商贸和零售业也快速发展；奥克兰历经曲折发展，港口和新兴经济占据主导地位；圣何塞则依托硅谷，逐渐成为湾区的科技创新中心。

3. 东京湾区

1984年，日本政府批准建设14个技术城。尤其是在面积仅占全国22%的东京湾、大阪湾、伊势湾、濑户内海沿岸建立了重工业化工基地，集中了全国 60% 的工业企业、80% 的产业工人和 70% 的工业产值，支撑日本成为仅次于美国的世界第二经济大国和第三贸易强国。

临海是日本工业地理分布的突出特点。日本最大限度地利用自己的优良海湾和漫长的海岸线，兴建了一系列海港和海岸工业带。同时针对其陆地面积小的特点，围绕港口大量填海造地，在沿海地带填造了东京湾、大阪湾等连绵数百公里长的海岸工业用地。又先后在大黑町、金泽海边填海造地，建设石油化工厂和造船厂等现代工业，并建有相应的配套码头。

日本充分发挥港口优势，利用海上运输弥补自身资源的短缺，致力于发展临港产业带。因此，东京湾港口密布，工厂林立，构成日本最大的港口工业区和城市集群。东京湾充分发挥海洋优势，将工厂建在海边，从外国引进原料，经加工后又就近装船输出国外，以加工贸易为日本创造财富。因此，东京湾地区积聚了日本四成左右的经济总量。

东京湾西岸的京滨工业带（由东京到横滨，宽 5—6 公里，长 60 余公里的带状海湾地区），工业产值占全国的 40%。在日本东京湾大桥建成的同时，东京新城在东京湾迅速崛起，带动了科技园区发展，已成为东京新的经济中心和旅游目的地。将东京湾的港口区和横滨等地连成一片商务区的设想，在新经济时代进入了一个重新发展为 CBD（中央商务区）的阶段。

20 世纪 80 年代以后，随着全球化快速发展及日元大幅升值，大量制造业向海外转移，三大工业地带的工业生产总值进一步变化为 2000 年的 13.3%、14.1%、10.7% 及 2006 年的 10.3%、16.5%、10.1%。其中，京滨工业地带的工业生产下降最为明显。

在交通方面也有了新的变化。1991 年，京城电铁与 JR 东日本的客运电车开通与机场联系。1995 年，开通东京临海线交通系统。21 世纪初，日本东京首都高速公路总长约为 230 多公里，每天承担约 112 万人次的旅客运输。东京都市圈具有 2000 公里的铁路网络，每天担负着 3600 万人次的旅客运输。羽田机场承担着日本国际旅客运量的 60%，国际货物运量略低于 80%。

4. 成熟稳固阶段特征的比较及启示

三大湾区几乎在同一时期进入发展成熟的阶段，在这个阶段，信息产业的迅速发展成为湾区发展的主要亮点，制造业都出现了不同程度的衰落。而总结世界三大湾区的发展规律发现，湾区发展都是以立体交通网络为基础，产业协同合作为支柱，对外开放窗口为空间，包容创新精神为引领。有了突出的产业优势和便利的城际交通，才给湾区经济发展提供了基础保障和发展动力。在这个阶段，能清晰地看到三大湾区针对各自不同的发展现状有不同的发展模式。纽约湾区取消了许多经济上的管制措施，促使金融业发展更加迅猛，世界金融中心的地位得到巩固。旧金山湾区以开放模式积极借鉴和学习美国各个地区或城市成功的科技和经济发展战略，一跃成为全球科创中心，大力发展高科技产业等创新型产业。东京湾区在产业空间规划上采取集群发展模式，强调专业分工和错位发展，突破地域面积狭小和人地关系紧张等障碍，依靠其良好的重工业基础大力发展传统与现代结合的制造业。

表1—3　　　　　　　　三大湾区成熟稳固阶段特征比较

湾区	时间	阶段特征
纽约湾区	20世纪80年代至今	以信息服务业为主导的产业结构转型，纽约及其周边城市的定位变为跨国商业银行和其他跨国金融机构的集中地，陆续取消或废除了管制措施
旧金山湾区	20世纪90年代至今	信息产业繁荣，新的零售业中心不断出现在湾区内，三大城市定位明确：旧金山西部金融中心地位进一步巩固，奥克兰的港口和新兴经济占据主导地位，圣何塞依托硅谷成科技创新中心
东京湾区	20世纪80年代至今	利用临海的地理优势大力发展重工业，80年代后，工业生产出现了下降，东京新城的崛起带动科技园区发展

资料来源：笔者整理。

二　湾区经济相关研究的文献回顾与比较评价

湾区经济发展与湾区城市群建设是一个不断演化的空间过程。湾区经济发展至今，已经形成了明显的经济发展特征。一般来讲，湾区必须具备港阔水深的优良海港，并据此形成发达的海港经济区，因港而生、依湾而兴；湾区经济的起点是工业，而且是全球化时代开启之后才有的经济现象，引领相邻地区进行产业升级、科技创新；湾区的地理位置决定了它天然的开放属性、强烈的外向型经征、多元化的人口与文明特征；湾区具备现代化的交通体系、完善的基础设施和良好的投资环境，为产业、资本、人才集聚提供保障；湾区往往是生态环境资源卓越的宜居地带。

（一）湾区经济城市群协同发展研究回顾

1. 基础设施提升与湾区经济研究

湾区经济发展与湾区城市群建设是一个不断演化的空间过程，各城市有效的基础设施网络所起的连接性能够弱化物理空间所带来的影响，使空间内要素流动关系被重新整合——全方位、多层次的区域城市网络有助于资本、人才、技术等要素流动以进一步促进资源配置的优化与整体经济效率的提高。因此，湾区经济的发展在很大程度上受基础设施辐射网络影响（伍凤兰等，2015）。基础设施作为推动区域经济发展的重要因素，能够作为直接投入，通过溢出效应和网络效应间接地影响区域经济增长（Rostow，1990；Boarnet，1998；张浩然等，2012；张学良，2012）。随着城市功能的不断完善和区域联系的日益紧密，跨区域的交通基础设施对于推动外资流动和引导工业生产空间向外扩展起到了关键的作用（丁俊等，2018）。在通信、交通等基础设施网络的推动作用下，跨城市的交通流线和网络流线构筑了城市节点，使整体区域范围内形成城市网络，弱化其自身物理边界，进一步促进各城市融入紧密联系的湾区城市网络之中，促进湾区经济进一步协同发展。

2. 城市群发展对策、体系结构与湾区经济研究

（1）城市群发展对策与湾区经济

从政府于市场的作用来看，湾区经济的发展离不开政府的政策推动作用。与许多大型美国都市区一样，旧金山湾区自1980年以来经历了快速的郊区就业增长，其中大部分集中在亚中心（除了最大的中心，还形成了分布在相对郊区的小中心），形成了一种多就业中心局面（Cervero和Landis，1997）。美国交通系统在其中作出了巨大的贡献，以海湾地区快速交通系统（BART）串联区域各内部已形成一种多中心的定居模式。也有部分学者认为，旧金山湾区其工业的发展相对分散，其交通方式改变和住宅郊区化趋势主要是借助制造业在城市工业化之初向外拓展，而逐渐建立了外围节点（Rand，1991）。纽约湾区从1929年至今进行了四轮规划，政府的推动使湾区朝着多中心繁荣发展。特别

是第三轮区域规划和第四轮规划，强调形成高效交通网络的重要性以期重塑区域的经济和活力，使交通网络变得更加灵活紧凑，并进一步地转向关注资源环境的可持续性开发和湾区经济的创新发展能力（陈婷婷，2017）。

（2）湾区城市体系结构与湾区经济

东京湾区的"单中心"区域城市体系结构较其他两大湾区比较明显。21世纪初，为了带动周边地区发展，东京都政府推动原有的城市体系结构由单一中心向多点式转化，更为注重城市基础设施建设，同时注重公园、绿化等的环境规划（铃木美湖，2004）。湾区城市群的空间结构反映了社会经济活动在空间中的分布与组合状态，Cervero（2011）研究美国大都市区及旧金山湾区城市形态和交通基础设施对经济影响发现，生产率与空间结构的聚集程度、市场规模程度成正向关系。当区域内各城市紧密联系、经济深入交流合作形成了一种关联互动的发展模式时，能够促进区域经济协同发展（彭荣胜，2007）。近年来在空间城市体系结构的研究中，很多学者借鉴了国外的研究视角与研究方法，主要围绕社会网络、连锁网络、世界城市等展开研究（彭芳梅，2017；林先扬，2017；刘瞳，2017；王方方和杨焕焕，2018）。而国际湾区作为国家参与世界级城市群竞争和全球经济竞争的重要载体，如何构建平衡与有序的湾区空间体系结构研究仍需进一步深入。

在城市群发展的过程中，一方面，基础设施作为城市延伸发展、城市间密切联系的枢纽，在整体区域范围内形成城市网络，以多中心、网络化的空间结构逐渐弱化了区域之间的界限，使城市的功能影响范围超越行政边界（Johansson和Quigley，2010）；另一方面，政府作为区域协调发展战略的规划者，对区域内部各城市的功能定位、区域空间联系网络建设等进行战略指引，其推动作用不容忽视（覃成和姜文仙，2011）。通过合作、基建联系与合理的区域城市空间布局使城市行政地理边界弱化，以加强区域之间的联系，实现资源结构、产业结构和空间结构的有效配合，提高空间经济配置效率，进而促进湾区经济发展。

3. 湾区城市群发展研究视角的转变与协同发展

聚焦于湾区空间内部的平衡、协调与可持续，以及湾区经济的协同发展，应以湾区城市群空间结构的优化和协调为前提。由三大湾区的历史发展经验可知，城市群的经济协同发展，需要各城市间弱化竞争，以平等、共享、合作、互补等发展关系，来形成一种关联互动的发展模式。而这需要由政府对策支持与基础设施的提升作为基础，有效规划城市体系结构以加强湾区内部各城市之间、湾区整体与周边地区之间的经贸合作和协同发展（刘瞳，2017），使得拥有区位优势、创新优势、资源集聚优势的湾区经济带动和辐射周边地区，引领整体经济发展。可见基础设施提升、城市群的发展对策、城市体系结构的规划与湾区经济发展的影响是一个有机整体。

针对粤港澳大湾区的提出，国内学者在湾区经济发展经验与实证方面进行了大量的探讨与论述。部分研究主要是从纵向竞争视角出发，一方面集中在探究粤港澳大湾区同世界其他湾区发展条件、经济实力对比（鲁志国等，2015；伍凤兰等，2015；林贡钦和徐广林，2017；喻锋等，2018）；另一方面局限于数据可得性，以粤港澳大湾区内部各城市为分析单位进行创新驱动、产业优化与金融创新、资源优势、基础设施建设与城市综合实力对比（关美玲等，2018；程玉鸿和汪良伟，2018；汪雨卉和王承云，2018）等探究为主，而对城市间发展的整体性联系关注不足。随着网络分析法的引入，目前研究湾区经济发展正从纵向竞争等级结构到横向合作网络结构的转变——以鸟瞰角度，将研究视角投向更为复杂的强调整体性的网络领域，并基于网络分析法对湾区城市体系结构、城市群空间与湾区经济扩展等进行研究（彭芳梅，2017；林先扬，2017；王方方和杨焕焕，2018）。自党的十九大以来，区域发展不平衡、不充分问题将吸引更多学者的关注与研究，其思路与路径，本质上是探究城市群空间结构如何优化的问题，这就要求研究不能以单向、静止、孤立的视角进行研究，而应更加注重城市间发展的整体性联系，通过双向互动、动态演进和网络联系的视角，把握城市群参与区域经济协同发展过程中的演化特征。

（二）湾区经济科技创新发展研究回顾

湾区既是所在国参与国际竞争合作的重要平台，也是引领技术变革的领头羊和全球经济发展的重要增长极。据世界银行的统计分析，世界500强企业、创新公司、研发资源和专利大多集聚在湾区。随着创新的分布性日趋明显，传统的"科学推动"和"需求拉动"的线性创新模式正不断被"不同的行为者一起交互试错"的分布式创新模式取代

（周志太，2013）。湾区创新能力越来越取决于湾区城市群创新要素的良好协同，创造性地利用城市之间的异同，实现城市之间的相对平衡发展（刘爱君，2015）。对湾区创新展开的多方面和多层次的研究，主要包括模式、形成机制、空间结构、规划和协调发展等诸多方面。

1. 湾区科技创新体系的形成机制与模式

在有关湾区科技创新体系的机制与模式的研究中，创新创业生态系统受到学界的普遍关注。作为以创新引领为核心竞争力的典型代表，旧金山湾区在过去60年中一直走在"创新创业"的最前沿，主要得益于以硅谷为核心的"创新生态循环系统"（孙锦，2014）。独特的创新体系和风险投资对硅谷创新起到了强大的催化作用（M. Ferrary，2009；D. McNeill，2016）。在创新融资模式方面，旧金山湾区中硅谷的风险投资对其复杂创新网络的形成起到重要支撑作用（严飞，2017；俞陶然，2018）；在创新生态系统环境机制方面，湾区科技创新的社会环境通过研究型大学、文化移民环境等对科技创新成果的形成与转化产生影响（柯世源，2003）；在创新生态系统形成路径方面，需要以区域的互惠互利为前提，通过减少区域间的同质竞争，构建一个要素充裕、流动自由和多主体联动的创新生态系统，进而促进大湾区创新能力的提升（辜胜阻，2018）。

2. 湾区科技创新的集群与空间结构

产业结构的优化升级是湾区经济迅速崛起的重要因素。东京湾区以京滨、京叶工业区为核心，建立了专业的产、学、研协作平台，为完善相关产、学、研合作机制（三螺旋结构），建立了更有竞争活力创新体系，并随着R&D溢出效应再次将科技创新产业扩散，使其研发功能得到强化和极化（丘杉，2014）。粤港澳大湾区的科技资源分布，从空间结构来看，区域科技创新资源以广州—深圳—香港为主线向外扩散，正形成一条自主创新的科技走廊（汪雨卉和王承云，2018）。相关制造业的企业集聚、工业研发的地理集中以及大学研发的集中加强了创新的能力，汇集了特定地方创新进程的关键资源和投入。创新集中在拥有发达技术基础设施的地方，而这些资源的空间集中进一步加强了其创新能力（Maryann P. F. 和 Florida R.，1994）。尹宏玲等（2015）通过空间分异、空间聚集和空间关联三个维度分析美国湾区创新活动的空间分布特征，发现湾区作为世界科技创新的典范区域，创新活动空间聚集特征显著，呈现出单中心极化空间模式，且随着时间的推移，这种极化态势有自我强化趋势。

3. 湾区城市创新关联与协同路径

创新要素分布具有空间异质性，而创新网络建设是将区域内的各个散点作为网络节点，实现异质性主体之间的互动化和网络化，创新资源区际共享（高丽娜，2018）。白俊红和蒋伏心（2015）、吕海萍等（2017）、何晓清（2017）实证检验创新资源协同空间联系对区域经济增长表现出显著的促进效应、区域创新要素的动态流动有利于创新绩效提升，并且创新网络越发达，节点间的知识溢出等间接促进效应越显著。而城市之间的互补性越大，城市间协同效应就会相应增强。其中，粤港澳大湾区金融集聚与科技创新存在显著的空间自相关性，教育水平、研发投入、政府支持政策、经济发展水平对区域科技创新均有显著的正向促进作用（郭文伟和王文启，2018）。关红玲等（2018）通过数据解析粤港澳大湾区城市间在创新科技发展方面的关键因素，发现港澳区在商业市场与部分高级生产要素（基础研究和部分应用研究）方面具有明显优势，而内地九个城市则在产业网络、需求市场、政府投入及另一部分高级生产要素（企业研发）等因素优势突出。粤港澳大湾区协同创新，关键在于通过制度创新形成人员、资金、交通、规划的互联互通，通过产业分工，以贸易、投资促创新，构建良好合作基础，形成功能型城市网络的思路（钟韵等，2017）。在软环境上，塑造有利于企业家精神形成的价值取向和舆论引导，鼓励企业家创新精神的培养，进而营造良好的企业家创新创业的成长环境，由此提升科技创新发展竞争力（段秀芳，2018）。

（三）湾区经济对外开放发展研究回顾

1. 湾区经济开放发展的产业结构

大湾区经济是全球区域经济格局中备受瞩目的一部分，其内部产业的发展更是在全球经济发展和产业重组的过程中发挥着重要的引领带动作用。经过数十年的发展，美国纽约湾区、旧金山湾区和日本东京湾区都因其强大的滨海优势，引领着区域内的经济发展和技术变革，其产业形成和发展的路径对中国构建对外开放新格局具有重要的参考意义。魏作磊和王锋波（2018）对四大湾区的产业结构对比后发现服务业在大湾区中心区域中占 GDP 比重超过 80%，处于经济结构中的绝对优势地位，认为这是湾区经济长期分工演化的自然结果，也是湾区承担产业创新领头羊的产业载体。鲁玫村（2018）对世界三大湾区的产业结构分布与演化路径进行对比，发现其产业升级模式与演化路径各有不同，如旧金山湾区将传统的标准化和大规模生产转移至中心城市的周边地区，而中心城市则发展定制和小批量生产的精工业；纽约湾区将曼哈顿核心区与其周边地区产业完全区分开；东京湾区将制造业核心从东京向东京圈和首都圈依次转移。

2. 湾区经济开放发展的基础条件

在湾区参与全球竞争中，对外贸易是大湾区的重要支撑。湾区经济的服务贸易一体化，关键在于保障各项相关要素的流通顺畅，尤其是人才资源的自由流动。欧盟和美国旧金山湾区都实施了消除人才流动障碍的政策，基于社会保障限制劳动力流动，欧盟推进各国社会保障系统一体化，采取多种政策来促进人才流动一体化（曾凯华，2018）；美国旧金山湾区则十分重视吸引全世界的科研人力资源，对于特殊人才和高技术人才，湾区协调出台各种人才政策如支持鼓励学术团体和高技术企业举办更多国际性学术会议，提供多种途径去增多创新人才交往空间，增加学术交流机会（丁旭光，2017），通过拓展创新创业的国际人际网络，促进湾区人才流通。

粤港澳大湾区定位于引领世界经贸增长的重要引擎，贸易投资发展的基础条件不可缺少。湾区要发展成具有世界级经济竞争力的国际湾区，需要世界级的航空枢纽和机场群的支撑（张宁，2017）。纵观世界湾区发展史，一流湾区必有一流港口产业集群。粤港澳大湾区还需全面构建现代化、国际化和一体化的综合交通运输体系，全力打造全球交通枢纽和物流枢纽。在"一带一路"背景下，粤港澳要发展成为亚太地区最具活力的经济区之一，可以倚靠自贸区的特殊作用。自由港税制创新，国际贸易功能集成效应强，集聚大量航运物流要素，可推进大湾区区域贸易投资合作，推进湾区建立更为紧密的贸易投资关系（朱煜，2017）。例如，环珠江口自由贸易区就是粤港澳大湾区城市群发展的战略性突破口（覃成林、刘丽玲、覃文昊，2017）。此外，制定贸易协定对自由贸易区的发展具有现实意义，根据自由经贸协定的必要性与可行性，湾区引进多边金融服务贸易规则，就能坚持可持续发展（李猛，

2018），促进内地与港澳产业能更好地"走出去"，更好地融入"一带一路"建设。

3. 湾区经济开放与航空经济

湾区经济发展至今，已经形成了海洋特征、创新引领、高度开放、集聚协同发展和宜居宜业等鲜明的经济发展特征。湾区独特的发展特征，促进了湾区航运事业的发展，特别是国际三大湾区航空经济的快速发展，逐渐引起了学者的研究关注。湾区航空业是湾区经济发展的又一重要组成部分，众多文献都倾向于对湾区建立的机场结构和发展的影响因素进行探索，研究发现主要受到市场力量和监管制度的决定性影响，并且在航空定价方面，一些学者开始尝试建立理论模型，进行需求和供给均衡定价的探索（Ishii 和 Jun，2009；Shatz，2001；Alcobendas，2014）。Hess 和 Polak（2006）对旧金山湾区的空中旅行选择行为进行了分析，综合考虑了乘客同时选择起飞机场、航空公司和接入方式，结果发现，飞行频率和车内访问时间，对机场、航空公司和接驳方式组合的吸引力有显著的总体影响，而票价和飞机大小等因素仅对某些人群有显著的影响。同样，Eric 等（2001）认为机场是航空运输网络中的节点中心，是航空业的必要条件。但相互联系的机场的规模和配置是一个复杂的研究问题，机场的结构和发展受到市场力量和监管制度的决定性影响。在一个放松管制的航空运输市场中，机场必须通过吸引和容纳足够多的乘客来证明其存在，至少是收支平衡，以保持机场继续存在（Walter，1968）。

（四）湾区经济相关研究文献的比较与评价

第一，目前国外有关湾区经济的研究文献较多，发展较快，其主要以旧金山、纽约、东京等世界一流湾区为研究对象，对湾区内的产业转移、城市发展、科技进步、制度结构、航空航运及其一些特定领域的问题进行研究，其中以研究航空航运业发展居多，主要通过建立具体的理论模型来具体深入研究某一具体的问题。可见，国外的相关研究文献仅仅局限于对湾区经济内某一具体问题进行分析，而把"湾区经济"作为经济学概念并从理论上进行探讨的文献至今仍表现缺乏。

第二，由于湾区都具备港阔水深的优良海港，并据此形成发达的海港经济区。因港而生、依湾而兴，因此国外学者对湾区经济的研究重点与特色，也最先从湾区的航运和航空发展等交通基础设施进行，其海运研究主要从港口的建设、航线的开通以及航运量等方面与湾区经济发展的关系进行综合探究。但总体上讲，目前对于湾区经济的研究，缺乏深入的湾区经济内部航运发展的机制机理的探索。

第三，相对来讲，国内湾区经济研究主要集中在世界一流湾区的比较借鉴以及对如何建设粤港澳大湾区的探讨，特别是专门对粤港澳大湾区某一局部问题进行研究的居多，主要研究方向有通过对世界一流湾区的路径、策略和成功经验进行比较研究，得出中国湾区经济发展路径；通过对世界一流湾区进行比较研究，深入阐述湾区经济的内涵、湾区产业发展以及内部城市发展规律等；也有以粤港澳大湾区等国内湾区经济为研究对象，对如何发展湾区经济进行探索性研究。还有一些学者尝试在粤港澳大湾区背景下对传统经济问题展开新视角研究，但总体上讲，目前国内也仅仅根据国外相关研究文献，局限于以定性分析的方式对湾区经济内某一具体问题进行分析，而把"湾区经济"作为经济学概念并从理论上进行探讨的文献较为少见。

第二章　湾区影响力评估：指标与方法

一　区域影响力概念综述

"影响力"概念近年来热度飙升。各种主题和领域的影响力研究及排名纷纷涌现，反映了在互联网和大数据时代，人们对事物相关性的重视和探求在不断加强。其中，区域影响力也已成为地区公共事务和经济社会发展论域中的一个热词。

迄今，围绕区域影响力及其评估的文献主要集中于三个主要的理论维度，即经济维度、管理维度和营销与传播维度。其中，区域经济维度的文献，主要研究和测量区域规模的空间集聚与扩散以及中心城市的影响范围。例如，方大春和孙明月（2015）引入城市影响范围理论分析法，利用断裂点模型和经济辐射场强模型来测算核心城市的影响力；刘涛和曹广忠（2012）通过空间自相关分析，从区域和城市两个尺度来综合考察中心城市的影响力和城市规模的空间聚散特征。区域管理维度的文献，则将区域影响力视为区域的综合发展势能来加以研究。例如，方创琳和毛汉英（1999）在对中国区域发展规划的研究中，为解答转型时期，如何进行区域发展规划才能提升地区的整体发展和影响力，融合了经济发展指标、社会发展指标、资源与环境发展指标3个二级层次和10个三级层次、100多项具体指标构建出了一套发展体系。地区营销与传播维度的文献，则重点考察地区的形象影响力。地区营销理论认为，区域形象可以影响目标市场消费者在该区域的投资、办厂、移民、旅游、就业，通过对区域形象的战略宣传管理促进区域发展。例如，蒋廉雄、朱辉煌（2006）对地区形象的概念进行了分析和梳理，认为地区形象是消费者对地区直接或间接接触而形成的综合性认知，地区形象的认知结果和地区的真相不一定一致，由于其形象认知会影响区域品牌价值的传递，进而影响区域政治、经济、文化目标的达成，因此提出了一套地区形象的营销框架。聂艳梅（2015）梳理了城市和区域形象影响力的构成要素，并建构了中国城市形象影响力的评估指标体系；刘彦平等（2009、2015）、郝胜宇（2013）、谢耘耕（2015）等从城市营销发展水平的角度进行了相关的评估尝试。

有关区域影响力的英文文献更加庞杂，对应概念繁多，研究路向和旨趣亦不一而足。总体来看，区域影响力的概念及其要素迄今尚未形成严谨的学术界定。事实上，有关区域影响力的研究，更多的是通过一系列相关概念来烘托和表征的。这些相关概念包括区域品牌、区域竞争力、区域软实力、区域形象传播等，其所涵盖的领域也囊括城市或地区的经济、文化、投资、旅游、治理、人居、品牌和环境等诸多方面。

（一）关于地区或城市品牌的研究

关于地区或城市品牌的研究和测度已有许多尝试，其中影响较大的有 Anholt（2005）提出的国家品牌指数（Nation Brands Index，NBI），使用了出口、文化传统、旅游、政府管理、投资与移民以及民众6项指标。在此基础上，他又提出了城市品牌指数（City Brand Index，CBI），包括城市声望地位、城市环境素质、城市发展机会、城市活力、市民素质及城市基本条件6项指标，即"城市品牌六边形"（Anholt，2006）。CBI 也成为影响较大的指标构建与评价尝试，并且一直沿用至今。赛佛伦（Saffron）品牌顾问公司2008年发布的"欧洲城市品牌晴雨表"（European City Brand Barometer）榜单也产生较大影响，其采用了"城市资产优势"和"城市品牌优势"两类指标，计算出每个城市的品牌利用度，很有启发价值（刘彦平，2009）。其中，城市资产优势包括文化因素（含景观、历史文化、美食餐饮、购物等）和宜居因素（含综合成本、气候天气、步行便利性及公交便利性等），城市品牌优势包括形象认知、魅力度、口碑价值和媒体认知等测度指标。2014年，瓦若阿斯等提出了一个新的评价路径，认为单独考察地区品牌的方法对于地区和城市来说是不够的，应该同时兼顾组织维度和治理维度，才能全面评估城市品牌化绩效（Wæraas, et al., 2015）。这项研究更多地关注需求导向，从地区战略、组织战略和民主治理战略3个维度来分析城市利益相关者及城市品牌化的执行过程，将城市品牌评价推进到地区战略和治理的高度，引起学界的关注。

（二）关于区域竞争力和区域软实力的研究

关于区域竞争力，目前国内学者们对其的研究大致可以分为财富创造论、资源配置论、产品提供力理论、经济实力论等等。关于区域竞争力的内涵，国内外学者构建了许多典型模型，比较知名的比如1994年IMD和WEF合作研究发表的《全球竞争力报告》，其中关于区域竞争力的定义为"国际竞争力是指一个国家或一个公司在世界市场上均衡地生产出比其竞争对手更多财富的能力"。目前国内关于城市竞争力最具代表性的研究成果是由倪鹏飞教授主持并连续发布了14年的《中国城市竞争力报告》蓝皮书。目前，该报告使用宜居、宜商、和谐、生态、知识、城乡一体化、信息和文化8个方面、68个客观指标来构建城市可持续竞争力指数（倪鹏飞，2016），成为城市竞争力领域最具代表性的研究成果。同时，在此论域中，区域软实力的相关研究也受到广泛关注。例如，王会玲等（2013）在约瑟夫·奈的软实力概念的基础上，突出强调区域软实力的构成要素及其作用，提炼出包括文化号召力、教育发展力、科技创新力、政府执政力、城市凝聚力、社会和谐力、商务吸引力、形象传播力、区域影响力、信息推动力、国际沟通力以及法制健全力等的软实力评价维度；胡建林（2007）在讨论区域软实力时则更突出强调软实力的来源和力量构成，他认为区域软实力是指一个特定的区域依靠其特色文化、人文素质、精神风貌、生态环境、机制体制、发展模式等产生的创新力、凝聚力和影响。

（三）区域投资、旅游和宜居方面的探讨

区域的投资、旅游和人居环境历来是城市影响力评价研究的热点，相关文献和指数排名已然浩如烟海。例如，英国经济学人智库的全球营商环境排名选取劳动力成本、劳动者技能、劳资法规、商业机会、政治环境、宏观经济稳定、法律体系、税收体制、基础设施等指标对国家和

地区的投资环境进行评价;①世界银行集团每年发布的全球营商环境报告则采用开办企业、等级物权、获取信贷和强制执行合同等指标来判断和分析各国的营商环境。②除上述两种具有较大影响力的评价体系外，也有不少学者尝试从投资环境角度对区域品牌化进行评价研究。例如，希腊学者曼特克萨斯提出了一个基于吸引外商直接投资（Foreign Direct Investment，FDI）的地区品牌化模型，涵盖了全球市场环境、城市发展规划、城市营销的作用、城市营销的 FDI 取向、当地环境审计、政策效用、FDI 选址评价、地区品牌管理、FDI 贡献、城市品牌资产、城市品牌推广以及 FDI 投资决策过程等要素，形成一个基于投资吸引和地区品牌战略规划过程的考察和评价体系（Metaxas，2010）。学界对区域旅游营销和旅游目的地的评价也相当活跃，包括目的地品牌资产评价、品牌竞争力评价、舒适度评价、文化要素评价等（Hankinson，2012；许峰等，2013；Gartner，2014）。评测区域宜居性或人居环境的探索也日趋深入。其中，曾克尔等发展了市民满意度指数（Citizen Satisfaction Index，CSI），包括文明和多样性、自然和消遣娱乐、工作机会、成本和效率四大类指标，并在欧洲城市中展开实际的对比评测（Zenker and Martin，2011；Zenker，et al.，2013）。事实上，区域宜居性内涵非常丰富，特别是随着城市区域化的发展，城市不再孤立存在，社会、生态、交通等城市问题也开始呈现区域化态势。面对城市居民多样化的需求，单个城市往往无法实现真正意义上的宜居。在这一背景下，不少学者尝试从区域的视角下进行"宜居"探讨。例如由翌和明立波（2008）提出了"宜居城市"的要素系统，并尝构建了"宜居城市"的理论体系，从区域分工、生态环境、人文环境、信息网络和交通网络等方面构建了一套评价体系。

（四）区域形象传播方面的探讨

区域形象传播学以特定区域的传播为研究对象，研究的主要内容包括区域传播条件的分析，区域传播与区域经济、文化等的互动关系，区

---

①《经济学人智库公布全球最佳营商环境：香港第三》，http：//www.chinanews.com/ga/2014/05-24/6207948.shtml［2016-11-25］。

②《2017年营商环境报告：人人机会平等》，http：//chinese.doingbusiness.org/reports/global-reports/doing-business-2017［2016-11-25］。

域传播差异和区际联系，等等。近年来，关于区域传播学的文献急剧增加。移动互联网的普及使得传播媒体生态发生了深刻的变化，传播方式正在由传统的单向传播向以互动、参与和分享为特征的数字化传播转变。Hanna 和 Rowley（2015）对数字时代的城市品牌战略进行反思和理论建构，提出了战略性城市品牌管理过程的 7C 要素，即频道（Channels）、杂乱（Clutter）、社区（Community）、聊天（Chatter）、沟通（Communication）、共创（Co-creation）和联合品牌（Co-branding），试图将城市数字营销提升到战略营销范畴。国内的区域传播评测更多地集中在政务新媒体传播和舆情分析领域。例如人民网舆情监测室与新浪微博数据库定期联合发布《人民日报·政务指数微博影响力报告》，对城市政务微博的传播力、互动力和服务力进行测量和评价，受到舆论好评。然而，迄今为止，在传媒大数据背景下如何测度城市的传播合理性和形象影响力，仍然是极具挑战的研究命题。许多学者在这一背景下进行了具有创新的尝试，如孙江华和严威（2009）在对中国省级区域传播形象进行统计测算时，采取了一系列大数据测度指标，包括：媒体法制类、民生类、文化类等新闻报道中某一省份中所有城市的曝光量等。

综上所述，区域影响力是一个多学科共同关注的研究热点，与区域品牌、区域竞争力、区域软实力、区域形象等概念常常相互交叉，既有联系，也有区别。本书认为，区域影响力是在特定地理空间和认知空间范围内，一个特定区域在经济、创新、文化、旅游、环境（宜居）和形象传播等方面的竞争力、话语权、吸引力和辐射力的综合体现。

二　湾区影响力研究的目的和意义

对湾区影响力的关键要素进行梳理和剖析，构建评价湾区影响力评价体系，有助于深入了解四大湾区各自的发展态势，并为理论与实践的互动提供数据支持。此外，通过指标体系的工具价值及其所承载的理论思想，也期为粤港澳大湾区的影响力提升提供参考与借鉴，进而引导湾区的形象提升与话语权管理。

三 湾区整体影响力评估指标构建

在上述文献探讨的基础上，结合数据的可获得性考量，本书尝试构建了湾区影响力指数（Bay Area Influence Index，BAII）的指标框架。即湾区整体影响力指数由5个一级指标构成，分别为经济影响力（包括经济规模、经济活力、经济绩效、经济发展口碑4个二级指标）、创新影响力（包括创新基础、创新能力、创新绩效、创新口碑4个二级指标）、文旅影响力（包括文旅活力、文旅吸引力、文旅设施、文旅口碑4个二级指标）、宜居影响力（包括经济基础、绿色环境、基础设施、宜居口碑4个二级指标）和形象影响力（包括区域声望、文旅形象、投资形象、宜居形象4个二级指标）。每一个二级指标由单一或多项数据合成。在这一指标体系中，湾区影响力的总体表现即湾区整体影响力指数表现为5个一级指标的复杂互动关系。其中，文旅影响力是特征指数、经济影响力是基础指数，宜居影响力是趋势指数，创新影响力和形象传播影响力是推动指数，组成一个渐次递进又相互作用的系统结构（见图2—1）。

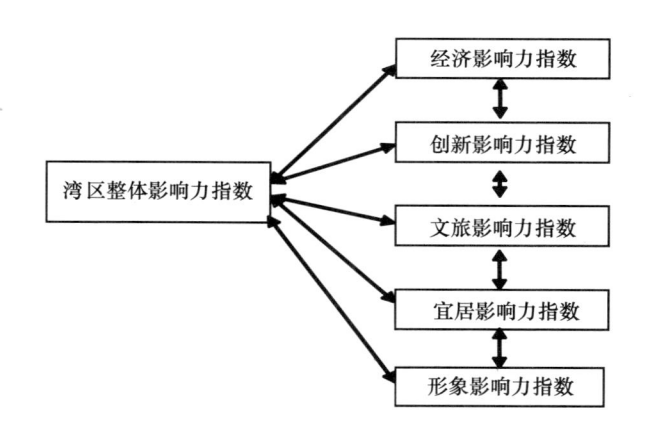

图2—1 BAII 一级指标关系

资料来源：笔者整理。

湾区整体影响力指数的指标体系层次和要素如表2—1所示。

表 2—1 湾区影响力指数（Bay Area Influence Index，BAII）指标框架

一级指标	二级指标	三级指标	
B1 经济影响力	B1.1 经济规模	B1.1.1 人口	
		B1.1.2 土地面积	
		B1.1.3 GDP	
		B1.1.4 GDP 全国占比	
		B1.1.5 占全国人口数	
	B1.2 经济活力	B1.2.1 人口密度	
		B1.2.2 主要城市数量	
		B1.2.3 GDP 增速	
		B1.2.4 港口集装箱吞吐量	
		B1.2.5 空港货邮吞吐量	
	B1.3 经济绩效	B1.3.1 人均 GDP	
		B1.3.2 地均 GDP	
		B1.3.3 第三产业比重	
		B1.3.4 营商环境排名（5 项）	
	B1.4 经济发展口碑	B1.4.1 经济发展预期	湾区名 + 持续增长（sustainable growth）
		B1.4.2 投资口碑	湾区名 + 投资（investment）
B2 创新影响力	B2.1 创新基础	B2.1.1 第三产业占 GDP 的比重	
		B2.1.2 R&D 占 GDP 的比重	
		B2.1.3 高校数量	
		B2.1.4 核心城市全球金融中心指数	
		B2.1.5 大专以上学历人口比例	
	B2.2 创新能力	B2.2.1 世界 500 强企业数量	
		B2.2.2 全球 200 强科研机构数量	
		B2.2.3 世界 100 强大学数量	
	B2.3 创新绩效	B2.3.1 全球创新指数	
		B2.3.2 发明专利总量	
		B2.3.3 每万人口 PCT 国际专利申请量	
		B2.3.4 最具创新企业数量	
	B2.4 创新口碑	B2.4.1 创新口碑	湾区名 + 创新（innovative）
		B2.4.2 创新创业口碑	湾区名 + 创新创业（innovation + entrepreneurship）

续表

一级指标	二级指标	三级指标
B3 文旅影响力	B3.1 文旅活力	B3.1.1 国际组织及外国官方机构总数
		B3.1.2 核心城市跨国公司联系度
		B3.1.3 20—29 岁青年人口比例
	B3.2 文旅吸引力	B3.2.1 外国游客年均人数
		B3.2.2 国际会议年举办数
	B3.3 文旅设施	B3.3.1 空港旅客吞吐量
		B3.3.2 文化产业占比
	B3.4 文旅口碑	B3.4.1 湾区名 + 独特（unique）
		B3.4.2 湾区名 + 友善（friendly）
		B3.4.3 湾区名 + 美丽（beautiful）
		B3.4.4 湾区名 + 美食（buisine）
B4 宜居影响力	B4.1 经济基础	B4.1.1 人均 GDP
		B4.1.2 GDP 增速
		B4.1.3 平均年收入
	B4.2 绿色环境	B4.2.1 单位 GDP 用水量
		B4.2.2 单位 GDP 能耗
		B4.2.3 PM2.5 年均浓度
		B4.2.4 地表水黑臭水体占比
	B4.3 基础设施	B4.3.1 普通铁路线长度
		B4.3.2 城际铁路长度
		B4.3.3 人均道路面积
		B4.3.4 路网密度
	B4.4 宜居口碑	B4.4.1 湾区名 + 生态（ecological）
		B4.4.2 湾区名 + 绿色（green）
		B4.4.3 湾区名 + 安全（safe）
		B4.4.4 湾区名 + 幸福（happy）
		B4.4.5 湾区名 + 和谐（harmony）
		B4.4.6 湾区名 + 生活品质（quality of life）

续表

一级指标	二级指标	三级指标	
B5 形象影响力	B5.1 区域声望	B5.1.1 湾区知名度	湾区名英文纸媒及全网数据量
		B5.1.2 湾区关注度	湾区名谷歌学术搜索数据量
	B5.2 文旅形象	B5.2.1 旅游形象	湾区名 + 旅游（tourism）
		B5.2.2 文化形象	湾区名 + 文化（cultural）
	B5.3 投资形象	B5.3.1 投资口碑	湾区名 + 投资（investment）
		B5.3.2 创新创业口碑	湾区名 + 创新创业（innovation + entrepreneurship）
	B5.4 宜居形象	B5.4.1 宜居口碑	湾区名 + 宜居（livable）
		B5.4.2 生活品质口碑	湾区名 + 生活品质（quality of life）

资料来源：笔者整理。

四　湾区城市影响力评估指标构建

在上述文献探讨的基础上，结合数据的可获得性考量，本书尝试构建了湾区城市影响力指数（Bay Area City Influence Index，BACII）的指标框架。即湾区城市影响力指数由 5 个一级指标构成，分别为经济影响力（包括经济规模、产业质量、市场活力、经济发展口碑 4 个二级指标）、创新影响力（包括创新潜力、创新环境、创新绩效、创新口碑 4 个二级指标）、文旅影响力（包括文旅活力、文旅设施、文旅绩效、文旅口碑 4 个二级指标）、宜居影响力（包括宜居基础、宜居成本、绿色环境、宜居口碑 4 个二级指标）和形象影响力指数（包括城市声望、文旅形象、投资形象、宜居形象 4 个二级指标）。每一个二级指标由单一或多项数据合成。在这一指标体系中，湾区城市影响力的总体表现即湾区城市影响力指数表现为 5 个一级指标的复杂互动关系。其中，文旅影响力是特征指数，经济影响力是基础指数，宜居影响力是趋势指数，创新影响力和形象传播影响力是推动指数，组成一个渐次递进又相互作用的系统结构（见图 2—2）。

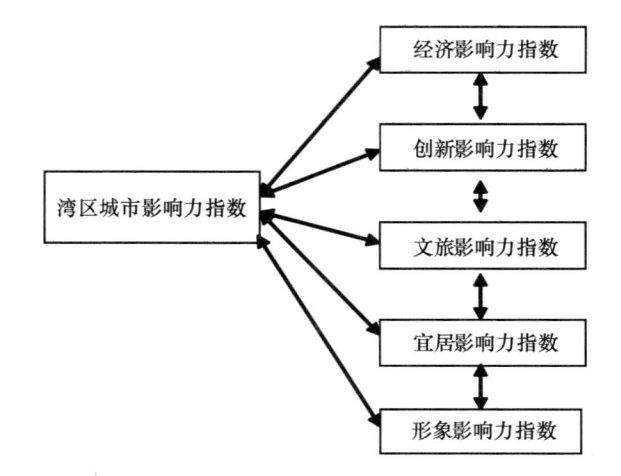

图 2—2　BACII 一级指标关系

资料来源：笔者整理。

指标体系层次和要素如表 2—2 所示。

表 2—2　湾区城市影响力指数（Bay Area City Influence Index，BACII）指标框架

一级指标	二级指标	三级指标	
C1 经济影响力	C1.1 经济规模	C1.1.1 GDP 总量	
		C1.1.2 人均 GDP	
		C1.1.3 就业者总数	
	C1.2 产业质量	C1.2.1 金融保险占 GDP 比重	
		C1.2.2 信息技术业占 GDP 比重	
		C1.2.3 信息技术业从业人数	
	C1.3 市场活力	C1.3.1 跨国公司联系度	
		C1.3.2 经商便利度	
		C1.3.3 家庭月可支配收入	
		C1.3.4 GDP 增长率	
	C1.4 经济发展口碑	C1.4.1 经济发展预期网络舆情	城市名 + 持续增长（sustainable growth）
		C1.4.2 投资新闻传播量	城市名 + 投资（investment）

续表

一级指标	二级指标	三级指标	
C2 创新影响力	C2.1 创新潜力	C2.1.1 家庭教育支出占总支出的比重	
		C2.1.2 20—29 岁青年人口比例	
		C2.1.3 大学在校生数	
	C2.2 创新环境	C2.2.1 金融保险业占 GDP 比重	
		C2.2.2 平均时薪	
		C2.2.3 教育行业、研究、专业技术从业者数占总就业者数比例	
		C2.2.4 贷款利率（逆向指标）	
		C2.2.5 税收占 GDP 比重（逆向指标）	
	C2.3 创新绩效	C2.3.1 每十万人拥有的发明专利件数	
		C2.3.3 创新效应	
		C2.3.2 论文指数	
	C2.4 创新口碑	C2.4.1 创新口碑	城市名 + 创新城市（innovative city）
		C2.4.2 创新创业口碑	城市名 + 创新创业（innovation + entrepreneurship）
C3 文旅影响力	C3.1 文旅活力	C3.1.1 住宿和餐饮业产出总量一年增速	
		C3.1.2 科技和教育行业产出占 GDP 比重	
		C3.1.3 娱乐产业产值	
		C3.1.4 20—29 岁青年人口比例	
	C3.2 文旅设施	C3.2.1 公立图书馆数量	
		C3.2.2 运输业产出总额	
		C3.2.3 每十万人学校数	
	C3.3 文旅绩效	C3.3.1 旅游人数	
		C3.3.2 旅游收入	
	C3.4 文旅口碑	C3.4.1 独特魅力感知	城市名 + 独特（unique）
		C3.4.2 友善氛围感知	城市名 + 友善（friendly）
		C3.4.3 美景感知	城市名 + 美丽（beautiful）
		C3.4.4 美食感知	城市名 + 美食（cuisine）

续表

一级指标	二级指标	三级指标	
C4 宜居影响力	C4.1 宜居基础	C4.1.1 近五年平均GDP增量	
		C4.1.2 人均可支配收入	
		C4.1.3 人均社会保险总金额	
	C4.2 宜居成本	C4.2.1 住宿开支占总家庭开支的比例（逆向指标）	
		C4.2.2 恩格尔系数（逆向指标）	
		C4.2.3 犯罪率（逆向指标）	
	C4.3 绿色环境	C4.3.1 人年均CO_2排放量（逆向指标）	
		C4.3.2 PM2.5（逆向指标）	
	C4.4 宜居口碑	C4.4.1 城市名+生态城市（eco city）	
		C4.4.2 城市名+绿色城市（green city）	
		C4.4.3 城市名+安全城市（safe city）	
		C4.4.4 城市名+幸福城市（happy city）	
		C4.4.5 城市名+和谐城市（harmony city）	
		C4.4.6 城市名+生活品质（quality of life）	
C5 形象影响力	C5.1 城市声望	C5.1.1 城市知名度	城市名英文纸媒及全网数据量
		C5.1.2 城市关注度	城市名谷歌学术搜索数据量
	C5.2 文旅形象	C5.2.1 旅游形象	城市名+旅游（tourism）
		C5.2.2 文化形象	城市名+文化（cultural）
	C5.3 投资形象	C5.3.1 投资形象	城市名+投资（investment）
		C5.3.2 创新创业形象	城市名+创新创业（innovation + entre-preneurship）
	C5.4 宜居形象	C5.4.1 城市名+宜居（livable）	
		C5.4.2 城市名+生活品质（quality of life）	

资料来源：笔者整理。

五 数据来源与评估方法

（一）数据来源

指标测算的全部数据来源于相关城市（或统计区）统计年鉴、官方统计网站的最新可得数据（2017年或2016年数据，部分数据为统计年鉴中的2015年数据）、中国社会科学院城市与竞争力研究中心数据库数据（2017年）、第三方研究报告（2016—2018年）以及谷歌英文搜索和中青华云大数据平台英文舆情数据库①等数据来源的数据（2018年上半年数据）。

（二）评估方法

评价指数的构建方法包括逆向指标处理、指标无量纲化、指标权重选取和指数合成等内容。按照指标评估体系的特点，本书选择了如下评估方法：

1. 样本选择。对于湾区影响力评估，本书选取了纽约湾区、东京湾区、粤港澳大湾区和旧金山湾区的数据作为测评的样本。对于湾区主要城市影响力评估，本书选取了四大湾区的主要城市即纽约、布里奇波特、纽黑文、纽瓦克、东京、川崎、横滨、广州、深圳、香港、澳门、旧金山、圣何塞、奥克兰14个城市作为测评的样本。

2. 逆向指标处理。在本书中，不同性质指标对城市影响力的作用力不同，无法通过直接合成来反映综合结果。因此，要考虑改变逆指标的数据性质，视情采用取倒数、取相反数、极大值法等方法对其进行正向化处理，使所有指标对城市影响力的作用力同趋化，从而构建一致的、有意义的综合指数。

3. 无量纲化。对于多指标综合评价体系，必须对性质和计量单位不同的指标进行无量纲化处理，以解决数据的可比性问题。无量纲化就是把不同单位的指标转换为可以对比的同一单位的指标数值，用于比较和综合分析。无量纲化函数的选取，一般要求严格单调、取值区间明确、结果直观、意义明确、尽量不受指标正向或逆向形式的影响。无量纲化的方法一般包括标准化法、极值法和功效系数等方法。本书选取极值法来消除量纲的影响，其计算公式如下：

$$X = \frac{x - x_{\min}}{x_{\max} - x_{\min}} \tag{1}$$

---

① 中青华云运用全网采集大数据平台，对网站新闻、纸媒、论坛、博客、Facebook、Twitter、App新闻、视频等相关信息进行采集，其中社交信息采集综合运用搜索引擎技术、文本处理技术、知识管理方法，通过对互联网海量信息自动获取、提取、分类，通过人工方式在采集系统进行热词、常用词等各种关键词添加，采集系统自动采集标题、文章正文中含有监测关键词的文章信息。采集的各种指标，包括阅读、转发、评论和点赞等，同时自动量纲归一化、自动计算权重系数，然后加权求和得到最终的数据。

其中，x 为评价指标，x_{max} 和 x_{min} 分别对应指标 x 在的最大值和最小值。

4. 指标权重。在多指标综合评价中，指标权数的确定直接影响着综合评价的结果，权数数值的变动可能引起被评价对象优劣顺序的改变。权重系数的确定，是综合评价结果是否可信的一个核心问题。在指数权重结构中，本书认为各一级指标虽内涵各异，但其对湾区或城市总的影响力具有同等的重要性，即五个一级指标在计算总指数时应该是等权的。而在每个单项指数内，由于指标数量较少，构成简单，每个子指标合成上一级指标时也采用等权重的方法。

5. 指数合成。确定了各指标及子指数，最后一步就是把这些子指数合成为一个综合指数，从而得到一个城市影响力的综合评价。本书选择几何平均法进行综合指数的合成，公式如下：

$$X = \prod x_i^{w_i} \tag{2}$$

其中，x_i 为第 i 个子指标，w_i 为第 i 个子指标的权重，X 为合成后的综合指标。

第三章 四大湾区整体影响力指数报告2018

在前面的章节中，本书对湾区经济的发展历程与研究现状进行了回顾和总结，并结合相关文献及研究的基础，构建了湾区影响力指标体系（BAII）。本章拟以从区域整体的角度，依据指标框架和新近数据，对纽约湾区、旧金山湾区、东京湾区和粤港澳大湾区这四大湾区的影响力进行测量和评估，以探寻当前世界顶级湾区建设的优劣得失和可行方向，为粤港澳大湾区及国内其他湾区的协同发展提供参考和借鉴。

一 四大湾区影响力指数得分与排名

纽约湾区、旧金山湾区、东京湾区和粤港澳大湾区的整体影响力得分与排名，以及五个一级指标的得分与排名情况，参见表3—1至表3—6。

表3—1　2017—2018年四大湾区整体影响力指数得分与排名

湾区	湾区影响力	排名	经济影响力	排名	创新影响力	排名	文旅影响力	排名	宜居影响力	排名	形象影响力	排名
旧金山湾区	0.563	1	0.409	4	0.506	1	0.432	2	0.614	1	0.853	1
纽约湾区	0.527	2	0.423	2	0.358	4	0.816	1	0.543	2	0.494	3
粤港澳大湾区	0.466	3	0.634	1	0.494	2	0.291	3	0.297	4	0.615	2
东京湾区	0.325	4	0.412	3	0.451	3	0.255	4	0.407	3	0.100	4

资料来源：笔者整理。

表 3—2　2017—2018 年四大湾区经济影响力指数得分与排名

湾区	经济影响力	排名	经济规模	排名	经济活力	排名	经济绩效	排名	经济发展口碑	排名
粤港澳大湾区	0.634	1	0.611	2	0.675	1	0.250	4	1.000	1
纽约湾区	0.423	2	0.391	3	0.271	3	0.560	2	0.470	3
东京湾区	0.412	3	0.791	1	0.321	2	0.538	3	0.000	4
旧金山湾区	0.409	4	0.000	4	0.099	4	0.607	1	0.930	2

资料来源：笔者整理。

表 3—3　2017—2018 年四大湾区创新影响力指数得分与排名

湾区	创新影响力	排名	创新基础	排名	创新能力	排名	创新绩效	排名	创新口碑	排名
旧金山湾区	0.506	1	0.372	3	0.553	1	0.340	3	0.757	2
粤港澳大湾区	0.494	2	0.247	4	0.333	4	0.397	2	1.000	1
东京湾区	0.451	3	0.667	1	0.444	2	0.630	1	0.065	3
纽约湾区	0.358	4	0.613	2	0.495	2	0.279	4	0.046	4

资料来源：笔者整理。

表 3—4　2017—2018 年四大湾区文旅影响力指数得分与排名

湾区	文旅影响力	排名	文旅活力	排名	文旅吸引力	排名	文旅设施	排名	文旅口碑	排名
纽约湾区	0.816	1	0.938	1	1.000	1	0.745	1	0.580	2
旧金山湾区	0.432	2	0.271	4	0.184	3	0.379	4	0.896	1
粤港澳大湾区	0.291	3	0.358	3	0.185	2	0.500	3	0.121	3
东京湾区	0.255	4	0.385	2	0.038	4	0.556	2	0.039	4

资料来源：笔者整理。

表 3—5　2017—2018 年四大湾区宜居影响力指数得分与排名

湾区	宜居影响力	排名	经济基础	排名	绿色环境	排名	基础设施	排名	宜居口碑	排名
旧金山湾区	0.614	1	0.667	1	0.671	2	0.464	2	0.654	1
纽约湾区	0.543	2	0.360	2	0.658	3	0.832	1	0.323	3
东京湾区	0.407	3	0.213	4	0.966	1	0.448	3	0.002	4

续表

湾区	宜居影响力	排名	经济基础	排名	绿色环境	排名	基础设施	排名	宜居口碑	排名
粤港澳大湾区	0.297	4	0.333	3	0.122	4	0.128	4	0.604	2

资料来源：笔者整理。

表3—6　2017—2018年四大湾区形象影响力指数得分与排名

湾区	形象影响力	排名	区域声望	排名	文旅形象	排名	投资形象	排名	宜居形象	排名
旧金山湾区	0.853	1	0.971	1	0.667	2	0.867	2	0.907	1
粤港澳大湾区	0.615	2	0.111	4	0.948	1	1.000	1	0.399	3
纽约湾区	0.494	3	0.625	2	0.524	3	0.186	3	0.643	2
东京湾区	0.100	4	0.401	3	0.000	4	0.000	4	0.000	4

资料来源：笔者整理。

二　四大湾区整体影响力点评与分析

根据四大湾区总体影响力指数的得分与排名情况，依次点评分析如下。

（一）旧金山湾区

旧金山湾区的整体影响力在四大湾区中排名榜首，表现卓越。作为美国加利福尼亚州北部的一个大都会区，旧金山湾区位于沙加缅度河下游出海口的旧金山湾四周。对于旧金山湾区的界定，一般认为包括9个县、101个建制城市，其中还包括多个大小城市，最主要的城市有旧金山、奥克兰、圣何塞等全球著名城市，其中旧金山是旧金山湾区的中心城市。旧金山湾区影响力总指数排名第1，其中创新影响力、宜居影响力和形象影响力3个二级指标也在四大湾区中名列第1，表现强劲。此外，其文旅影响力指标排名第2，经济影响力指标则表现最差，排名在四大湾区之末。这说明创新影响力、宜居影响力和形象影响力对旧金山湾区的整体影响力指数起到了决定性的作用。总体来看，旧金山湾区科技创新与金融相结合的"文化基因"及其优美宜居的环境优势，有着强大的吸引力和影响力,不断推动着湾区发展的转型升级,引领着创新驱动的世界发展潮流。

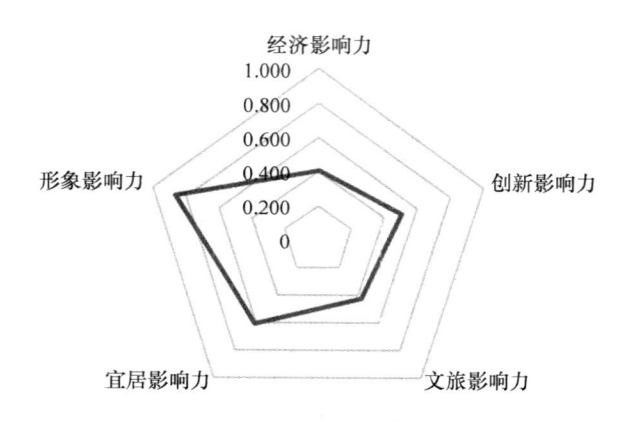

图 3—1 旧金山湾区影响力指数得分情况

资料来源:笔者整理。

1. 经济规模有限,经济绩效显著

从湾区的经济影响力指标来看,旧金山湾区的经济影响力排名第 4 位。这主要是由于旧金山湾区经济影响力的经济规模指标和经济活力指标都不占优势,比如经济规模指标中,包括人口、土地面积、GDP 规模、GDP 占比及人口占比 5 个三级指标的数据,都排在四大湾区之末;经济活力的 5 个三级指标中也有 4 个垫底。然而,旧金山湾区的经济绩效指标却远高于其他三大湾区,在四大湾区中排名第 1。旧金山湾区人口规模约 765 万人,土地面积 1.74 万平方公里,地区生产总值达到 0.88 万亿美元,占到全国 GDP 的 4.5%,地区生产总值增速为 2.7%。由于人口规模相对较小,旧金山湾区的人均 GDP 远高于纽约湾区、东京湾区和粤港澳大湾区。此外,旧金山湾区的经济发展口碑,包括经济发展预期和投资口碑,在四大湾区中排名第 2,并与后两名拉开差距,表明其经济发展质量较高。总之,在美国率先由工业经济向知识经济和信息经济转型的过程中,逐步形成以信息业为龙头的新兴产业结构,旧金山湾区是这一重大经济结构转型的前锋阵营,并在其中获益匪浅。

2. 科教资源丰富，创新产业突出

旧金山湾区的创新影响力排名第 1，得益于创新能力（排名第 1）和创新口碑（排名第 2）的强劲拉动。历经了上百年的发展变迁，旧金山湾区已经从早期的港口经济、工业经济阶段迈入创新经济发展阶段，创新型产业的迅猛发展繁荣使旧金山湾区成为全球创新发展水平最高的区域。旧金山湾区抓住了信息产业发展的重大机遇，加快发展以互联网产业为核心的新经济，湾区内电子、通信、软件、互联网和多媒体产业纷纷兴起，涌现出苹果、谷歌、脸书和推特等众多创新型企业，进一步奠定了全球创新中心的地位。世界著名的高科技研发基地硅谷就位于旧金山湾区南部，这里拥有的世界 500 强企业总部数量为全美第 2（仅次于纽约），是美国重要的金融中心，硅谷作为全球高科技发展的重镇极大地提升了湾区的研发能力，圣何塞、旧金山两市专利产品数量居全美前两位，整个湾区专利申请数量占全美的 15% 左右。同时，旧金山湾区还拥有斯坦福大学、加州大学伯克利分校和加州大学旧金山分校 3 所世界 100 强大学以及 28 个全球 200 强科研机构，这些都使得旧金山湾区在创新能力一项拔得头筹。

3. 文旅潜力巨大，口碑形象最佳

旧金山湾区的文旅影响力排名第 2。其中，旧金山湾区的文旅口碑在四大湾区中表现最好，其独特性认知、美丽度认知、友善口碑和美食口碑等数据均成倍于其他湾区，排名高居首位，表明湾区的旅游推广和文旅品牌塑造颇为成功。然而，湾区的文旅活力和文旅设施指标却表现不佳，制约了湾区文旅影响力的提升。旧金山湾区的国际组织及外国官方机构总数只有 45 个，远低于纽约湾区的 113 个和东京湾区的 100 个，空港旅客吞吐量也远不及其他湾区。此外，旧金山湾区的国际会议年举办数和外国游客年均人数也表现平平，侧面反映了其文旅吸引力尚有进一步提升的空间。

4. 宜居宜业并行，环境首屈一指

旧金山湾区的宜居影响力排名第 1。其中，与民生相关的经济基础指标排名居首，是世界上最为富庶的大都市区域之一。旧金山湾区的宜居形象指标包括生态、安全、幸福、生活品质等更是遥遥领先，仅绿色环境指标和基础设施指标均排名第 2，分别略逊于东京湾区和纽约湾区。旧金山湾区以气候宜人、自然环境优美著称，是世界上环境质量标准最为严格、自然生态保护最好的地区之一，也是国际公认的生态宜居湾区。旧金山湾区的中心城市旧金山三面环山，环境优美，宜居宜业，交通便利，合理的轨道交通系统有效解决了湾区各城市之间的运输需求，有通往国际各大城市的国际机场。20世纪60年代初，旧金山湾区就成立了湾区保护发展委员会，专门审核湾区建设项目，首要任务就是叫停填海、修建堤坝等危害湾区生态的项目。旧金山海湾地区水质管理委员会制定了流域管理规划，制定了非点源污染控制措施、地下水保护及毒物清除方案、流域检测及评估计划等用来保护水源、改善水质，逐步形成卓越的生态环境优势。更重要的是，湾区享有盛誉的多元文化和友善包容的氛围，也为旧金山湾区的宜居影响力增色良多。

5. 形象魅力非凡、形象话语均衡

旧金山湾区的形象影响力称冠四大湾区。其中，区域声望和宜居形象均位列第1，且大幅领先于其他三个湾区。文旅形象和投资形象均排名第2。可以看出，旧金山湾区在形象影响力二级指标的均衡性表现良好。旧金山湾区出色的形象影响力，得益于其特色鲜明的湾区形象识别、良好的湾区形象体验和突出的湾区形象认知。在形象识别方面，旧金山湾区注重区域品牌的建设，类似"永恒旧金山"等鲜明的品牌定位赋予了旧金山湾区独具特色的形象理念。旧金山湾区政府协会、旧金山湾区委员会等机构对其形象的传播推广也颇为重视、尽心尽力，效果显著。在形象体验方面，旧金山湾区的美丽、宜居体验优势非常突出。除自然环境外，旧金山湾区高于全美平均水平的就业增长率、薪资水平等都巩固了其在形象体验方面的优势。在形象认知方面，位于旧金山湾区的硅谷以及众多著名企业，在提升湾区的形象影响力方面也功不可没。可以说，旧金山湾区强大的形象影响力，正是其发展水平、发展环境、创新口碑和企业品牌等诸多方面的优势和话语权的体现。

（二）纽约湾区

在各大世界级湾区之中，纽约湾区素有"世界湾区之首"的美誉。然而在本书的评测中，纽约湾区的整体影响力在四大湾区中屈居第2。

纽约湾区由纽约州、新泽西州、康涅狄格州的31个县市共同组成。天然的地理区位优势大大强化了纽约湾区经济发展的核心优势。纽约作为全球金融中心，为纽约湾区成为世界级湾区奠定了重要基础。在四大湾区当中，纽约湾区的整体影响力指数排名第 2。其中，文旅影响力排名第 1，表现抢眼；经济影响力和宜居影响力均排名第 2；形象影响力排名第 3；创新影响力表现较差，排名第 4。

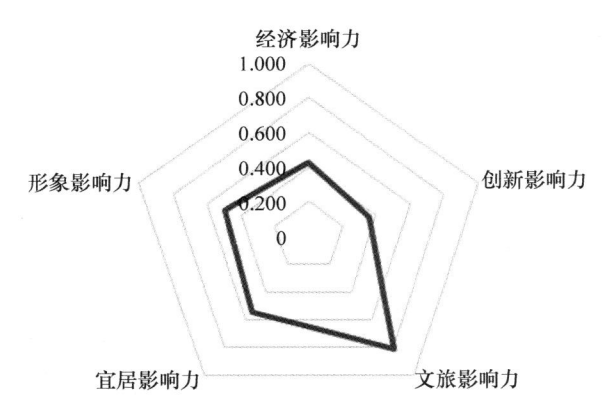

图 3—2　纽约湾区影响力指数得分情况

资料来源：笔者整理。

1. 经济均衡发展，高端服务称雄

本书的经济影响力指标包括经济规模、经济活力、经济绩效和经济发展口碑 4 个二级指标，纽约湾区在上述二级指标中，除经济绩效排名第 2 外，其余 3 个二级指标均排名第 3，显示经济发展较为均衡。从经济规模指标来看，纽约湾区人口规模达到 2285 万人，土地面积有 3.45 万平方公里，而地区生产总值高达 1.72 万亿美元，占到美国 GDP 的 8.9%，上述主要数据在四大湾区中大多位列第 3。从经济活力指标来看，纽约湾区主要城市的数量为 25 个，这个数字远高于其他世界湾区的主要城市数量，而且纽约湾区的城市群形成了较强的功能互补和错位发展的格局。然而纽约湾区的地区生产总值增速为 3.5%，在四大湾区的 GDP 增速对比中排名第 3，港口集装箱及空港货邮吞吐量数据也只位列第 3。纽约湾区的经济绩效指标亮眼，在四大湾区中排名第 2。其中，纽约湾区的人均 GDP 达 7.72 万美元，仅次于旧金山湾区；地均 GDP 也仅次于东京湾区。特别是第三产业比重明显高于其他世界级湾区，达到了 89.4%。作为全美经济乃至全球经济的神经中枢和心脏，纽约湾区发达的总部经济和种类齐全的高端专业服务部门，使其成为控制全国、影响世界的经济管理和服务中心。然而纽约湾区的经济发展口碑仅位列第3，一定程度上制约了纽约湾区的经济影响力发展。总体来看，纽约的经济影响力实力强劲。特别是湾区的核心城市纽约，作为世界经济和国际金融的神经中枢之一，对湾区整体影响力形成强大的带动作用。同时，纽约与周围城市形成了较为合理的地域分工和产业链的深度融合，以金融商务为主体的高端服务业成为湾区产业升级的强大引擎。

2. 创新实力突出，创新绩效不足

出乎意料的是，纽约湾区的创新影响力在四大湾区中排名第4。事实上，在创新影响力的4个二级指标中，纽约湾区的创新基础和创新能力都表现不俗，排名第2，仅分别略逊于东京湾区和旧金山湾区。特别是R&D占比、全球金融中心指数、人才占比、科研机构和高校数量等，均表现突出。然而纽约湾区的创新绩效指标和创新口碑指标则表现较差，在四大湾区中均排名第4，是导致纽约创新影响力下降的主因。特别是在发明专利总量、PCT国际专利申请量、创新企业数量及创新创业口碑等方面，数据远低于其他3个湾区，这是纽约湾区未来需要加以改进的方面。必须指出的是，创新影响力指标表现，仅仅是指标背后的数据对比。全面考察湾区的创新影响力，还必须结合进行经验观察和案例比较的研究。应该看到，纽约湾区集聚了世界一流的金融、信息、艺术娱乐、科技服务等高技术含量的知识密集型服务业，拥有全球市值最大的纽约交易所和全球市值第三的纳斯达克交易所，全美最大的500家公司，超过1/3总部设在纽约，其创新实力及未来进一步成长的空间不容小觑。

3. 文旅冠绝全球，引领世界潮流

纽约湾区的文旅影响力高居四大湾区之首，湾区文旅影响力4个二级指标中有3个指标即文旅活力、文旅吸引力和文旅设施均排名第1，特别是国际组织数量、外国游客数量、国际会议数量和文化产业占比等数据，均遥遥领先于其他3个湾区，表明纽约在文化和旅游方面具有相当突出的竞争优势。纽约湾区居民使用的语言有800多种，是全球语言最为复杂的区域。其中，纽约是联合国总部所在地，还是全球三大会议中心之一，经常举办国际性的会议和其他盛事，极大提升了纽约的文旅吸引力。同时，作为全球金融文化和旅游文化中心，其24小时运营的地铁和不间断的人流，使得纽约成为著名的"不夜之城"。纽约拥有大量收藏世界级艺术和历史展品的博物馆，令人目不暇接，比如仅在纽约就有着富丽堂皇的大都会艺术博物馆、惠特妮美国艺术博物馆、新画廊和犹太博物馆等，游人如织。纽约拥有131座大型博物馆，220座公共图书馆，420家剧院，每年上演2.2万部音乐演出，大大提高了纽约湾区的文化产业占地区生产总值的比重。作为连接大西洋和五大湖贸易的中转站，纽约港港阔水深，可容纳多只船通行，港口冰期较短，适合四季通航。同时，纽约湾区拥有四大湾区中最长的普通铁路和城际铁路，极大地增加了城市的联通性和流动性便利。每年都吸引着大量的旅客来纽约湾区旅行或者进行商务会谈。在文旅影响力的二级指标中，只有文旅口碑排名第2，表明纽约湾区的文化和旅游形象塑造尚有提升的空间。总之，纽约湾区的旅游业持续兴旺，文化产业高度发达，其文旅影响力冠绝全球，引领着文旅发展的世界潮流。

4. 宜居优势凸显，口碑有待提升

纽约湾区的宜居影响力在四大湾区中排名第2，仅次于同在美国的旧金山湾区。在湾区宜居影响力的4个二级指标中，纽约湾区基础设施高度发达，位居四大湾区之首。经济基础雄厚，排名第2。绿色环境指标和宜居口碑指标则都排名第3。数据显示，便捷的交通基础设施、较高的人均收入和人均地区生产总值等为纽约湾区高水平的生活品质奠定了扎实的基础。此外，纽约湾区在环境治理方面绩效也非常突出。19世纪末到"二战"期间，纽约人口迅速增加，工业化、城市化带来的城市环境问题凸显。1970年尼克松签署了《国家环境政策法》，同时期成立了纽约市环保局。后来纽约州又通过了《州环境质量审查法》对纽约市范围内的用地、区划修改、公共政策等可能影响环境质量的项目进行审议，其他各州也加大了环境整治的力度，使得纽约湾区的绿色环境质量不断加强。同时，纽约湾区拥有大量国际组织和非政府组织的总部和分部，也对湾区环境保护法的推行和实施起到了督促作用。目前来看，纽约湾区的宜居口碑包括生态口碑、安全口碑、绿色口碑、幸福口碑、和谐口碑和生活品质口碑等尚待提升和优化。总之，优越的经济条件、良好的基础设施和绿色环境，共同支撑起纽约湾区出色的宜居影响力。

5. 形象协力不足，区域声望滞后

纽约湾区的形象影响力排在四大湾区中的第 3 位。其中湾区区域声望指标和宜居形象指标都排名第 2，投资形象和文旅形象均排名第 3，不是很理想。由于形象影响力的 4 个二级指标即区域声望、文旅形象、投资形象和宜居形象及其下三级指标和数据均由舆情大数据和网络搜索数据构成，纽约湾区形象影响力的乏力，究其原因，可能是纽约湾区各州、各城市对整体区域形象打造的重视程度及区域形象协同治理机制安排方面存在不足所致。数据显示，其区域声望和宜居形象不及旧金山，文旅形象和投资形象也仅胜于东京湾区。纽约湾区相关的网络和舆情数据明显落后于湾区的实际发展水平，特别是作为世界城市之首的湾区核心城市纽约，未能在湾区整体形象影响力方面发挥更多的作用。未来如何规划和打造湾区整体品牌形象的优势，应成为纽约湾区各州、郡、市特别是大都市区治理机构的一项重要任务。

（三）粤港澳大湾区

自从上升为国家战略以来，粤港澳大湾区肩负着发展成为"充满活力的世界级城市群"的重要使命，在国家经济社会发展和改革开放大局中扮演着突出的带动角色和举足轻重的战略地位，引发国内外舆论的高度关注。粤港澳大湾区由 11 个城市组成，包括香港、澳门和珠三角 9 个城市即广州、佛山、肇庆、深圳、东莞、惠州、珠海、中山、江门。湾区人口有 6696 万人，土地面积约 5.65 万平方公里，作为中国综合实力最强、开放程度最高、经济最具活力的区域之一，粤港澳大湾区被视为可与纽约湾区、旧金山湾区和东京湾区比肩的世界级湾区。在本书的四大湾区整体影响力指数排名中，粤港澳大湾区整体影响力指数排名第 3，其整体影响力排在旧金山湾区和纽约湾区之后，但高于东京湾区。在 5 个湾区影响力二级指标中，经济影响力排名在四大湾区之首，宜居影响力排名垫底，创新影响力和形象影响力排名第 2，文旅影响力排名第 3。总体来看，粤港澳大湾区的影响力表现不俗，颇令人鼓舞；同时湾区影响力也存在发展不充分和不均衡的问题，值得重视。

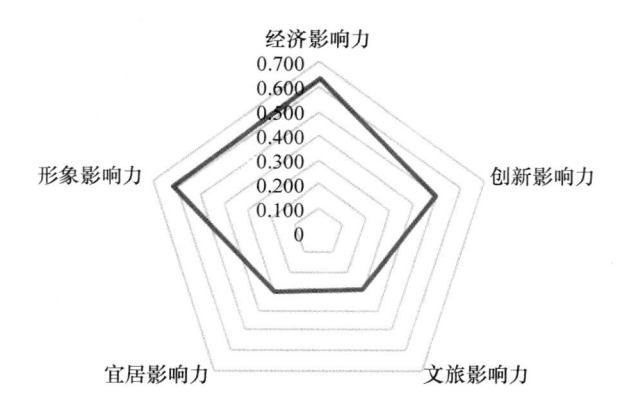

图 3—3　粤港澳大湾区影响力指数得分情况

资料来源：笔者整理。

1. **经济实力强劲，转型任务艰巨**

粤港澳大湾区的经济影响力指标位列四大湾区第1，体现了粤港澳大湾区在经济基础和建设进展方面的傲人成绩，这主要得益于粤港澳大湾区旺盛的经济活力和强劲的经济发展口碑。通过对比湾区经济影响力4个二级指标的得分，我们也发现粤港澳大湾区的经济影响力水平并不均衡。其中经济活力和经济发展口碑表现最好，排名均为第1；经济规模指标表现亦不俗，排名第2；但经济绩效指标表现较差，得分仅0.250，远低于其他三大湾区，排名最末。

具体来看，粤港澳大湾区的人口数量为6696万人、土地面积约5.65万平方公里，数据远超其他三大湾区，人口和GDP的全国占比都名列第2位，2017年的GDP总量约合1.6万亿美元，超过旧金山湾区（0.88万亿美元），仅次于东京湾区（1.77万亿美元）和纽约湾区（1.72万亿美元）。此外，粤港澳大湾区的金融业发达，拥有香港、深圳等金融中心城市，吸引了70余家世界排名前100位的银行入驻，港交所和深交所的IPO总额仅次于纽交所，位居全球第2。综上所述，在四大湾区中粤港澳大湾区的经济规模指标表现出众，仅次于东京湾区。粤港澳大湾区的经济活力指标排名榜首，主要得益于2017年度8%的GDP高速增长，以及高于其他三大湾区总和的空港货邮吞吐量和数倍于其他三大湾区总和的港口集装箱吞吐量。此外，粤港澳大湾区的经济发展口碑更获得满分，极大带动了湾区经济影响力的提升。这一方面可能是由于粤港澳大湾区作为中国改革开放的门户，经济发展预期一直就较高；另一方面，粤港澳大湾区概念作为大国国家战略以及中国"一带一路"倡议和行动布局的重要支撑点，甫一提出即给国际舆论带来强大的冲击，引发各界看好，故而经济发展预期与投资口碑甚为强劲。然而，粤港澳大湾区经济影响力的经济绩效指标则差强人意，排名在四大湾区之末。这说明粤港澳大湾区整体的经济发展质量和发达国家湾区相比还有一定的差距。特别是经济绩效指标中的人均GDP、地均GDP、第三产业比重和营商环境排名等，粤港澳大湾区的数据均排在最后。粤港澳大湾区第三产业比重为65.44%，而纽约湾区、旧金山湾区和东京湾区的第三产业占比均超过80%，纽约湾区的第三产业占比更接近90%，特别是其他三大湾区的服务经济、信息经济或知识经济也高度发达，这也是世界级湾区迈向成熟的重要标志之一。这从一个侧面也表明，与其他三大湾区相比，粤港澳大湾区要实现创新驱动发展和经济结构的转型和升级，还有较长的一段路要走。

2. 创新热潮涌动，基础能力不足

粤港澳大湾区的创新影响力排名四大湾区第2。逊于旧金山湾区，但好于东京湾区和纽约湾区。比较湾区创新影响力的4个二级指标，粤港澳大湾区良好的创新影响力表现，主要得益于其创新绩效指标（排名第2）和创新口碑指标（排名第1）的强势拉动，因为粤港澳大湾区的创新基础指标和创新能力指标并不突出，并且都排在了四大湾区的末尾。

粤港澳大湾区凭借良好的自然、生态、社会、文化环境，初步形成了有利于创新创业的良好氛围，创新基础国内领先。比如，仅香港就拥有5所世界排名200强大学，湾区拥有30余名中国科学院、工程院院士以及获聘其他国家同等职衔的科学家，拥有国家重点实验室12个。珠三角也拥有众多研发机构，涌现出华为、比亚迪、腾讯等一批知名企业。然而，从服务业占比、R&D投入占比、高学历人才占比、世界500强企业数量、全球200强科研机构数量等数据来看，与其他三大湾区相比仍不具备优势，创新基础和创新能力较为薄弱。但是，粤港澳大湾区创新绩效指标却可圈可点，排名仅次于东京湾区，位列第2。其发明专利总量有25.8万件，超过纽约、旧金山和东京湾区的总和；PCT国际专利申请量也远高于纽约湾区和旧金山湾区。此外，粤港澳大湾区的高新技术产业的增加值和贡献率也呈迅速上升的势头。创新口碑指标则是遥遥领先,这对于提升粤港澳大湾区的创新影响力指标得分,作用显著。这可能是由于粤港澳大湾区在打造创新创业生态系统、推动创新驱动转型的过程中,政府发力、名企推动、粤港澳三地协同,引发了更多的国际舆论回响。总体来看,粤港澳大湾区的创新呼声高涨、创新绩效显著,但要进一步提高粤港澳大湾区自主创新能力,则需要利用更多政策和技术手段来整合创新资源,统筹湾区科技、金融、教育和人才资源,以跨越行政边界和法律法则的藩篱,构建湾区城市无缝衔接的创新互动与交流平台,共同建设一体化的湾区创新体制机制,促进创新资源优化配置,以进一步提高粤港澳大湾区的创新能力和影响力。

3. 文旅资源丰富,协同优势未彰

粤港澳大湾区的文旅影响力在四大湾区中排名第3,在世界级湾区中位于中下游水平。其中,湾区文旅影响力的4个二级指标中,文旅活力、文旅设施和文旅口碑均排名第3,仅文旅吸引力排名第2。

具体来看,尽管粤港澳大湾区是中国国际化程度最高的城市群区域之一,同时,拥有众多文化遗产和旅游资源,而且湾区还拥有强大的空港旅客吞吐能力(2017年为1.86亿人次),但粤港澳大湾区在国际组织及外国官方机构总数、中心城市跨国公司联系度及青年人口占比、年均外国游客数、文化产业占比等方面数据与其他湾区相比并不占优势,而且湾区在独特性口碑、友善口碑、美丽口碑、美食口碑等方面,也存在较大的提升空间,因此粤港澳大湾区的文旅活力、文旅设施和文旅口碑等指标上排名靠后,限制了整体文旅影响力的提升。未来粤港澳大湾区应加大旅游协同与整合力度,共同打造湾区为世界级旅游目的地;同时加大文化整合力度,以岭南文化和中西合璧的文化基础,构建人文湾区的文化优势。此外,对标其他三大世界级湾区的文旅发展经验,进一步扩大对外开放,全方位开展对外交流,深入探索开放带动文旅发展的湾区路径和湾区模式,以有效提升粤港澳大湾区的文化和旅游影响力。

4. 对标国际水准,发力宜居建设

在四大湾区中,粤港澳大湾区的宜居影响力排名第4。其中,在湾区影响力4个二级指标的得分上,经济基础指标名列第3,绿色环境和基础设施指标均排名在最后,仅宜居口碑排名第2,仅次于旧金山湾区的宜居口碑。

就湾区人居影响力的经济基础指标而言，粤港澳大湾区的综合实力堪比其他湾区，而且潜力巨大。但从人均 GDP、人均年收入等数据来看，与发达经济体美国和日本的湾区相比还有不小差距。绿色环境指标作为宜居影响力的重要指标之一，相比而言，却也正是粤港澳大湾区的短板所在，其单位能耗、PM2.5 以及地表水体污染等数据在四大湾区中表现最差。以 PM2.5 年均浓度为例，2017 年均为 47 微克/立方米，而同期旧金山湾区仅为 15 微克/立方米，纽约湾区约为 10 微克/立方米，东京湾区约为 12 微克/立方米。与其他三大湾区相比，粤港澳大湾区的生态环境质量还有很大的提升空间。在 2017 年 7 月签署的《深化粤港澳合作推进大湾区建设框架协议》中，明确提出要共建湾区为宜居宜业宜游的优质生活圈，特别提出要完善生态建设和环境保护合作机制，建设绿色低碳湾区，协力打造生态安全、环境优美、可持续发展的国家绿色发展示范区、中国优质生活圈先行先试区以及"21 世纪海上丝绸之路"生态文明之样板。事实上，与国内其他城市群相比，粤港澳大湾区的宜居优势非常明显[1]。因而有关粤港澳大湾区的宜居特色和优势的讨论，在国际舆论中尚且能排在第 2。然而总体来看，与其他几个世界级湾区相比，粤港澳大湾区的宜居影响力的得分却明显落后，排名垫底。未来如何对标其他三大湾区来打造粤港澳大湾区为优美宜居的湾区，仍是一项不小的挑战。

5. 形象引人瞩目，内涵尚待充实

粤港澳大湾区的形象影响力在四大湾区中表现不俗，排名第 2，仅次于旧金山湾区。但是值得注意的是其各二级指标发展的均衡性还有待提升。其中，湾区区域声望排名最末，宜居形象排名第 3，但文旅形象和投资形象均位列第 1。

得益于中央政府的助力和粤港澳三地政府的努力，粤港澳大湾区的形象推广自战略推出以来，始终是舆论关注的热点。各种会议、论坛频频举办，热点新闻、宣传片乃至纪录片的推广也层出不穷，政府或民间的相关网站、自媒体更是如雨后春笋般兴起，引发国际受众的相关关注度也与日俱增。特别是有关投资和文化旅游方面的讨论，强度都胜过其

---

[1] 参见刘彦平主编《中国城市营销发展报告（2018）：创新推动高质量发展》，中国社会科学出版社 2019 年版。

他三大湾区，这表明粤港澳大湾区在投资促进和文旅推广方面进行了大量的努力，而宜居形象指标的表现则次之，排名第3。此外，作为新兴的世界级湾区，与较为成熟的其他三大湾区相比，粤港澳大湾区的区域声望指标方面还是略逊一筹，排名在四大湾区之末。总之，作为中央政府牵头规划的国家重要的经济增长极，以及对外开放的战略性载体，粤港澳大湾区初步确立了良好的发展预期和文旅形象吸引力。随着珠三角地区供给侧结构性改革不断深化，特别是粤港澳大湾区协同治理不断取得新的进展，未来粤港澳大湾区的形象影响力，从品质到内涵仍有望获得进一步强化和提升，以让区域形象影响力真正成为大湾区迈向高质量发展的强大助力。

（四）东京湾区

东京湾区毗邻太平洋和东京湾，包括的对象主要是围绕东京湾发展的一都七县（东京都、埼玉县、千叶县、神奈川县及周边四县），湾区内的最主要城市包括东京、川崎、横滨等，其中东京市是东京湾区的中心城市。东京湾区起步较早，开发始于江户时代，随着东京成为日本的经济中心，湾区逐渐形成京叶、京滨两大工业带，到20世纪80年代，东京湾区就已经集中了全国60%的工业企业、80%的产业工人和70%的工业产值，支撑日本成为当时仅次于美国的世界第二经济大国和第三贸易强国。迄今东京湾区已发展成为实力雄厚的成熟的世界级大湾区之一。然而在本书的评测中，东京湾区的影响力表现不佳。湾区整体影响力指数排名第4。就5个湾区影响力指数的一级指标的得分来看也都排名靠后。其中，经济影响力、创新影响力、宜居影响力表现稍好，均位列第3；文旅影响力和形象影响力指标则都排名最末。也就是说，东京湾区的影响力在现阶段处于乏力的态势。然而，如果我们进一步深入分析湾区影响力指数的二级指标就会发现，东京湾区在许多方面的表现仍不乏亮点。比如在经济规模、创新基础、创新绩效、绿色环境等方面表现卓越，位列四大湾区之首。东京湾区之所以在影响力各一级指标上凸显颓势，主要是因为口碑类指标和形象影响力在"拖后腿"。

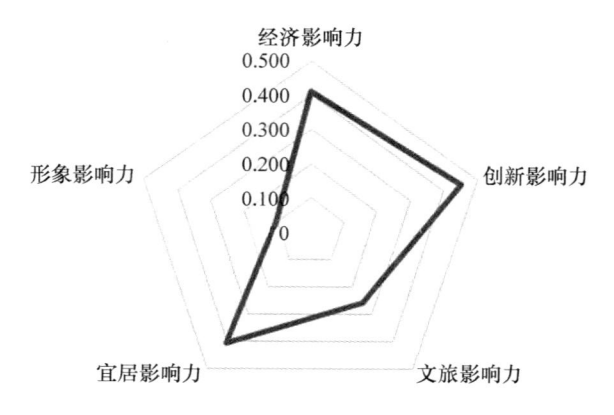

图 3—4　东京湾区影响力指数得分情况

资料来源：笔者整理。

1. 规模优势显著，经济发展口碑稍弱

从湾区的经济影响力指标来看，东京湾区在四大湾区中位列第 3。虽然经济影响力指标得分和排名不尽如人意，但是湾区在经济规模、经济活力等指标均有很好的表现。其中，经济规模位列第 1，经济活力位列第 2。

具体来看，东京湾区在经济规模指标的 5 个三级指标中，GDP 总量、GDP 占全国 GDP 比重、人口 3 个方面均位列四大湾区之首。东京湾区人口 3503 万人，土地面积 3.67 万平方公里，地区生产总值达到 1.77 万亿美元，占到日本 GDP 的 36.3%。在经济活力指标的 5 个三级指标中，东京湾区在人口密度上位居第 1，GDP 增速、港口和空港的吞吐量均位列第 2。东京湾区的人口密度接近纽约湾区的 6 倍，接近粤港澳大湾区和旧金山湾区的 2 倍。在 GDP 增速上仅次于仍具后发优势的粤港澳大湾区，增速维持在 3% 以上。在经济绩效指标方面，东京湾区排名第 3，在该指标的三级指标中，东京湾区的发展并不均衡，比如东京营商环境表现较好，地均 GDP 位列四大湾区之首，接近旧金山湾区的 2 倍和粤港澳大湾区的 4 倍。但是，人均 GPD 指标和第三产业占比方面，东京湾区仅位列第 3。值得注意的是，就经济绩效指标而言，四大湾区彼此间的发展差距并不很大，排名第 2 的纽约湾区此项得分仅比东京湾区高 0.02 分。然而，在经济发展口碑方面，湾区之间却出现较大分异。东京湾区的经济发展口碑排名第 4，其三级指标经济发展预期和投资口碑的得分均垫底，因而极大地拉低了东京湾区经济影响力指标总分。

总之，作为世界上起步最早、发展最快的大湾区之一，东京湾区从开始利用临海的地理优势大力发展重工业，到后期东京新城崛起、科技园区大发展，东京湾区秉承创新求进的传统，充分发挥自身优势，在经济规模、经济活力等方面都取得了傲人的成绩。然而在未来的发展中，东京湾区应注重经济影响力的均衡发展，特别是要注重湾区整体形象的塑造和推广，以不断巩固并发起其作为世界一流湾区的地位。

2. 政产学研协力、创新绩效突出

东京湾区的创新影响力排名第3。在二级指标中，虽然创新基础、创新绩效均位列第1，表现出众，但是创新口碑和创新能力得分不高，均位列第3，拉低了创新影响力指标的得分。

东京湾区的创新基础位列四大湾区之首，R&D占GDP比重、高校数量、核心城市全球金融中心指数、高等教育人口比重等方面均具有强大优势。东京湾区是"技术立国"战略得以充分落实的实例，湾区内各大产业的产学研一体化发展模式，奠定了良好的创新基础。在创新绩效的三级指标中，东京湾区在创新企业数量和PCT国际申请量方面遥遥领先其他湾区。创新企业方面，日本年销售额100亿日元以上的集产学研功能于一身的大企业有五成设于东京湾区。根据世界知识产权组织2017年全球创新指数报告，按区域创新集群的世界专利申请（PCT）排名，东京湾区位列第1。在创新能力指标上，虽然东京湾区在世界100强大学数等方面占有优势，但由于湾区研发投入主要以企业投入为主导，科研机构数目不占优势，创新能力指标位列第3。东京湾区在创新口碑方面排名第4，劣势明显。然而值得注意的是，日本湾区制造业产业集群优势显著，世界500强企业中独揽70家。因此，未来东京湾区在创新口碑方面，应更多借助企业的品牌优势，来提升湾区整体的创新口碑。

3. 文旅充满活力、整体均衡欠佳

东京湾区的文旅影响力指标排名第4。二级指标中，文旅活力充沛，文旅设施齐全，此两项指标均位列第2，表现突出。东京湾区凭借其与美国湾区并驾齐驱的综合实力及独具特色的东方文化魅力，吸引了众多国际组织纷纷落户于此，从经济生产领域、劳动与移民（难民）

领域到农业及儿童等领域，东京湾区所拥有的国际组织及外国官方机构数量遥遥领先于粤港澳大湾区和旧金山湾区，大大提升了该地区的文旅活力。然而由于日本人口老龄化严重，在青年人口比例这一指标上，东京湾区排在最后，一定程度上降低了区域的文化活力优势。在文旅设施方面，东京湾区的空港旅客吞吐量和文化产业比重等均名列前茅。然而，东京湾区的文旅吸引力和文旅口碑表现欠佳，两指标均排名第4。在文化吸引力和文旅口碑方面，东京湾区无论是国际会议年举办数、外国游客年均人数，还是在湾区独特、美丽、美食、友善等口碑数据方面，在四大湾区中排名都比较靠后。不过，仍不能否认东京湾区在文化吸引力和文旅口碑方面巨大的潜力。根据日本政府观光局的统计资料显示，东京都举办国际会议的次数由2000年的313场，增加为2009年的505场，增速极高。同时，随着东京获得2020年夏季奥运会的主办权，未来东京湾区的文旅吸引力和文旅口碑势必会有显著提升。

4. 生态环境绝佳，口碑逊于实际

东京湾区的宜居影响力排名第3。在宜居影响力的二级指标中，绿色环境一项以接近满分的成绩夺得头筹；基础设施指标位列第3；宜居相关的经济基础和宜居口碑指标则位列第4。

在绿色环境指标方面，东京湾区优势显著，单位GDP用水量、单位GDP能耗均为四大湾区中最少，PM2.5浓度低、地表黑臭水占比为0，上述数据是东京湾区资源利用效率高、生态环境良好的直接体现。在湾区起步阶段，由于大量填海造地，导致水质恶化、海洋生物资源退化、湿地减少等生态问题，严重限制了湾区的发展。然而日本中央政府及时意识到了事态的严峻，制定了一系列区域法律法规来强化湾区整体环境整治标准，组织各县市联合开展环境综合整治专项行动，极大改善了湾区的生态环境，造就了今天东京湾区的绿色环境优势。由于经济基础指标多为涉及人均而非总量的民生数据，东京湾区表现出相对的劣势。比如，旧金山湾区的人均GDP达到了东京湾区的2.5倍，人均平均年收入比东京湾区高出了2万多美元。在基础设施指标方面，东京湾区城际铁路长度、路网密度均表现良好位列第2，但受制于湾区面积小、人口密度高，普通铁路长度和人均道路面积的表现不尽如人意。在宜居口碑方面，东京湾区排名第4。有关绿色口碑、安全口碑、和谐口碑、生活品质口碑等方面均垫底，这与东京湾区的实际发展情况并不相符，表明其整体形象塑造与推广迫在眉睫。在硬实力发展良好的前提下，软实力的提升就显得格外重要。

5. 区域形象垫底，传播亟待加强

东京湾区的形象影响力排在四大湾区中的第4位。除区域声望排在第3位外，文旅形象、投资形象和宜居形象都在四大湾区中垫底。而与之对应的是三级指标中的经济发展口碑、创新创业口碑、文旅口碑和宜居口碑的严重滞后。

事实上，东京湾区拥有打造良好湾区形象的基础。全球各家调查机构实施的城市排名调查中，湾区首位城市东京多次位居前位，尤其是在公共交通与时间的正确性便利性、治安、好客性、街道清洁度等方面获得好评。根据森纪念财团《全球城市综合实力排名2016》中就"经济""研究与开发""文化与交流""居住""环境""交通与便利性"6个领域对全球42个城市进行的综合评估，东京位列第3。在具备良好基础的前提下，如何进一步利用东京的形象优势来提升湾区整体形象影响力，乃至打造强过东京城市形象的大湾区影响力，东京湾区还有很大的提升和努力的空间。这就需要东京湾区治理当局从区域整体形象的塑造出发，不断加强湾区形象的可识别性和定位的独特性，同时加大湾区形象传播力度，以让东京湾区在国际舆论视野中绽放其应有的光华。

三 四大湾区整体影响力对比分析启示

上述对纽约、旧金山、东京和粤港澳四大湾区影响力指数的分析与点评表明，四大湾区在经济、创新、文旅、宜居和形象5个维度及相应的众多二、三级指标的影响力表现，各有其优势的领域，也各有其短板所在（参见图3—5）。因此，湾区影响力不应视为是一个笼统的概念，而应通过较为细致和具体的对比分析，相互镜鉴、扬长补短，才有望使各自的区域影响力获得更好的发展。此外，归纳、总结四大湾区形象影响力的现状及其优劣得失，也可获得若干关于世界级湾区影响力发展的启示。

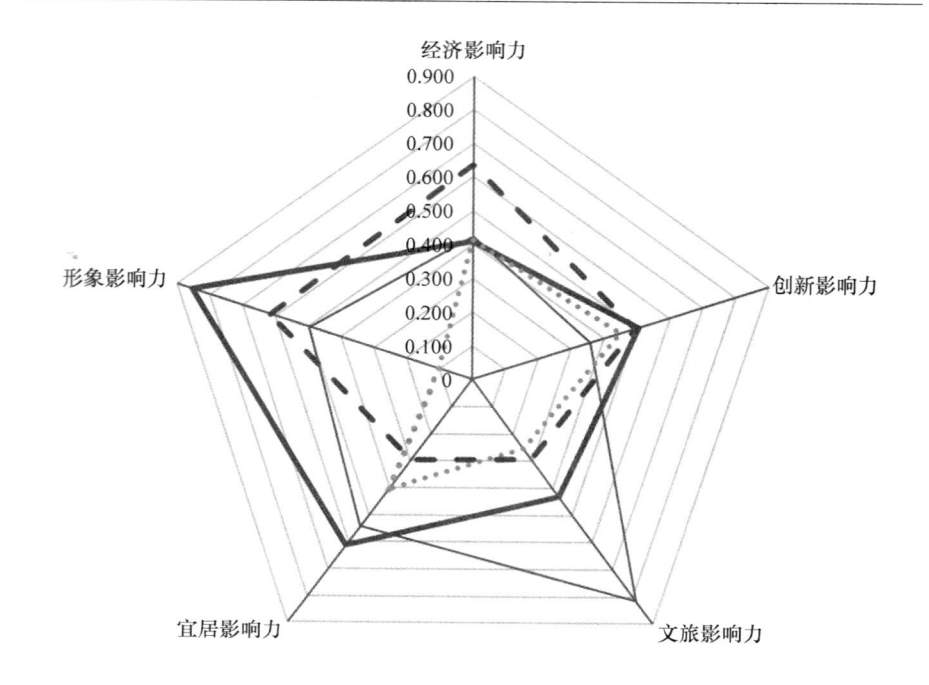

图 3—5　四大湾区影响力指数得分情况

资料来源：笔者整理。

（一）区域人口聚集，增长极作用显著

相对于内陆地区，湾区享有天然的地缘和交通优势。湾区通过海上交通发挥内陆与世界沟通的桥梁作用，往往能够比内陆地区更早、更快地开启经济建设和国际交往，从而吸引人口和产业集聚，推动自身发展。四大湾区的人口所占比例远超其土地面积在国土面积中的占比，湾区所创造的国内生产总值也远高出内陆地区，这都展现了湾区先进的生产效率。比如纽约湾区在占国土面积 0.37% 的土地上，汇聚了美国 7% 的人口，创造了 8.86% 的美国国内生产总值；旧金山湾区在不到国土面积 0.19% 的土地上聚集了美国 2.3% 的人口，创造了 4.5% 的美国国内生产总值；东京湾区土地面积占日本国土面积的 9.7%，聚集了 27.6% 的人口，创造了 36.3% 的日本国内生产总值；而粤港澳大湾区则在不到国土面积 0.59% 的土地上，集聚了 4.8% 的人口，创造了

12.3%的国内生产总值。这些数字对于任何一个单独的城市或者区域来说都是望尘莫及的,可见湾区经济对所在国经济发展具有显著的提升作用。与此同时,湾区其他经济指标也遥遥领先于内陆地区,人均和地均GDP高于全国范围内人均和地均值,同时第三产业比重也高于城市和全国第三产业比重。世界级湾区依靠先天的地理优势,在港区内建成众多港口群,依托和利用发达的港口城市,极大地提高了港口集装箱吞吐量和空港货邮吞吐量。例如东京湾区和粤港澳大湾区,在原有核心港口城市的基础上加快港口群建设步伐,通过港口联动,培育周边产业,促进了经济增长。

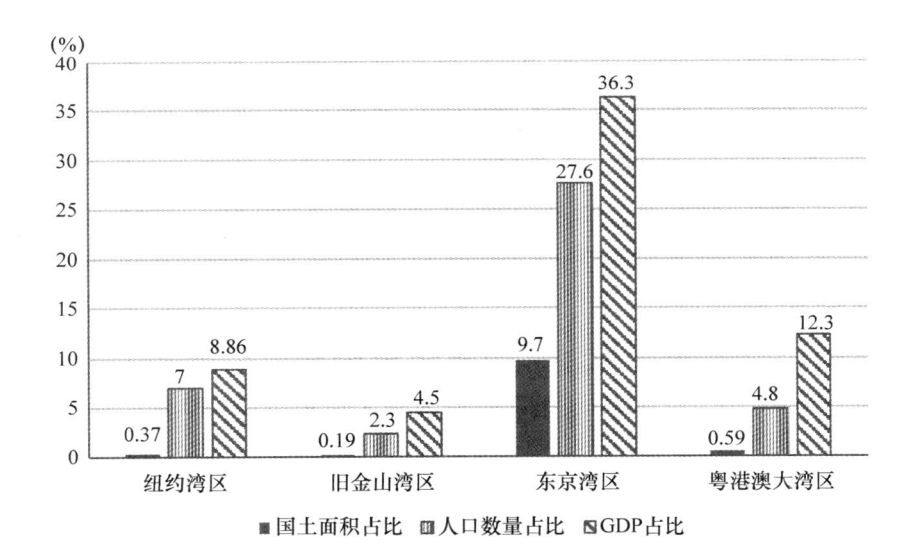

图3—6 四大湾区国土面积、人口数量及地区生产总值本国占比

资料来源:笔者整理。

(二)创新动力澎湃,引领湾区可持续发展

世界一流湾区的创新动能往往持久不衰,创新成果层出不穷。四大湾区拥有世界100强大学数量远超其他区域,例如纽约湾区的普林斯顿大学、旧金山湾区的斯坦福大学、东京湾区的东京大学、粤港澳大湾区的香港大学。除著名高校数量众多外,湾区还聚集了众多世界级科研机构和跨国公司研发中心;根据英国智库Z/Yen集团和中国(深圳)综合开发研究院共同编制的"全球金融中心指数",四大湾区核心城市的

全球金融指数得分都在上位圈。从发明专利数量和 PCT 国际专利申请量上看，湾区科技创新实力在全球更是处于非常领先的地位。发达的科技教育促进了顶尖创新人才及各类技能人才的大规模集聚，推动各大湾区成为本国受教育程度最高的地区之一。经济合作与发展组织发布的教育概览统计结果显示，25—64 岁的居民中，湾区的本科及以上学历人口比例超出普通城市和区域，高素质人才是湾区强大创新能力的重要基础。可以看出，世界发达湾区是全球资本要素流动的节点，是全球科技和文化交往的重要中心，充分借助一流高校和科研机构的强大科研开发能力，湾区往往成为全球创新的重要引擎。

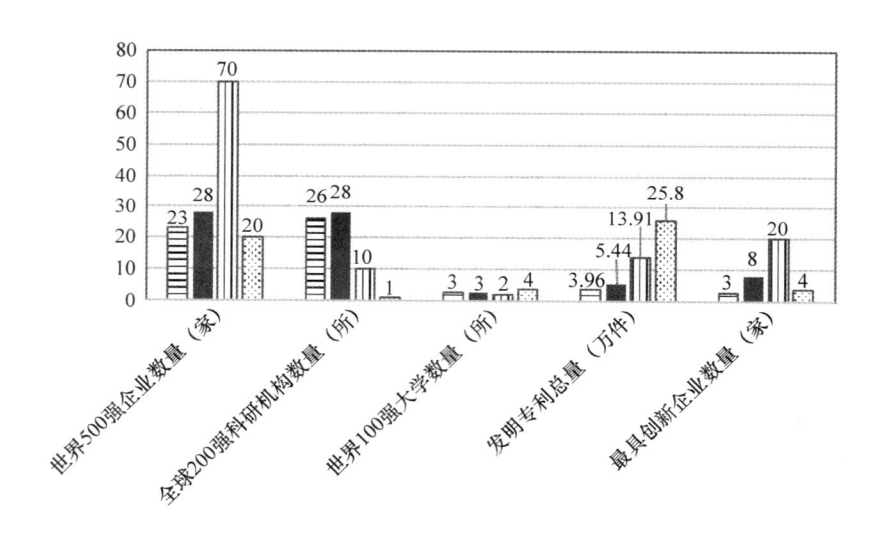

图 3—7　四大湾区创新影响力典型指标

资料来源：笔者整理。

（三）文化旅游奠基，提升湾区辐射力

世界级湾区依托地理位置优势和经济优势，往往具备特色明显的旅游资源和配套的"吃住行游购娱"等服务要素，能满足国际旅客休闲、商务等多种需求，是具有吸引、招徕和接待各类旅游者的综合能力的城市群地域。纽约湾区、旧金山湾区、东京湾区和粤港澳大湾区都有数十上百个国际组织及外国官方机构，比如联合国总部、世界银行、VISA

国际信用卡组织等国际组织的总部以及各国驻外使领馆,同时湾区核心城市具有较高的跨国公司联系度,这些都构成了湾区较高的文旅活力。从外国游客年均人数、频繁的国际会议年举办数等方面也可以看出湾区非同一般的文旅吸引力。除此之外,湾区的文旅设施通常都很发达,湾区拥有众多大型和中小型港口,通常形成重要港口分层次发展的格局,空港旅客吞吐量均达到上亿人次,这些都提高了湾区发展的凝聚力和辐射力。

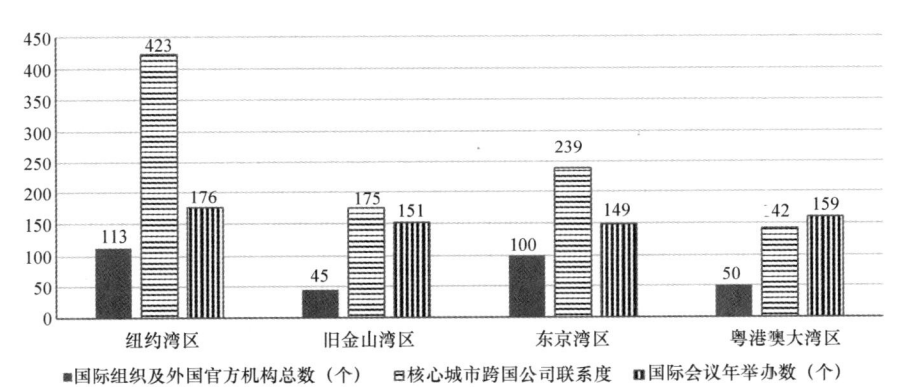

图3—8 四大湾区文旅影响力典型指标

资料来源:笔者整理。

(四) 人本核心凸显,宜居迈入新阶段

世界级湾区一定是生态优良、绿色宜居的区域。良好的生活环境是湾区发展的重要基础。湾区依靠港湾,具有天然的开放性和经济地理优势,同时有着丰富的海洋、生物、环境资源和独特的地理景观、生态价值,在一个国家的经济社会发展中具有重要地位。生态环境优势和特色一旦遭到破坏,湾区将失去发展基础。宜居是对适宜居住程度的综合评价,一个宜居的区域往往拥有环境优美、社会和谐、文明进步、生活舒适、经济发达以及美誉度高的特点。从本书的湾区宜居影响力指标来看,四大湾区的经济发展均满足这些传统条件。首先,湾区经济发展速度高,人均地区生产总值和人均年收入维持在高水平,经济基础良好保障了湾区人民较高的生活水平,而这也正是区域宜居性的重要评价标准之一。其次,湾区生活环境优质,四大湾区中除了粤港澳大湾区,其他

世界级湾区的PM2.5年均浓度常年维持在较低水平，地表水黑臭水体占比为0。世界级湾区重视经济发展的质量，节约集约利用能源和资源，重视能源和资源的利用效率的提升，在经济发展的过程中尽可能减少对生态环境的破坏。再次，湾区基础设施完善，交通设施发达，四大湾区均拥有较长的普通铁路线和城际铁路。最后，随着智能建设成为国际研究视域中城市发展不可或缺的基本面，便捷服务一体化、手机支付、虚拟现实和大数据在城市中的延展运用，促使湾区更为注重区域居民的获得感和满意度，引领宜居建设突破传统领域天花板，进入科技含量更高的新型现代化阶段。

（五）区域形象凸显，助力影响力构建

湾区形象是指某一湾区的整体形态与特征，是人们对某一湾区的看法和评估，是一个湾区的内部公众与外部公众对该湾区的内在综合实力、外在影响和未来发展前景的综合印象。湾区各城市政府、企业及其市民作为体现湾区形象的群体，其塑造的湾区形象决定了湾区的知名度与美誉度；作为评价湾区形象的群体，外来游客、媒体及相关研究者对湾区的口碑和宣传对湾区形象的塑造同样十分重要。例如纽约湾区的"金融湾区"的形象、旧金山湾区的"科技湾区"美誉以及东京湾区"产学研结合"形象等，这种湾区形象的形成，既是湾区显著特征的外化，也是通过各种群体对湾区形象的共同认知的"堆积凝固"。正如在央视《辉煌中国》的纪录片中，粤港澳大湾区被描述为"世界四大湾区之一，将跳出中国，辐射大半个亚洲，做20亿人的中心"，基于"粤港澳三地"和"未来因它而形成的5.6万平方公里区域"，打造"世界经济版图上又一个闪耀的经济增长极"，成为"国家建设世界级城市群和参与全球竞争的重要空间载体"；同时喊出"让世界爱上中国创新"的口号，致力于打造创新湾区等。强大的区域形象是四大湾区共有的特征，鲜明和正面的湾区形象，能够有效带动区域影响力的提升乃至促进区域的高质量发展，正在成为不可忽视的力量。

第四章　四大湾区主要城市影响力指数报告 2018

"湾区"通常指围绕沿海口岸分布的众多海港和城市所构成的港口群和城市群，其衍生的经济效应则被称为"湾区经济"。湾区主要城市（尤其是核心城市）的发展水平和城市密度，很大程度上代表着湾区的整体水平。为进一步考察四大湾区的影响力，本书依据湾区三要城市影响力指数（BACII），选取四大湾区中的 14 个主要城市作为评测样本，包括纽约湾区的纽约、布里奇波特、纽黑文、纽瓦克；旧金山湾区的旧金山、奥克兰、圣何塞；东京湾区的东京、横滨、川崎；粤港澳大湾区的香港、澳门、广州、深圳。指数评测围绕经济影响力、创新影响力、文旅影响力、宜居影响力和形象影响力 5 个方面展开，通过 20 个二级指标、60 个三级指标的体系化评测与分析，进一步揭示四大湾区内部主要城市的影响力状况，剖析优势、劣势及未来发展的趋势，以及这些主要城市与湾区整体影响力的关系等，以为中国粤港澳大湾区的发展特别是影响力提升的研究和实践，提供参考。

一　四大湾区主要城市影响力得分与排名

纽约湾区、旧金山湾区、东京湾区和粤港澳大湾区纳入测评的 14 个主要城市，依据本书设计的湾区城市影响力指数（BACII）的指标及计算方法，获得四大湾区主要城市影响力指数得分与排名，以及该指数 5 个一级指标的得分与排名（参见表 4—1 至表 4—6）。

表 4—1　四大湾区 14 个主要城市影响力（BACII）指数得分与排名

城市名称	总指数	排名	经济影响力	排名	创新影响力	排名	文旅影响力	排名	宜居影响力	排名	形象影响力	排名
纽约	0.746	1	0.805	1	0.631	2	0.667	1	0.652	1	0.975	1
东京	0.603	2	0.741	2	0.654	1	0.598	2	0.622	2	0.401	5
香港	0.595	3	0.667	3	0.529	3	0.482	4	0.593	3	0.703	2
旧金山	0.531	4	0.656	4	0.484	4	0.507	3	0.590	4	0.421	4
深圳	0.466	5	0.612	5	0.478	5	0.317	8	0.395	11	0.529	3
圣何塞	0.426	6	0.567	7	0.426	6	0.354	6	0.574	5	0.207	8
广州	0.422	7	0.609	6	0.422	7	0.361	5	0.317	14	0.400	6
纽瓦克	0.372	8	0.344	13	0.405	8	0.326	7	0.470	8	0.313	7
横滨	0.332	9	0.410	8	0.375	9	0.314	9	0.466	10	0.093	13
奥克兰	0.321	10	0.387	10	0.347	10	0.251	12	0.494	6	0.125	10
纽黑文	0.307	11	0.376	12	0.321	12	0.255	11	0.476	7	0.109	12
澳门	0.292	12	0.383	11	0.272	14	0.247	13	0.366	13	0.193	9
川崎	0.278	13	0.408	9	0.288	13	0.205	14	0.368	12	0.123	11
布里奇波特	0.277	14	0.278	14	0.328	11	0.312	10	0.469	9	0.000	14

资料来源：笔者整理。

表 4—2　四大湾区主要城市经济影响力二级指标得分与排名

城市名称	经济影响力	排名	经济规模	排名	产业质量	排名	市场活力	排名	经济发展口碑	排名
纽约	0.805	1	0.851	1	0.742	2	0.626	2	1.000	1
东京	0.741	2	0.740	3	0.791	1	0.638	1	0.795	4
香港	0.667	3	0.608	5	0.595	5	0.551	5	0.914	2
旧金山	0.656	4	0.758	2	0.564	6	0.553	4	0.748	5
深圳	0.612	5	0.407	7	0.673	3	0.551	6	0.819	3
广州	0.609	6	0.580	6	0.526	7	0.587	3	0.743	6
圣何塞	0.567	7	0.686	4	0.637	4	0.475	9	0.470	9
横滨	0.410	8	0.356	11	0.464	9	0.457	10	0.365	13
川崎	0.408	9	0.194	14	0.487	8	0.491	7	0.461	10
奥克兰	0.387	10	0.459	8	0.266	12	0.430	11	0.394	11
澳门	0.383	11	0.338	12	0.104	14	0.489	8	0.600	8

续表

城市名称	经济影响力	排名	经济规模	排名	产业质量	排名	市场活力	排名	经济发展口碑	排名
纽黑文	0.376	12	0.223	13	0.192	13	0.348	13	0.742	7
纽瓦克	0.344	13	0.373	10	0.291	10	0.342	14	0.369	12
布里奇波特	0.278	14	0.475	7	0.286	11	0.351	12	0.000	14

资料来源：笔者整理。

表4—3　　四大湾区主要城市创新影响力二级指标得分与排名

城市名称	创新影响力	排名	创新潜力	排名	创新环境	排名	创新绩效	排名	创新口碑	排名
东京	0.654	1	0.673	1	0.757	1	0.907	1	0.279	5
纽约	0.631	2	0.266	11	0.551	5	0.706	4	1.000	1
香港	0.529	3	0.200	12	0.369	11	0.614	6	0.933	2
旧金山	0.484	4	0.445	5	0.590	3	0.635	5	0.266	7
深圳	0.478	5	0.394	7	0.311	12	0.491	11	0.716	3
圣何塞	0.426	6	0.300	10	0.595	2	0.766	3	0.045	9
广州	0.422	7	0.659	2	0.235	13	0.395	12	0.400	4
纽瓦克	0.405	8	0.480	3	0.416	10	0.570	7	0.153	8
横滨	0.375	9	0.117	14	0.505	6	0.866	2	0.011	12
奥克兰	0.347	10	0.314	9	0.502	7	0.557	8	0.015	11
布里奇波特	0.328	11	0.332	8	0.438	9	0.541	9	0.000	14
纽黑文	0.321	12	0.448	4	0.575	4	0.241	14	0.019	10
川崎	0.288	13	0.125	13	0.493	8	0.525	10	0.011	13
澳门	0.272	14	0.399	6	0.077	14	0.333	13	0.278	6

资料来源：笔者整理。

表4—4　　四大湾区主要城市文旅影响力二级指标得分与排名

城市名称	文旅影响力	排名	文旅活力	排名	文旅设施	排名	文旅绩效	排名	文旅口碑	排名
纽约	0.667	1	0.590	4	0.295	11	0.782	2	1.000	1
东京	0.598	2	0.647	2	0.550	2	1.000	1	0.195	5
旧金山	0.507	3	0.784	1	0.453	5	0.534	4	0.256	3

续表

城市名称	文旅影响力	排名	文旅活力	排名	文旅设施	排名	文旅绩效	排名	文旅口碑	排名
香港	0.482	4	0.474	9	0.490	3	0.632	3	0.334	2
广州	0.361	5	0.386	13	0.373	8	0.532	5	0.154	6
圣何塞	0.354	6	0.583	5	0.373	7	0.427	7	0.032	9
纽瓦克	0.326	7	0.469	10	0.337	9	0.257	9	0.239	4
深圳	0.317	8	0.521	6	0.595	1	0.006	14	0.146	7
横滨	0.314	9	0.488	7	0.278	12	0.474	6	0.014	12
布里奇波特	0.312	10	0.483	8	0.475	4	0.288	8	0.003	14
纽黑文	0.255	11	0.623	3	0.272	13	0.107	13	0.018	11
奥克兰	0.251	12	0.436	11	0.397	6	0.144	12	0.027	10
澳门	0.247	13	0.366	14	0.326	10	0.254	10	0.040	8
川崎	0.205	14	0.434	12	0.187	14	0.192	11	0.006	13

资料来源：笔者整理。

表4—5　**四大湾区主要城市宜居影响力二级指标得分与排名**

城市名称	宜居影响力	排名	宜居基础	排名	宜居成本	排名	绿色环境	排名	宜居口碑	排名
纽约	0.652	1	0.888	3	0.488	6	0.456	12	0.777	1
东京	0.622	2	0.886	4	0.717	1	0.769	5	0.115	8
香港	0.593	3	0.764	6	0.668	2	0.532	8	0.406	2
旧金山	0.590	4	0.958	1	0.325	13	0.945	1	0.130	6
圣何塞	0.574	5	0.903	2	0.440	8	0.931	2	0.022	11
奥克兰	0.494	6	0.740	7	0.325	12	0.874	3	0.038	9
纽黑文	0.476	7	0.734	8	0.352	11	0.804	4	0.014	12
纽瓦克	0.470	8	0.476	11	0.427	9	0.678	7	0.300	4
布里奇波特	0.469	9	0.769	5	0.616	3	0.493	10	0.000	14
横滨	0.466	10	0.508	9	0.593	4	0.757	6	0.004	13
深圳	0.395	11	0.450	12	0.254	14	0.523	9	0.354	3
川崎	0.368	12	0.483	10	0.548	5	0.406	13	0.036	10
澳门	0.366	13	0.375	14	0.478	7	0.490	11	0.122	7
广州	0.317	14	0.403	13	0.383	10	0.307	14	0.176	5

资料来源：笔者整理。

表4—6　四大湾区主要城市形象影响力二级指标得分与排名

城市名称	形象影响力	排名	城市声望	排名	文旅形象	排名	投资形象	排名	宜居形象	排名
纽约	0.975	1	0.980	1	1.000	1	1.000	1	0.920	1
香港	0.703	2	0.859	2	0.645	2	0.840	2	0.466	3
深圳	0.529	3	0.624	8	0.312	3	0.517	3	0.665	2
旧金山	0.421	4	0.791	4	0.255	6	0.249	6	0.388	4
东京	0.401	5	0.853	3	0.303	4	0.260	5	0.189	7
广州	0.400	6	0.708	7	0.296	5	0.273	4	0.323	5
纽瓦克	0.313	7	0.719	6	0.169	8	0.166	8	0.198	6
圣何塞	0.207	8	0.735	5	0.032	9	0.039	9	0.020	11
澳门	0.193	9	0.259	13	0.182	7	0.231	7	0.100	8
奥克兰	0.125	10	0.437	10	0.024	10	0.015	12	0.023	9
川崎	0.123	11	0.476	9	0.000	14	0.015	11	0.000	13
纽黑文	0.109	12	0.384	11	0.013	12	0.017	10	0.020	10
横滨	0.093	13	0.344	12	0.018	11	0.011	13	0.002	12
布里奇波特	0.000	14	0.000	14	0.000	13	0.000	14	0.000	14

资料来源：笔者整理。

二　四大湾区主要城市影响力的总体特征

（一）湾区主要城市影响力整体水平居于高位

四大湾区14个主要城市实现了经济、创新、文旅、宜居、形象的多维高质建设，在全球或区域范围内形成辐射力。如图4—1所示，四大湾区主要城市影响力指数的均值为0.43，表现出较强的示范效应。其中，均值以上城市数量有6个，均值以下有8个。同时，14个城市的影响力指数得分落在0.2—0.8，以0.1为级差的6个区间中，整体层级呈纺锤状分布。其中，0.3—0.4区间包含纽瓦克、横滨、奥克兰和纽黑文4个城市，是城市数量最多的层级；0.4—0.5和0.2—0.3区间的数量次多，各3个城市，则分别包含深圳、圣何塞和广州以及澳门、川崎和布里奇波特；0.5—0.6区间包含香港和旧金山2个城市，0.6—0.7区间及0.7—0.8区间分别有东京和纽约各1个城市。

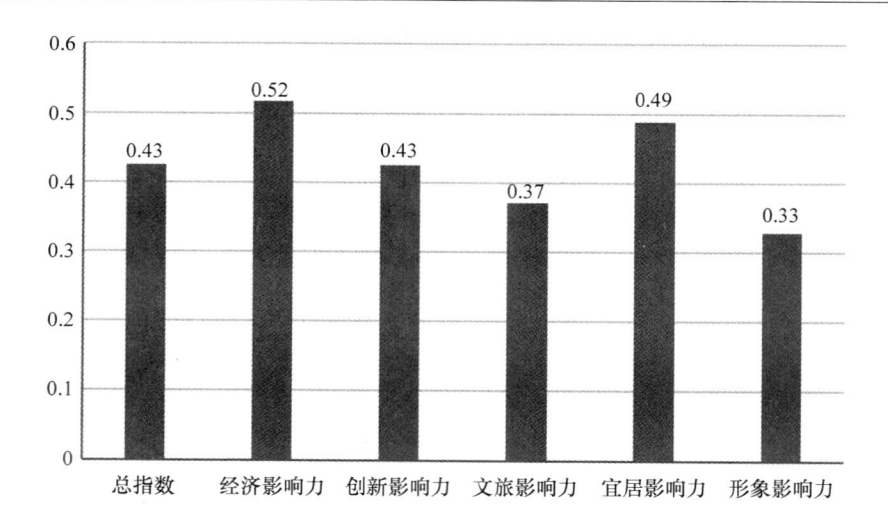

图 4—1 四大湾区主要城市影响力指数及一级指标的均值

资料来源：笔者整理。

（二）影响力表现分化，核心城市稳居影响力巅峰

四大湾区的四个核心城市领跑影响力建设，纽约、东京、香港、旧金山分列四强，得分均超过 0.5，均值为 0.619，较 14 个城市影响力的平均水平高 45.15%。纽约城市影响力得分最高，达到 0.746，是唯一超过 0.7 的城市。东京其次，得分超过 0.6。其他 8 个城市的影响力指数得分均未达到 0.5，与核心级城市的影响力存在明显差距。

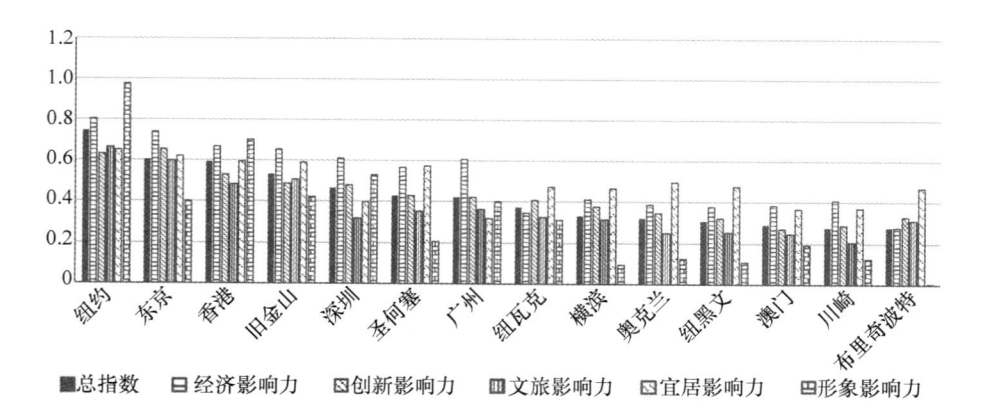

图 4—2 湾区各主要城市影响力一级指标数得分情况

资料来源：笔者整理。

分化还反映在14个城市的影响力一级指标得分上，具体表现为极差大或低分过于集中。其中，形象影响力和经济影响力的极差较大。前者在城市之间的分布最不均衡，极差达到0.975，同时得分为0.3以下的城市有50%，得分0.5以上的只有不到25%的城市；后者极差较大，为0.527，分布较为均匀，平均值0.517以上的城市占50%。文旅影响力和创新影响力则表现出马太效应。尽管两者的极差相对较小，但平均值以上的城市占比分别只有35%和36%，强者愈强，弱者相对集中。宜居影响力较为均衡，极差为0.33，均值以上的城市有6个，占比42%。

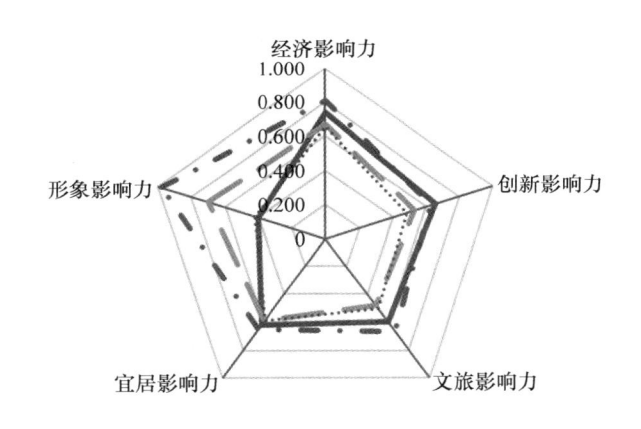

图4—3　四大湾区核心城市影响力各一级指标得分情况

资料来源：笔者整理。

（三）城市影响力整体均衡，形象影响力和文旅影响力成为短板

参考14个湾区主要城市的影响力得分均值，经济影响力、创新影响力、文旅影响力、宜居影响力和形象影响力5个一级指标与城市影响力水平相对一致。5个指标中，有2个指标位于0.3—0.4区间，2个位于0.4—0.5区间，1个位于0.5—0.6区间，分布较为集中。尽管发展阶段、资源禀赋、经济结构各不相同，但城市影响力的战略均衡是四大湾区主要城市的共同特点。在城市影响力的5个一级指标中，形象影响力和文旅影响力得分较低，同时与城市影响力指数总分差距最大。这从另一方面也说明形象和文旅影响力将是未来湾区城市影响力发展的重要战略性领域和提升空间所在。

（四）城市影响力各有所长，粤港澳城市阵营优势明显

数据显示，4个湾区的城市影响力指数均值全部位于0.40—0.45区间，差距较小。其中，粤港澳大湾区4个主要城市的城市影响力指数均值为0.444，位列第1。同时一级指标中的经济影响力和形象影响力均值也领先于其他3个湾区，表明粤港澳大湾区的香港、澳门、广州和深圳都是经济发达、辐射力强的国际化城市，在大湾区中形成了较强的中心城市影响力效应，相较其他3个单核的湾区来说更具优势。当然，粤港澳大湾区主要城市的文旅影响力和宜居影响力的均值都排名最末，处于劣势。

此外，纽约湾区和旧金山湾区的主要城市均值以极微小分差分别名列第2和第3，不同的是纽约湾区城市的文旅影响力均值居首，而旧金山湾区城市的宜居影响力均值最佳。东京湾区城市影响力均值垫底，主要原因在于其形象影响力均值的相对不足，然而东京湾区各主要城市在创新影响力均值方面处于领先地位。

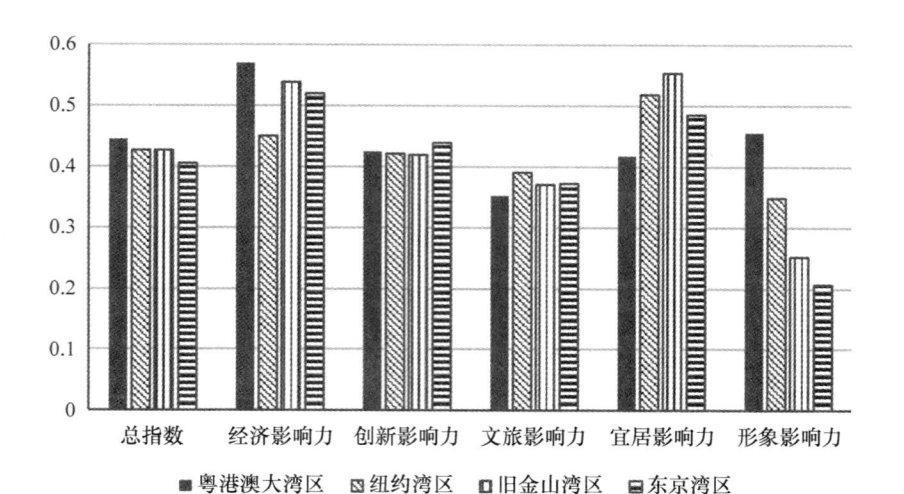

图4—4 四大湾区主要城市一级指标均值得分

资料来源：笔者整理。

三 四大湾区主要城市影响力点评

本节依据湾区核心城市的影响力指数排名顺序，依次点评纽约湾区、东京湾区、粤港澳大湾区及旧金山湾区纳入测评的城市影响力指数。其中，重点分析和点评4个湾区核心城市即纽约、东京、香港和旧金山，同时适当兼顾湾区其他主要城市。

（一）纽约湾区主要城市影响力分析

1. 纽约湾区核心城市——纽约

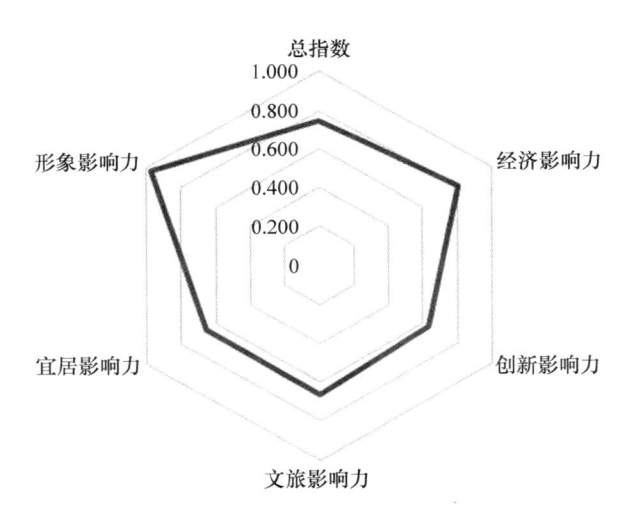

图4—5 纽约城市影响力指数一级指标得分情况

资料来源：笔者整理。

纽约在湾区城市影响力指数排名第1，同时经济、文旅、宜居、形象四项影响力指标也均为第1，遥遥领先于四大湾区的其他城市。仅创新影响力指标排在东京之后，位列第2。特别是纽约的形象影响力指标更为突出，得分为满分。

（1）经济中心地位稳固

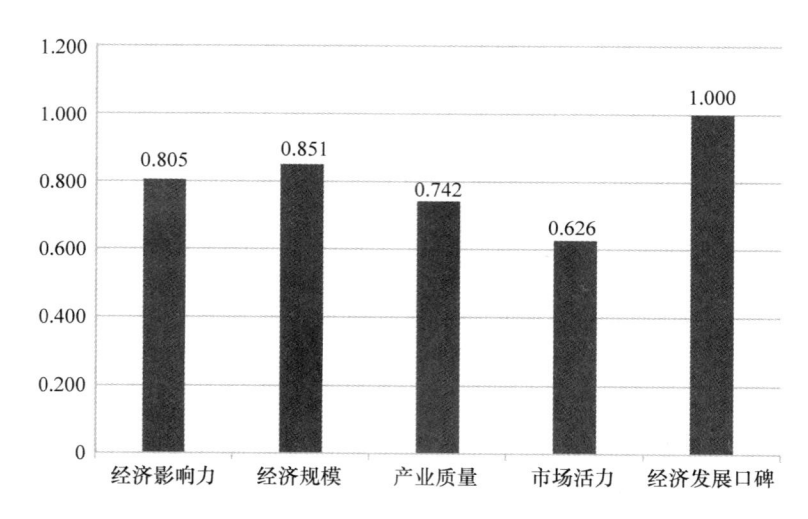

图4—6　纽约经济影响力二级指标得分情况

资料来源：笔者整理。

柱状图数据：经济影响力 0.805，经济规模 0.851，产业质量 0.742，市场活力 0.626，经济发展口碑 1.000。

在经济影响力指数方面，纽约的经济规模、经济发展口碑指标均排名第1。在市场活力和产业质量指标上排名第2，均仅次于东京。

纽约以发达的金融业著称，不仅有世界最著名的纽约交易所和纳斯达克交易所，同时也是世界规模最大、最受瞩目的金融中心。高素质的人力资源和科研教育资源，完善的基础设施和中心商务区环境，发达的金融保险和新型服务使得纽约的信息流、资金流、人才流源源不断，为美国的经济影响力建设注入活力。在世界500强企业财富名单上，有46家公司将纽约作为总部设置地点，催化形成与之配套的服务业，包括广告服务、法律会计、管理公关等传统服务业和云计算、人工智能、虚拟现实等新兴服务业，继而推动服务经济纵深发展，经济及其业态的影响力不断加强。总之，纽约的经济影响力位列所有湾区城市之首，不仅具有牢固的基础，发展动力也十分充沛。

(2) 创新助推城市发展

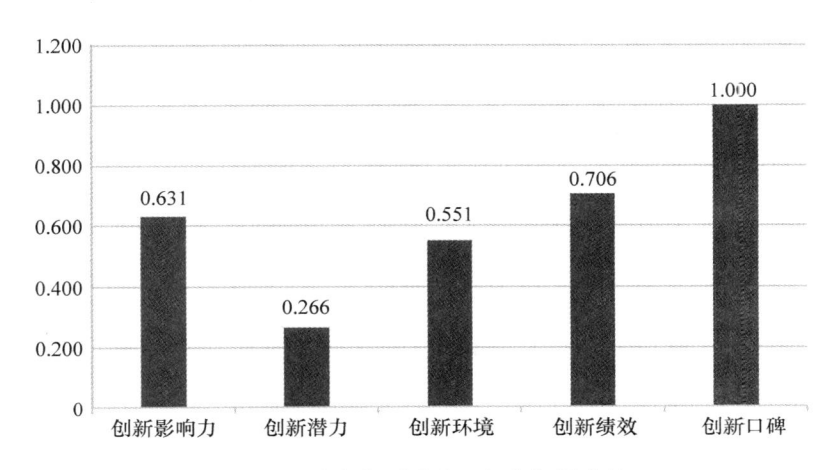

图4—7 纽约创新影响力二级指标得分情况

资料来源：笔者整理。

纽约的创新影响力排名第2，仅次于东京。高科技行业是纽约发展最快、收入最高的行业。根据纽约州劳工部发布的2018年纽约市按行业细分的劳动数据，从事和高科技服务有关行业的就业人数占非农业工作总人数的8.2%，而同时期的金融行业不过占11.7%。

从创新影响力的二级指标上来看，纽约的创新环境、创新绩效、创新口碑指标均位列前5，占有绝对优势。纽约拥有全美乃至全球其他城市无法比拟的科技资源优势。纽约劳动力人口虽仅占全美劳动力的6.25%，却聚集了全美10%的博士学位获得者；在纽约的美国国家科学院院士约有200多名（占全美国家科学院院士人数的10%）；科学家和工程师近40万名；拥有300多所高等院校，高校学生人数占全美总数的10%左右。据统计，纽约的专业人员与管理人员的劳动生产率要比全美平均水平高出39%。此外，纽约在高科技产业的发展方面同样可圈可点。其中，高科技企业数有18500家，排名全美第4；高科技产业就业人数超过30万人，排名全美第3；在拥有高技术领域雇员和吸引风险投资方面，纽约均位居全美第3[①]。

---

① 卢文彬：《湾区经济：探索与实践》，社会科学文献出版社2018年版，第166页。

不过，纽约的创新潜力表现较差，仅排名第 11，较东京低约 0.4 分。创新潜力在本书中的主要构成要素是家庭教育支出占总支出的比重、20—29 岁青年人口比例和大学生在校人数占总人口的比例。在这三项指标中，纽约均不占优势。家庭教育支出占总支出比重较最高水平东京低 2.4%；20—29 岁青年人口比例较最高水平深圳低了 8%；大学生在校人数占总人口的比例较最高水平东京和广州低 5%。

总之，创新对于纽约的发展意义重大，高新技术产业成为推动纽约城市影响力发展的重要力量。纽约在创新环境、创新绩效、创新口碑方面均表现良好，表现稍显逊色的创新潜力指标更多地体现在城市对于本地人才的培养能力，但纽约对于外来人才的强大吸引力在很大程度上弥补了这方面的不足。

（3）文化旅游魅力无限

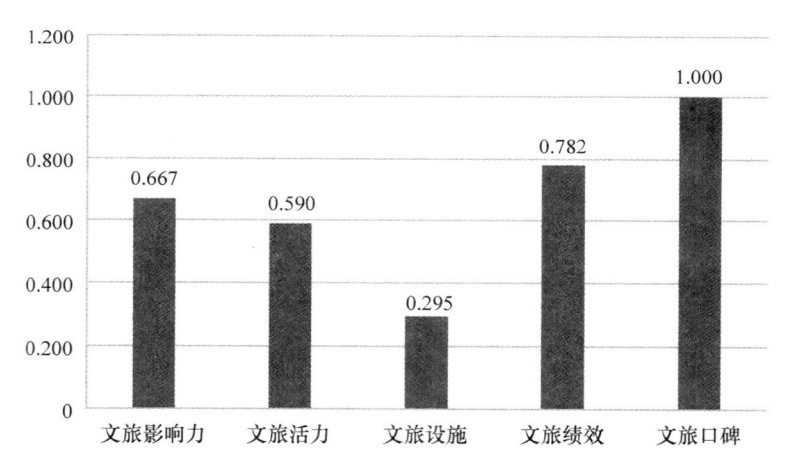

图 4—8 纽约文旅影响力二级指标得分情况

资料来源：笔者整理。

一级指标文旅影响力指数纽约排名第 1，实力强劲，显示纽约在文化和旅游方面无可比拟的优势。其下二级指标纽约大多数也表现良好，文旅绩效排名第 2，文旅口碑则得到了满分位列第 1，文旅活力排名第 4；表现较差的为文旅设施，仅排名第 11 位。纽约市丰富的旅游资源，尤其是文化艺术方面，为其带来了极高的文旅绩效，吸引着众多游人旅客。纽约可以被称为世界文化之都，拥有的博物馆、剧院及各类演艺活动数量与世界各大城市相比，可谓一马当先。优质的文旅绩效为纽约积累了良好的文旅口碑。纽约在城市独特口碑、友善口碑、美丽口碑和美食口碑方面均位列所有测评城市中第1。不过，在文旅设施方面，纽约仅排在第11位，显示其原有的文旅设施优势已经被越来越多的湾区城市所赶超。

（4）宜居优势喜忧参半

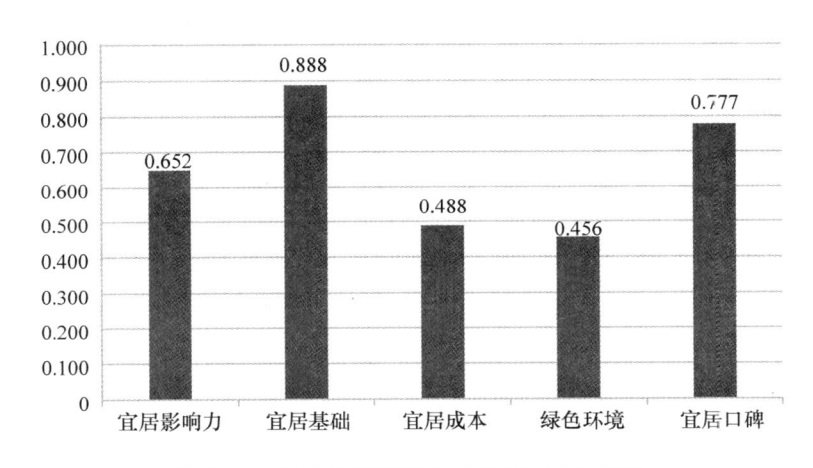

图4—9　纽约宜居影响力二级指标得分情况

资料来源：笔者整理。

纽约的宜居影响力指数排名第1，但宜居影响力的二级指标的均衡性有待提升。其中，宜居基础和宜居口碑极大提升了纽约宜居影响力整体得分，两个指标排名分别为第3和第1。而在绿色环境指标上，纽约仅排在第12位；宜居成本表现同样不尽如人意，排名第6。纽约因宜居成本高、绿色环境不佳等问题，使得现阶段纽约宜居影响力的良好表现可能存在缺乏可持续性的隐忧。纽约宜居成本过高，主要体现在过多的贫困人口数量上。图4—10展示了纽约州2000—2017年的贫困率水平。2014—2016年纽约州的贫困率水平为15.9%、15.4%、14.7%，根据纽约市市长经济机会办公室的报告，同时期的纽约市贫困率分别为20.6%、19.9%和19.5%，远高于纽约州的水平。此外，据该报告的统计，2016年纽约有43.5%的市民生活水平接近贫困线。纽约的犯罪率也大幅度地高于其他湾区的主要城市。因此，相对于其他影响力指标，宜居影响力是目前纽约城市影响力发展的短板所在。

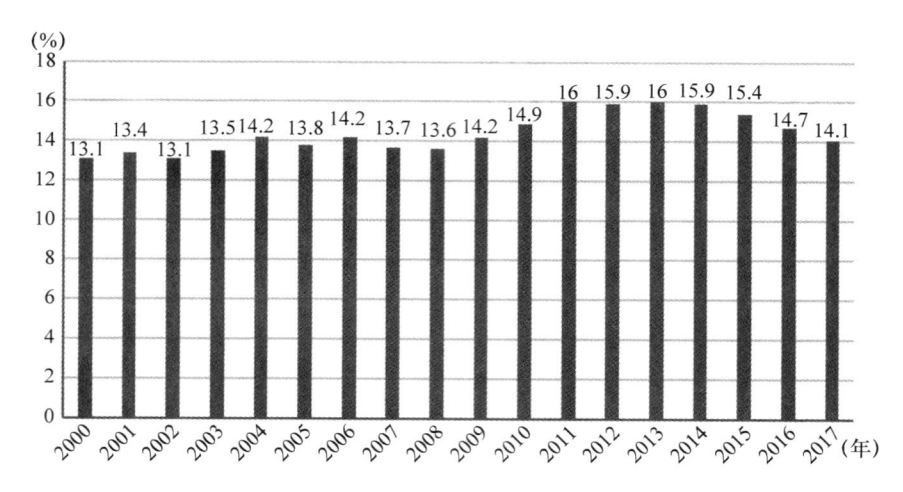

图 4—10 纽约州 2000—2017 年贫困率
资料来源：https：//www.statista.com/statistics/205495/poverty-rate-in-new-york/。

（5）形象口碑无可比拟

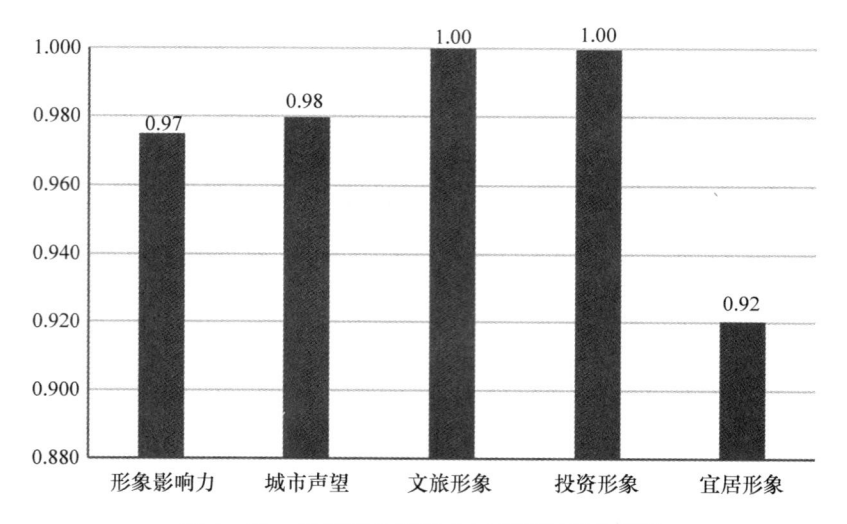

图 4—11 纽约形象影响力二级指标得分情况
资料来源：笔者整理。

在形象影响力的总指标上，纽约位列第1，得分为0.97，接近满分。在形象影响力的二级指标中，所有指标均位列第1，其中投资形象和文旅形象获得满分，展现出老牌全球城市不凡的形象实力。总体来看，纽约的形象影响力具有绝对优势。纽约拥有多个享誉世界的城市名片，"金融中心""百老汇之都""大苹果"等，皆彰显着纽约在国际城市中的卓越地位。然而，纽约应重视其日益扩大的贫富差距，提升其基础设施的建设，以及更好地发挥核心城市作用、引领湾区协同治理，以使纽约良好的形象影响力获得持续性发展。

2. 纽约湾区其他城市的影响力指数：纽瓦克、纽黑文和布里奇波特

在纽约湾区主要城市影响力指数得分上，除纽约外的3个主要城市中表现最好的是纽瓦克，位列第8。其次是排名第11的纽黑文和排名第14的布里奇波特。对于纽瓦克来说，其排名最高的一级指标是文旅影响力和形象影响力，位列第7，排名最低的一级指标是经济影响力，位列第13。纽黑文宜居影响力位列第7，但经济影响力、创新影响力和形象影响力均仅位列第12。布里奇波特排名最高的一级指标同样是宜居影响力，位列第9；排名最低的是经济影响力和形象影响力，均位列第14。

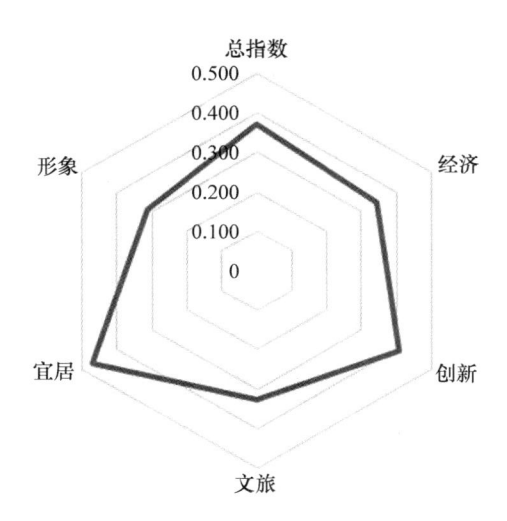

图4—12 纽瓦克各一级指标得分情况

资料来源：笔者整理。

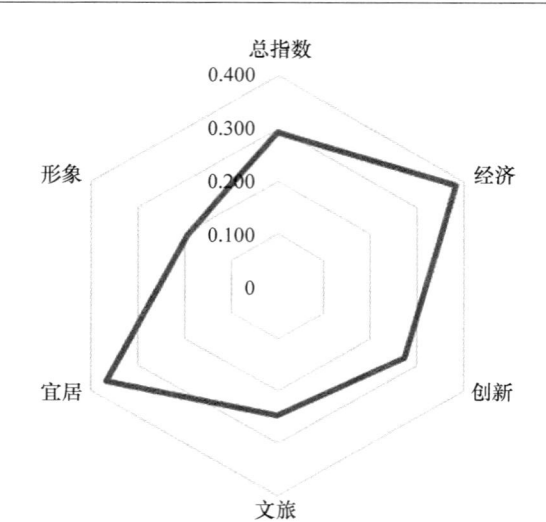

图 4—13　纽黑文各一级指标得分情况

资料来源：笔者整理。

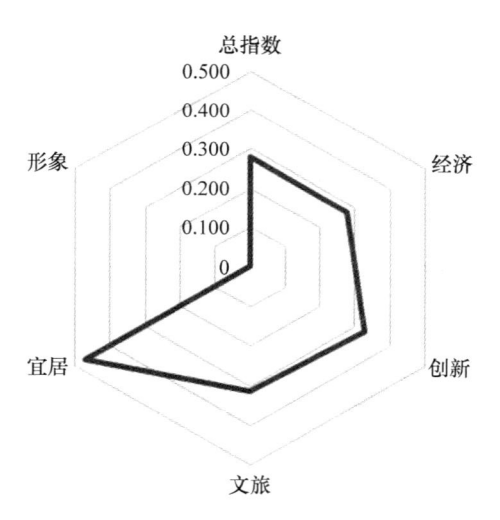

图 4—14　布里奇波特各一级指标得分情况

资料来源：笔者整理。

（1）经济影响力

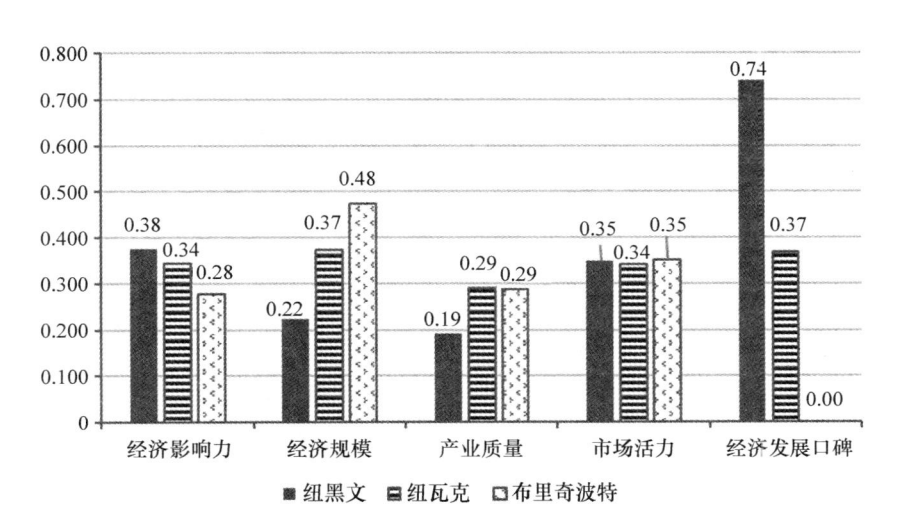

图4—15　纽黑文、纽瓦克、布里奇波特经济影响力二级指标得分情况
资料来源：笔者整理。

在经济影响力方面，纽黑文排名第12，纽瓦克排名第13，布里奇波特排名第14。二级指标中，纽黑文表现最好的是经济发展口碑，排在第7，其他二级指标均表现较差，位列第13。纽瓦克表现最好的是经济规模和产业质量，均排在第10；表现最差的是市场活力，排在所有城市中的最后一名。布里奇波特排名最高的是经济规模，排名第7；排名最低的是经济发展口碑，排名最后。

在经济规模方面，布里奇波特排在第7，纽瓦克排在第10，纽黑文排在第13。布里奇波特和纽瓦克分别是康涅狄格州最大的城市和新泽西州最大的港口城市，人均GDP具有一定的优势，提升了经济规模的总体得分。但是受限于人口数量，3个城市的GDP总量和就业者人数均排名靠后。以就业者人数指标为例，纽约市的这一数字是布里奇波特的15倍，是纽瓦克的近6倍，是纽黑文的21倍。在产业质量方面，纽瓦克排名第10，布里奇波特排名第11，纽黑文排名第13。纽瓦克的产业质量相对较高，金融保险业占GDP比重近5%，同时期的布里奇波特这一数字仅为1.58%。纽黑文的金融保险业占GDP比重也为5%左右，但是在从事信息技术行业这一指标表现上显著逊色于纽瓦克。在市场活力方面，布里奇波特排名第12，纽黑文排名第13，纽瓦克排名第14。在跨国公司联系度、GDP增长率、家庭月可支配收入等指标上，3个城市均排在靠后的位置，导致了市场活力指标表现欠佳。在经济发展口碑上，纽瓦克和布里奇波特的排名分别为第12和第14，与实际经济发展状况较为贴合。但是作为耶鲁大学所在地的纽黑文，在该项指标上表现突出，位列第7，体现了高质量的高等教育对于地区经济发展口碑的拉动作用。

（2）创新影响力

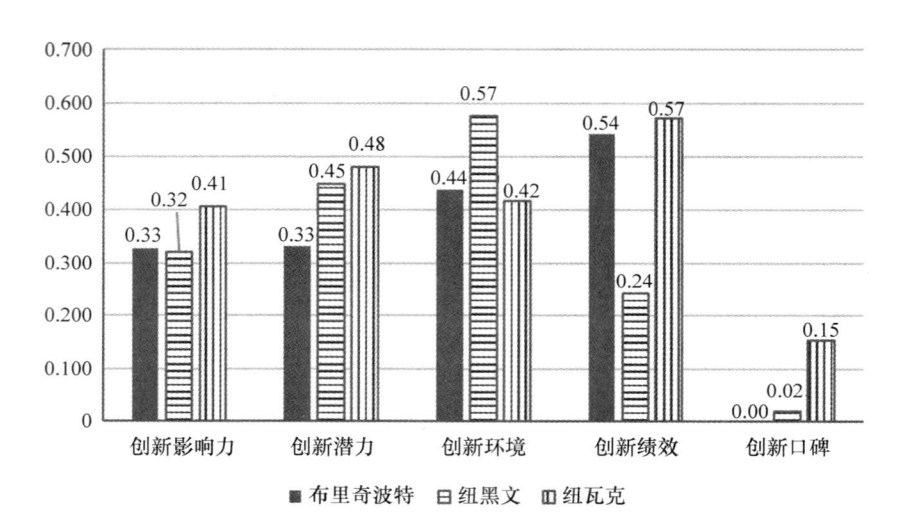

图4—16 纽黑文、纽瓦克、布里奇波特创新影响力二级指标得分情况
资料来源：笔者整理。

在创新影响力方面，纽瓦克排名第8，其中表现最好的是创新潜力，排名第3；排名最低的是创新环境，位列第10。布里奇波特排名第11，二级指标中排名最高的是创新潜力，位列第8；排名最低的是创新口碑，排在所有城市的最后一名。纽黑文创新影响力排名第12，但是众多二级指标的表现突出，创新潜力和创新环境均排在第4名；排名最低的是创新绩效，位列最后一名。

在本书中，城市创新潜力指标的主要构成要素包括家庭教育支出占总支出的比重、20—29岁青年人口比例和在校大学生占总人口比例。在这几项指标中，纽瓦克、纽黑文、布里奇波特具有很强的优势，尤其是青年人口比例，3个城市均达到15%以上，纽瓦克甚至达到20%，同时期的纽约不过13.9%。同时，由于人口总数有限，3个城市在大学生占人口的比例方面也表现突出，甚至超过纽约、旧金山。纽黑文拥有多所世界著名大学，如耶鲁大学、南康涅狄格州立大学。纽瓦克也是多所高等教育机构的所在地，包括：伯克利学院校园、埃塞克斯郡学院的主校区、新泽西理工学院、纽瓦克罗格斯生物医学和健康科学学院、罗格斯大学—纽瓦克分校、西东大学法学院等，这些高等院校在给当地提供优质创新型人才的同时，也提升了当地的创新潜力。不过，结合3个城市在经济影响力上的排名来看，并未实现由创新推动的高质量发展。本书认为可能原因是3个城市虽然在培养人才方面占有优势，创新潜力巨大，但城市本身对人才的吸引力不足，存在人才外流情况，这也与3个城市在口碑类指标上较弱的表现相吻合。

（3）文旅影响力

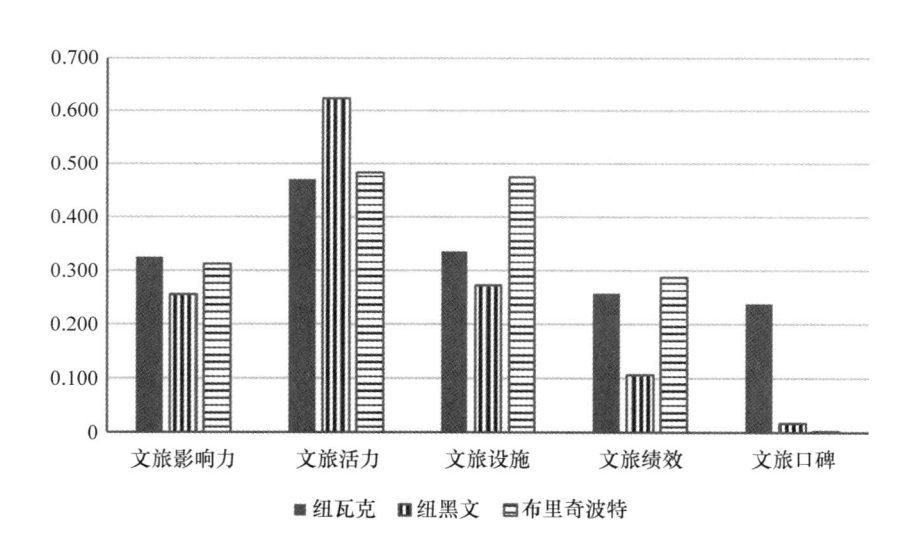

图4—17 纽黑文、纽瓦克、布里奇波特文旅影响力各二级指标得分情况
资料来源：笔者整理。

纽瓦克的文旅影响力总排名为第7，文旅绩效、文旅设施和文旅活力分别位列第9、第9和第10，文旅口碑表现最好，排名第4。布里奇波特文旅影响力排名为第10，在文旅设施上的排名非常高，为第4。排名最低的仍然是文旅口碑指标，位列第14。纽黑文的文旅影响力总体排名为第11，但是文旅活力的得分非常高，位列第3；在文旅设施和文

旅绩效上的表现稍显逊色，均排在第 13；文旅口碑位列第 11。

纽瓦克的文旅口碑表现好得益于其在文旅方面多张响亮的名片。如纽瓦克的新泽西表演艺术中心，就是新泽西交响乐团和新泽西州歌剧院的所在地，该中心的国家和国际音乐、舞蹈和戏剧节目使它成为全美第六大的表演艺术中心，吸引着众多观众，每年游客数超过 40 万人次。在建筑方面，纽瓦克有多所著名的装饰艺术建筑，包括 20 世纪 30 年代的摩天大楼，如国家纽瓦克大厦和 1180 大楼、修复后的纽瓦克宾夕法尼亚车站和艺术高中、摩尔复兴时期的纽瓦克交响乐厅和王子街犹太教堂等。

布里奇波特在文旅设施上表现突出。布里奇波特市内文化活动非常丰富，是一年一度的"维比斯聚会"之家，这是一个融美术、音乐为一体的露营节日。成千上万的人从世界各地来到海滨公园露营，享受这场文化盛宴。同时，布里奇波特的文旅设施条件良好，市内有 6 家广播公司、2 家电视台、2 家知名报社，从科学导向到美术历史导向的多家博物馆，还有美国最大的动物园。

纽黑文在文旅活力方面表现大放异彩。纽黑文在美食、音乐、戏剧、历史等方面拥有自己独特的文化底蕴和文化活力，成为该地旅游业的重要吸引力。Livabilit.com 网站在 2014 年把纽黑文命名为全美国最好的美食城市。纽黑文有 56 家 Zagat 等级的餐馆，为康涅狄格州最多，在新英格兰地区排名第 3（排在波士顿和剑桥之后）。在影视戏剧方面，这个城市有许多剧院和制片厂，包括耶鲁汇编剧院、长码头剧院和舒伯特剧院。音乐方面，纽黑文每年都会举办众多免费音乐演唱会，尤其是在夏季的几个月，包括纽黑文交响乐团、绿色自由音乐会、纽黑文爵士音乐节等，吸引大量游客前来参观，这些共同促进了纽黑文文化产业的发展，提升了该地的文旅影响力。

（4）宜居影响力

纽黑文的宜居影响力指数排名第 7。其中绿色环境表现最好，位列第 4；但是其宜居形象排名较低，为第 12；宜居基础和宜居成本分别位列第 8 和第 11。纽瓦克的宜居影响力指数排名仅次于纽黑文，但二级指标的表现与纽黑文截然相反，其宜居口碑表现最好，排名第 4；然而宜居基础排名仅位列第 11；此外，宜居成本排名第 9，绿色环境排名第 7。布里奇波特的宜居影响力指数排名仅次于纽瓦克，宜居成本表现非常好，排名第3；宜居基础排名第5；绿色环境排名第10；排名最低的是宜居口碑，位列最后一名。

布里奇波特宜居成本相对较低，因此在该逆向指标上表现良好，位列第3。该市的恩格尔系数在15%以下，同时期的东京为24%，在人均收入不相上下的情况下，该数据反映了布里奇波特相对较低的物价。同时布里奇波特房产价格较低，如图4—18所示，在纽黑文、纽瓦克、布里奇波特、纽约4个城市中，布里奇波特的房屋价格是最低的。以租房来说，布里奇波特依然占有优势，纽黑文、纽瓦克、布里奇波特、纽约的月房租中位数分别为1100美元、973美元、1098美元、1255美元，布里奇波特位列第3。

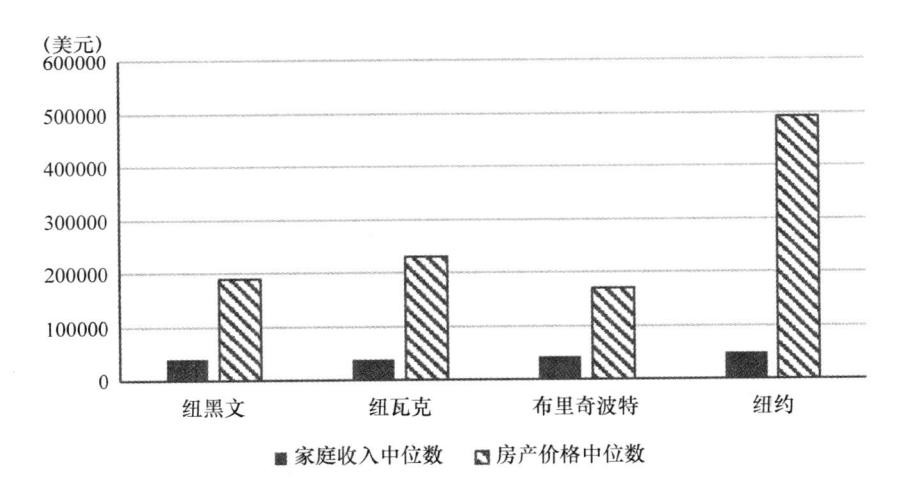

图4—18 2016年纽黑文、纽瓦克、布里奇波特、纽约家庭收入水平和房屋价格比较

资料来源：https://livability.com。

（5）形象影响力

3个城市中，形象影响力得分最高的是纽瓦克，排名第7。其次是纽黑文，排名第12。最后是布里奇波特，排名第14。在形象影响力二级指标中，纽瓦克排名最高的是宜居形象和城市声望，均位列第6。纽黑文排名最高的是投资形象和宜居形象，均位列第10；排名最低的是文旅形象，位列第12。布里奇波特除文旅形象影响力排在第13以外，其余二级指标都排在最后一名。

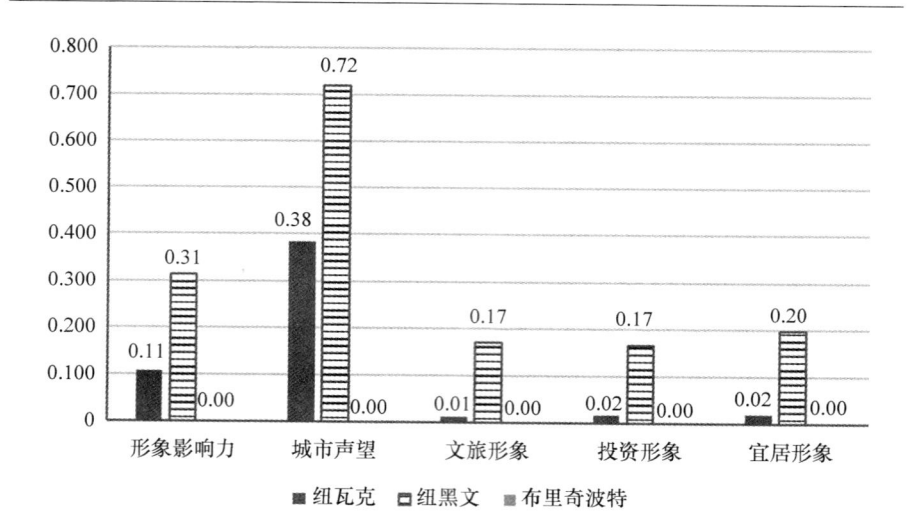

图4—19 纽黑文、纽瓦克、布里奇波特形象影响力各二级指标得分情况
资料来源：笔者整理。

和纽约的表现截然相反，纽约湾区这3个主要城市的形象影响力表现都不容乐观，尤其是布里奇波特。就城市品牌化而言，3个城市鲜见地区营销和品牌化努力，城市形象影响力表现也不尽如人意。尤其是布里奇波特在多项二级指标中表现都很有优势，但是由于口碑和形象影响力的落后，城市综合影响力排名位列最后。因此，加强城市品牌建设，提升城市知名度对于这3个城市乃至湾区城市来说意义重大。

（二）东京湾区主要城市的影响力指数点评

1. 东京湾区的核心城市——东京

东京作为亚洲最大最具实力的全球城市，其城市影响力指数在湾区主要城市中排名第2，仅次于纽约。其中，形象影响力排名稍差，在14个主要湾区城市中排名第5；创新影响力排名最高，名列第1；经济影响力、文旅影响力和宜居影响力都与总指数排名持平，位列第2。

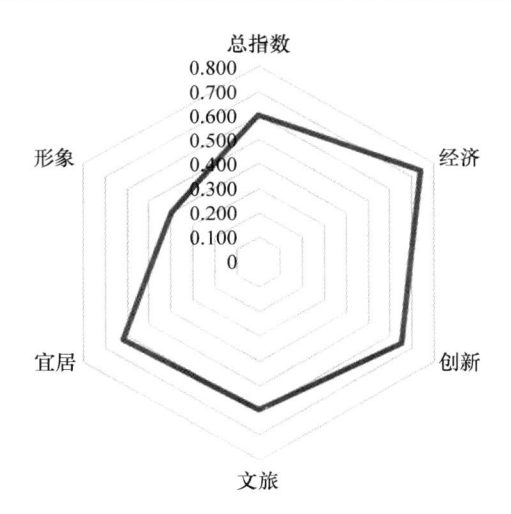

图 4—20　东京各一级指标得分情况

资料来源：笔者整理。

(1) 经济指标均衡，高质量产业驱动

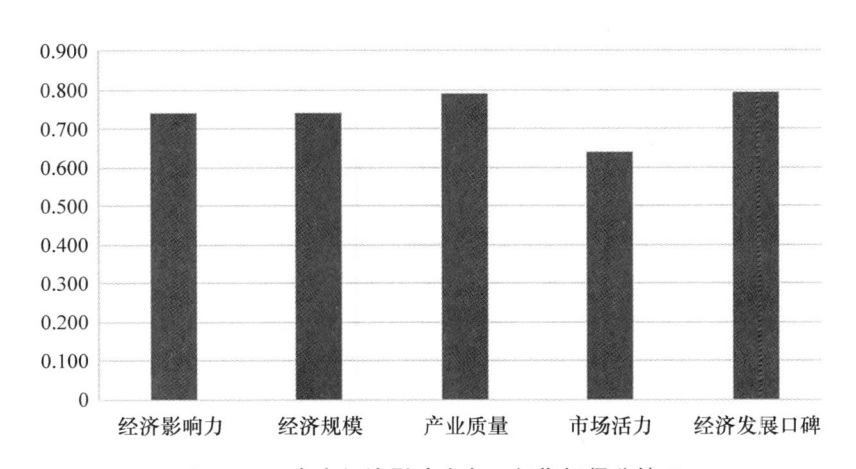

图 4—21　东京经济影响力各二级指标得分情况

资料来源：笔者整理。

东京的经济影响力指标排名第 2，仅次于纽约。在二级指标中东京的产业质量和市场活力都排名第 1，但是经济规模排名第 3，次于纽约和旧金山，经济发展口碑排名第 4。东京的经济目前处于服务和知识技术密集化发展阶段，产业质量优异，在人力资本、营商环境方面都有很强的优势，其经济地位和影响力在全球举足轻重，更是"日本的心脏"。截至2016年年底，东京的劳动力总数是横滨的2.3倍，是川崎的近6倍。同时东京与其他国际城市相比也表现突出，被认为是集纽约、华盛顿、硅谷、底特律等多种功能优势于一身的国际大都市。

（2）文旅资源丰富，保障文旅发展

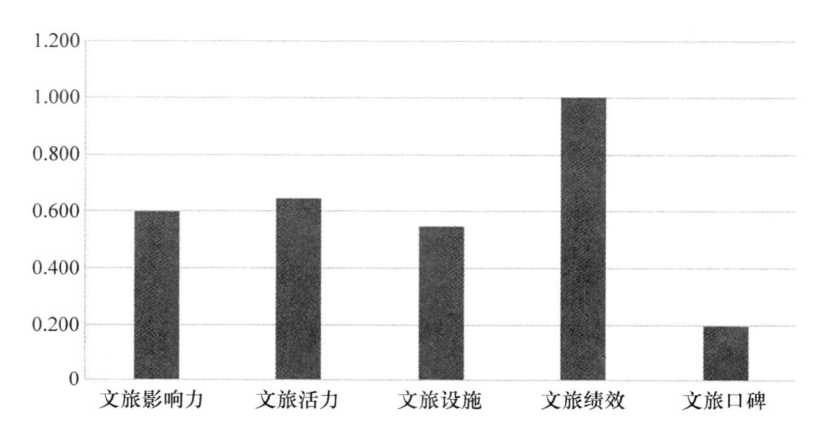

图4—22 东京文旅影响力各二级指标得分情况

资料来源：笔者整理。

东京的文旅影响力排名第2，仅次于纽约。在二级指标中，东京的文旅绩效排名第1，文旅设施、文旅活力均排名第2。排名最低的是文旅口碑，位列第5。东京在文旅资源方面具有得天独厚的优势。东京是一座传统与现代并存、东方与西方交融的国际都市。以东京动漫节庆产业为例，这一基于创意产业和城市文化发展双重因素的需要而发生、发展的产业，呈现出了多种文化类型和组织形式，在东京城市发展中发挥着传承与挖掘城市传统文化资源、推动城市特色文化产业发展以及建设特色文化城市的作用，在提升东京的文旅绩效、文旅活力、文旅口碑方面发挥着非常突出的作用。开发、利用自身文旅资源并拓展文旅产品种类，支持包括文化创意产业、旅行社、餐饮业在内的相关行业的发展，是东京文旅影响力的优势所在。然而，东京在文化和旅游形象方面的传播还不够，未来有很大的发展潜力。东京长期以来都受到国际组织、大型国际会议国际赛事的青睐，这些是提升其文旅形象影响力的重要契机，随着2020年东京奥运会的举办，东京的文旅形象影响力或将面临新的飞跃。

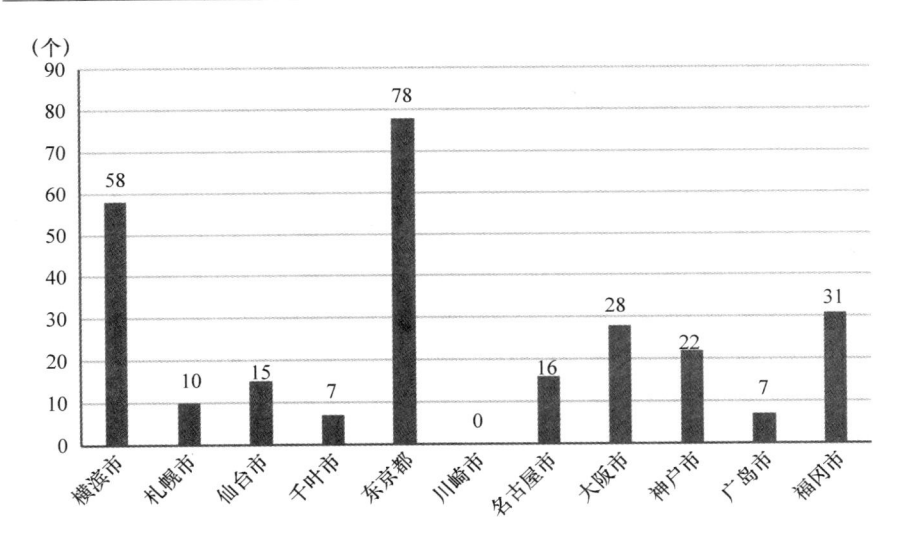

图 4—23　2015 年日本主要城市举办的中大型国际会议个数

资料来源：横滨市 2016 年统计年鉴。

（3）创新能力卓越，创新绩效显著

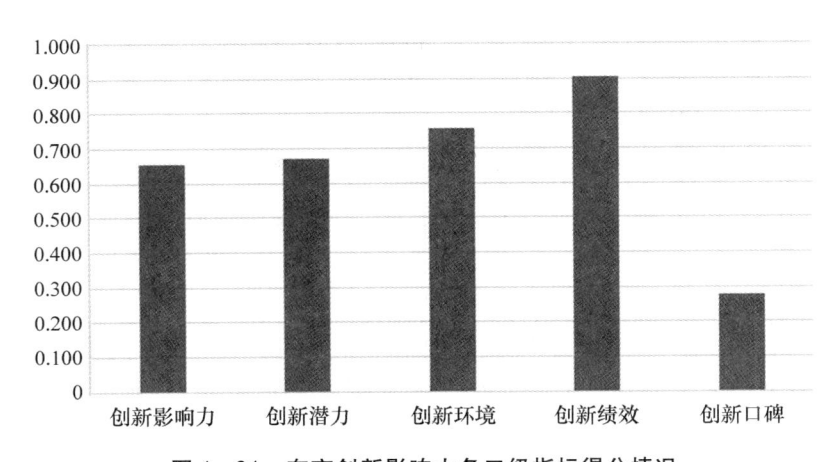

图 4—24　东京创新影响力各二级指标得分情况

资料来源：笔者整理。

东京的创新影响力排名第 1。在二级指标中，创新潜力、创新环境、创新绩效都排名第 1，仅创新口碑排名第 5。东京是全球著名的科技创新中心之一，拥有强大的创新影响力。优质的高等教育给东京科技发展提供了源源不断的高素质人才，东京集聚了130多所大学，大学生在校人数占总人口的比例为7.8%，这一数字在其他大部分地区都不超过5%；东京的家庭教育支出占家庭总支出的5.8%，远高于其他城市。同时，东京拥有优质的创新环境，为创新创业生态系统的构建提供了发展空间。东京都内各地区都发展了自身的专业化部门，在各自专业化领域集中发展了内容极其丰富的关联及配套产业，实现了局部高度价值循环，通过专业化分工协作形成了知识密集型产业集群，通过广泛的产业融合形成了巨大的城市创新网络。不过，东京市的创新口碑仍有待突破，和实际创新绩效相比，创新口碑远远落后于其发展。

（4）宜居基础牢固，助力宜居品牌

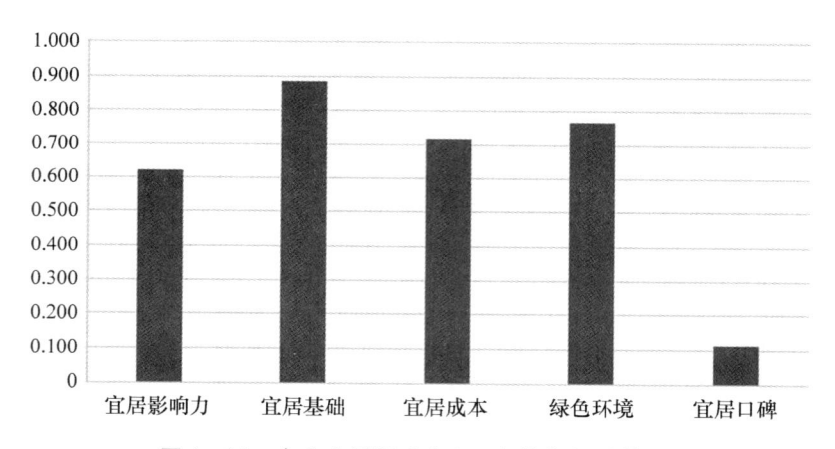

图4—25　东京宜居影响力各二级指标得分情况

资料来源：笔者整理。

东京的宜居影响力排名第2，仅次于纽约。其中宜居基础接近满分，排名第4，宜居成本排名第1，绿色环境排名第5，宜居口碑则表现相对逊色，排名第8。《国际先驱论坛报》根据11项宜居城市化指标，将东京评为全球排名第4的宜居城市。在本书中，东京在湾区主要城市中，宜居影响力同样卓尔不凡。东京在宜居成本、宜居基础方面都优势显著。首先表现在东京具有完善的城市轨道交通。东京地铁运营里程为380公里，首都圈50公里半径内，轨道2000多公里，轨道交通客运负担率高达86%。在区域任何一个地方步行十分钟，均可找到一个轨道交通站点。同时，日本的防灾体系成熟完善，很大程度上提升了该地区的宜居性。东京在高速公路交叉的结合部地区和临海部都设有广域的防灾据点。还在大型公园、河流的泊船场地、耐震强度较高的码头等地修建大规模的救援物资输送、中继、避难场所。日本的医疗服务水平高，医疗负担相对公平，因而雄踞世界卫生组织全球各国医疗水平排名的榜首。日本排名靠前的医院大部分集中在东京，这些医院在医疗资源、医疗技术上都十分领先，是东京宜居影响力的重要保障。然而东京的宜居口碑仍然有待提升，其中生态口碑、和谐口碑、生活品质口碑等都排在14个城市中较靠后的位置。未来加大宜居口碑宣传，将会使东京的宜居影响力锦上添花。

（5）形象口碑偏弱，传播有待加强

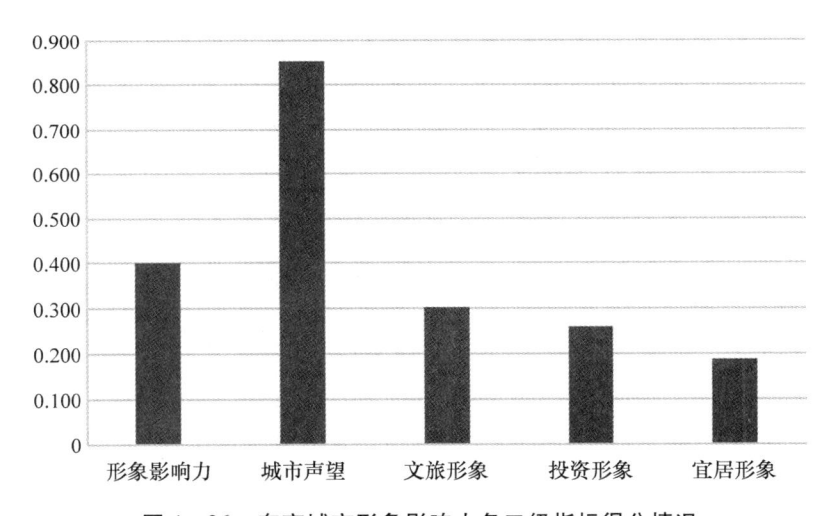

图4—26 东京城市形象影响力各二级指标得分情况

资料来源：笔者整理。

东京在形象影响力上排名为第5。在投资形象和宜居形象上，排名分别为第5和第7。城市声望的表现相对较好，排名第3，文旅形象排名第4。值得注意的是，在其他影响力二级指标中，东京在口碑指标上的排名都不算高。总体上而言，东京的形象口碑要落后于其实际发展的水平。未来东京应加大国际传播力度，从而将城市影响力推向更高水平。

2. 东京湾区其他主要城市：横滨和川崎

横滨的城市影响力指数在湾区主要城市排名中位列第 9。一级指标中排名最高的是城市的经济影响力，位列第 8；排名最低的是形象影响力，为第 13 名。川崎的城市影响力排名第 13，在一级指标中，排名最高的同样是城市的经济影响力，为第 9 名；排名最低的是文旅影响力，为第 14 名。

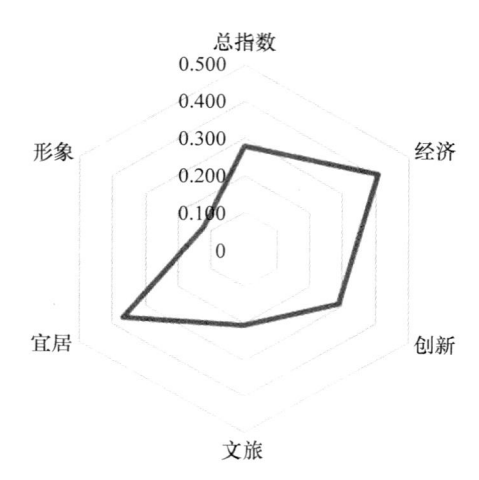

图 4—27　川崎各一级指标得分情况

资料来源：笔者整理。

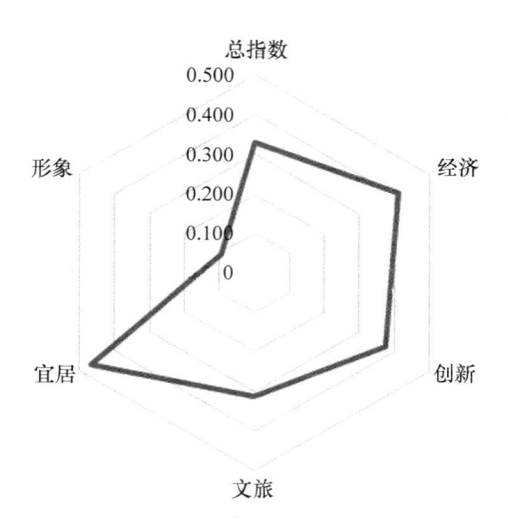

图 4—28　横滨各一级指标得分情况

资料来源：笔者整理。

（1）经济影响力

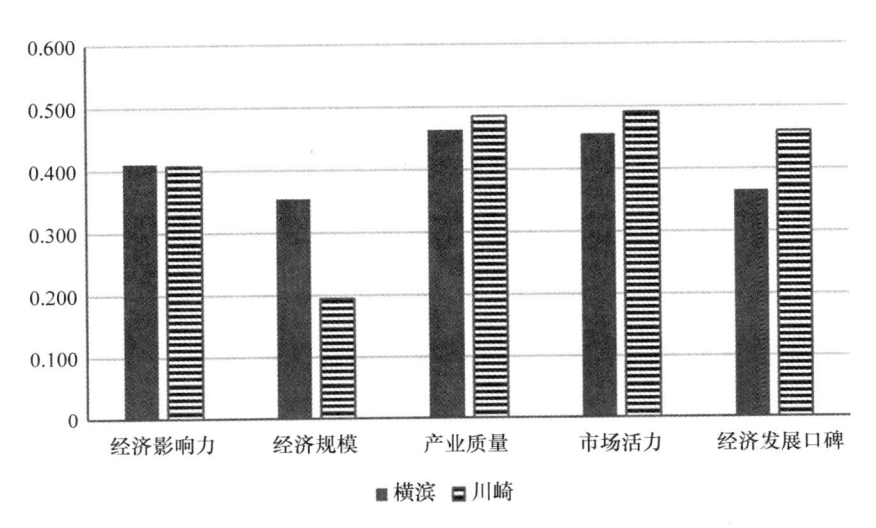

图4—29 川崎、横滨市经济影响力各二级指标得分情况

资料来源：笔者整理。

横滨和川崎的经济影响力排名在湾区主要城市中分别位列第8和第9。两城市在经济影响力二级指标的分布上具有共同特点，即产业质量排名都较高。但不同点在于经济规模和市场活力。经济规模上，横滨排名第11，而川崎位列最后一名。市场活力上，横滨排名第10，而川崎排名第7。

横滨从经济规模上来说是日本的第二大城市，但是由于经济增长率不高，甚至多年出现名义和实际GDP的负增长而导致市场活力表现较差。与横滨的负增长率形成鲜明对比的是川崎的高经济增长率，多年川崎经济增长率超过日本平均水平。在产业质量上，川崎和横滨的经济结构与东京非常类似。在东京总部经济效应的带动下，这两个城市的服务产业发展也非常迅猛。横滨仅生活服务业、金融保险业、情报通信业加在一起的比重达到33.6%，川崎的这一数字达到29.8%，同时期的东京不过42%。值得注意的是，东京湾区的城市化演化过程中，形成的突出特点是城市分工明确，各自的优势企业得到了良好发展。比如川崎，由于其制造业基础良好，发展至今也没有摒弃这方面的优势，制造业产值占GDP比重达到20.1%。横滨作为京滨工业带的重要城市，凭借在工业产业、石油石化、运输产业的优势，经济规模位列日本第2。

（2）创新影响力

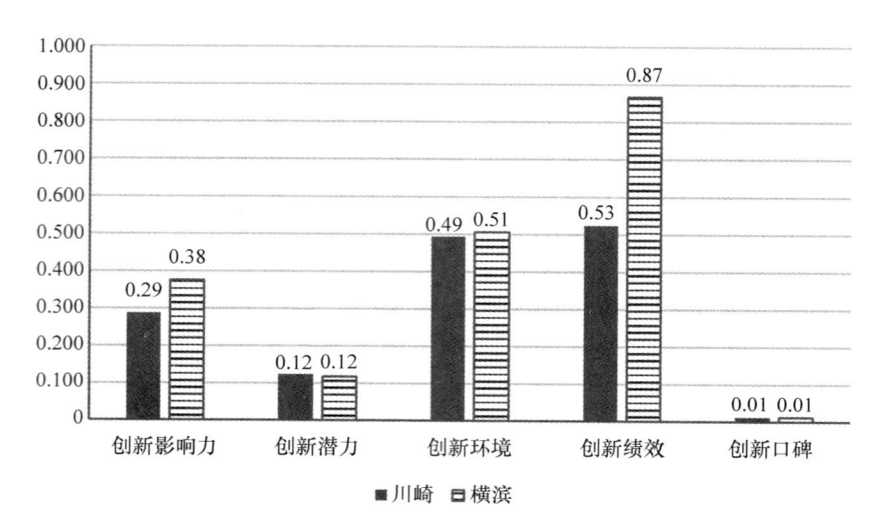

图4—30 川崎、横滨创新影响力各二级指标得分情况

资料来源：笔者整理。

在创新影响力上，横滨和川崎分别排名第9和第13。在二级指标中，横滨的创新绩效和创新环境都位居前列，和湾区核心城市不相上下，但在创新口碑上排名第12，十分靠后。川崎的创新影响力二级指标则缺乏表现突出者。目前为止，川崎仍然是日本的重工业中心，高科技和创新产业并不是该市发展的长项。同时川崎的创新基础比较差，家庭的教育支出占总支出比例仅1.9%，是所有湾区城市中最低的。教育、科研、专业技术从业者占总就业人数的比重为3.4%，这一数字在东京为9.76%。横滨在创新创业方面的表现则相对优秀。以IT产业为例，横滨的IT企业数目比川崎多出2.2倍。

（3）文旅影响力

横滨和川崎的文旅影响力的总排名分别为第9和第14。在二级指标中，横滨排名最高的是文旅绩效，为第6名；排名最低的是文旅设施和文旅口碑，均位列第12。对于川崎来说，各二级指标的排名都很靠后。

横滨旅游业近几年呈很明显的上升趋势，文旅绩效屡创新高。川崎的旅游绩效和横滨相比差距较大。2016年，横滨的游客数量总数接近

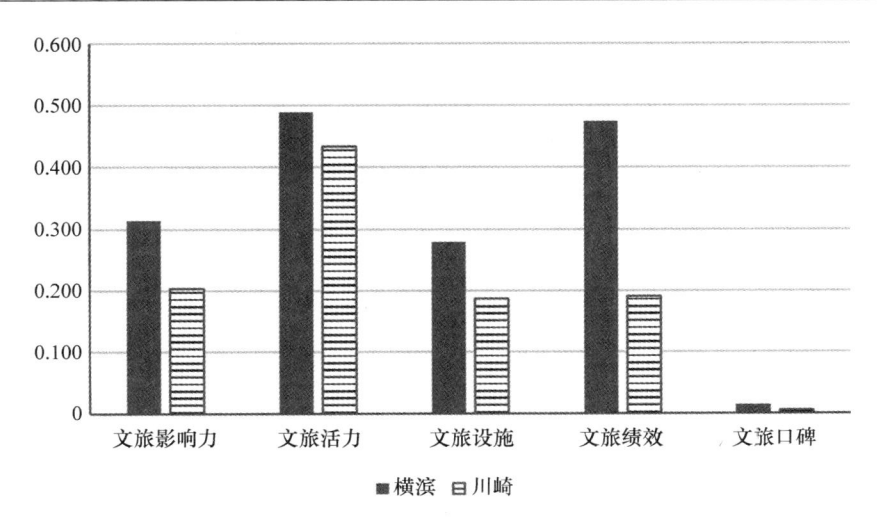

图 4—31　川崎、横滨文旅影响力各二级指标得分情况

资料来源：笔者整理。

川崎的 4 倍。然而横滨的文旅设施指标不理想，以住宿业的企业数为例，在过去的二十年间，企业数量减少了一半之多。

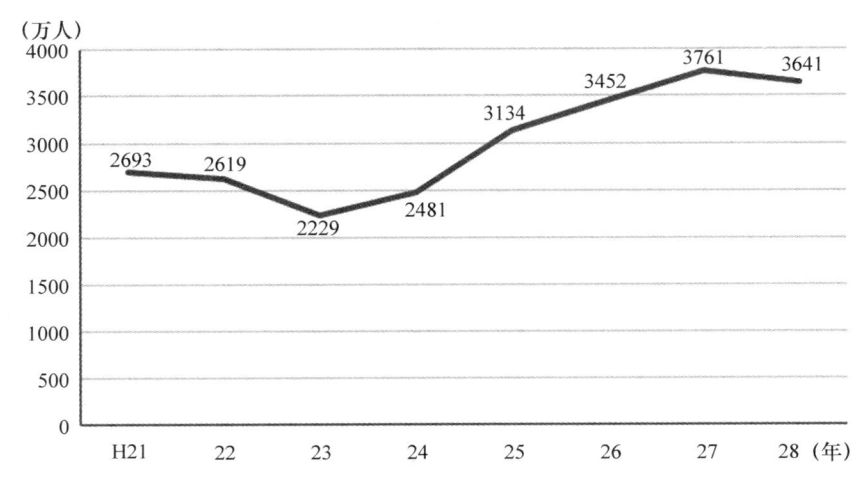

图 4—32　平成 21 年—平成 28 年（2009—2016 年）横滨市游客数和游客消费数

资料来源：横滨市文化旅游局网站。

(4) 宜居影响力

在宜居影响力方面，横滨排名第10，川崎排名第12。在二级指标上，两城市的宜居成本指标都表现优秀，分别排名第4和第5。对于横滨来说，排名最低的二级指标是宜居形象，位列第13。对于川崎来说，排名最低的是绿色环境，位列第13。川崎和横滨两城市的人均GDP在所有城市中表现并不突出，分别为25322美元和25562美元。但其生活成本相对较低，恩格尔系数都在0.3以下，住房开支占收入比重在30%左右。这一数字在旧金山则为41%。此外，川崎的绿色环境指标表现差和它的产业构成有关。近年来，为改善绿色环境，川崎市政府和市民已经作出了积极努力，绿色环境正在朝着越来越好的方向发展。

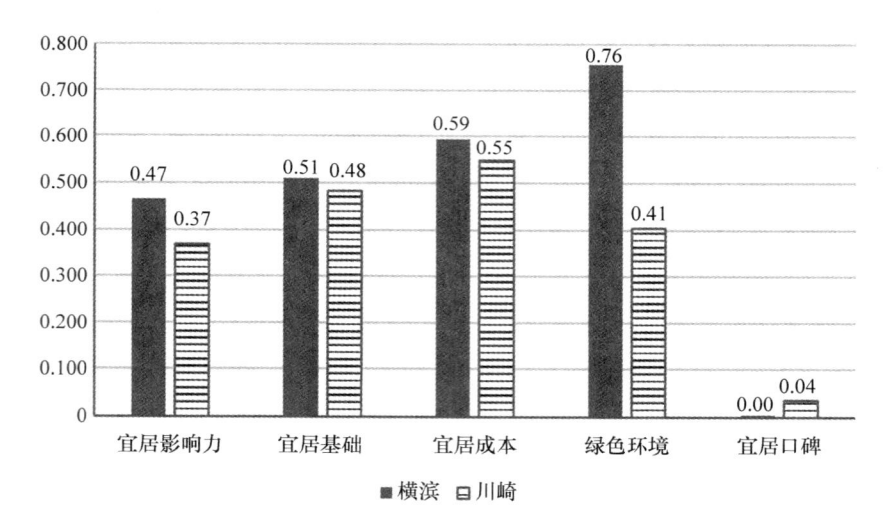

图4—33 川崎、横滨宜居影响力各二级指标得分情况

资料来源：笔者整理。

(5) 形象影响力

在形象影响力的指标得分中，川崎位列第11，横滨位列第13。在二级指标中，川崎排名最高的是城市声望，排名第9；最低的是其文旅形象，排名第14。横滨的文旅形象排在第12位，投资形象位于第13名。这两个城市的形象影响力特征和东京十分类似，即形象影响力不及实际的发展水平。虽然这一差距较东京来说相对较小，但形象的弱势，不利于这两个城市的影响力提升。

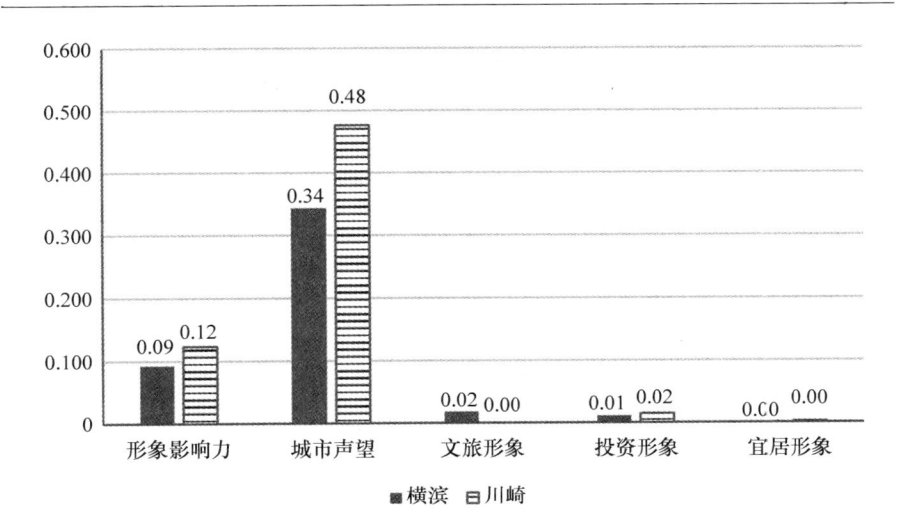

图4—34　川崎、横滨形象影响力各二级指标得分情况

资料来源：笔者整理。

（三）粤港澳大湾区主要城市的影响力点评

1. 游港澳大湾区城市影响力标杆——香港

香港是中国特别行政区之一，全境由香港岛、九龙半岛、新界三大区域组成。香港地域面积仅有1106.34平方公里，截至2017年年末，

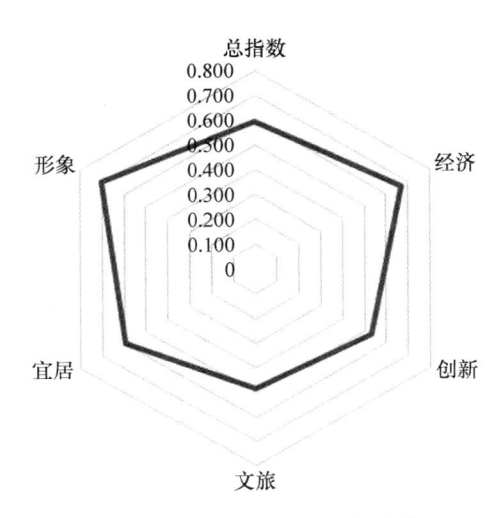

图4—35　香港各一级指标得分情况

资料来源：笔者整理。

人口约为740.98万人，是全球人口密度最高的地区之一。此外，因地理和历史等因素，香港成为著名中西方文化交融地，以廉洁的政府、良好的治安、自由的经济体系及完善的法制闻名于世，是全球最自由经济体和最具竞争力的城市之一，在2017年度和2018年度均被GaWC机构评为世界一线城市。

香港作为全球第三大金融中心、重要的国际贸易和航运中心，其影响力不容小觑。相关的湾区城市影响力指数得分0.595，在14个测评城市中排名第3，仅次于纽约、东京。其中，形象影响力得分0.703，仅次于纽约。经济、创新和宜居影响力表现也可圈可点，均位列第3，文旅影响力稍逊，位居第4。

（1）经济实力强大，发展口碑卓著

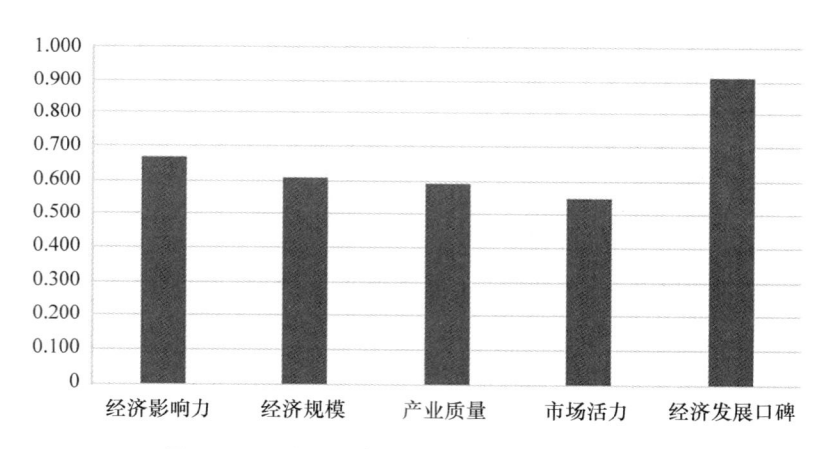

图4—36 香港经济影响力各二级指标得分情况

资料来源：笔者整理。

香港的经济影响力指标排名第3，仅次于纽约和东京。二级指标中，经济发展口碑接近满分，位列第2，发挥了强力的拉动作用。反观其他指标，如经济规模、产业质量和市场活力，表现相对一般，排名皆落入第5，其中又以市场活力得分最低。在经济规模和产业质量上，香港经济发展的速度和质量都十分引人注目。香港的金融保险业占GDP比重达到16%，是全球仅次于伦敦和纽约的第三大金融中心。考虑到金融行业的发展状况是衡量城市产业质量的重要指标，香港拥有明显的优势。然而，从本书的数据来看，香港在产业质量指标得分表现并不好,主要原因是高科技服务行业的 GDP 占比和从业人口数目少。新时期香港经济确实面临知识型服务业少的危机。2017 年,香港从事专业、科学及技术活动业的机构单位约有 26500 家,就业人数约 145300 人,平均每家机构单位的就业人数为 5.5 人。此外,据香港统计局的数据,2013—2017 年,香港对于工商机构、高等教育机构、政府机构的研发开支虽在逐步上升,但这方面的开支仍不足本地生产总值的 1%。同时,香港的知识型服务企业数量偏少,在一定程度上限制市场活力发挥。

香港作为中国特别行政区之一,奉行自由市场的资本主义经济体系。截至 2017 年,香港已连续 24 年在美国传统基金《经济自由度指数》报告中获评为全球最自由的经济体。此外,相关营商环境优越,在世界银行最新发布的全球经商环境报告中,香港排名第 5[①],说明其投资环境的高品质与成熟度。香港在珠三角对外联系网络中一直扮演着超级联系人的角色,随着"一带一路"、粤港澳大湾区等概念的落实,作为连接中国与全球经济的重要管道,香港在中国经济发展中的影响和地位有望得到进一步提升,继续保持其出色的经济发展口碑。当然,如何实现产业结构的进一步升级,如何加速知识型服务产业的发展以提升市场活力和产业质量,未来将成为香港面临的主要挑战之一。

(2) 文旅基础较好,带动文旅绩效

在文旅影响力方面,香港排名第 4,不及东京、纽约和旧金山。从文旅影响力的二级指标中可看到,排名最低的是文旅活力,得分 0.474,位列第 9;文旅设施、文旅绩效、文旅口碑排名较靠前,分别为第 3 名、第 3 名和第 2 名。作为亚洲国际都会,香港拥有丰富的会展、文化、生态、艺术、邮轮旅游资源,每年举办的文艺表演活动不胜枚举,再加上香港艺术节等一系列的特色节事活动,香港旅游业发展成为重要城市收入之一,也是享誉国际的重要城市招牌。旅游业作为香港的四大支柱行业之一,其文旅资源具有高度的独特性,增加了香港文旅资源的吸引力。香港拥有"购物天堂""美食天堂""东方之珠"等美誉,特别是香港的购物文化让购物成为游客来到香港必须体验的"行程"之一。作为一个自由港,香港在商品供应方面占据诸多优势。首先,多数

---

① https://t.qianzhan.com/caijing/detail/171102-04e8dad0.html.

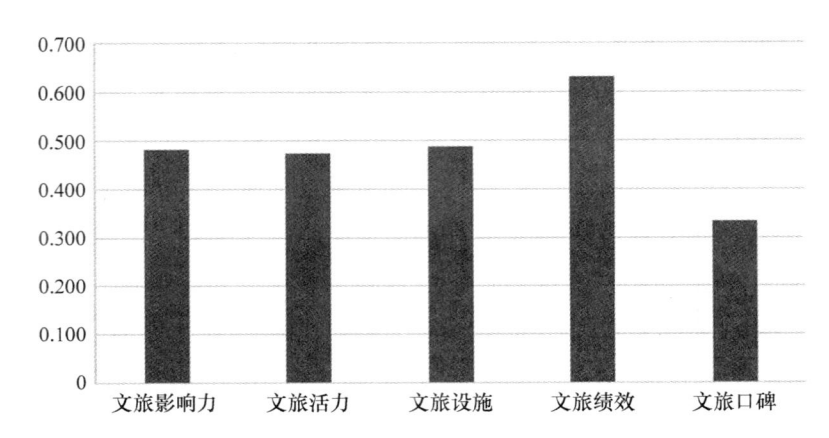

图 4—37 香港文旅影响力各二级指标得分情况

资料来源：笔者整理。

进口商品无须征税，与多数内陆城市相比，商品具有明显的价格优势。其次，香港在货物种类、服务便利方面同样超人一等。这些优势深深吸引着国内外游客，也因此香港每年得以吸引大批量的游人旅客前来观光消费。除此之外，香港拥有诸多具有地方特色的文化符号，如香港 TVB 电视广播有限公司、香港小姐、赛马文化、茶餐厅等，也使得香港的文旅产业无论是在绩效或是口碑方面，都处于领先地位。

总的来看，香港具有深厚的文旅基础，而独具匠心的文旅资源开发使得香港在文旅发展上表现出色。未来香港应进一步提升文旅口碑，提升城市的独特魅力、友善氛围和体验品质，来不断强化城市文旅影响力。

（3）创新绩效亮眼，创新后劲不足

香港的创新影响力得分 0.529，排名第 3，仅次于东京和纽约。细看到二级指标中，以创新口碑表现最为亮眼，得分 0.933，排名第 2；其次为创新绩效，在城市排名中位列第 6；创新潜力与创新环境方面则表现较差，仅分别得分 0.200、0.369，排名第 12 与第 11。实际上，香港在教育和研发投入方面存在明显不足。根据香港政府统计处的资料显示，近年来香港的 R&D 占 GDP 比重维持在 0.7%—0.8%，不仅与西方发达国家差距较大，也落后于新加坡、韩国，甚至与中国内地相比也有一段差距。目前，香港除了在教育、研发方面存在明显不足外，更面临人口老龄化和出生率低的严重问题，新增人口以持内地单程证赴港定居

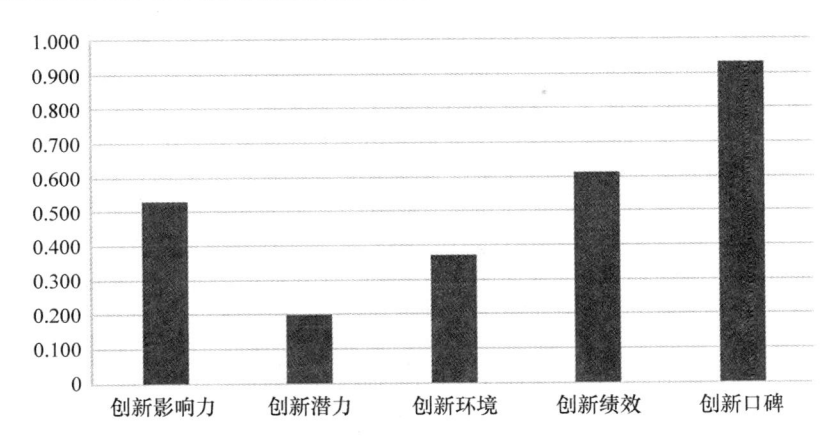

图 4—38　香港创新影响力各二级指标得分情况

资料来源：笔者整理。

人员为主，然而技能和学历相对偏低，使得劳动力素质无法得到明显提升。此外，香港服务业虽高度发达但缺乏内在创新动力。更为严峻的问题是，创新的重要前提在于人才、知识、技术要素的有机配置，而这些要素并不能简单地靠市场经济自发配置完成。以上因素共同导致香港在创新环境和潜力上产生缺口。

当前中国已有许多内地城市在创新发展方面获得些许成就，香港作为中国中西经济、文化交汇之地，加上其城市发展已具一定规模与声望，在获取创新资源要素方面理应比其他发展中城市来的相对容易。未来应进一步完善创新环境，并在此基础上构建独特的创新文化，吸引更多创新要素的投入，优化要素配置，以此来提升香港的创新潜力和绩效。

（4）宜居基础坚实，环境有待强化

香港的宜居影响力得分为 0.593，排名第 3，仅次于纽约与东京，二级指标多数也表现出众，但绿色环境一项位列第 8。相对而言，香港自然环境优美，城市稳定性高、教育医疗等基础设施完善，在各大宜居城市排行榜单中成绩都相当耀眼。2012 年，香港被英国《经济学人》杂志旗下的经济学人智库评选为"全球最宜居城市"。2017 年，香港排名虽然有所下降，但依然是位列中国之首，亚洲第 4。这些都为香港良好的宜居口碑带来了积极影响。此外，由于恩格尔系数低、居民收入高、犯罪率低等因素，香港的生活成本和其他 13 座城市相比也占有明显优势。然而，虽说香港多次被评选为世界宜居城市，但多半与便利、

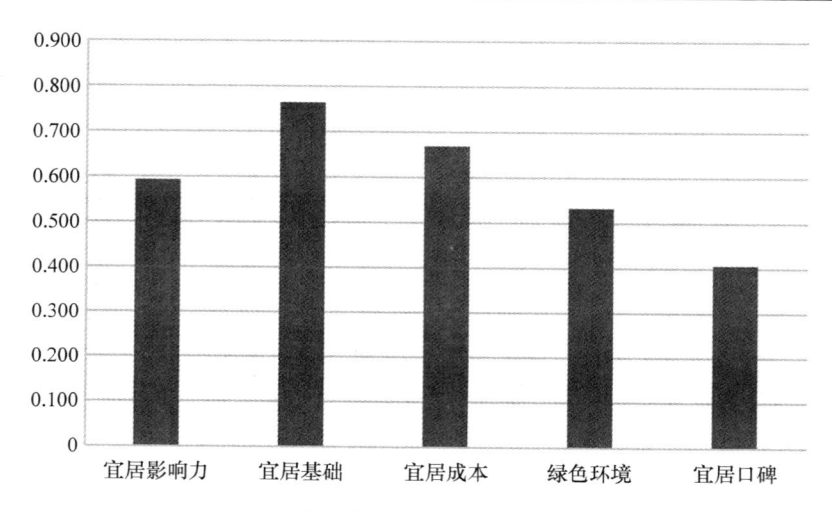

图 4—39　香港宜居影响力各二级指标得分情况

资料来源：笔者整理。

发达挂钩，较少会提及生态、绿色、和谐、幸福城市等概念。如今，全球各地开始重视环境环保问题，未来香港应多增添城市的绿色、文化建设，除了可提升宜居口碑，也为香港城市吸引力增添一份新的风采。

（5）形象口碑非凡，城市品牌强势

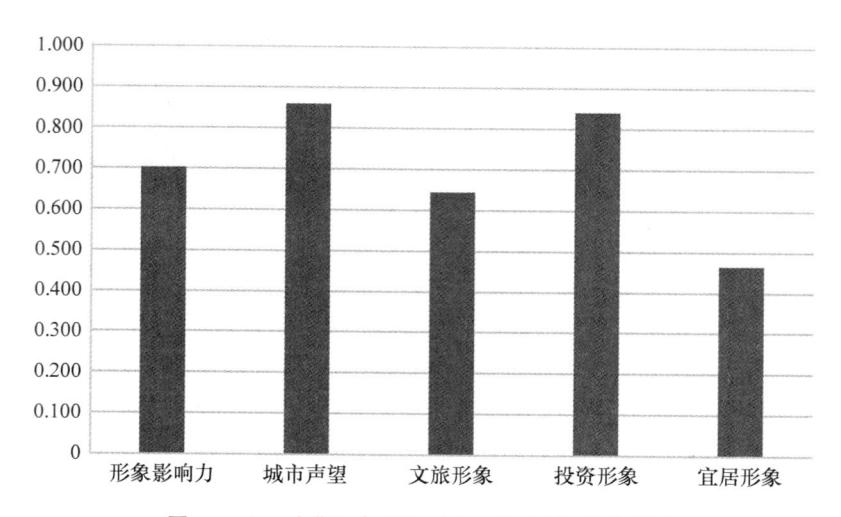

图 4—40　香港形象影响力各二级指标得分情况

资料来源：笔者整理。

在形象影响力的总指标上,香港位列第2,仅次于纽约。细究到形象影响力的二级指标上,城市声望、文旅形象与投资形象表现十分亮眼,位列所有测评城市第2。而宜居形象得分0.466,排名稍逊,为第3。实际上,香港的城市形象影响力在所有一级指标中得分最高,是拉动香港城市影响力的重要推手,这可以归功于其一系列规划完善的城市宣传。为打造专属的城市营销策略,香港设立香港品牌管理组,专门对香港城市进行一系列品牌规划,搭配国际赛事、城市合作、会展营销、新媒体营销等精准有效的整合营销策略,成功将"亚洲国际都会"的形象深植人心。而近期加上粤港澳大湾区和"一带一路"政策的引入,香港在进行城市形象宣传上又更加内容丰富、手段多元化,搭配国际上各项城市评估榜单,使香港得以拥有如此高的城市形象影响力。

总的来说,当前香港在城市形象影响力上具有明显的优势,是当今城市品牌化的前锋和典范城市之一,极大地推动了城市影响力的发展。

2. 粤港澳大湾区其他中心城市：澳门、广州和深圳

在湾区城市影响力指数排名上,深圳位列第5,广州位列第7,澳门位列第12。在各个一级指标得分的分布上,深圳各个指标间发展较为均衡,其中形象影响力尤其突出,位列第3,仅次于纽约和香港。深

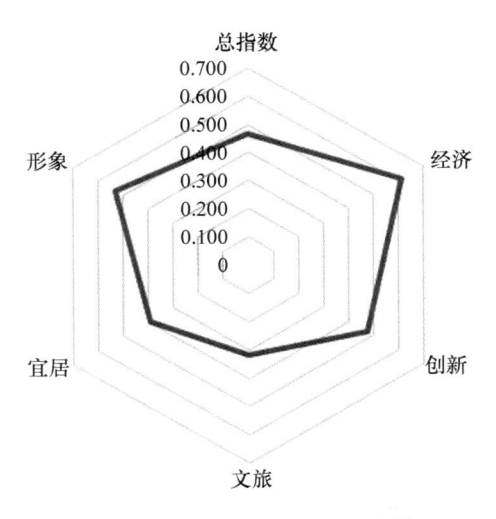

图4—41 深圳各一级指标得分情况

资料来源：笔者整理。

圳排名最低的一级指标为宜居影响力，位列所有城市中的第 11。对于广州来说，在一级指标排名最高的是文旅影响力，位列第 5；排名最低的是宜居影响力，位列所有湾区城市中的最后一名。澳门表现最好的一级指标是形象影响力，位列第 9；表现最差的一级指标是创新影响力，排在湾区主要城市之末。

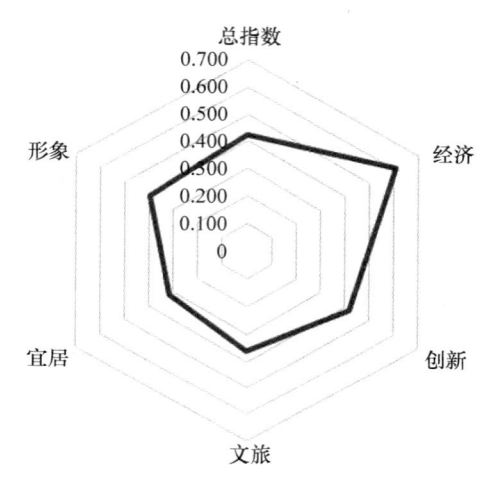

图 4—42　广州各一级指标得分情况

资料来源：笔者整理。

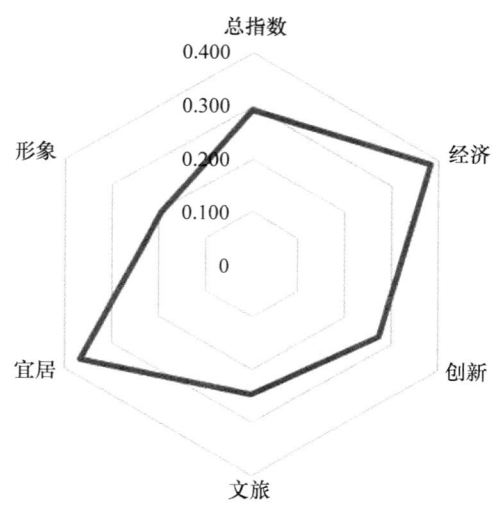

图 4—43　澳门各一级指标得分情况

资料来源：笔者整理。

（1）经济影响力

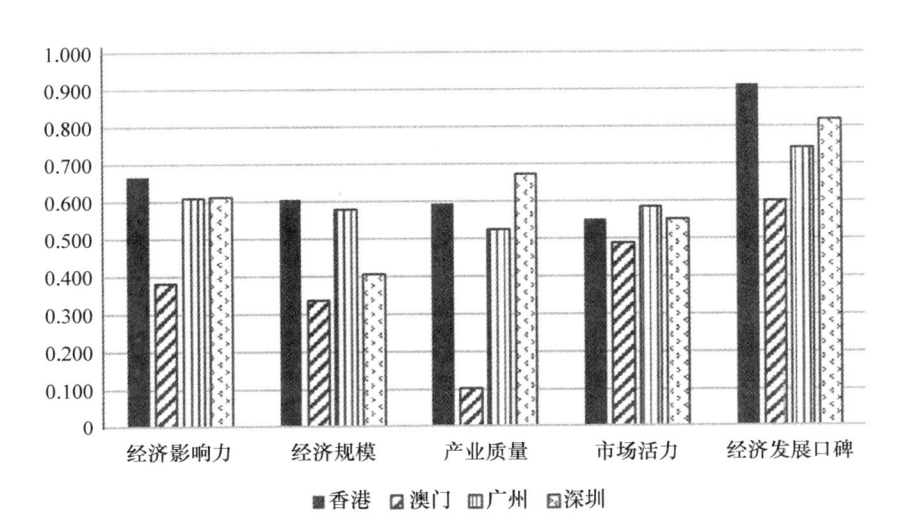

图4—44　香港、澳门、广州、深圳经济影响力各二级指标得分情况
资料来源：笔者整理。

广州的经济影响力排名第6。从二级指标上来看，广州的市场活力表现非常突出，位列第3，仅次于纽约和东京；其他二级指标的表现和经济影响力总指数保持了一致。深圳的经济影响力排名为第5，二级指标中表现最突出的是产业质量和经济发展口碑，均位列第3。澳门的经济影响力排名第11，二级指标中表现最突出的为经济发展口碑和市场活力，二者均位列第8。

近年来广州经济运行总体平稳，2017年GDP增长7.0%，增速高于湾区绝大多数主要城市。广州新兴产业和企业成长迅速，新产业新业态层出不穷。现阶段，广州在激发市场活力的同时更注重产业质量的提升，经济结构在进一步优化。

深圳的经济规模近年来稳步扩展，2017年其GDP总量超过了广州市，位居广东省第一。在深圳经济影响力中最引人注目的是其产业质量。近年来，深圳的产业结构稳固优化，第三产业目前占GDP比重接近60%。七大战略新兴产业创造了其GDP近40%的增长。四大"未来产业"中，海洋产业，航空航天产业，机器人、可穿戴设备和智能装备产业以及生命健康产业也增值迅猛。作为中国最重要的经济特区之一和改革开放最先发展起来的一批城市,深圳经济指标上的不俗表现,极强的创新能力带来的经济发展内生动力,使得深圳的经济发展口碑被广泛认可。

澳门经济长期以来依靠博彩业和旅游休闲产业的发展,据澳门经济局统计年鉴,博彩业在2017年对澳门经济贡献的增加值总额为1790.7亿元,增速为17.6%。博彩业和旅游业在提升澳门知名度及其经济发展口碑方面发挥了重要作用。但是随着近年博彩业陷入发展瓶颈,澳门经济一度出现负增长,城市的可持续发展能力受到影响。为提升经济影响力和可持续发展能力,特区政府出台了《澳门特区政府——澳门五年发展规划(2015—2020)》,将整体经济稳健发展、产业结构进一步优化特别是融入"一带一路"行动等列为主要工作目标,对提振澳门经济发挥了重要作用。2017年澳门本地生产总值为4042亿澳门元,人均生产总值为62.28万澳门元(约合7.76万美元),经济实质增长9.1%,终止了过去三年的经济收缩。

(2)创新影响力

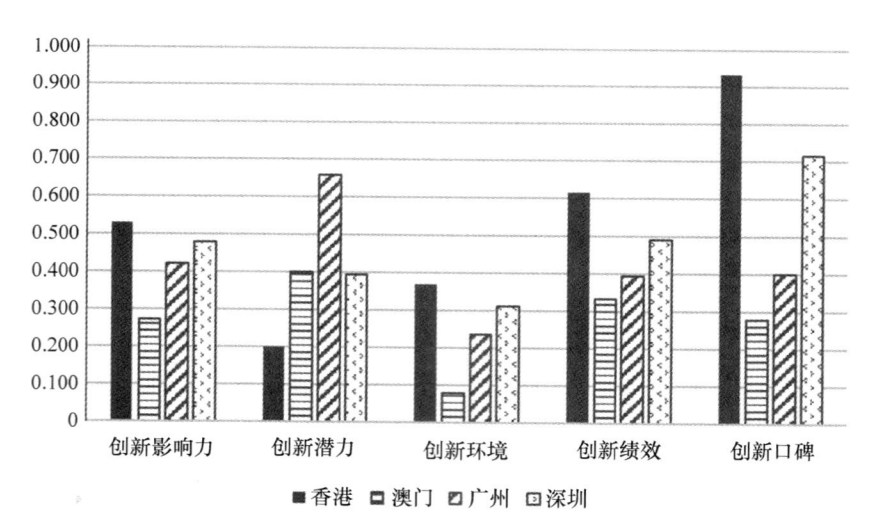

图4—45　香港、澳门、广州、深圳创新影响力各二级指标得分情况

资料来源:笔者整理。

广州的创新影响力排名第7。从二级指标上来看,广州的创新潜力和创新口碑表现非常突出,分别位列第2和第4;但是创新环境和创新

绩效表现不容乐观，分别排名第 13 和第 12。深圳的创新影响力排名为第 5。从二级指标上来看表现最突出的是深圳的创新口碑，位列第 3，表现相对较弱的指标是创新环境和创新绩效。澳门的创新影响力排名第 14，二级指标中表现最突出的为创新潜力和创新口碑，均位列第 6，创新环境和创新绩效分别位列第 14 和第 13。综上可发现，广州、深圳、澳门在创新影响力上有着突出的共同特点，即创新口碑表现优异，但创新基础仍然薄弱，具体表现为创新环境、创新绩效的表现均不尽如人意。

近年来，广州、深圳在创新方面已取得了相当的成绩。2017 年，广州发表 SCI 论文 24349 篇，同比增长 14.85%，新增科技创新企业 4 万家，总数达到 16.9 万家；新增高新技术企业超过 4000 家，增量居全国第 2，总数达到 8700 家，是 2015 年的 4.5 倍，专利申请量为 118332 件，同比增长 19.4%。而深圳自 2014 年出台多项科技创新促进措施以来，创新创业能力的发展有目共睹。2016 年，深圳 PCT 国际专利年申请量约 2 万件，增长 47.6%，占全国的 46.6%。截至 2017 年 9 月底，深圳市累计实有商事主体 2956590 户，创业密度居全国首位。其中，科技类企业达到 19.5 万家，占全市企业的 11.3%，相当于深圳每 63 人就拥有 1 家科技类企业。但是，涉及平均时薪、教育研究专业技术服务从业者占比、税收负担、创新效应等用来衡量创新环境、创新绩效的指标时，广州、深圳、澳门显露出了与发达国家城市间的差距。以平均时薪为例，这一反映人力资本要素价格的指标直接决定了该要素的流动方向，决定了一个地区对于人才吸引力的大小。3 个城市中平均时薪最高的澳门在此项上为 11 美元，仅相当于纽约的 1/3。

（3）文旅影响力

广州的文旅影响力排名第 5。从二级指标上来看，广州的文旅绩效和文旅口碑表现非常突出，位列第 5 和第 6，但是文旅活力位列第 13。深圳的文旅影响力排名第 8，从二级指标上来看除排名第 14 的文旅绩效以外，其他二级指标排名都很靠前。澳门的文旅影响力排名第 13，二级指标中表现最突出的为文旅口碑，位列第 8。

深圳市在旅游资源先天不足的情况下取得第 8 的成绩难能可贵。深圳旅游业的主要发展是通过旅游和文化产业的互动，比如建立锦绣中华、中国民俗文化村等主题公园，培育一批文化旅游节庆活动，如华侨

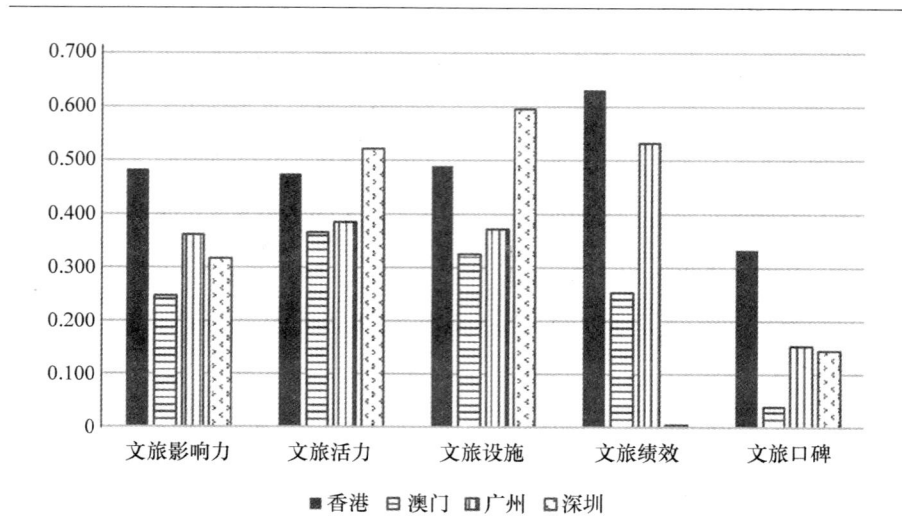

图4—46 香港、澳门、广州、深圳文旅影响力各二级指标得分情况

资料来源：笔者整理。

城下属各主题公园多年来一直向旅游者推出的"狂欢节"等。这些文旅融合的项目吸引了一大批国内游客，为深圳旅游业在过去30年的从无到有作出了卓越贡献。

澳门的文旅绩效表现较好，2017年接待入境游客超过3200万人，同比增长5.4%，入境过夜游客超过1700万人，同比增长9.9%。《2018年城市旅游和旅游业影响报告》显示，2016—2017年澳门旅游业创造的GDP增长率为14.2%，增速位居全球第2。广州2017年的旅游总收入达到3650亿人民币，是同年深圳旅游收入的2.5倍，增速为16%，甚为强劲。

不过，深圳的文旅绩效排名第14，广州文旅活力和澳门文旅活力分别位列第13和第14，也为3个城市在文旅影响力发展方面敲响了警钟。诚然，在改革开放初期，广州、深圳、澳门以休闲购物和主题公园等吸引了国内外众多游客，但随着近几年国内自由贸易、境内免税、海外代购等新兴商业模式遍地开花，再加上各类城市旅游综合体和现代主题公园建设方兴未艾，特别是出境旅游热的兴起，粤港澳地区原有的旅游目的地优势被冲淡，3个城市的文旅活力因此略显疲态。

总之，随着粤港澳大湾区的发展，香港、澳门、广州、深圳作为中心城市，应在旅游服务供给和政府治理模式等方面应积极探索差异发展、避免同质竞争，加快区域内交通网络建设，以充分发挥粤港澳大湾区城市群协同效应，尽快破除旅游生产要素自由流通的障碍，从根本上提升粤港澳大湾区的文旅影响力。

（4）宜居影响力

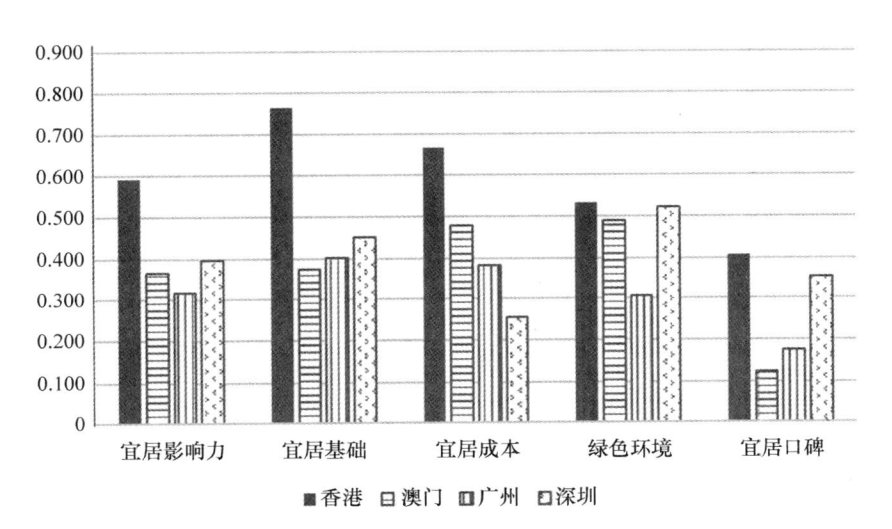

图4—47　香港、澳门、广州、深圳宜居影响力各二级指标得分情况
资料来源：笔者整理。

在湾区各主要城市中，广州的宜居影响力排名第14。从二级指标上来看，广州的宜居口碑表现突出，位列第5；但其他二级指标排名均在第10以后，宜居基础位列第13，宜居成本位列第10，绿色环境位列第14。深圳的宜居影响力排名为第11，二级指标上表现最突出的同样是宜居口碑，位列第3；表现相对较弱的指标是宜居成本和宜居基础，排名第14和第12。澳门的宜居影响力排名第13，二级指标中表现最突出的为宜居口碑和宜居成本，位列第7；然而宜居基础表现不佳，位列第14。可见，广州、深圳、澳门在宜居影响力方面呈现口碑先声夺人，但基础普遍不足的局面。粤港澳大湾区素有华人优质生活圈的美誉，城市宜居性在国内城市中优势突出。然而与世界其他湾区城市相比，总可支配收入、社会保险总金额、恩格尔系数特别是绿色环境等指标上，劣势就变得十分明显。以恩格尔系数为例，纽约市为11%，而广州、深圳、澳门均在30%上下。

（5）形象影响力

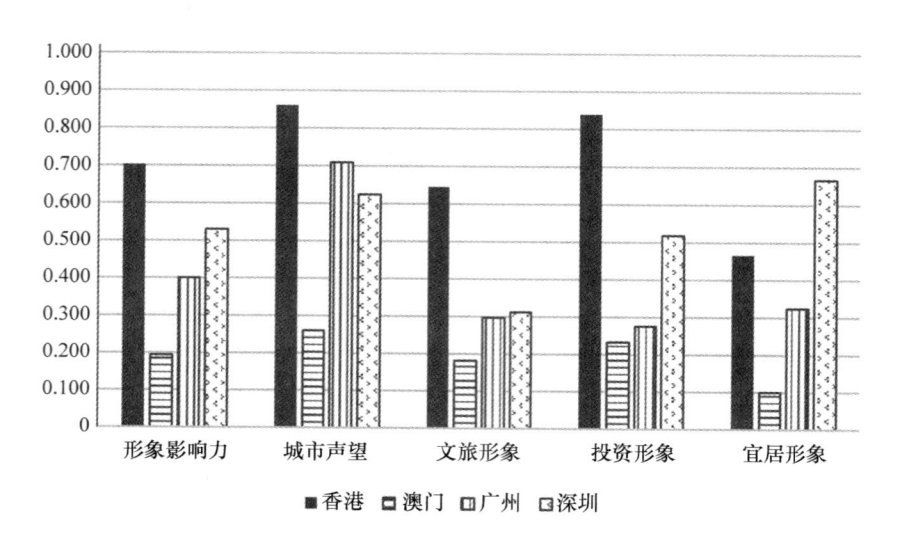

图4—48 香港、澳门、广州、深圳形象影响力各二级指标得分情况
资料来源：笔者整理。

在形象影响力方面，深圳、广州、澳门表现较为突出。其中深圳的形象影响力总指数在14个湾区主要城市中排名第3，广州排名第6，澳门排名第9。在形象影响力方面，3个城市的表现与其他湾区城市相比有两点较为突出的特征。第一，城市形象影响力发展差距大；第二，各城市自身的形象影响力二级指标之间发展相对均衡。

总之，粤港澳大湾区4个中心城市的影响力是粤港澳大湾区总体影响力具备一定优势的重要原因。在未来的发展中，上述城市要继续保持在投资、文旅、宜居形象方面的均衡发展，同时应注重协调城市之间的形象传播，更好地为提升湾区总体影响力发挥支撑和带动作用。

（四）旧金山湾区主要城市的影响力指数点评

1. 旧金山湾区的核心城市——旧金山

旧金山的城市影响力得分为0.531，排名第4，次于纽约、东京和香港，但相对而言，旧金山的一级、二级指标发展非常均衡。

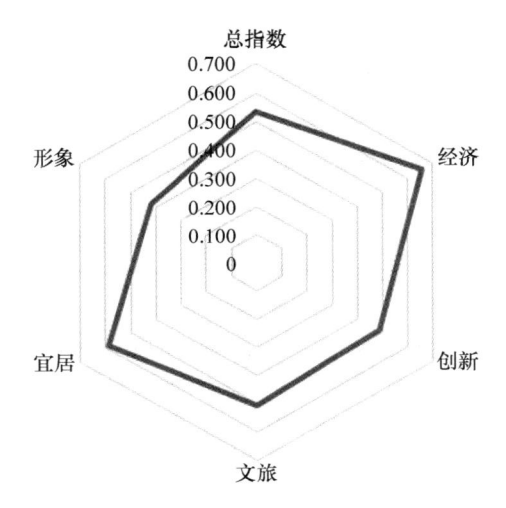

图 4—49　旧金山城市影响力各一级指标得分情况

资料来源：笔者整理。

（1）经济基础优越，发展动力充沛

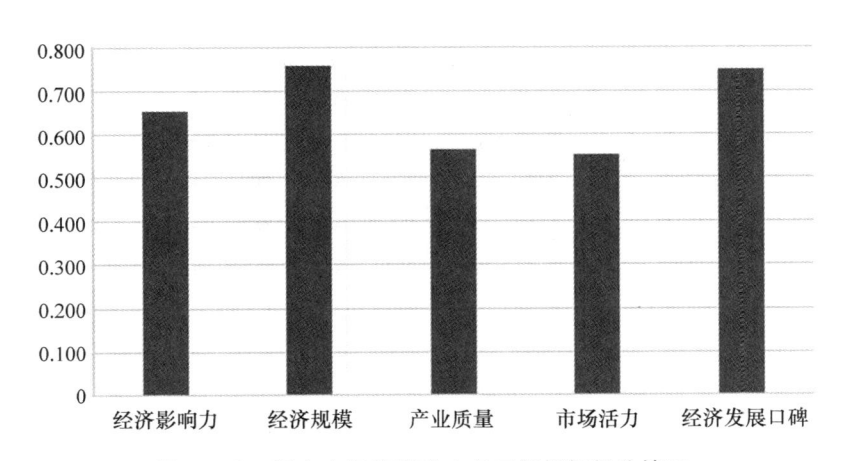

图 4—50　旧金山经济影响力各二级指标得分情况

资料来源：笔者整理。

在经济影响力上，旧金山的排名为第 4。在经济影响力的二级指标中，表现最好的是经济规模，排名第 2，仅次于纽约。产业质量排名第 6，市场活力排名第 4，经济发展口碑排名第 5。

旧金山市场活力充沛。旧金山统计区 2016 年的 GDP 增速达到

5.4%，人均 GDP 高达 10.0132 万美元，且失业率一直低于全美平均水平，2016 年为 2.5%，全美平均值为 5.2%。2016 年旧金山就业职位新增率为 3.9%，全美平均水平为 1.6%。

此外，产业质量多项二级指标表现良好。目前旧金山的经济结构呈现高度服务业化的特征。从事金融保险业的从业者占总就业人数的 6.1%，全美平均水平为 4.7%。从事信息技术行业的就业者占 5.5%，全美平均水平为 2.1%。自 20 世纪 90 年代以来，旧金山就成为风险投资的大本营，推动金融业成为旧金山重要的部门之一。此外，风险资本公司为旧金山市新兴的网络和高技术公司提供了大量的风险资本，大量高科技企业和新兴服务业也就此兴起。旧金山是 Twitter、Airbnb、Uber 等跨国服务公司的聚集地。总之，强大的风险投资能力和发达的创新生态系统促进了旧金山高度知识化和服务化的经济模式的形成。

（2）文化开放多元，文旅充满活力

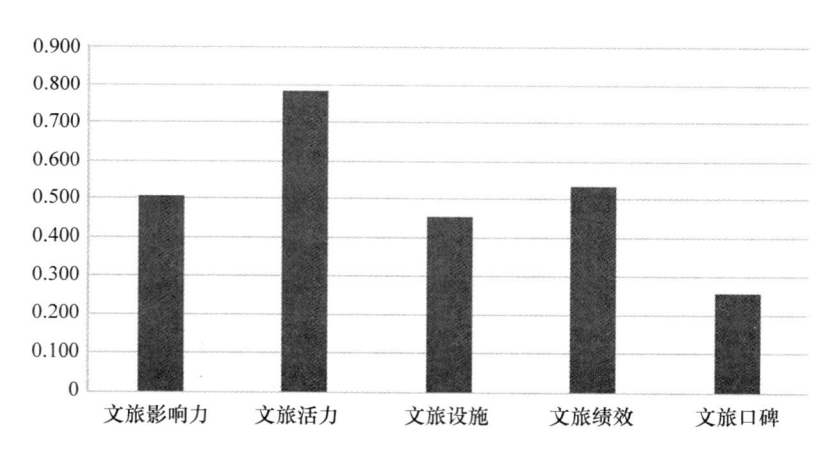

图 4—51 旧金山文旅影响力各二级指标得分情况

资料来源：笔者整理。

在文旅影响力上，旧金山的排名为第 3，仅次于东京、纽约。在文旅影响力的二级指标中，表现最好的是文旅活力，排名第 1。旧金山文旅活力的优势，在数据上表现为住宿业和餐饮业的增速为所有城市中的第 1，科技和教育行业产出占 GDP 比重为 13.99%，仅次于东京，这一数字在东京为 14.62%。娱乐产业产值达到 40 多亿美元，仅次于纽约、东京。开放多元的文化是其文旅活力表现良好的重要原因之一。由于外来人口的聚集，作为一个多种族、多宗教、多文化的国际都市，这里的文化融合程度很高，相应产生的华人历史学会、日本城、欧洲艺术馆和唐人街等文化艺术设施，极大地丰富了旧金山当地人民的文化生活，并有很高的旅游价值。

此外，文旅口碑指标也表现较好，排名第3，仅次于纽约和香港。但是，文旅设施和文旅绩效表现不尽如人意，分别位列第5和第4。不过，随着旧金山文旅口碑的不断提升，加之丰富的文旅资源，旧金山的文旅绩效存在很大的发展空间。旧金山的文旅口碑良好，在城市独特性、友善度、美丽等口碑方面均有不错表现。首先，旧金山三面环水，自然环境优美，是度假者的天堂，拥有众多人文或自然景观，诸如金门大桥、渔人码头、黄石公园等。其次，旧金山文化具有很强的独特性。自20世纪起，这里一直是嬉皮士文化、近代自由主义和进步主义的中心之一。旧金山拥有众多文化丰富的街景，混合使用的社区围绕中心商业走廊，是美国排名第2的最适合步行的城市。此外，旧金山在推进城市文旅口碑上作出了不懈努力。加利福尼亚州在全球范围内开展线上营销，根据营销目的地受众偏好，寻找当地名人担任旅游推广大使，制作当地语言宣传片，以旧金山为重点城市，基于"来加州，大胆梦"的统一主题，借助"加州梦"和"美国梦"的全球认知展现不同角度的文旅特色，极大提升了这里的文旅口碑。

（3）创新实力雄厚，创新环境一流

在创新影响力上，旧金山排名第4。在二级指标中，创新环境排名第3，仅次于圣何塞和东京；创新潜力和创新绩效均位列第5；但是城市的创新口碑表现较差，得分0.266，排名第7，降低了创新影响力总体得分。

首先，旧金山在创新环境上的突出表现离不开丰富且高质量的人才基础。据旧金山经济发展中心统计网站的数据，旧金山每平方英里拥有超过7000个大学学位获得者，年龄在25—34岁的人口中，约3/4拥有本科学位。

其次，旧金山的风险投资对于创新创业人才具有极强的吸引力，集聚了大量的科技企业。据旧金山经济发展中心统计网站的数据，旧金山市内目前有超过300家信息技术产业公司。2006—2016年，旧金山都

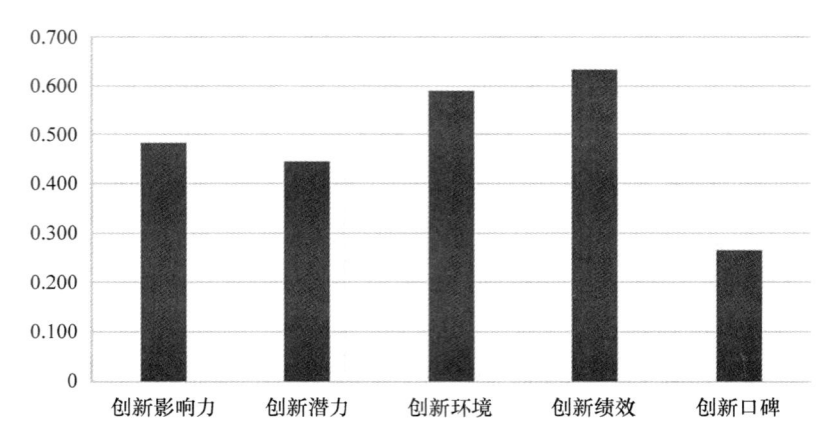

图4—52 旧金山创新影响力各二级指标得分情况

资料来源：笔者整理。

市区从事信息技术行业的就业者增长了165%。2017年从事信息技术行业的就业者占5.5%，全美平均水平为2.1%。除IT行业外，旧金山从事专业科学技术服务的就业者占总数的18.4%，美国平均水平仅6.7%；从事金融保险业的从业者占总就业人数的6.1%，全美平均水平为4.7%。从平均薪资上看，旧金山平均薪资为33.51美元，全美平均水平为24.34美元。种种数据都表明旧金山在创新环境方面具有极高的竞争力。

（4）美丽宜居典范，压力挑战并存

在宜居影响力上，旧金山的排名为第4，得分为0.59，仅次于纽约、东京、香港。在宜居影响力的二级指标中，宜居基础和绿色环境两项指标的得分都不相上下，均在0.9以上，接近满分，在所有城市中两项指标的排名均为第1，从基本要素来看堪称宜居宜业得兼之典范。但是值得注意的是，宜居成本方面，旧金山的排名为第13。

旧金山的家庭收入水平平均值和中位数均超过全美的平均水平。2017年，旧金山郡在全美3142个郡中收入排名第7，人均收入高达11.9868万美元。高收入群体在旧金山所占的比例远远高于美国平均水平。可支配收入高成为这里宜居基础优秀的重要原因。

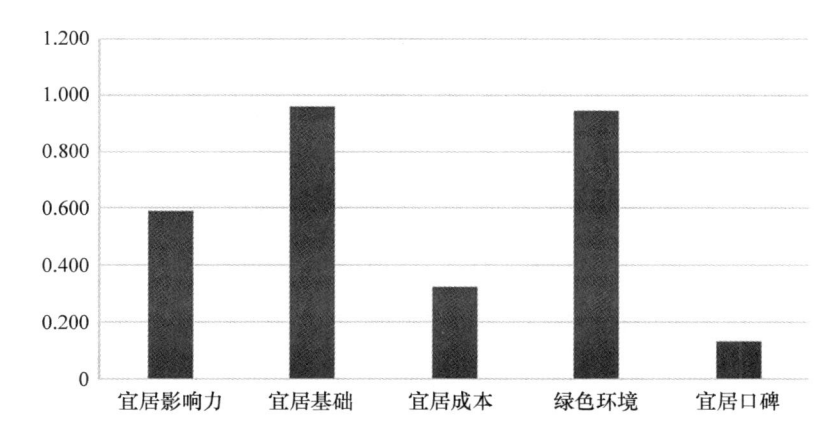

图 4—53　旧金山宜居影响力各二级指标得分情况

资料来源：笔者整理。

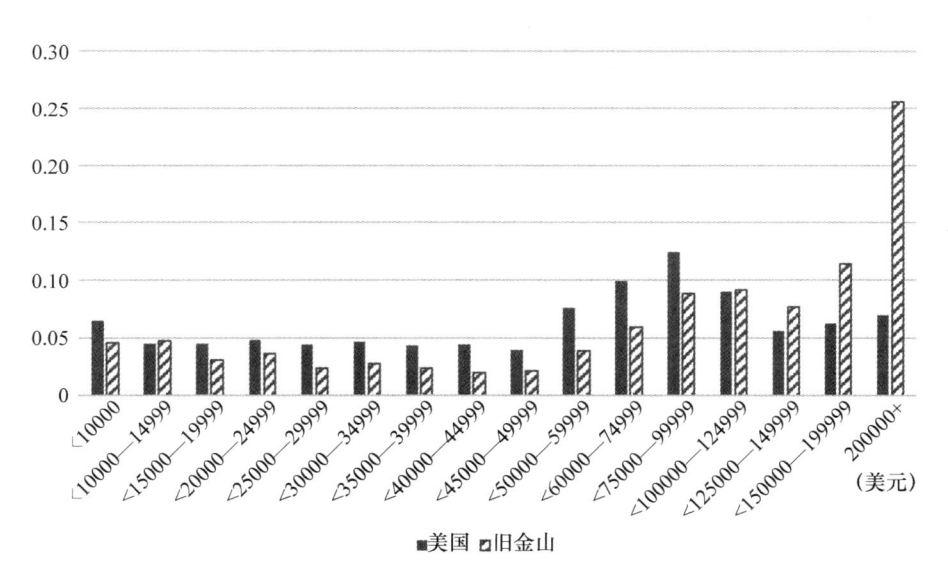

图 4—54　旧金山 2016 年各收入阶层家庭比例和全美平均值比较

资料来源：Data USA。

但是旧金山的宜居性正受到生活成本高的严峻挑战。据 City. Data 数据库统计，生活成本以美国平均水平 100 为基准，将各项生活开支加权计算后的旧金山市的生活成本指数高达 305，加利福尼亚州的平均值仅为 169。图 4—55 是旧金山的房价水平和全美平均水平及美国其他地区相比的表现。可以看出旧金山比全美平均水平高出近 5 倍，比加利福尼亚州的平均水平高2倍。因为较高的房屋价格，2016年，仅有37%的居民在旧金山拥有房产，大部分人选择租房，这一数字的全美平均水平是62%。房租开支导致住房占可支配收入开始大幅提升，住宿成本高很大程度上削弱了旧金山家庭可支配收入高的优势，影响了城市宜居影响力指标的总体得分。

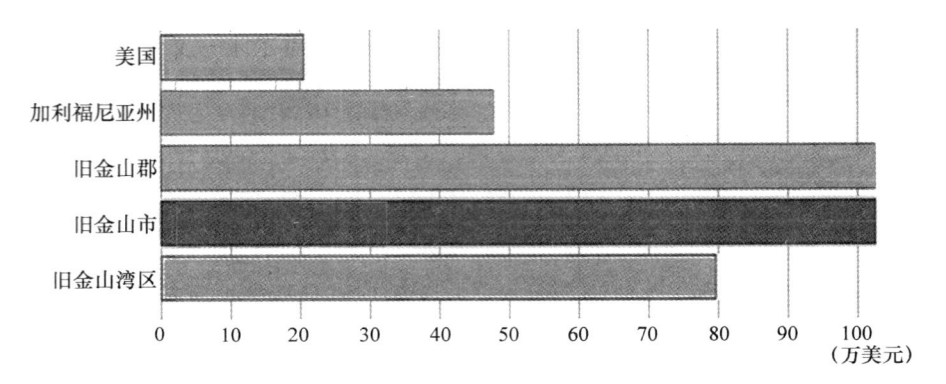

图4—55　旧金山2016年房地产价格中位数和全美平均值及其他地区比较
资料来源：Data USA。

（5）形象口碑矛盾，落后于实际发展

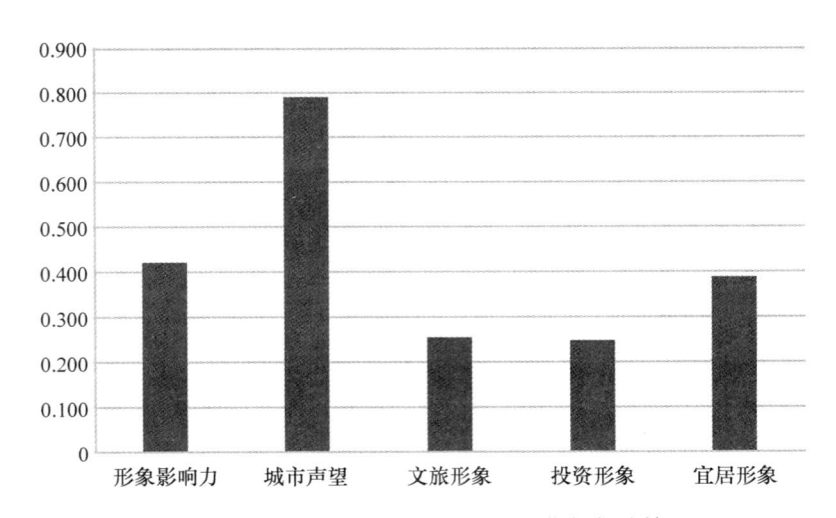

图4—56　旧金山形象影响力各二级指标得分情况
资料来源：笔者整理。

在形象影响力上，旧金山的排名为第4，得分为0.421，仅次于纽约、香港、深圳。在形象影响力的二级指标中，得分较高的是城市声望和宜居形象；得分较低的是投资形象和文旅形象，均位列第6。

和纽约不同的是，旧金山的形象口碑未能有效支撑城市影响力得分。事实上旧金山有着良好的形象传播的基础，2017年全球前30大活力城市排行中，美国有8座城市上榜，其中旧金山居于榜首。充满活力的城市精神将旧金山的城市文化、人口结构、自然景观、温和的气候、高绿化率、滨海城市和多元文化与丰富的活动等相融合，造就了旧金山独特的城市品牌，因此旧金山的形象影响力具备很大的提升空间和发展潜力。

2. 旧金山湾区其他主要城市的影响力点评：圣何塞、奥克兰

在湾区城市影响力指数排名中，圣何塞位列第6，奥克兰位列第10。在各个一级指标得分的分布上，圣何塞各项指标发展都比较均衡，但是奥克兰各一级指标间发展差异较大，最高的宜居影响力位列第6，但是排名最低的文旅影响力排在第12。

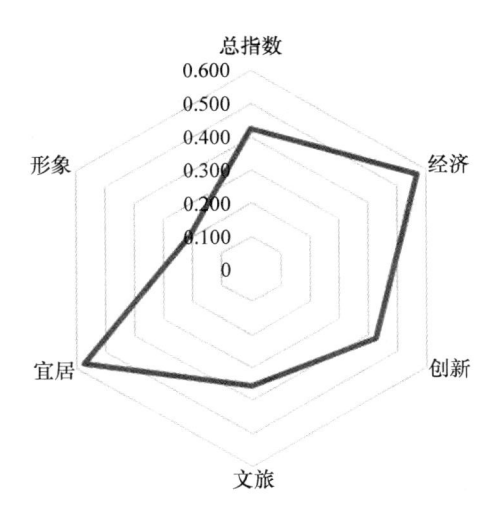

图4—57 圣何塞各一级指标得分情况

资料来源：笔者整理。

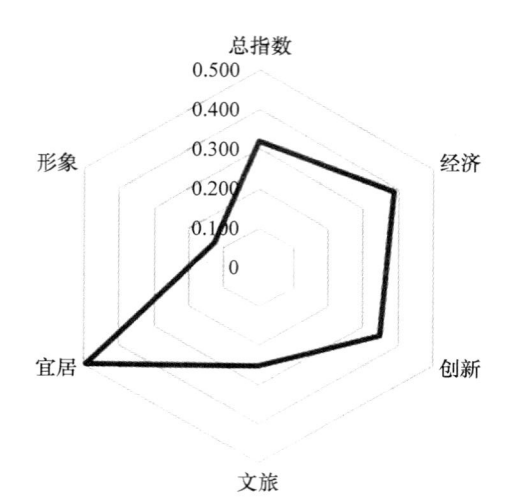

图4—58 奥克兰各一级指标得分情况

资料来源：笔者整理。

(1) 经济影响力

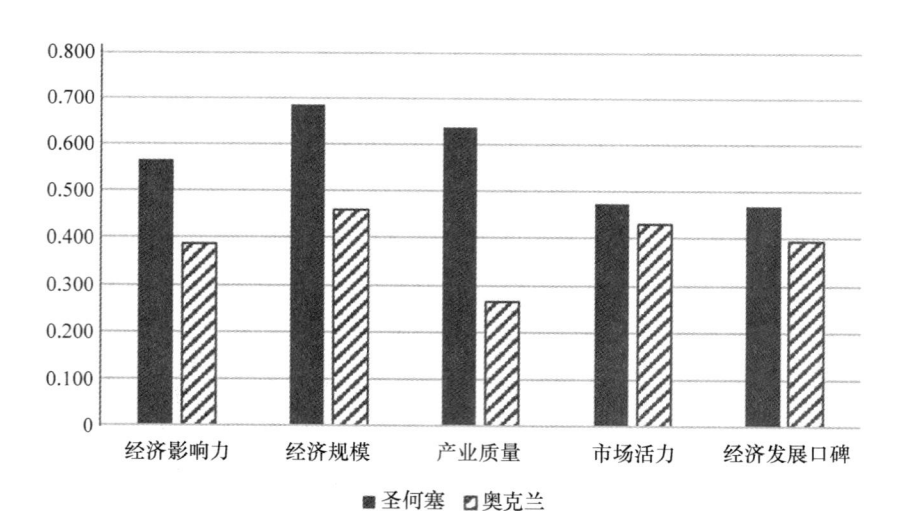

图4—59 圣何塞、奥克兰经济影响力各二级指标得分情况

资料来源：笔者整理。

圣何塞的经济影响力排名第7。从二级指标上来看，圣何塞的经济规模和产业质量表现非常突出，都位列第4；但是经济发展口碑位列第9。奥克兰的经济影响力排名第10，从二级指标上来看表现最突出的是

经济规模，位列第 8；表现相对较弱的指标是产业质量，排名第 12。

作为旧金山湾区的主要城市，这两个城市的发展方向和产业模式并不相同，在湾区中的功能角色也有差异。奥克兰的主要产业是商业服务、食品加工、轻工业等。截至 2016 年年底，奥克兰的零售业雇用了 9% 的劳动力，管理类行业雇用了 11.4% 的劳动力，商业服务雇用了 11.4% 的劳动力，食品加工业雇用了 6.1% 的劳动力。奥克兰的其他主要行业包括电气设备、化学品、玻璃、汽车和卡车以及药品等。同时，奥克兰港是世界上集装箱船最繁忙的港口之一，近 20 万个工作涉及通过奥克兰海运码头的货物运输。

圣何塞则是湾区重要的科技创新中心，其较高的科技创新水平，为城市经济发展提供了源源不断的内生动力。圣何塞的经济规模和产业质量都很突出。市内拥有计算机、网络、软件、节能环保和生物医药等领域的众多高科技企业，吸引了苹果公司、谷歌、惠普、Cisco、Adobe 等大批高科技企业落户。IBM、索尼、三星等知名企业都在圣何塞设有研发中心。圣何塞家庭收入中位数在 2016 年达到 10.194 万美元，而美国的平均水平不足 6 万美元，市内教育、计算机和数学领域行业雇用的劳动力占总劳动力比例为 12.8%。

（2）创新影响力

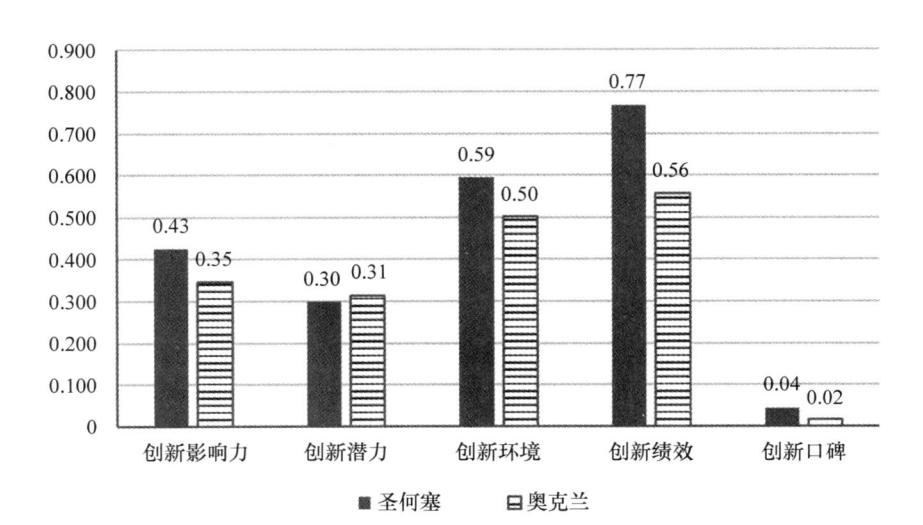

图 4—60　圣何塞、奥克兰创新影响力各二级指标得分情况

资料来源：笔者整理。

圣何塞的创新影响力排名第6。从二级指标上来看，圣何塞的创新环境和创新绩效表现非常突出，位列第2和第3。奥克兰的创新影响力排名第10，从二级指标上来看创新环境和创新绩效也表现不俗，分别位列第7和第8。

由于旧金山的总部辐射效应，奥克兰的科技创新实力也不容小觑。该市的教育加计算机行业就业人员的占比超过10%，位列所有城市中的第4。家庭的教育支出占比为4%，其他湾区主要城市的教育支出占比一般在4%以下。奥克兰的平均时薪为30美元，和纽约持平。高薪水加速人力资本向这里流动。奥克兰每十万人拥有的专利件数虽然只是圣何塞的1/3，但是这一数字仍然超过包括纽约、广州在内的大部分城市。不过，奥克兰在创新影响力上的劣势主要在于创新潜力，这和该市的高等教育水平的不足有一定程度的关联。

圣何塞在创新环境和创新绩效上的突出表现离不开数量庞大的高科技公司和基础雄厚的人力资本。据圣何塞城市官网数据，目前市内拥有的科技类企业和博物馆超过6600家，每年流向圣何塞公司的基金超过6亿美元，相当于全美的1/3。此外，圣何塞劳动力素质在全美遥遥领先。据圣何塞城市官网统计，每3位圣何塞居民中就有1位拥有本科及以上学历，每5个人中就有一个人的专业领域为STEM（科学、技术、工程、数学）。同时，圣何塞的工资水平高也加大了其对人才的吸引力，在电脑硬件工程、软件开发方面的平均时薪分别达到70.13美元和63.55美元，这两个行业的美国平均薪资分别为57.52美元和51.3美元。不过，受制于其青年人口比例和大学生在校人数，圣何塞在创新潜力方面仅排名第10。

（3）文旅影响力

文旅影响力上，圣何塞位列第6，奥克兰位列第12。在二级指标的表现上，圣何塞排名最高的是文旅活力，位列第5；排名最低的是文旅口碑，位列第9。奥克兰排名最高的是文旅设施，位列第6。奥克兰人均学校数量和公立图书馆数量在湾区主要城市中排名均比较靠前，此外，作为美国西部交通运输体系的中心，发展良好的交通运输产业极大提升了奥克兰在文旅设施方面的得分。奥克兰现代化的汽车运输遍及整个东部海湾并能直通旧金山市，奥克兰还同时是三条横跨北美大陆铁路的终点。奥克兰港是世界上最好、最美的自然深水港之一，整个奥克兰

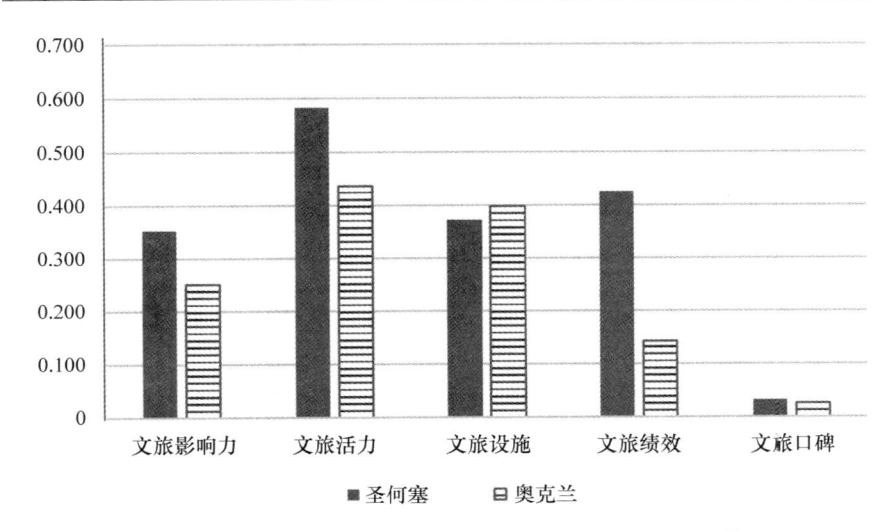

图 4—61　圣何塞、奥克兰文旅影响力各二级指标得分情况

资料来源：笔者整理。

港各种设施都同公路、铁路等陆运交通体系有机衔接，形成了现代化港口的理想模式。

（4）宜居影响力

在宜居影响力方面，圣何塞位列第 5，奥克兰位列第 6。在二级指标分布上，两城市的规律基本一致。排名最高的都是绿色环境，圣何塞在此项排名第 2，奥克兰在此项排名第 3。两城市排名较低的二级指标都是宜居成本。其中，奥克兰的自然环境十分优美。奥克兰为地中海气候，平均每年约有 260 天阳光普照，是一个享受温煦阳光的理想之城。市内的美丽湖为全美最大的人工咸水湖，具有调节市区湖水和提供鸟类保育的功能，1870 年成为北美洲第一个野生生态保护区。在表现欠佳的宜居成本方面，奥克兰主要的劣势在于居住成本和犯罪率高。从收入水平上来看，奥克兰是一个十分富裕的城市。奥克兰的家庭收入中位数为 6.806 万美元，贫困率为 18.9%。整体收入水平的表现要远好于美国平均水平。图 4—63 是各收入阶层家庭占总家庭的比例。白色部分是奥克兰市的数据，灰色部分是美国平均水平，可以看到 12.5 万美元以上收入的家庭占比，每一项奥克兰都高于平均水平。1.5 万—3.5 万美元的中低收入的家庭在奥克兰的占比每一项都小于全美平均水平。但是低于 1.5 万美元的低收入家庭在奥克兰的比重，却远高于美国平均水平，这意味着奥克兰的收入水平虽然整体上较高，但是贫富差距大。

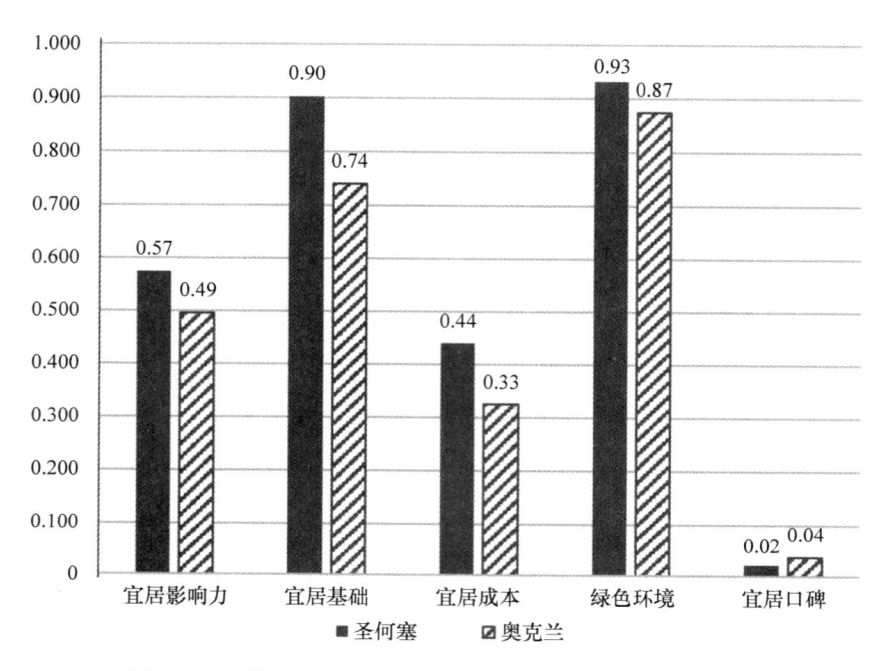

图4—62 圣何塞、奥克兰宜居影响力各二级指标得分情况

资料来源：笔者整理。

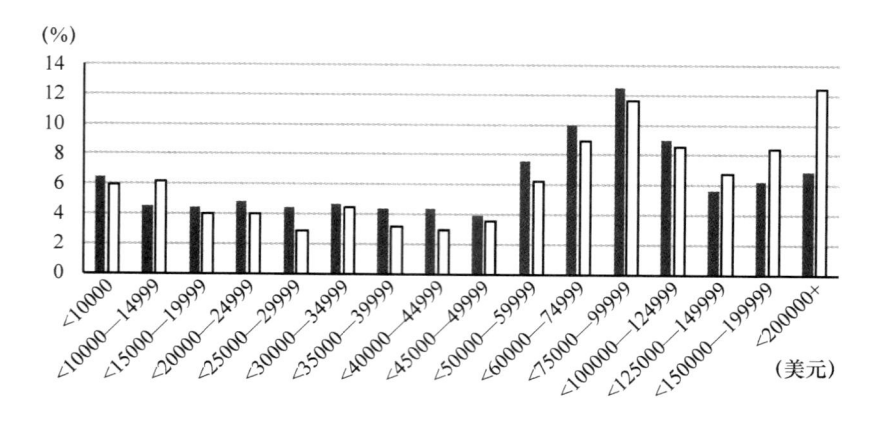

图4—63 奥克兰2016年各收入阶层家庭比例和全美平均值比较

资料来源：Data USA。

同时，奥克兰的房屋价格水平高，图4—64中每组收入群体的右侧柱状图代表奥克兰的房屋价格水平，该柱状图呈明显的右偏形态，即房屋价格多集中在30万美元及以上。一方面，房产价格高导致近40%的奥克兰人选择租房生活；另一方面，房租极大增加了住宿占总家庭开支的比重这一逆向指标，从而使得奥克兰在宜居成本方面显露出劣势。

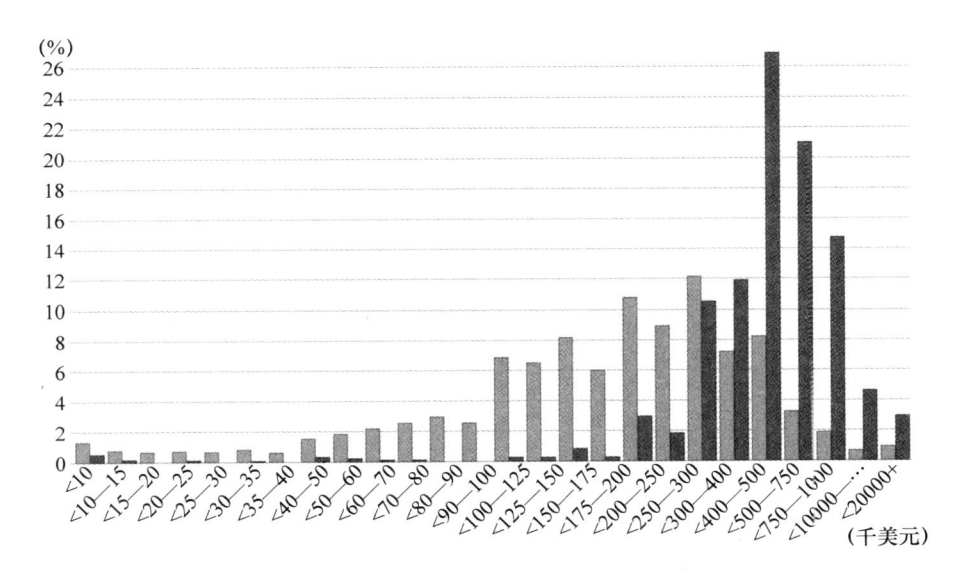

图4—64　奥克兰市2016年各阶段房产价格和全美平均值比较

资料来源：Data USA。

（5）形象影响力

在形象影响力方面，圣何塞排在14个湾区主要城市中的第8位，奥克兰排在第10位。在宜居形象上，奥克兰得分为0.023，略高于得分为0.02的圣何塞。

旧金山湾区主要城市形象影响力发展和东京湾区的城市有着多类似的特点。如图4—65所示，首先，圣何塞和奥克兰在形象影响力二级指标的分布上和川崎、横滨有着极高的相似度，即城市声望远远高于文旅形象、投资形象和宜居形象，且文旅形象、投资形象、宜居形象的得分均在0.1以下。此外，圣何塞、奥克兰的形象影响力严重落后于自身的实际发展状况，这一点也与横滨、川崎类似。不过，值得注意的是东京

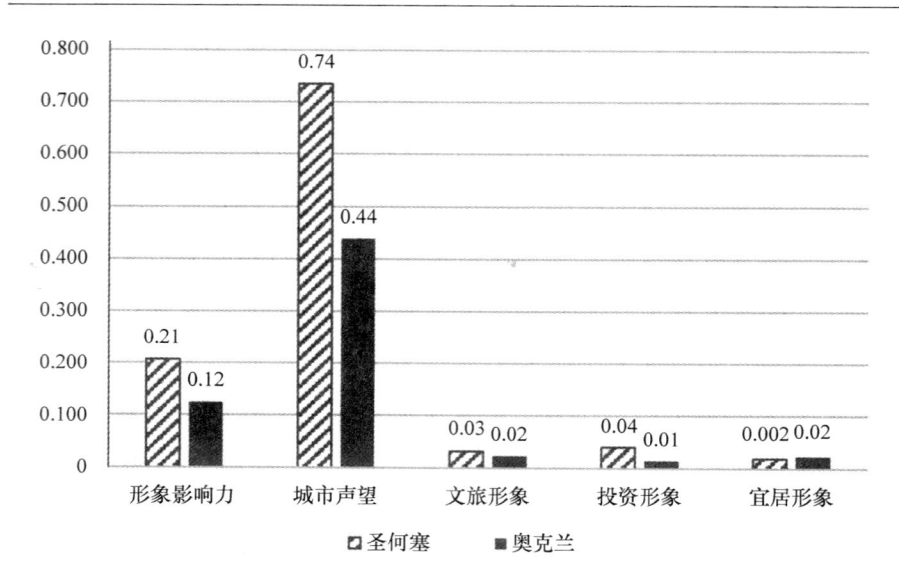

图 4—65　圣何塞、奥克兰形象影响力各二级指标得分情况
资料来源：笔者整理。

湾区整体的形象影响力表现也是四大湾区中的最后一名，川崎和横滨的形象影响力表现虽然不尽如人意，但是和主要中心城市东京相比差距较小。与东京湾区不同的是，旧金山湾区的整体形象影响力排在四大湾区中的第 1 名，所以圣何塞和奥克兰目前的形象影响力发展是远低于湾区整体水平的。从文旅影响力、投资影响力和宜居影响力指标上看，圣何西和奥克兰表现良好，再加上旧金山湾区整体在形象影响力方面的优势，因此，虽然目前这两个城市的形象影响力表现稍显逊色，但进一步提升其形象影响力应该说具备较好的基础，也具有较强的可操作性。

四　城市与湾区：影响力指数的关系考察

基于四大湾区整体影响力指数、核心城市影响力指数以及湾区主要城市影响力指数均值等数据的对比（参见表 4—7、图 4—66），本书对湾区城市影响力与湾区整体影响力的关系，做进一步的观察和分析如下。

表 4—7　　四大湾区整体影响力与核心城市影响力①、
主要城市影响力得分均值

四大湾区	湾区整体影响力	核心城市影响力	主要城市影响力均值
旧金山湾区	0.563	0.531	0.426
纽约湾区	0.527	0.746	0.426
粤港澳大湾区	0.466	0.595	0.444
东京湾区	0.325	0.603	0.404

资料来源：笔者整理。

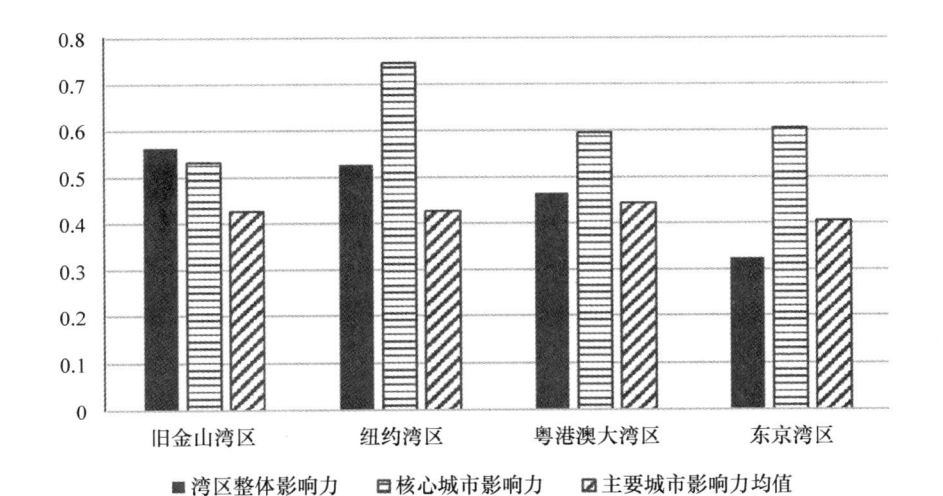

图 4—66　四大湾区整体影响力与核心城市影响力、主要城市影响力
得分均值比较

资料来源：笔者整理。

（一）旧金山湾区整体影响力夺冠，得益于良好的区域治理及区域形象打造

旧金山湾区整体影响力指数排名第 1，其核心城市旧金山的城市影响力却排在 4 个核心城市之末，使得旧金山湾区整体影响力成为四大湾区中唯一超过核心城市影响力的湾区。同时，旧金山的城市影响力得分

---

① 旧金山湾区、纽约湾区、粤港澳大湾区、东京湾区选取的核心城市分别为：旧金山、纽约、香港、东京。

与湾区内主要城市影响力均值的差距在四大湾区中也是最小的。这表明，旧金山湾区强大的整体影响力非来自核心城市的强势带动，而是主要得益于区域整合优势，以及湾区内城市间协同治理的绩效。湾区协同发展实际是区域内各经济社会主体之间建立经济、社会联系的过程，这里的主体包含企业、城市政府、非政府组织以及湾区层面的协调组织等。本书在案例研究中也表明，旧金山湾区内各城市在功能定位方面有着很强的差异化定位及协同发展的意识，并有着很强的湾区区域形象认同感；同时，旧金山湾区区域治理体系也非常发达，在交通、生态、产业、社会乃至区域品牌等方面，都建立了良好的区域治理的制度安排，大大增进了区域整体影响力的提升。

（二）纽约城市影响力一枝独秀，但对湾区影响力的贡献和带动不明显

纽约的城市影响力指数得分遥遥领先于其他湾区核心城市，也远远高于纽约湾区整体影响力和湾区主要城市影响力的均值，同时，湾区整体影响力也超过主要城市影响力均值。可以看出，纽约作为湾区核心城市，对于湾区整体影响力有一定的带动作用，但这种带动与贡献作用较为有限。此外，在核心城市影响力遥遥领先的情况下，湾区主要城市影响力均值仍然较低，并低于湾区整体影响力，说明除纽约外的其余湾区内主要城市的影响力较弱，湾区协同打造区域影响力的努力和成效还不够。

（三）东京湾区整体影响力滞后于湾区内城市发展，打造湾区一体化影响力格局任重道远

东京湾区是四大湾区中唯一一个整体影响力指数得分低于湾区内主要城市影响力指数均值的湾区。这表明，尽管拥有竞争力极强的核心城市（东京的城市影响力指数高居湾区城市之第2），但湾区内其他主要城市的影响力发展不足，更重要的是东京湾区内各地区、各城市间的协同努力不足。指数数据表明，东京湾区影响力指数得分偏低的主要原因，是受其形象影响力各指标的拖累（湾区内各主要城市也存在类似的问题），表明东京湾区的区域整合意识，特别是区域形象、城市形象的整合与国际传播方面，还存在较为明显的不足。

（四）粤港澳大湾区多中心优势凸显，湾区整体影响力有待进一步加强

对于粤港澳大湾区来说，区域内城市影响力最为突出的是香港（湾区城市影响力指数得分 0.595，排名第 3），此外深圳的城市影响力指数（得分 0.466，排名湾区城市第 5）与粤港澳大湾区整体影响力得分基本持平，并超过主要城市影响力均值。表明香港和深圳在湾区整体影响力方面发挥着重要的带动作用。此外，粤港澳大湾区主要城市影响力均值在四大湾区中处于最高水平，也一定程度上表明粤港澳大湾区作为多中心湾区的城市支撑优势，以及香港、澳门、广州和深圳这 4 个城市从城市影响力的角度来看，作为粤港澳大湾区的四大中心城市可以说当之无愧。此外，与旧金山湾区和纽约湾区相比，粤港澳大湾区主要城市影响力指数均值与湾区影响力指数得分相比分差较小，表明湾区整体影响力优势尚有较大提升空间。未来随着粤港澳大湾区区域整合的逐步推进、湾区经济社会联系度的不断增强，粤港澳大湾区的整体影响力和国际地位势必将有更好的发展。

II

四大湾区影响力解析

第五章　四大湾区经济影响力解析

目前，世界上最发达的区域往往集中在湾区周边。综观全球经济发展，湾区经济已经成为世界众多一流城市共同发展的趋势。纽约湾区、东京湾区、旧金山湾区无一不是"开放、创新、宜居、国际化"的代名词。湾区经济既是港口城市都市圈与湾区独特地理形态相结合、聚变而成的一种独特的经济形态，也是港口经济、集聚经济和网络经济高度融合而成的一种独特经济形态。在区域形态中，湾区经济被认为是最具有开放经济结构、高效资源配置能力、强大集聚外溢功能和发达国际交往网络特征的区域。本部分基于全球四大湾区经济发展竞争格局，分析了各自的经济基础、产业结构，并对各个湾区的重点产业，进行了较为深入和细致的分析。

一　经济基础

（一）人口规模

1. 纽约湾区

纽约湾区包括纽约（NY）的14县、新泽西州（NJ）的14县以及康涅狄格州（CT）的"三州地带"，湾区总面积约33484平方公里，2017年湾区人口总量约为2290.5万人。按照美国经济分析局划分，纽约湾区都市圈所涉及的州还应包括宾夕法尼亚州（PA）。2017年NY - NJ - CT - PA四州总人口为4448.4万人，其中纽约湾区都市圈人口占该区域的51.5%，主要由7个主要城市群构成，分别为布里奇波特—斯坦福德—诺沃克、格伦斯福尔斯、金斯顿、纽黑文—米尔福德、纽约—纽瓦克—泽西城、大洋城、特伦顿，其中纽约—纽瓦克—泽西城是该区域的核心都市圈。2017年美国人口调查局数据显示，纽约—纽瓦克—泽西城都市圈人口总量为2032.1万人，占纽约湾区总人口数量的88.7%，其余都市圈人口数量不足100万人，其中格伦斯福尔斯、金斯顿、大洋城、特伦顿数量不足50万人。作为新泽西州首府与默瑟县政府所在地的特伦顿，是该地区人口密度最大的城市，每平方公里有4286人；纽约—纽瓦克—泽西城人口密度为688人/平方公里；密度最小的是纽黑文—米尔福德，每平方公里为541人。

表5—1 纽约湾区人口分布

	2010年	2011年	2012年	2013年	2014年	2015年	2016年	2017年
布里奇波特—斯坦福德—诺沃克人口（万人）	92.0	92.9	93.6	94.3	94.7	94.8	94.9	95.0
格伦斯福尔斯人口（万人）	12.9	12.9	12.8	12.8	12.7	12.7	12.6	12.6
金斯顿人口（万人）	18.2	18.3	18.2	18.1	18.1	18.0	18.0	17.9
纽黑文—米尔福德人口（万人）	86.4	86.5	86.5	86.5	86.4	86.2	86.0	86.0
纽约—纽瓦克—泽西城人口（万人）	1960.3	1976.4	1989.8	2002.3	2012.5	2021.6	2027.5	2032.1
大洋城人口（万人）	9.7	9.7	9.6	9.6	9.5	9.4	9.4	9.4
特伦顿人口（万人）	36.8	36.8	37.0	37.2	37.3	37.3	37.4	37.5
纽约都市圈人口（万人）	2216.3	2233.4	2247.7	2260.7	2271.2	2280.0	2285.8	2290.5
NY–NJ–CT–PA总人口（万人）	4370.7	4391.5	4408.6	4422.4	4432.9	4439.2	4442.2	4448.4
美国人口（万人）	30934	31164	31399	31624	31862	32104	32341	32572
纽约都市圈人口/NY–NJ–CT–PA总人口（%）	50.7	50.9	51.0	51.1	51.2	51.4	51.5	51.5
NY–NJ–CT–PA总人口/美国人口（%）	14.1	14.1	14.0	14.0	13.9	13.8	13.7	13.7
纽约都市圈人口/美国人口（%）	7.2	7.2	7.2	7.1	7.1	7.1	7.1	7.0

资料来源：https://www.census.gov/data/tables/2017/demo/popest/total-metro-and-micro-statistical-areas.html。

表 5—2　　　　　　　　纽约湾区都市圈人口密度

都市圈	人口密度（人/平方公里）
布里奇波特—斯坦福德—诺沃克	585
格伦斯福尔斯	1437
金斯顿	1198
纽黑文—米尔福德	541
纽约—纽瓦克—泽西城	688
大洋城	713
特伦顿	4287

资料来源：根据美国人口调查局数据计算。

2. 东京湾区

东京圈由东京都与相邻的埼玉县、千叶县、神奈川县构成，2015年统计的东京圈人口占日本总人口的27.5%。东京圈三县一都的人口密度均超过1000人/平方公里。所辖城市中东京都特别区人口为927.3万人，占全国总人口的7.3%，位列日本第1；神奈川的横滨市人口为372.5万人，占日本人口的2.9%，位列日本第2；川崎市人口为147.5万人，占日本人口的1.2%，位列日本第8；埼玉县的埼玉市人口为126.4万人，占日本人口的1.0%，位列日本第10；千叶县的千叶市人口为97.2万人，占日本人口的0.8%，位列日本第13。

表 5—3　　　2015 年日本人口密度超过 1000 人/平方公里的县

人口密度排名	地名	面积（平方公里）	人口数量（人）	占全国比重（%）	人口密度（人/平方公里）
1	东京都	2106	13430446	10.6	6377.2
2	大阪府	1905	8657956	6.8	4544.9
3	神奈川县	2416	8832932	6.9	3656.0
4	埼玉县	3768	6760813	5.3	1794.3
5	爱知县	5123	7084605	5.6	1382.9
6	千叶县	5083	6012551	4.7	1182.9

资料来源：日本统计局。

表5—4　　　　　　　2015年统计的东京湾典型大城市人口

全国人口排名	所属区域	城市名称	人口数量（人）	人口占全国比重（%）	人口增速（%）
1	东京都	东京特别区	9272740	7.3	3.7
2	神奈川	横滨	3724844	2.9	1.0
8	神奈川	川崎	1475213	1.2	3.5
10	埼玉县	埼玉	1263979	1.0	3.4
13	千叶	千叶	971882	0.8	1.1

资料来源：日本统计局。

3. 旧金山湾区

根据美国人口统计局数据，2017年加州总人口为3953.7万人，占美国人口的12.1%；旧金山湾区总人口为781.6万人，占加州总人口的19.8%。旧金山湾区人口主要集聚在旧金山—奥克兰—海沃德及圣约瑟—森尼韦尔—圣塔克拉拉都市圈，分别为472.7万人、199.8万人。人口密度最高的纳帕为1747人/平方公里，第二高的旧金山—奥克兰—海沃德都市圈人口密度为738人/平方公里，圣约瑟—森尼韦尔—圣塔克拉拉为288人/平方公里，瓦列霍—费尔菲尔德为209人/平方公里，圣罗莎为124人/平方公里。

表5—5　　　　　　　　旧金山湾区人口分布

	2010年	2011年	2012年	2013年	2014年	2015年	2016年	2017年
纳帕人口（万人）	13.7	13.8	13.9	14.0	14.1	14.2	14.2	14.1
旧金山—奥克兰—海沃德人口（万人）	434.5	439.9	446.3	452.9	459.6	465.8	469.9	472.7
圣约瑟—森尼韦尔—圣塔克拉拉人口（万人）	184.2	187.0	189.9	192.8	195.4	197.8	199.1	199.8
圣罗莎人口（万人）	48.5	48.8	49.1	49.5	50.0	50.2	50.4	50.4
瓦列霍—费尔菲尔德人口（万人）	41.4	41.7	42.0	42.4	43.0	43.5	44.0	44.5
旧金山湾区都市圈总人口（万人）	722.3	731.1	741.2	751.6	762.1	771.4	777.6	781.6
加州总人口（万人）	3732.8	3767.3	3801.9	3834.7	3870.1	3903.2	3929.6	3953.7
美国总人口（万人）	30934	31164	31399	31624	31862	32104	32341	32572

续表

	2010年	2011年	2012年	2013年	2014年	2015年	2016年	2017年
旧金山湾区都市圈人口/加州总人口（%）	19.3	19.4	19.5	19.6	19.7	19.8	19.8	19.8
加州总人口/美国人口（%）	12.1	12.1	12.1	12.1	12.1	12.2	12.2	12.1
旧金山湾区都市圈人口/美国人口（%）	2.3	2.3	2.4	2.4	2.4	2.4	2.4	2.4

资料来源：根据网络资料整理。

表5—6　　　　　　　旧金山湾区都市圈人口密度

都市圈	人口密度（人/平方公里）
纳帕	1747
旧金山—奥克兰—海沃德	738
瓦列霍—费尔菲尔德	209
圣罗莎	124
圣约瑟—森尼韦尔—圣塔克拉拉	288

资料来源：根据美国人口统计局。

4. 粤港澳大湾区

2017年粤港澳大湾区总人口为6862.1万人，2017年GDP产值为102052.1亿元，2017年该地区人口总量、面积总量与GDP总量占全国

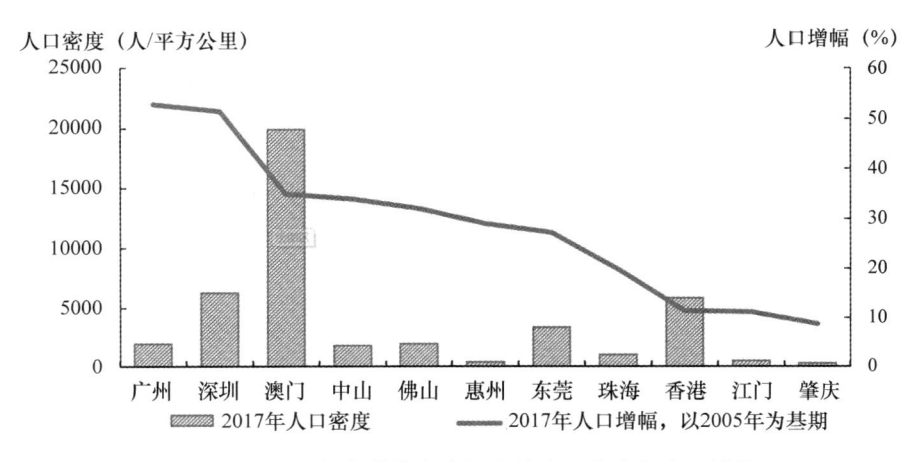

图5—1　2017年粤港澳大湾区各地人口密度和人口增幅

资料来源：wind。

的比重分别为4.94%、0.59%、12.3%。其中，广东9市2017年在粤港澳大湾区内的人口、面积和GDP分别占比89.6%、98.0%、74.3%。从人口增幅看，以2005年为基期，深圳人口增加了51.4%，澳门增加了34.9%，人口增量最小的是肇庆，增幅为8.8%。从人口密度看，澳门人口密度最高，2017年其总人口为65.3万人，但面积只有32.8平方公里，人口密度达19912人/平方公里；其次是深圳和香港，分别为5842人/平方公里、6274人/平方公里。肇庆地广人稀，人口密度为11地中最小，为274人/平方公里。

（二）经济概况

1. 纽约湾区

美国经济分析局（BEA）数据显示，2017年NY-NJ-CT-PA四个州都市圈GDP数量为31597.0亿美元，占美国所有都市圈GDP的18.0%左右；其中纽约湾区都市圈经济总量为19078.8亿元，占4个州都市圈的经济比重为60.4%，占美国都市圈GDP的比重为18.0%。

在纽约湾区都市圈中，经济体量最大的是纽约—纽瓦克—泽西城都市圈，2017年总量为17177.1亿美元，占纽约湾区经济总量的90%，占4个州都市圈经济总量的54.4%。其次是布里奇波特—斯坦福德—诺沃克，2017年为982.6亿美元，占比为5.2%。经济体量较小的城市为金斯顿、格伦斯福尔斯、大洋城，2017年GDP分别为62.6亿美元、51.7亿美元、52.5亿美元。

表5—7　　　　　　　　　纽约湾区GDP总量构成（现价）

	2012年	2013年	2014年	2015年	2016年	2017年
美国都市圈GDP总量（亿美元）	144851.7	149668.4	156280.9	163585.0	168571.7	175479.0
布里奇波特—斯坦福德—诺沃克GDP（亿美元）	904.4	925.5	956.6	969.0	992.8	982.6
格伦斯福尔斯GDP（亿美元）	46.2	46.4	47.9	49.3	50.5	51.7
金斯顿GDP（亿美元）	54.6	56.1	56.7	59.2	60.8	62.6
纽黑文—米尔福德GDP（亿美元）	402.4	409.0	411.6	425.0	438.0	452.5

续表

	2012 年	2013 年	2014 年	2015 年	2016 年	2017 年
纽约—纽瓦克—泽西城 GDP（亿美元）	14392.3	14770.4	15427.6	16183.7	16626.7	17177.1
大洋城 GDP（亿美元）	43.9	47.5	49.6	49.6	51.3	52.5
特伦顿 GDP（亿美元）	300.3	287.2	289.9	294.9	303.0	299.9
纽约湾区 GDP 总量（亿美元）	16144.1	16542.0	17239.9	18030.7	18523.2	19078.8
NY-NJ-CT-PA GDP 总量（亿美元）	26852.8	27614.5	28634.5	29908.2	30652.0	31597.0
纽约湾区占美国都市圈比重（%）	11.1	11.1	11.0	11.0	11.0	10.9
纽约湾区占 NY-NJ-CT-PA 总量都市圈比重（%）	60.1	59.9	60.2	60.3	60.4	60.4
NY-NJ-CT-PA 都市圈占美国都市圈比重（%）	18.5	18.5	18.3	18.3	18.2	18.0

资料来源：美国经济分析局（BEA）https://apps.bea.gov/regional/downloadzip.cfm。

从人均 GDP 来看，布里奇波特—斯坦福德—诺沃克都市圈人均 GDP 位居纽约湾区最高水平，2017 年 BEA 数据显示为 89309 美元。根据美国非官方调查数据显示，该地区的亿万富翁数量全美排名第 1，该地区的亿万富翁集中度为 9.0%，富豪家庭数量为 31506 户，中位数家庭价值为 423200 美元。由于该地区靠近纽约市，是诸如普里斯林（Priceline）母公司和施乐公司等对冲基金和知名公司的总部所在地，使该地区的富翁数量足以超过硅谷。仅次于前者的是特伦顿，2017 年其人均 GDP 为 70263 美元，其富翁集中度为 8.1%，位列 2017 年全美第 9，富翁家庭数量为 10962 户，中位数家庭价值为 284600 美元。作为纽约湾区最大的都市圈，纽约—纽瓦克—泽西城以人均 70215 美元排名第 3。

表5—8　　　　　　　　纽约湾区人均 GDP　　　　　　　　单位：美元

	2012 年	2013 年	2014 年	2015 年	2016 年	2017 年
布里奇波特—斯坦福德—诺沃克	91864	89291	91386	90653	90859	89309

续表

	2012 年	2013 年	2014 年	2015 年	2016 年	2017 年
格伦斯福尔斯	34032	33709	34123	33703	34215	34519
金斯顿	28854	27955	28556	28829	28471	29062
纽黑文—米尔福德	45309	44768	44458	44401	43885	44381
纽约—纽瓦克—泽西城	67433	67072	68562	68289	69146	70215
大洋城	43412	44127	43656	46618	47885	46932
特伦顿	67539	68695	77113	71859	70812	70263
纽约都市圈人均	71826.5	73170.9	75906.0	79083.3	81036.7	83295.2
NY‐NJ‐CT‐PA 人均	60910.0	62442.2	64595.1	67372.7	69001.9	71029.6
美国人均	48174.0	48534.0	49329.0	50301.0	50660.0	51337.0

资料来源：美国经济分析局（BEA）。

2. 东京湾区

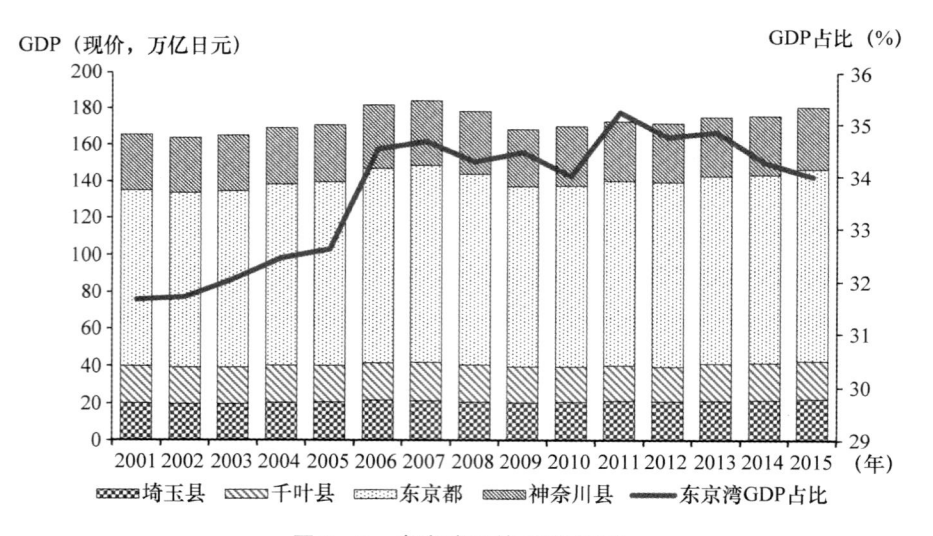

图 5—2　东京湾区的 GDP 构成

资料来源：日本统计年鉴。

总体来看，东京湾区各行政单位的 GDP 构成如图 5—2，对湾区 GDP 贡献最大的分别为东京都、神奈川县、埼玉县、千叶县。2001 年以来，东京湾区 GDP 占全日本 GDP 比重呈先升后降的趋势，2015 年占比达到34%,而该区域人口占全日本的27.5%。

3. 旧金山湾区

美国经济分析局数据显示,2017年旧金山湾区城市群GDP总量为8375.4亿美元,加州都市圈GDP总量为27161.8亿美元,旧金山湾区GDP占加州都市圈GDP总量的30.8%。旧金山—奥克兰—海沃德GDP为5007.1亿美元,位居旧金山湾区之首,其人均为83556美元;其次是圣约瑟—森尼韦尔—圣塔克拉拉的2752.9亿美元,人均为113729美元;体量最小的纳帕GDP为114.5亿美元,人均为65001美元。

表5—9 旧金山湾区GDP总量构成

	2012年	2013年	2014年	2015年	2016年	2017年
美国都市圈GDP（亿美元）	144851.7	149668.4	156280.9	163585.0	168571.7	175479.0
纳帕GDP（亿美元）	82.9	88.2	95.5	104.9	111.1	114.5
旧金山—奥克兰—海沃德GDP（亿美元）	3661.5	3854.5	4130.3	4451.2	4754.2	5007.1
圣约瑟—森尼韦尔—圣塔克拉拉GDP（亿美元）	1810.0	1937.2	2106.9	2378.3	2539.0	2752.9
圣罗莎GDP（亿美元）	214.3	228.9	243.6	265.3	274.1	286.7
瓦列霍—费尔菲尔德GDP（亿美元）	184.8	196.7	201.8	200.1	203.9	214.2
旧金山湾区都市圈GDP总量（亿美元）	5953.4	6305.5	6778.0	7399.8	7882.2	8375.4
加州都市圈GDP总量（亿美元）	20966.8	21980.5	23228.9	24827.3	25903.4	27161.8
旧金山湾区占美国都市圈比重（%）	4.1	4.2	4.3	4.5	4.7	4.8
旧金山湾区占加州都市圈比重（%）	28.4	28.7	29.2	29.8	30.4	30.8
加州占美国都市圈比重（%）	14.5	14.7	14.9	15.2	15.4	15.5

资料来源：根据美国经济分析局数据整理。

表 5—10　　　　　　　　旧金山湾区人均 GDP　　　　　　　　单位：元

	2012 年	2013 年	2014 年	2015 年	2016 年	2017 年
纳帕	53885	53349	56575	58412	61224	65001
旧金山—奥克兰—海沃德	74107	73032	75658	77352	80098	83556
圣约瑟—森尼韦尔—圣塔克拉拉	87691	92270	94138	97777	103656	113729
圣罗莎	41896	42539	41792	43384	44822	47528
瓦列霍—费尔菲尔德	36408	34599	39678	41277	40891	39442
旧金山都市圈	64941	68235	72229	77764	81569	85967
加州都市圈	52963	53838	55571	57637	58974	60359
美国都市圈	48174	48534	49329	50301	50660	51337

资料来源：根据美国经济分析局数据整理。

4. 粤港澳大湾区

从经济增量看，以 2005 年为基期，2017 年 GDP 相对于 2015 年平均上升 3.8 倍，人均 GDP 平均上升 3 倍。从各地情况看，GDP 总量和人均增幅变化基本一致，增幅最大的是肇庆，相当于 2005 年总量的 5.1 倍、人均的 4.6 倍；其次是惠州，分别为 4.8 倍、3.7 倍；深圳为 4.5 倍、3.0 倍；增幅最小的是香港，分别为 1.6 倍、1.4 倍。

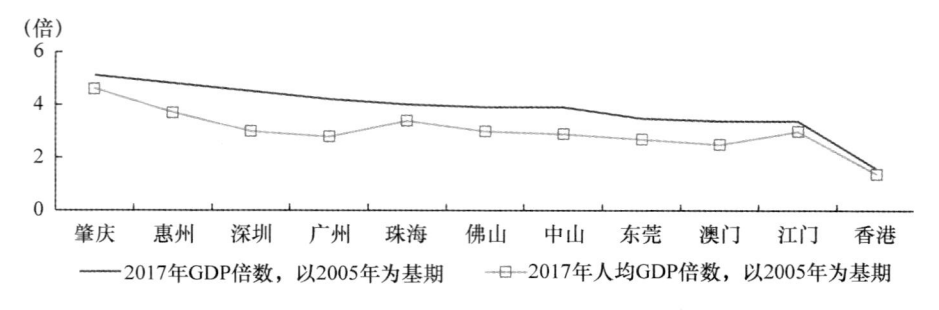

图 5—3　2017 年粤港澳大湾区各地 GDP 增长的倍数

资料来源：wind。

从经济总量看，2005 年以来，粤港澳大湾区 11 地中，广东 9 市 GDP 占比从最初的 54.3% 上升到 2017 年的 74.3%，港澳 GDP 占比从 45.7% 下降到 25.7%。2017 年粤港澳大湾区 GDP 总量为 102052.1 亿元人民币，占中国 GDP 总量的 12.3%。粤港澳大湾区各地 GDP 占比从高到低分别为：香港 22.4%、深圳 22.0%、广州 21.1%、佛山 9.4%、东莞 7.4%、惠州 3.8%、澳门 3.3%、中山 3.4%、江门 2.6%、珠海 2.5%、肇庆 2.2%。

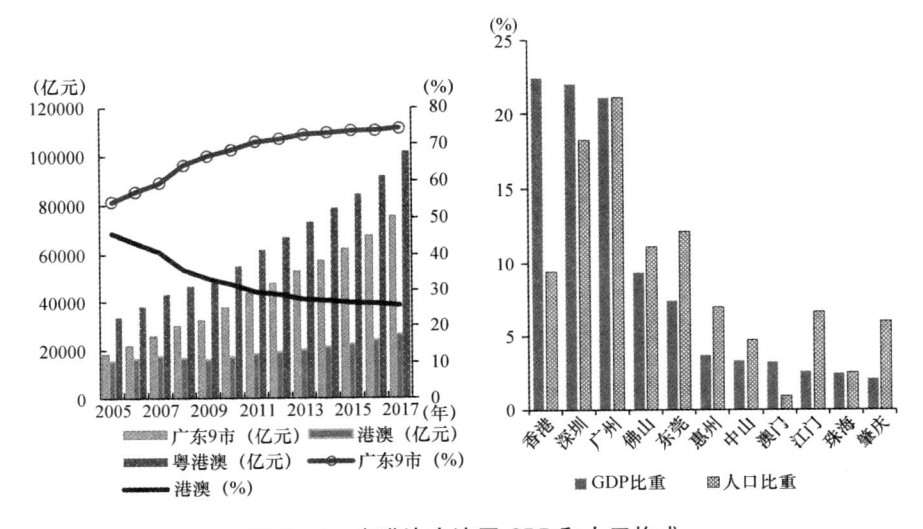

图 5—4 粤港澳大湾区 GDP 和人口构成

资料来源：wind。

从人均 GDP 看，2017 年澳门和香港人均 GDP 分别以 514163.2 元、354067.6 元居粤港澳大湾区之首。广东 9 市中人均 GDP 最高的 3 地为深圳 179101.6 元、珠海 145277.6 元、佛山 124722.1 元；最低 3 地为惠州 80188.0 元、江门 58974.7 元、肇庆 53472.6 元。

表 5—11　　　　　　　　　粤港澳大湾区总体情况

指标	2017年总人数	面积	2017年人口密度	2017年人口增幅	2017年GDP	2005年GDP	2017年人均GDP	2005年人均GDP	2017年GDP倍数	2017年人均GDP倍数
单位	万人	平方公里	人/平方公里	以2005年为基期,%	亿元	亿元	元	元	以2005年为基期	以2005年为基期
广州	1449.8	7434	1950	52.7	21503	5154.2	150678.0	53809.3	4.2	2.8
深圳	1252.8	1996.9	6274	51.4	22438.4	4950.9	179101.6	59811.6	4.5	3

续表

指标	2017年总人数	面积	2017年人口密度	2017年人口增幅	2017年GDP	2005年GDP	2017年人均GDP	2005年人均GDP	2017年GDP倍数	2017年人均GDP倍数
单位	万人	平方公里	人/平方公里	以2005年为基期,%	亿元	亿元	元	元	以2005年为基期	以2005年为基期
东莞	834.3	2465	3384	27.2	7582.1	2183.2	90885.5	33276.9	3.5	2.7
佛山	765.7	3875	1976	32	9549.6	2429.4	124722.1	41883.7	3.9	3
香港	646.3	1106.3	5842	11.4	22884.5	14403.7	354067.6	248309.3	1.6	1.4
惠州	477.7	11599	412	28.9	3830.6	803.9	80188.0	21687.1	4.8	3.7
江门	456.2	9503.9	480	11.2	2690.3	801.7	58974.7	19539.8	3.4	3
肇庆	411.5	15000	274	8.8	2200.6	435.1	53472.6	11499.8	5.1	4.6
中山	326	1783.7	1828	33.9	3450.3	885.7	105837.7	36380.5	3.9	2.9
珠海	176.5	1711.2	1032	19.7	2564.7	635.5	145277.6	43098.9	4	3.4
澳门	65.3	32.8	19912	34.9	3358	990.9	514163.2	204605.4	3.4	2.5
广东9市	6150.5	55368.7	1956.7	29.5	75809.6	18279.6	109904.2	35665.3	4.1	3.2
港澳	711.6	1139.1	12877.0	23.2	26242.5	15394.6	434115.4	226457.4	2.5	2.0
粤港澳	6862.1	56507.8	3942.2	28.4	102052.1	33674.2	168851.7	70354.8	3.8	3.0

资料来源：Wind与世界银行。

二 产业结构

（一）纽约湾区

1. 纽约湾区的内部产业结构以服务业为主

在纽约湾区内部产业结构中，服务业是主要的产业类型，以房地产及租赁业、金融业、政府服务、专业和科学服务为主。

纽约是逾55家全球五百强企业、纽交所、纳斯达克证券交易所和华尔街的所在地，是全球最重要的国际金融中心之一，其主要的金融支柱为金融业。美国经济分析局（BEA）对GDP按城市群的统计数据显示，2001—2016年，根据北美产业分类体系（NAICS）分类标准的行业中，纽约湾区比重较大的10个行业依次是房地产及租赁、金融保险业、政府服务、专业科学服务、信息行业、健康和社会救助、零售业、

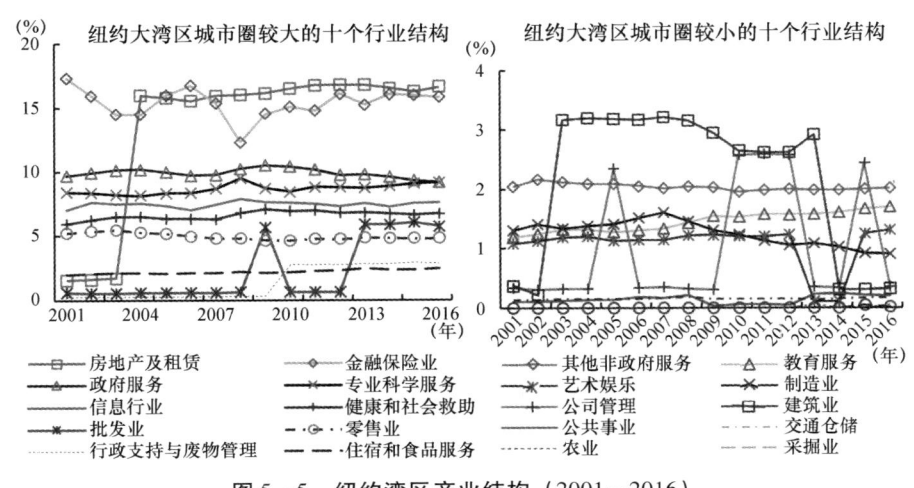

图5—5 纽约湾区产业结构（2001—2016）

资料来源：BEA, Regional data. Data, https://apps.bea.gov/iTable/iTable.cfm? isuri =1&reqid = 70&step = 1#isuri = 1&reqid = 70&step = 1。

批发业、住宿和食品服务以及行政支持与废物管理。其中，2016年的房地产及其租赁行业占比达16.6%，金融保险业占比达15.8%。金融保险业主要以中央银行、信用中介以及相关业务、证券与商品合约以及其他金融投资活动为主，基金信托类占比最低，2012年以后保险承运产业占比低于之前。2016年，政府服务、专业科学服务、信息行业、健康和社会救助以及批发业占比分别为9.1%、9%、7.6%、6.7%、5.7%。

2. 纽约湾区在所辖州内的总体产业构成

从湾区的各行业占所辖4个州的产业占比来看，2017年BEA提供的NAICS行业分类数据显示，总体看，纽约湾区都市圈产业产值占4个州都市圈比重约83.8%，在该区域城市群内产业产值超过80%的行业分别为：信息行业91.9%、房地产及租赁91.5%、批发业90.3%、专业科学服务90%、艺术娱乐89.2%、金融保险业87.5%、行政支持与废物管理87.3%、教育服务83.9%、其他非政府服务82.7%、健康和社会救助81.2%、零售业80%。

3. 纽约湾区各都市圈产业构成

第一，纽约—纽瓦克—泽西城都市圈是纽约湾区最重要的都市圈，GDP产值位居该地区之首，占纽约湾区经济总量的90%，其中金融保险业与房地产及其租赁产值最高，2017年两者占比均约为16%；政府

140　Ⅱ　四大湾区影响力解析

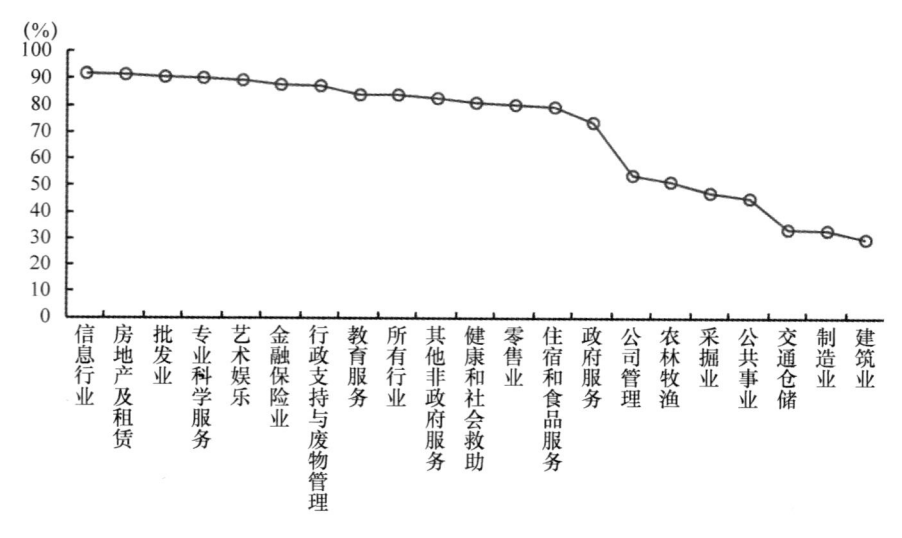

图 5—6　2017 年纽约湾区各产业占 NY–NJ–CT–PA 地区比重

资料来源：BEA，Regional data。

服务、专业科学服务、信息行业、健康和社会救助、批发业、零售业、行政支持与废物管理比重也相对较大。

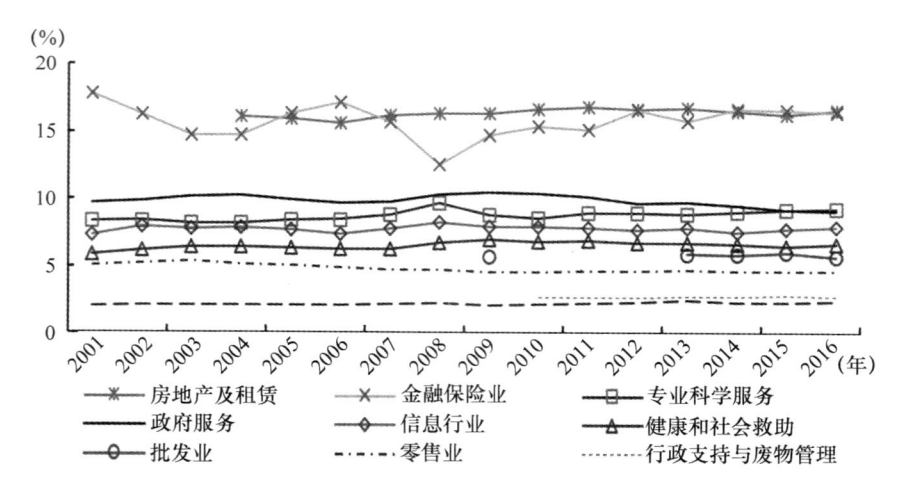

图 5—7　纽约—纽瓦克—泽西城十大主要产业（2001—2016）

资料来源：BEA，Regional data。

纽约是世界上最大的国际金融中心，主要包括外汇市场、短期资金市场、长期资金市场、股票市场，纽约与伦敦、苏黎世、芝加哥、香港同为世界五大黄金市场之一，主要经营黄金期货交易，纽约是全球重要的商业中心，是世界上银行、金融、零售、世界贸易、交通运输、旅游、新媒体、医药、广告、法务、审计、保险、戏剧、娱乐和艺术的重要中心，超过500家公司将总部安置于此。金融方面，有华尔街作为世界上重要的金融中心，坐落着世界金融巨头的总部，百老汇大街165号拥有纽交所、纳斯达克交易所，代表了世界上最大和第二大的股票交易市场，也是美国证券交易所、纽约期货交易所等的总部所在。华尔街也是投资银行、政府和市办的证券交易商、信托公司、联邦储备银行、各公用事业和保险公司的总部以及美国洛克菲勒、摩根等大财团开设的银行、保险、铁路、航运、采矿、制造业等大公司的总管理处，是美国和世界的金融、证券交易的中心，美国摩根、洛克菲勒和杜邦等财团开设的银行、保险、航运、铁路等公司的经理处也集中于此。科技方面，纽约拥有硅巷作为高新技术的创新基地，和硅谷不同的是，硅巷主要集中于运用互联网技术来为商业、时尚、传媒及公共服务等领域提供解决方案——把技术与传统行业结合，用技术改革传统行业并建立细分市场——"东岸模式"，拥有互联网、新媒体、电子通信、电子媒体、软件开发、生物科技、游戏设计、金融科技等产业。

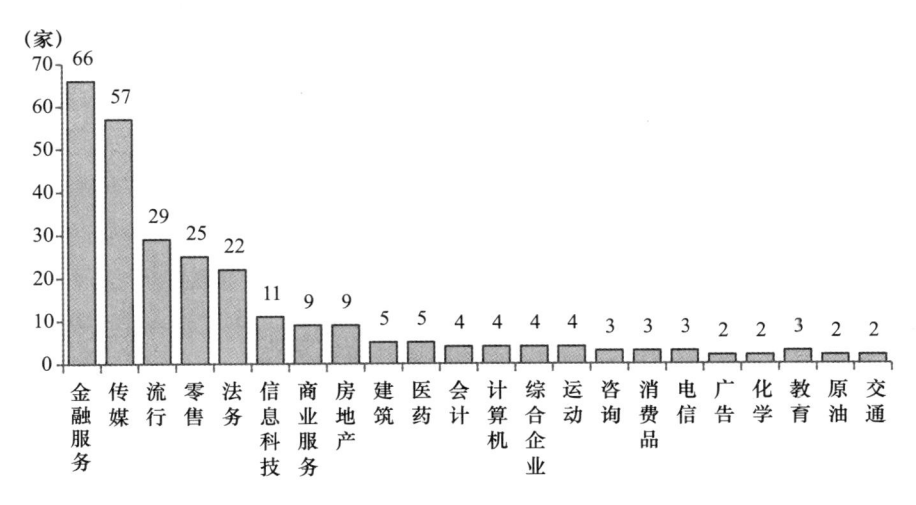

图5—8　按行业类型划分的总部位于纽约的公司数量

资料来源：根据网络资料整理。

纽瓦克是新泽西州最大的金融、保险、出口、健康护理以及政府服务中心，坐落着超过 1000 家的法律公司；同时也作为"学院重镇"，有接近 50000 位医学和法学学士；也是继纽约市和哈特福德之后的第三大美国保险中心，拥有 Prudential Financial、Mutual Benefit Life、Fireman's Insurance、American Insurance Company 等多家全球知名保险公司；同时也是多家跨国公司的总部所在，如 IDT Corporation、NJ Transit、Public Service Enterprise Group（PSEG）、Manischewitz、Horizon Blue Cross、Blue Shield of 新泽西州、Audible.com 等，2013 年 Panasonic 将其北美总部搬到了纽瓦克。

泽西城是哈德逊县政府所在地，是新泽西州第二受欢迎的城市，坐落在哈德逊河东岸与纽约湾区上段，西部临靠哈肯萨克河和纽瓦克港，作为纽约港和新泽西港的集散中心，发挥着重要的交通枢纽功能。经济方面，拥有西部华尔街（Wall Street West）作为重要支撑，即位于哈德逊河畔，从交易广场到纽波特市的地段，是美国重要的房地产开发商、市政官员、新媒体集聚地，1/3 的私营部门工作岗位来源于金融部门，其中约 60% 的证券业、20% 的银行业、8% 的保险业。

第二，布里奇波特—斯坦福德—诺沃克是纽约湾区第二大的都市圈，2017 年 GDP 为 982.6 亿美元，占纽约湾区都市圈总产值的 5.2%。金融保险业、房地产及租赁、制造业是其重要的产业支柱，2008 年金

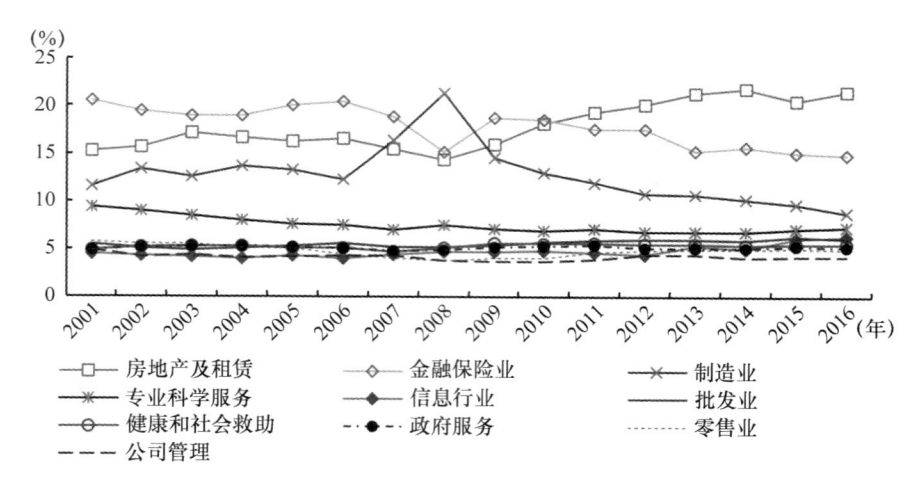

图 5—9　布里奇波特—斯坦福德—诺沃克十大主要产业（2001—2016）
资料来源：BEA，Regional data。

融危机之后金融保险业比重有下降的趋势，房地产及租赁呈趋势上升，制造业比重显著下降。2016 年金融保险业、房地产及租赁、制造业所占 GDP 的比重分别为 21.5%、14.9%、8.8%。

布里奇波特是康涅狄格州最大的城市，坐落于费尔菲尔德县的皮康诺克河口上的长岛海峡上。2017 年布里奇波特行业从业数据显示，劳动从业占比较大的前五个行业比重分别是：健康和社会救助 18.3%、零售业 13.5%、制造业 9.4%、住宿和食品服务 9.2%、建筑业 7.4%。与全美重要的经济指标相比，2016 年，其失业率为 8.4%，高于美国全国失业率 5.2%；家庭收入为 41204 美元、家庭收入中位数为 46226 美元，分别低于美国全国水平 53482 美元、65443 美元。

斯坦福德位于康涅狄格州的费尔菲尔德县，是该州第三大城市，该市集中了 4 家财富 500 强公司、9 家财富 1000 强公司、3 家福布斯全球 2000 强的公司以及 1 家福布斯全球 500 强公司，斯坦福德最大的总部公司有 Charter Communications、Synchrony Financial、Indeed.com、United Rentals、Conair、Gartner、Henkel North American Consumer Goods、WWE、Pitney Bowes、Gen Re、NBC Sports Group、Nestle Waters North America、Crane Co.、Vineyard Vines 等。2017 年其劳动就业分布的前五个行业分别为：健康和社会救助 13.90%、金融保险业 10.60%、建筑业 10.10%、专业科学服务 10.10%、零售业 9.60%。

诺尔沃克位于康涅狄格州费尔菲尔德县，地处长岛海峡北岸，是康州第六大受欢迎的城市。诺尔沃克市的公司总部如表 5—12 所示。

表 5—12　　　　　　　诺尔沃克市部分行业总部公司

行业	总部公司
出版	Abaris Books
	The Daily Voice
	Easton Press
旅游	Booking Holdings
	HEI Hotels & Resorts
	Priceline.com
	Tower Optical

续表

行业	总部公司
金融	Danbury Mint
	FactSet
	Financial Accounting Foundation
配件	Dooney & Bourke
技术	Applera
	Emcor
	Frontier Communications
	North American Power
	Media Storm
	Ventus
	Xerox
食品	Pepperidge Farm
	SoBe
	Stew Leonard's
	Sclafani Foods

资料来源：根据网络资料整理。

第三，纽黑文—米尔福德是纽约湾区第三大产值的都市圈，2017年GDP总产值为452.5亿美元，占纽约湾区的2.4%。2008年金融危机之前，其主要的产业为制造业，2006年该行业占比达到17.9%；金融危机之后制造业比重逐渐下降，2016年降低到10.4%的水平，是该城市的第三大产业。房地产及租赁的比重也在逐渐下降，2001年为13.6%，2016年降到9.6%。健康和社会救助以及政府服务的比重呈上升趋势，2016年分别上升至12.1%、12.4%。批发业、零售业以及教育服务占比呈较显著的上升趋势，金融业呈趋势性下降，建筑业保持在4%的相对稳定的位置。

纽黑文坐落于康涅狄格州的纽黑文港湾，位于长岛海峡北岸，是康州第二大城市。该城市的劳动就业占比较大的前五个行业为：教育服务21.4%、健康和社会救助19.7%、住宿和食品服务9.7%、零售业8.9%、制造业8.1%。教育方面拥有耶鲁大学和南康涅狄格州立大学等知名大学，其中耶鲁大学也是本市重要的雇主，对该地区经济增长发

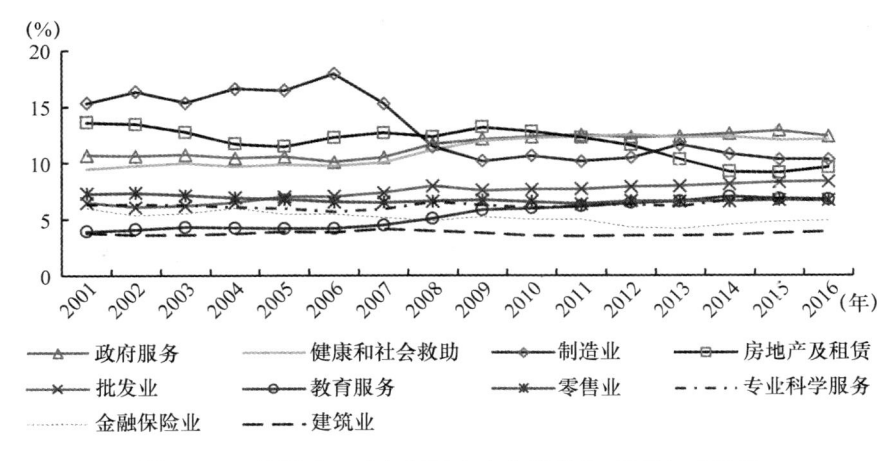

图 5—10　纽黑文—米尔福德十大主要产业（2001—2016）

资料来源：BEA，Regional data。

挥着重要的正外溢效应。

米尔福德是位于布里奇波特和纽黑文之间的海岸城市，其劳动力主要分布的前五个行业分别为：健康和社会救助 15.7%、制造业 12%、零售业 10.7%、教育服务 10.6%、专业科学服务 7.6%。

第四，特伦顿是纽约湾区第四大产值都市圈，2017 年产值为 299.9 亿美元，占纽约湾区的 1.6%。特伦顿是新泽西州首府所在地，也是默瑟县的行政中心，是新泽西州城市企业区的一部分，曾经长期作为费城的电视机市场，2000 年以后其统计归属由费城都市圈转为新泽西州都市圈。2001 年以来，服务业是特伦顿的主导产业，占比较高的有政府服务、专业科学服务、房地产及租赁，政府服务占比呈趋势下降，其余两行业占比相对稳定，2016 年分别为 15.1%、14.4%、11.7%。金融保险业占比相对稳定，保持在 8% 左右，其余各行业占比相对较低。2017 年劳动就业的行业构成显示，前五位分别为：健康和社会救助 16.6%、行政支持与废物管理 10.8%、零售业 10.5%、住宿和食品服务 9.9%、公共管理 8.2%。

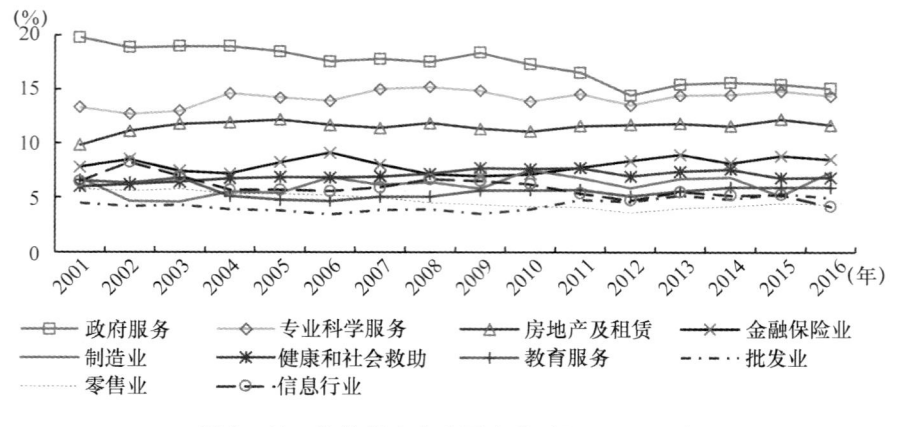

图 5—11　特伦顿十大主要产业（2001—2016）

资料来源：BEA，Regional data。

第五，格伦斯福尔斯、金斯顿、大洋城是纽约湾区产值较小的 3 个城市，2017 年 3 地 GDP 总和为 166.8 亿美元，占纽约湾区比重不足 0.9%。其中格伦斯福尔斯的主导产业为政府服务与制造业，2016 年占比分别为 16.8%、14.6%；金斯顿主要为政府服务，2016 年占比为 23%；大洋城主要为房地产及租赁与政府服务，2016 年占比分别为 34.6%、17%。

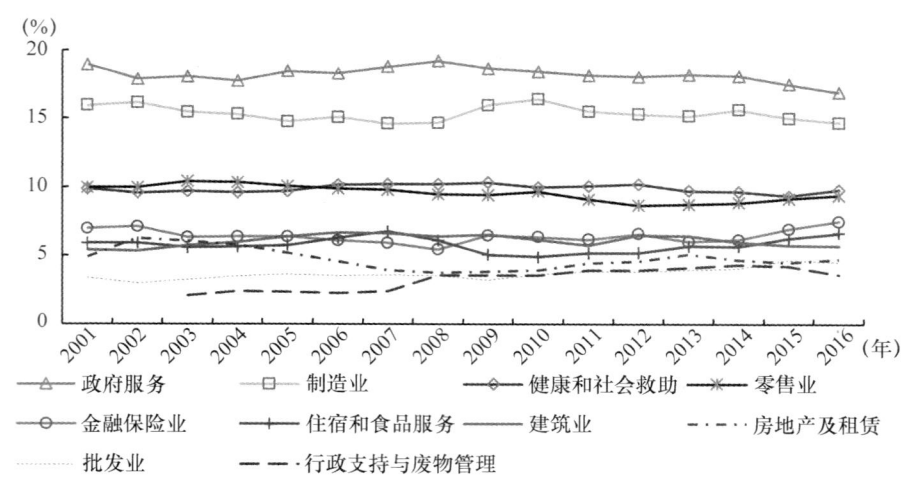

图 5—12　格伦斯福尔斯十大主要产业（2001—2016）

资料来源：BEA，Regional data。

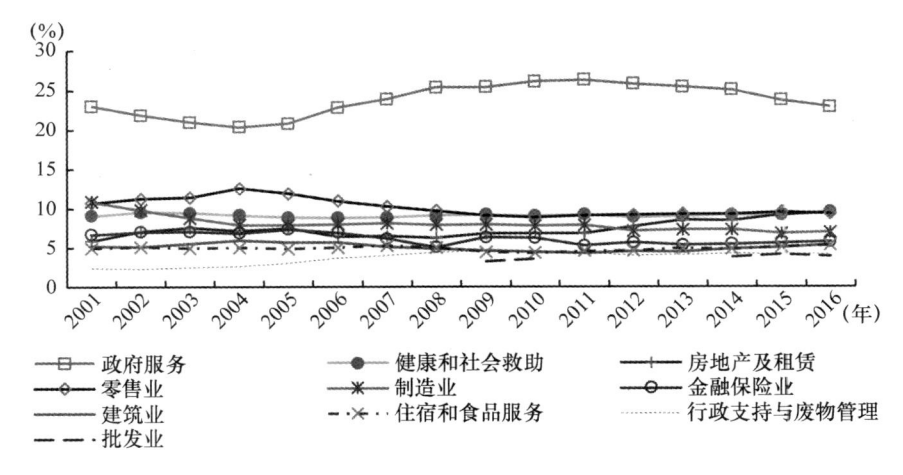

图 5—13　金斯顿十大主要产业（2001—2016）

资料来源：BEA，Regional data。

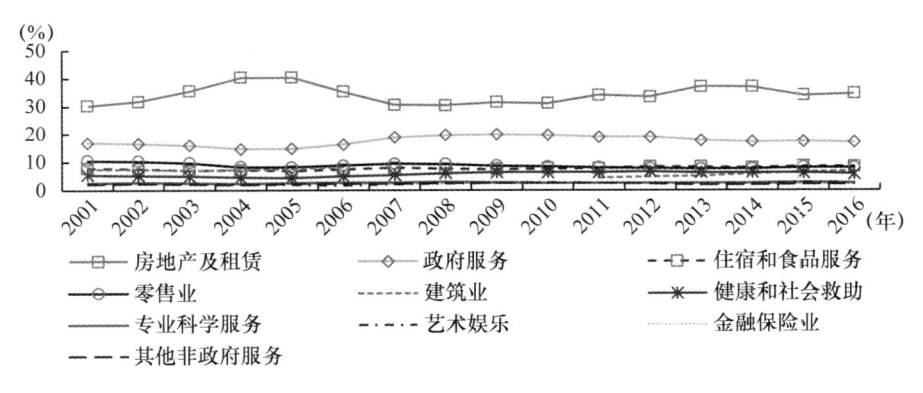

图 5—14　大洋城十大主要产业（2001—2016）

资料来源：BEA，Regional data。

（二）东京湾区

1. 东京湾总体产业结构

东京湾产业发展以"京滨工业带"为依托。"京滨工业带"位于东京湾西岸，与京叶工业地域隔海相望，共同构成被誉为"三湾一海"之一的东京湾工业区。临海工业是京滨工业的重要构成部分，在长约60公里的临海地带中，分布着诸多工业园区及大型生产企业以及世界级港口等（陈飞，2014）。"京滨工业带"发展包括以下几个阶段：一是1913—1930年，临海工业建设兴起，日本作为欠发达国家积极寻求工业化发展途径，以浅野财阀集团先后填海造陆10处为开拓，兴起了民间资本填海造陆建设工厂的狂热。1921年，日本政府颁布《公有水面埋立法》，鼓励填海造陆发展临海工业。二是1931—1955年，在太平洋战争、第二次世界大战以及日本的《军需公司法》的推动下，京滨临海工业区既有的汽车、造船类军事产业得到快速发展，整个工业带生产规模扩张。三是1956—1976年，在1962年的《全国综合开发规划》及1969年颁布的《新全国综合开发计划》《港湾法》的推动下，该区域各港口实现快速扩张，填海造陆区域面积扩大，临海工业区迅速扩张。四是1977年至今的转型发展，1977年《第三次全国综合开发计划》提出"科技立国"的发展方针，"京滨工业带"面临着由传统的重化工产业向技术密集型科技产业过渡，其中四大钢铁企业自20世纪80年代开始相继在全国范围内调整产业格局，开始转为科研为主，引入清洁生产工艺。1997年神奈川县、横滨市、川崎市共同成立了"京滨临海部再编整备协议会"。2004年该协会制定《京滨临海部再生整备计划》，旨在划定改造特区，培育新产业，增加地域活力，并在临海区域划定多处产业创新区域，在闲置区域建立新兴产业园区、技术创新中心；通过生态城市建设治理工业废物，降低环境污染；在工业岸线区域，改善环境，建设亲水空间；结合闲置用地建设公园、绿地开放空间。

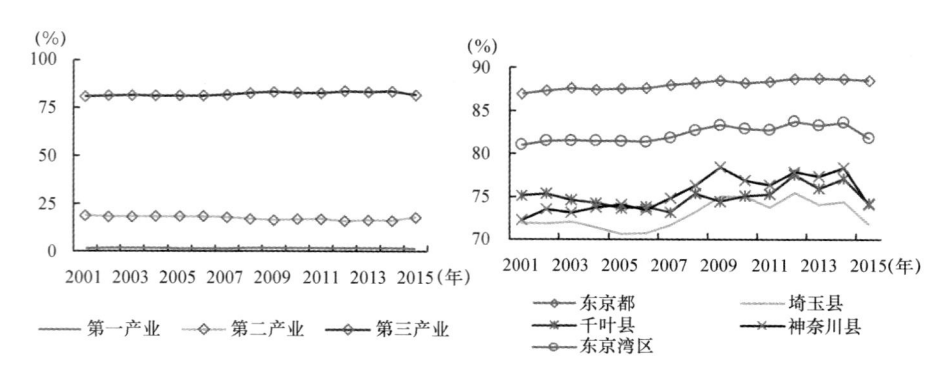

图5—15　东京湾区三次产业结构（2001—2015）

资料来源：日本统计年鉴。

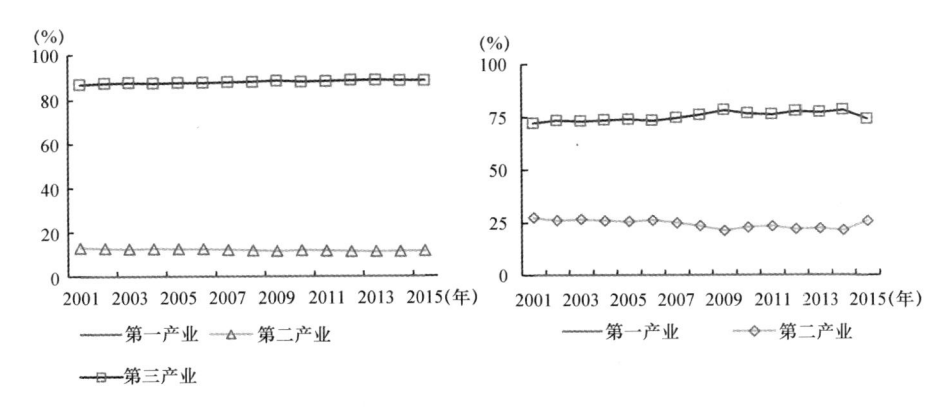

图 5—16　东京都和神奈川三次产业结构（2001—2015）

资料来源：日本统计年鉴。

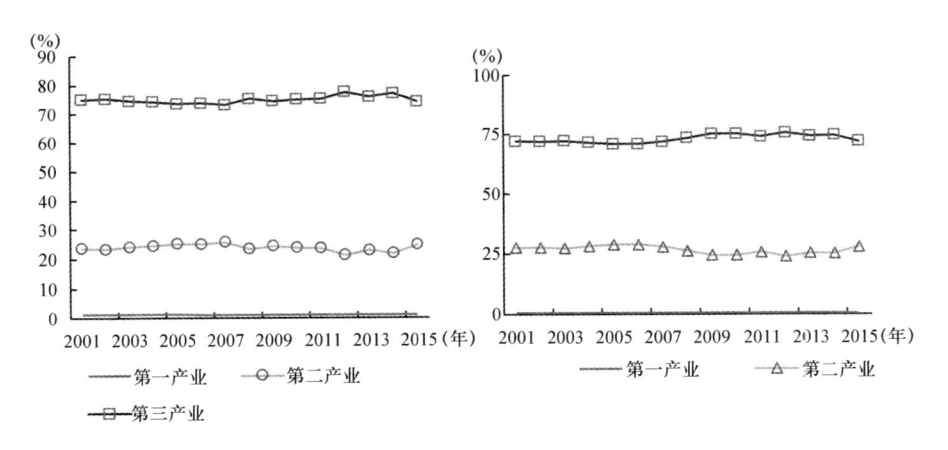

图 5—17　东京都和神奈川三次产业结构（2001—2015）

资料来源：日本统计年鉴。

从东京湾区产业结构看，自 2001 年以来三次产业结构占比相对稳定，2015 年第一、第二、第三产业占比分别为 1.3%、17.9%、81.8%。从各地区的产业构成看，东京都的第三产业占比达 88.5%，超过东京湾区平均水平；埼玉县第三产业比重最小，为 71.76%；千叶县和神奈川县次之，为 74.1%。埼玉县、神奈川县第二产业比重较高，分别为 27.78%、25.76%；千叶县次之，为 24.75%；第二产业比重最小的为东京都 11.45%。东京湾区 4 地农业比重均较小，其中农业比重最大的千叶县为 1.05%。

2. 东京都产业构成

第一,东京都区位。东京都与周边埼玉县、千叶县、神奈川县、茨城县、栃木县、群马县、山梨县构成首都圈。其中,东京都发挥着核心的都市功能圈,东京都的行政区域由 23 个特别区及多摩地区(包括 26 个市、3 个町、1 个村)构成的细长陆地部与东京湾南面海上的伊豆群岛、小笠原群岛等(包括 2 个町、7 个村)组成。截至 2015 年 10 月 1 日,东京都的统计人口为 1343.1 万人,约占全国总人口的 10.6%,位居 47 个都道府县之首。东京都面积为 2106 平方公里,占全国总面积的 0.6%,人口密度为 6377.2 人/平方公里,处于全国之首。按不同区域看,23 区为 924.1 万人,市郡地区为 416.4 万人,岛屿地区为 2.6 万人,家庭数量为 694.6 万户,平均每个家庭有 1.93 人。从人口动态来看,2014 年东京都与其他府县的人口移动中,流入 40.5 万人、流出 33.1 万人,净流入 7.4 万人。从人口流入流出的推移来看,1967 年之后的一段时期,除 1985 年外基本表现为净流出,但时隔 12 年到 1997 年转为净流入,之后直到 2014 年持续呈现净流入趋势。

其中东京都的多摩地区面积约 1160 平方公里,2015 年人口约 422 万人(人口密度约为 3640 人/平方公里),本地区与东京区部相邻,城市化进程处于逐渐加快阶段,该地区的山川河流等自然环境丰富,拥有诸多大学、尖端技术产业、研究机构,在东京都以及整个首都圈占据着重要的地位。岛屿地区的面积约 404 平方公里,人口持续减少,2015 年约 2.6 万居民住在该地区,人口密度为 65 人/平方公里。本地区拥有丰富的海洋资源,保障了东京都市圈的经济水域功能,但由于空路、海路等交通网络及医疗等生活基础设施的缺乏、人口减少、老龄化加剧、农林水产业及观光业低迷,该地区面临的问题也日渐凸显。

表 5—13　　　　　　　　　　"数"说东京都

评价类型	相关数据
世界都市圈人口数量	第 1 位
旅游者进入的世界城市评价	第 1 位
东京都内总产值相当于世界	第 14 位
全球城市竞争力排名	第 3 位

续表

评价类型	相关数据
世界500强企业总数世界排名	第2位
《金融时报》大城市综合评价	第3位
全球化城市指数	第4位
资本金为10亿日元以上的大企业数	2964家，占日本的50%
外资企业数量	2419家，占日本的76%
载入财富世界500强的企业总公司数量	38家
世界的巨大城市圈人口2014年排名	世界第一，约3780万人

资料来源：东京都政府网。

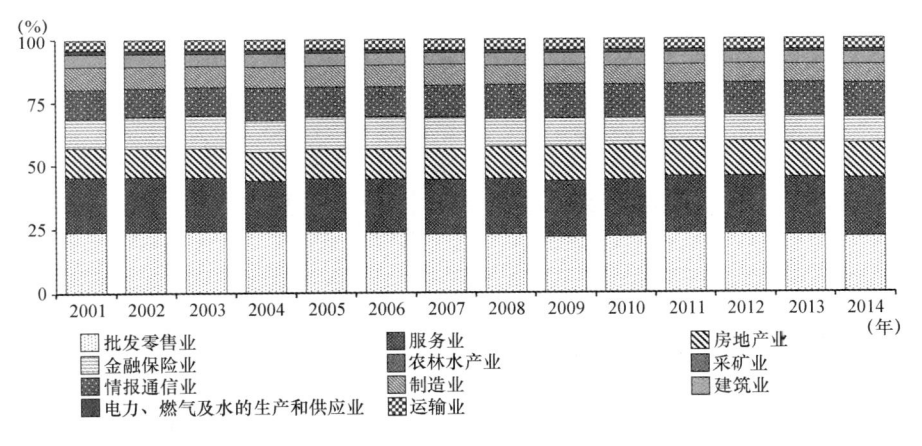

图5—18 东京都产业构成（2001—2014）

资料来源：日本统计年鉴。

东京都是东京湾经济增长的发动机，其人口数量和人口密度为日本之首，有着广泛的消费市场；从多项评价指标来看，其营商环境均位居全球前列。根据东京都《图解东京的产业与雇佣就业2017》显示，东京都内资本金为10亿日元以上的大企业数有2964家，占日本的50%；载入《财富》世界500强的企业总公司数量有38家，居世界第二；外资企业数量达2419家，占日本的76%。

第二，东京都产业构成。

从2001—2014年东京都产业结构来看，东京都各行业的占比相对

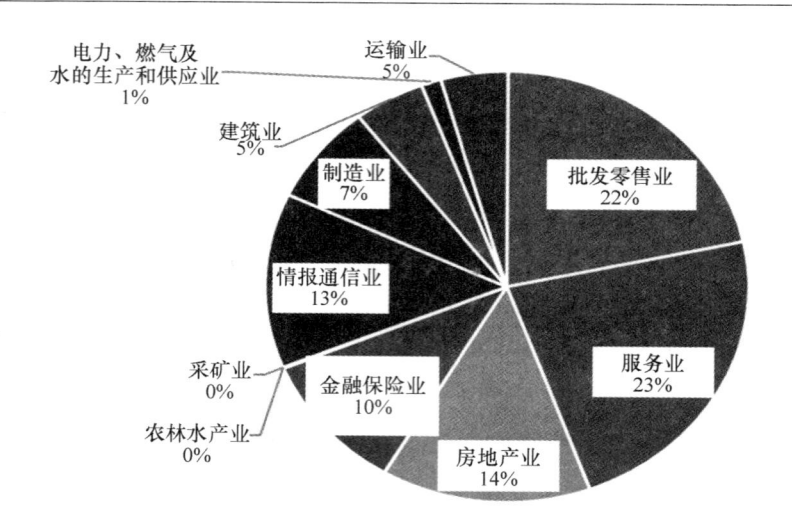

图 5—19 2014 年东京都产业构成

资料来源：日本统计年鉴。

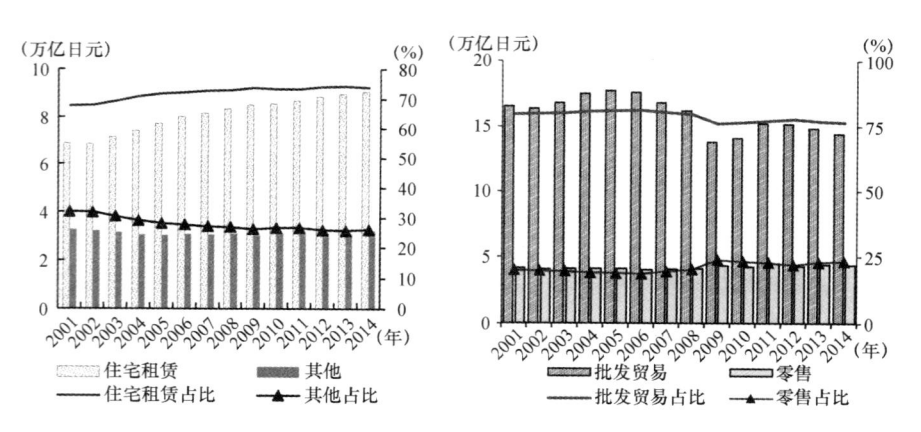

图 5—20 2014 年东京都房地产业与批发零售业构成（2001—2014）

资料来源：日本统计年鉴。

比较稳定，2014 年比重最大的为服务业，占比为 23%；其次是批发零售业，占比为 22%；房地产业占比为 14%；情报通信业占比为 13%；金融保险业占比为 10%；制造业为 7%；运输业和建筑业占比都为 5%；电力、燃气及水的生产和供应业为 1%。特别的，其房地产业中住宅租赁行业占比超过 70%，批发零售业中批发贸易比重达 77%。

2010 年的国情调查中将东京都的就业人口分为 3 个产业部门，其中农林水产业的第一产业为 2.2 万人（0.4%），采矿业、建筑业及制造业的第二产业从业人员为 91.2 万人（15.2%），商业、运输业、情报通信业、服务业等第三产业为 425.6 万人（70.8%）。

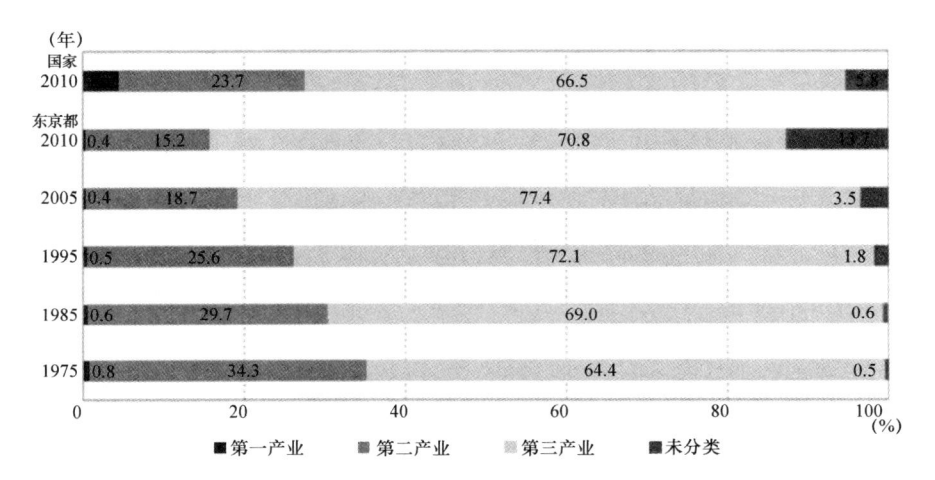

图 5—21　东京都三次产业中就业结构变迁

资料来源：日本总务省《国情调查》。

（三）旧金山湾区

1. 制造业是旧金山湾区的首位产业

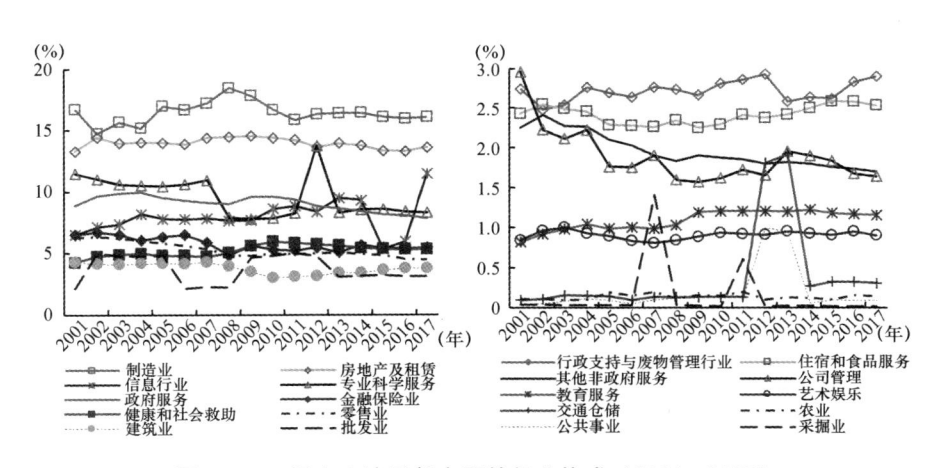

图 5—22　旧金山湾区都市圈的行业构成（2001—2017）

资料来源：U. S. Department of Commerce / Bureau of Economic Analysis / Regional Product Division。

154　Ⅱ　四大湾区影响力解析

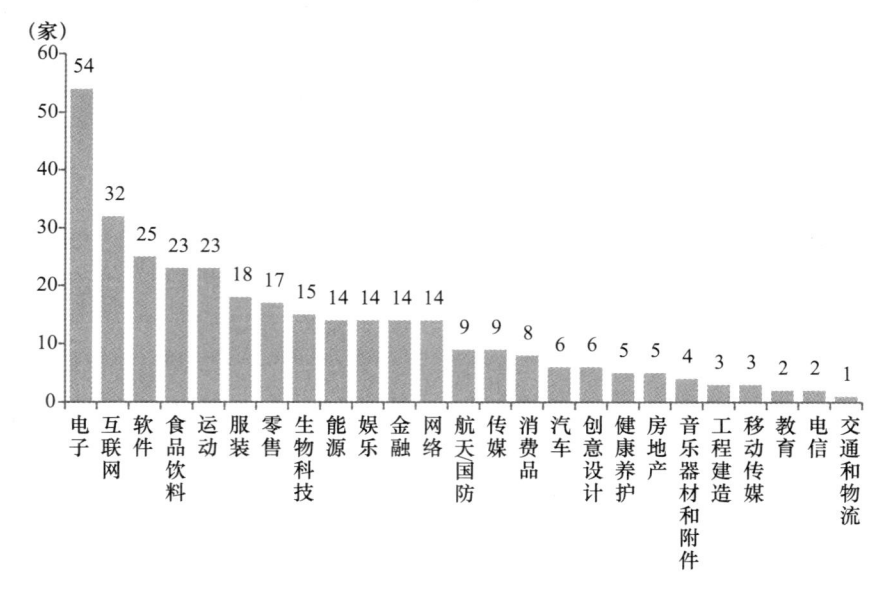

图 5—23　总部位于旧金山湾区的各类企业数量

资料来源：根据网络资料整理。

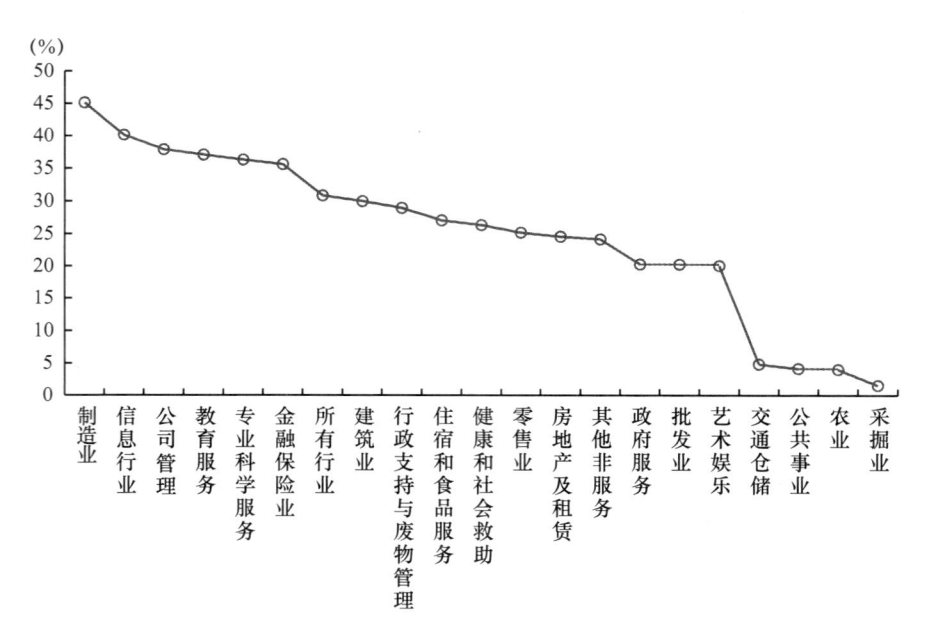

图 5—24　2017 年旧金山湾区各产业占 CA 地区比重

资料来源：根据 BEA 区域统计数据计算。

总体上看，旧金山湾区城市圈产值比重较大的十个行业为制造业、房地产及租赁、专业科学服务、信息行业、政府服务、金融保险业、健康和社会救助、零售业、建筑业、批发业。其中，2017年制造业占比为16.08%，房地产租赁占比为13.6%，信息行业占比为11.5%。按照行业类型划分的总部公司看，位于旧金山湾区的公司中电子类企业以54家居首位，其次是互联网行业32家，再次之较多的是软件25家、食品饮料23家以及运动23家。

从所有产业构成来看，2017年旧金山湾区占加州都市圈比重为30.8%。在整个加州各类产业中，制造业的45%、信息行业的40%、公司管理的37.9%、教育服务的37.1%、专业科学服务的36.3%、金融保险业的35.6%集中在旧金山湾区。集中度较低的是交通仓储、公共事业、农业、采掘业。

2. 旧金山湾区各都市圈产业构成

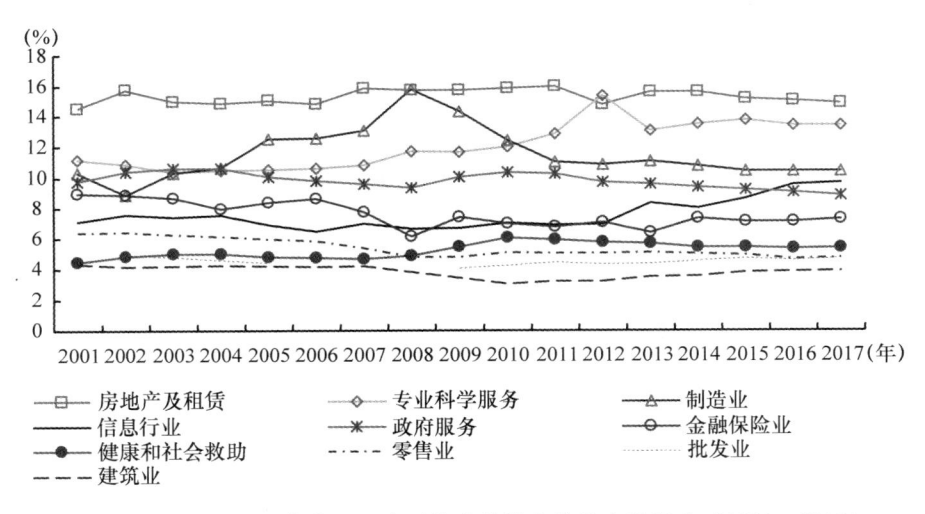

图5—25 旧金山—奥克兰—海沃德产值较大的前十种行业（2001—2017）

资料来源：根据BEA区域统计数据计算。

第一，旧金山—奥克兰—海沃德是旧金山湾区的核心都市圈，2017年GDP总量为5007.1亿美元，占旧金山湾区GDP的60%。该都市圈是美国富豪第五多的城市，2018年这里的富豪集中度为8.3%，富豪家庭数量为147772户，家庭价值中位数为796100美元。2017年，该城市圈产值较大的6个行业分别为房地产及租赁、专业科学服务、制造业、政府服务、信息行业、金融保险业。劳动从业方面，2017年从业比重较大的行业分别为：专业科学服务18.4%、健康和社会救助11.2%、零售业10%、住宿和食品服务9.3%、教育服务7.5%、金融保险业6.1%、制造业5.5%、信息行业5.5%。

旧金山是该区域增长动力的源泉。制造业方面，旧金山主要集中于服装、纺织品、食品加工、造船业，近年来国防科技以及电子行业也逐渐茁壮成长，其中造船业有近270家企业。除此之外，旅游业也是重要的产业支柱，金门大桥、科伊特塔、博物馆、唐人街、北滩、维多利亚时代豪宅、伦巴德街和费尔蒙特大酒店等都是特色景点。金融业方面，其金融区是美国西部重要的金融中心，这里坐落着太平洋证券以及6家世界500强企业，即McKesson、Wells Fargo、PG&E、Gap、Charles Schwab和Salesforce.com，也聚集了大量的跨国企业、法律公司、保险公司、房地产公司、银行、存款机构等。科技方面，硅谷是旧金山科技创新的重要孵化场所，这里是世界著名的苹果、谷歌、脸书、推特等科技公司的总部所在地，吸引了全球大量的科技从业者与创投资金，是美国科技腾飞的重要发动机。

奥克兰是阿拉米达最大的城市以及首府所在地，也是西部主要的港口城市。在旧金山湾区的东湾区域，奥克兰港是最大的港口，也是美国第五繁忙的货运港口，99%的集装箱通过北部加州湾。从2017年就业分布来看，比重较大的五个行业为健康养护14.1%、专业和科技服务10.6%、零售贸易9.3%、住宿食品8.6%、制造业6.4%。

Hayward位于东湾的阿拉米达县，作为硅谷向北的延伸区域，这里汇集了诸多高科技企业以及其他类型的制造业，如Annabelle Candy、Columbus Salame、Gillig Bus、Impax、Laboratories、Shasta、Pepsi等。2017年就业比重较高的五个行业为：健康和社会救助13.8%、制造业11.6%、零售业11.1%、交通仓储7.8%、住宿和食品服务7.8%。

第二，圣何塞—森尼韦尔—圣塔克拉拉是旧金山湾区经济第二大都市圈，2017年GDP产值为2752.9亿美元，占旧金山湾区GDP的32.9%。2017年，圣约瑟—森尼韦尔—圣塔克拉拉都市圈富豪排名为全美第2，富豪集中度为9%，有61264户；家庭价值中位数为911900美元。

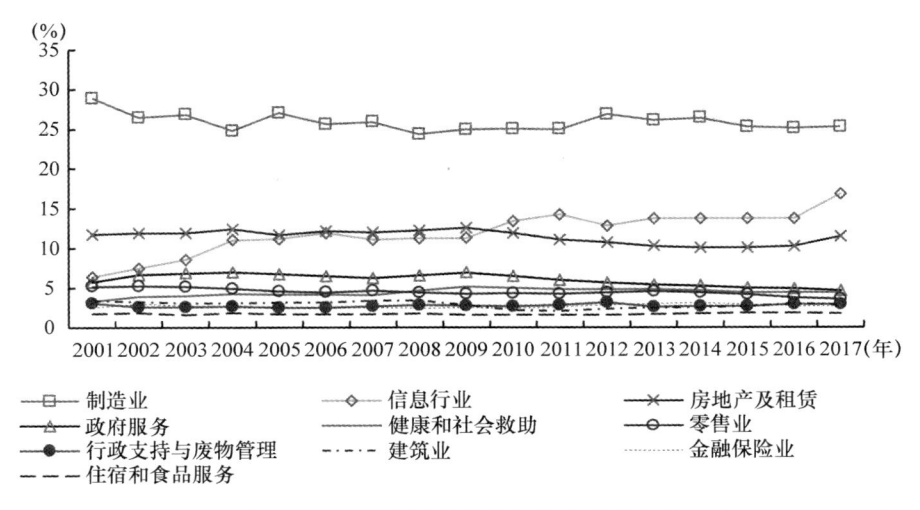

图 5—26　圣何塞—森尼韦尔—圣塔克拉拉产值较大的前十种行业（2001—2017）
资料来源：根据 BEA 区域统计数据计算。

圣何塞是北加州最大的城市，作为圣塔克拉拉县政府所在地，也是硅谷的核心区域，其强劲的科技创新能力影响了全球科技的发展进程，大量的高科技工程、计算机、微处理公司等聚集在以硅谷为核心的区域，是众多知名全球高科技企业的总部所在地，如 Adobe、Altera、Brocade Communications Systems、eBay、PayPal、IBM、Qualcomm 等。硅谷是旧金山湾区重要的创新场所，起源于 1951 年的"斯坦福工业园区"，斯坦福大学在丰富的基础科学及应用科学研究基础上，为硅谷发展提供了科研设备和各种技术人才，并不断使科学研究的成果迅速地应用于生产实践，使硅谷形成了教学—科研—生产一体化的高技术产业区。2017 年，圣何塞就业比重较大的五个行业为：制造业 18.5%、健康和社会救助 11.3%、专业科学服务 10.9%、零售业 10.6%、教育服务 7%。

森尼韦尔是位于圣塔克拉拉的城市，也是构成硅谷区域的重要城市之一，与圣何塞一样聚集了大量的高科技企业总部。2017 年其就业比重较大的五个行业为：专业科学服务 23.2%、制造业 20.7%、健康和社会救助 9.2%、零售业 7.5%、信息行业 6.7%。

圣塔克拉拉位于美国加州圣塔克拉拉县，成立于 1777 年，建市于 1852 年，地处硅谷中心地带，是硅谷的重要组成城市之一，许多高科技企业诸如英特尔、昇阳、Applied Materials、NVIDIA 的总部都位于该市。2017 年就业占比较大的前五个行业分别为：制造业 19.6%、专业科学服务 19.1%、健康和社会救助 9.7%、零售业 8.9%、教育服务 7.7%。

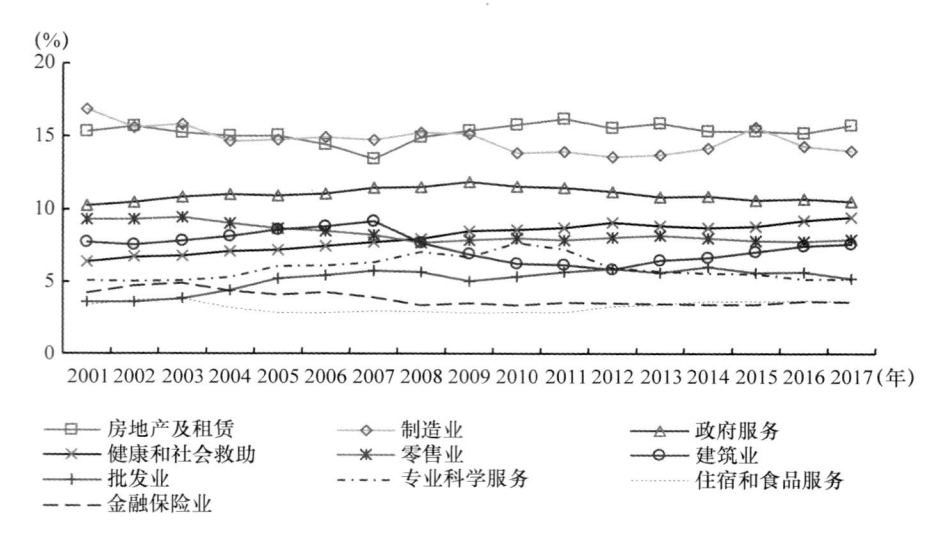

图 5—27　圣罗莎产值较大的前十种行业（2001—2017）
资料来源：根据 BEA 区域统计数据计算。

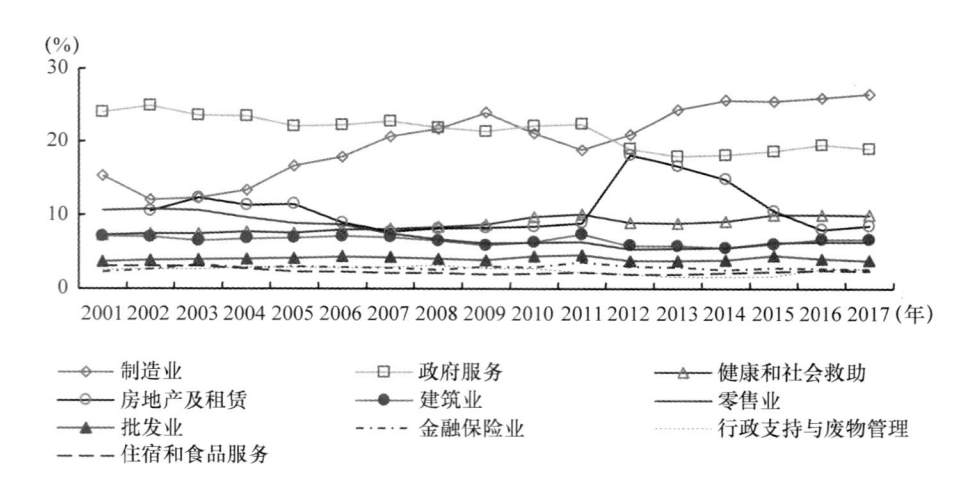

图 5—28　瓦列霍—费尔菲尔德产值较大的前十种行业（2001—2017）
资料来源：根据 BEA 区域统计数据计算。

第三，圣罗莎是旧金山湾区第三大都市圈，2017年GDP产值为286.7亿美元，占旧金山湾区的3.4%。房地产及租赁、制造业占比较大。2017年其就业比重较大的五个行业及比重为：健康和社会救助14.6%、零售业12.6%、制造业11.1%、住宿和食品服务7.8%、教育服务7.5%。

第四，瓦列霍—费尔菲尔德是旧金山湾区第四大都市圈，2017年GDP为214.2亿美元，占湾区经济的2.6%。瓦列霍是索拉诺县的海滨城市，位于旧金山湾区的北湾靠近东湾的位置。按2017年就业构成来看，健康和社会救助占17.4%、零售业占11.4%、制造业占8.5%、建筑业占6.9%、住宿和食品服务占6.6%。费尔菲尔德是索拉诺县靠近湾区背部的区域，2017年其就业比重较大的五个行业为健康和社会救助17.5%、零售业13.1%、制造业10.1%、公共管理8.5%、住宿和食品服务6.9%。

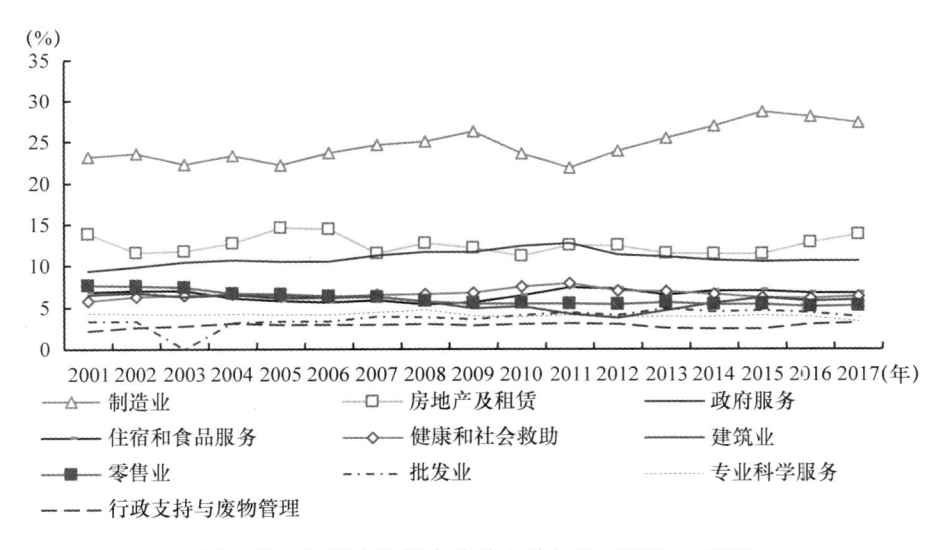

图5—29 纳帕产值较大的前十种行业（2001—2017）
资料来源：根据BEA区域统计数据计算。

第五，纳帕是加州都市圈中最小的城市，其经济规模为114.5亿美元，占旧金山湾区经济的1.4%。纳帕是加州纳帕县政府所在地，2017年其富豪排名为全美第7，有4182户，集中度为8.2%；家庭中位数价值为 599300 美元。2017 年其就业比重较大的前五个行业为住宿和食品服务 12.8%、健康和社会救助 12.2%、制造业 11.7%、零售业 11.1%、教育服务 6.9%。

(四) 粤港澳大湾区

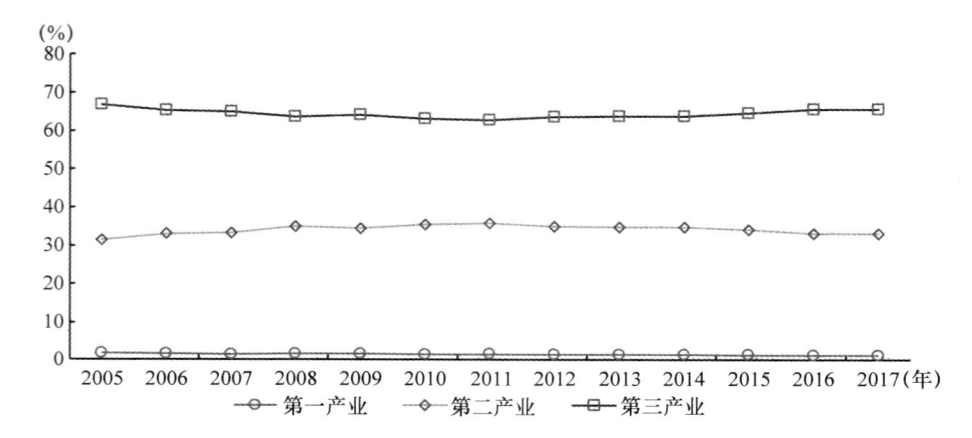

图 5—30 粤港澳大湾区总体产业构成 (2005—2017)

资料来源：根据 wind 数据计算。

按三次产业划分看，粤港澳大湾区总体上第三产业比重较高，第二产业比重次之，第一产业比重最低。2017 年第三产业比重为 65.6%、第二产业比重为 33.1%，第一产业比重为 1.3%。2005—2008 年，第三产业总体上有下降趋势、第二产业有上升趋势，但 2008 年之后三次产业比重保持相对稳定。

1. 粤港澳大湾区的第一产业

2005 年以来，各地第一产业比重均有下降趋势，肇庆下降最为明显。第一产业比重最大的是肇庆市，其次是江门，占比最小的是深圳、香港、东莞、澳门。2005 年肇庆市农业比重为 32.6%，2017 年下降到 14.8%；2005 年江门市第一产业比重达 9.8%，2017 年下降到 7.2%。从 2017 年粤港澳大湾区第一产业产值贡献来看，产值较大的前五位为肇庆 (26%)、广州 (19%)、江门 (16%)、惠州 (14%)、佛山 (12%)。产值较小的前四位为澳门 (0%)、香港 (1%)、深圳

(1%)、东莞（2%）。研究农业产值比重较高的肇庆市和江门市发现，肇庆的农业以种植业为主，其次是牧业，由于肇庆处于内陆地区，其渔业比重相对较低；江门有328.7公里长的海岸线，其渔业构成比重相对较高，是重要的农业产值基础，其次是种植业、牧业。

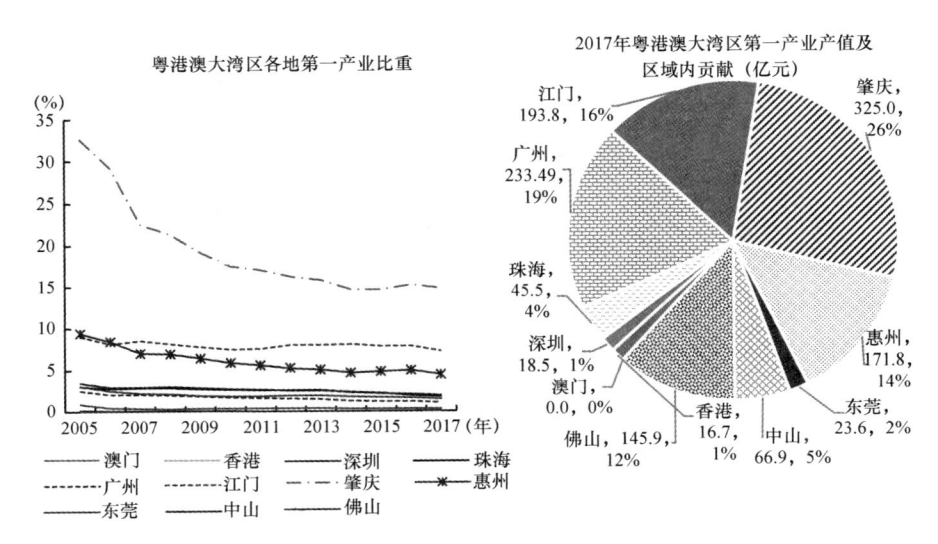

图5—31 粤港澳大湾区各地第一产业比重、产值及区域内贡献（2005—2017）

资料来源：根据wind数据计算。

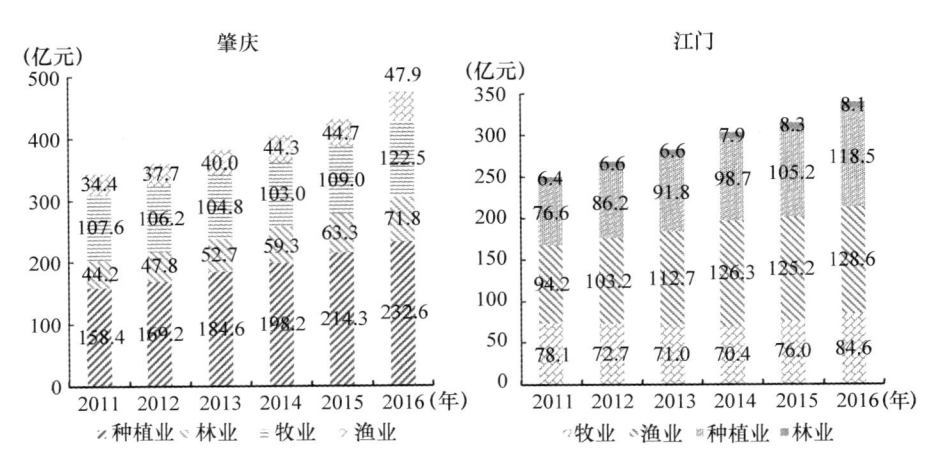

图5—32 肇庆市、江门市农业各行业产值（2011—2016）

资料来源：肇庆市、江门市统计年鉴。

从产品构成看，肇庆的水果、蔬菜、粮食产量较为丰富，肉类和水产产量较少；而江门在海岸线和陆地面积具有较大优势，其水产、蔬菜、粮食产量比重均较丰富。但总体而言，除水产之外，肇庆的其余各类产品产量均高于江门。

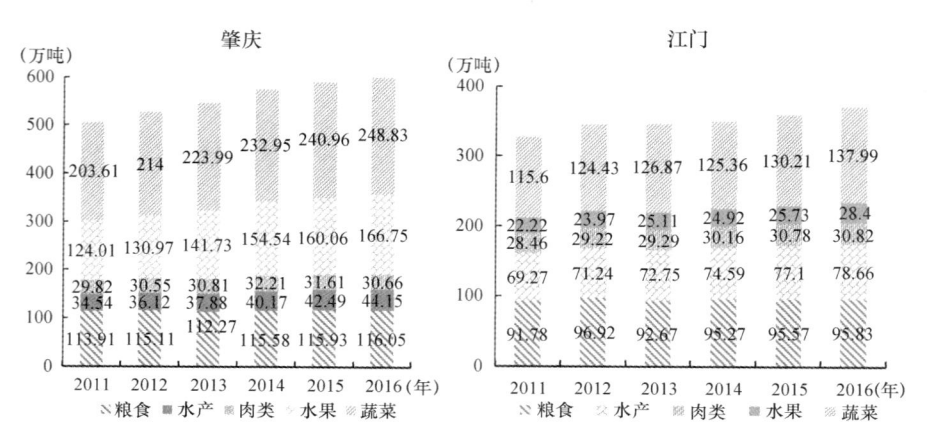

图5—33 肇庆市、江门市农产品产量（2011—2016）
资料来源：肇庆市、江门市统计年鉴。

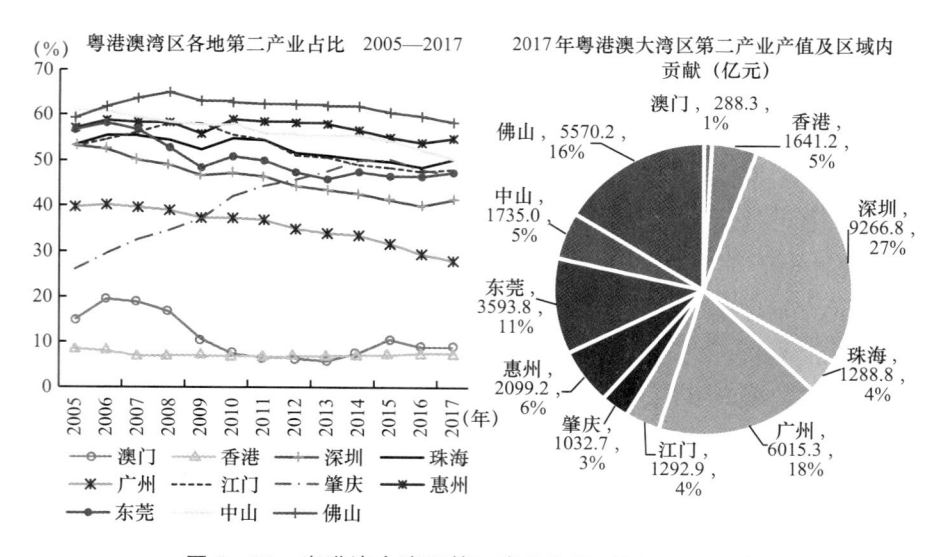

图5—34 粤港澳大湾区第二产业比重（2005—2017）
资料来源：根据 wind 数据计算。

2. 粤港澳大湾区的第二产业

总体上看，广东9市第二产业比重较高，香港和澳门地区的第二产业比重最低。广东9市中，第二产业比重从高到低依次为佛山、惠州、中山、珠海、江门、东莞、深圳。趋势上，2005年以来肇庆第二产业比重呈逐年上升趋势，其余各地都呈下降趋势。总量上看，2017年该

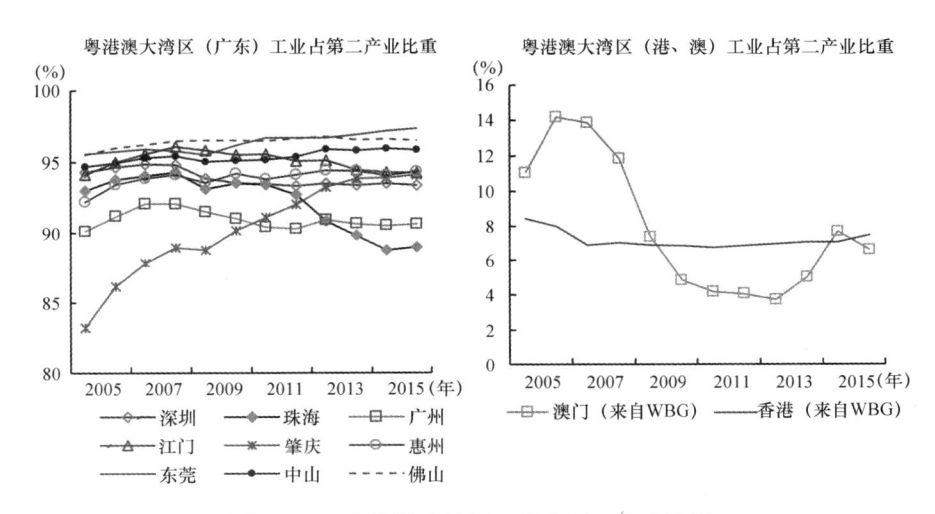

图5—35　粤港澳大湾区工业占第二产业比重

资料来源：根据wind数据计算。

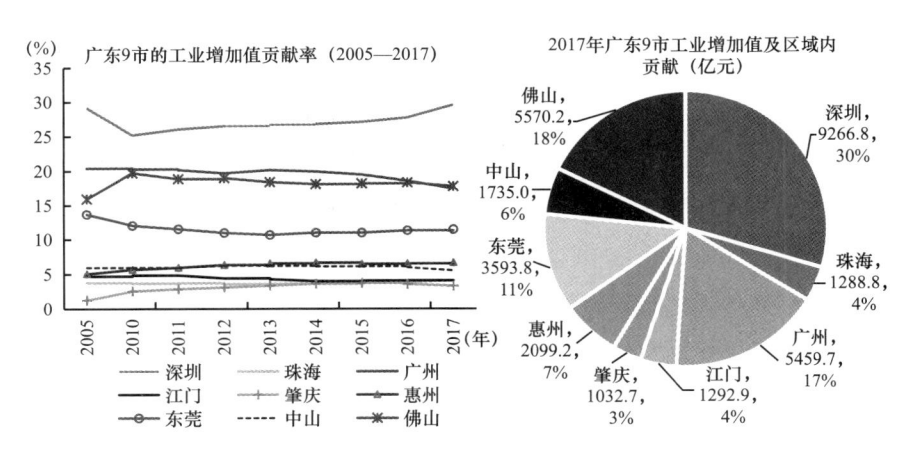

图5—36　广东9市工业增加值占总额（2005—2017）

资料来源：根据wind数据计算。

区域第二产业产值贡献较大的前四位为：深圳（27%）、广州（18%）、佛山（16%）、东莞（11%），贡献较小的后五位为惠州、中山、珠海、江门、肇庆。肇庆产值比重为3%，占粤港澳大湾区第二产业产值总量的比重最小。

自2005年以来，工业占各自第二产业比重最高的前三位是东莞、佛山、中山，其次是江门、惠州、深圳，广州工业比重相对较低。其中自2005年以来，肇庆工业比重呈上升趋势，2011年以后珠海工业比重呈下降趋势。香港和澳门工业占各自第二产业比重相对最低，其第二产业主要由建筑业构成，2016年建筑业占工业比重分别为香港67.1%、澳门80.2%。

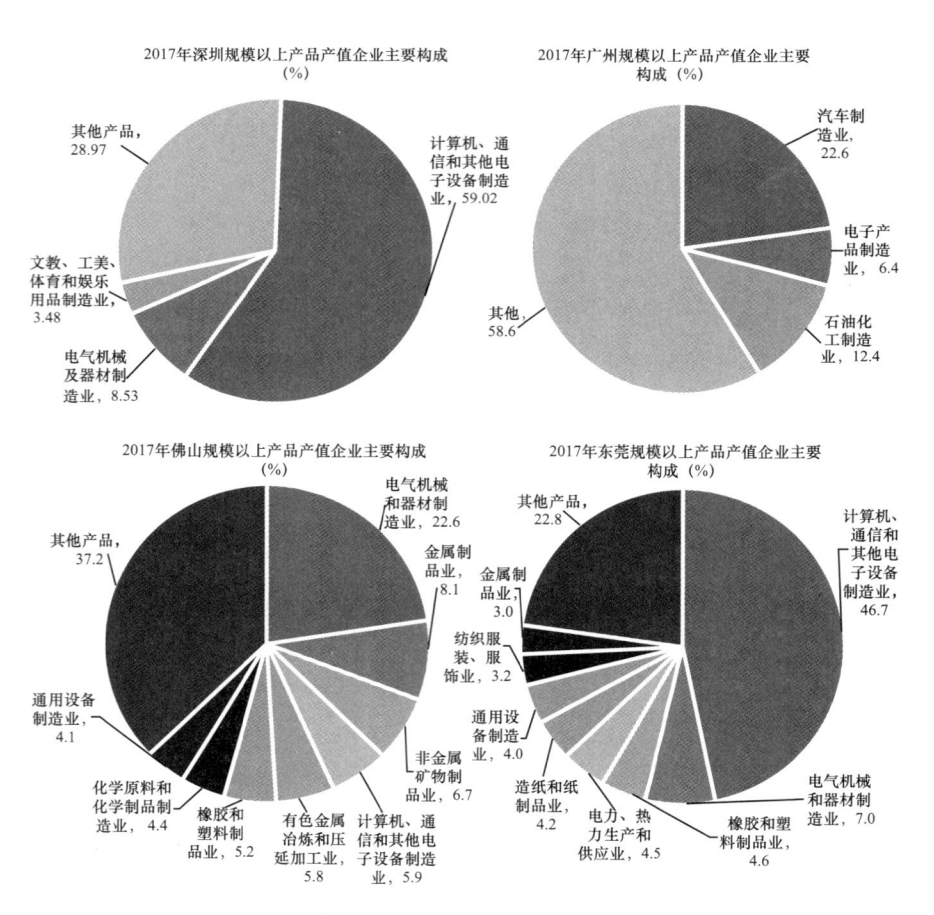

图5—37 2017年深圳、广州、佛山、东莞的工业产品构成

资料来源：根据wind数据计算。

2005年以来在广东9市工业增加值总额及区域构成中，深圳的工业增加值最大，2017年贡献率为30%；其次是广州和佛山，2017年分别贡献17%、18%；再次是东莞，2017年贡献了11%。对该地区工业增加值贡献相对较小的为惠州、中山、江门、珠海、肇庆，2017年分别为7%、6%、4%、4%、3%。

从2017年对粤港澳大湾区（广东9市）工业增加值贡献率最大的四个城市（深圳、广州、佛山、东莞）的工业产品构成看，深圳支柱工业品为计算机、通信和其他电子设备制造业（59.02%），其次是电气机械及器材制造业（8.53%）；广州的支柱工业产品为汽车制造业（22.7%），其次是石油化工制造业（12.4%）、电子产品制造业（6.4%）；佛山支柱工业品为电气机械和器材制造业（22.6%），其次是金属制品业（8.1%）、非金属矿物制品业（6.7%）；东莞的支柱产品也为计算机、通信和其他电子设备制造业（46.7%），其次是电气机械和器材制造业（7.0%），橡胶和塑料制品业（4.6%），电力、热力生产和供应业（4.5%），造纸和纸制品业（4.2%）。

3. 粤港澳大湾区的第三产业

总体上，2005年以来第三产业占GDP比重最大的为香港和澳门，广东地区中广州第三产业占比最大，其次是深圳、东莞，占比相对较小的是肇庆、佛山、惠州。2017年第三产业占GDP比重从大到小为：香港（92.8%）、澳门（91.4%）、广州（70.9%）、深圳（58.6%）、东莞（52.3%）、珠海（48%）、中山（47.8%）、江门（44.7%）、惠州（40.7%）、佛山（40.1%）、肇庆（38.3%）。从各地对粤港澳大湾区第三产业产值贡献来看，2017年，香港第三产业贡献了32%，占整个大湾区第三产业产值的1/3；广州、深圳贡献其次，分别占23%、20%。贡献相对较小的是中山、珠海、惠州、江门、肇庆、澳门，在区域内的贡献不足5%。

第三产业的内部构成，分析了占比较大的金融业、房地产业、交通运输仓储和邮政业、批发零售业、住宿餐饮业。其中，金融业占第三产业比重最大的是深圳，其次是香港，相对较大的还有珠海和广州，相对较小的有惠州、肇庆、澳门。2017年金融业占第三产业比重较大的依次为深圳23.3%、香港19.6%、珠海15.6%、广州13.8%。通过研究金融业在各地的地位有以下发现。

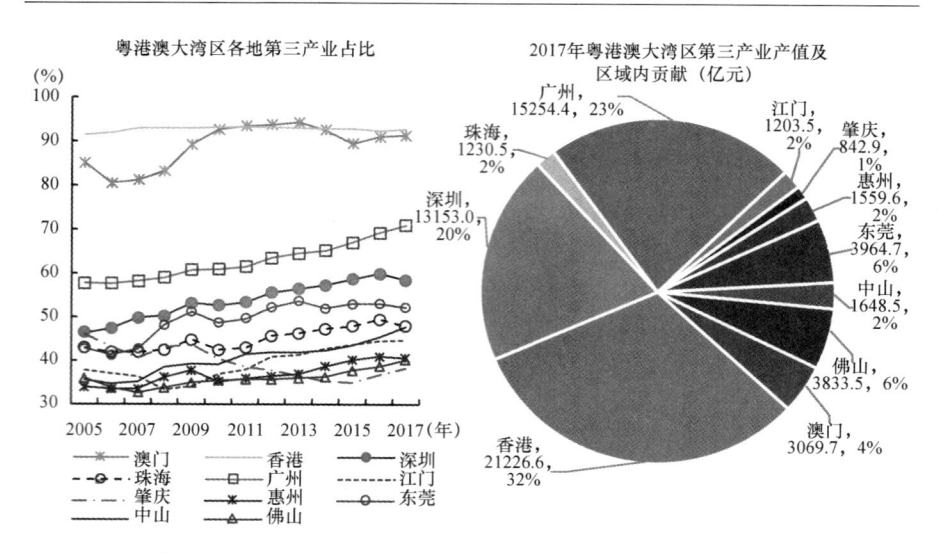

图 5—38 粤港澳大湾区各地第三产业概况（2005—2017）

资料来源：wind 以及各地统计年鉴。

一是香港已经成为世界前三大金融中心之一。根据评价国际金融中心地位的权威指数 GFCI（Global Financial Centers Index），中国的金融中心综合竞争力排名依次是：香港（排名第3）、上海（排名第5）、北京（排名第8）、深圳（排名第12）、广州（排名第19）、杭州（排名第89），排列世界第1和第2的金融中心为纽约、伦敦，东京、旧金山世界排名第6和第16。随着中国资本市场稳步开放，香港成为中国走向世界的桥梁，也是中国金融市场化改革的先驱者，在区域范围内发挥着重要的资源配置作用。作为发挥香港金融中心作用重要的机构，香港交易所2016年发布《战略规划 2016—2018》，提出港交所的愿景是要连接中国与世界，重塑全球市场格局，旨在成为中国客户以及国际客户寻求中国投资机遇的全球首选跨资产类别交易所。截至 2017 年 12 月，在香港上市的内地企业有 1051 家，其中包括 H 股、红筹股及民营企业，总市值约为 2.9 万亿美元，占市场总值的 66%。香港是中国内地最大的海外直接投资来源地，截至 2017 年年底，在中国内地获批准的外资项目中，44.9% 与香港有关，来自香港的实际利用外资总额为 10082 亿美元，占全国的 53.2%。

二是深圳是中国内地金融改革的试验田和前驱者。《深圳市金融十三五规划》显示，2015年年末深圳金融业资产总额达8.61万亿元，比2010年年底翻了一番；全市金融机构本外币存款余额和贷款余额分别为5.78万亿元和3.24万亿元，可比口径下，分别比2010年年底增长了94.2%和92.3%。金融业增加值、总资产及金融机构本外币存贷款余额均位居全国大中城市第3。与"十二五"相比，深圳的金融服务功能、金融实力以及金融市场能级水平均有大幅提升。作为人民币国际化的试验田，2012年12月中国人民银行正式批复前海在全国率先开展跨境人民币贷款业务，试点外商投资股权投资（QFLP）和合格境内投资者境外投资（QDIE）业务，打通跨境双向投资渠道。"十二五"以来，深圳新增23家外资金融分支机构，新增外资金融机构代表处近30家，截至2015年年末全市共有130余家外资金融机构，其中外资法人金融机构16家，数量居全国第3，包括外资银行4家、合资基金管理公司10家、外资保险公司2家。本土金融机构加快海外拓展，到2015年年末19家本地法人金融机构在境外设立分支机构超30家，其中16家在香港设立了分支机构。深圳获得合格境内机构投资者（QDII）资格的法人金融机构23家，获批额度超250亿美元。12家金融机构在香港的子公司获得人民币合格境外机构投资者（RQFII）资格，获批额度745亿元人民币，占全部份额的17.2%。2015年港股ETF、海外指数LOF等跨境投资金融工具在深交所挂牌上市，深港沪三地交易所合资成立的"中华证券交易服务有限公司"开业运营，涵盖深港沪三地交易所上市公司股票"中华A80指数"及其ETF产品在港交所挂牌推出，深港股票市场交易互联互通机制（"深港通"）择机开通。2016年3月发布的第19期"全球金融中心指数"（GFCI）显示，深圳在全球86个金融中心中排名第19位，在国内城市中仅次于香港和上海，深圳作为全国金融中心地位得到国际认可。

三是广州在世界金融中心的地位显著改善，金融成为其服务业中重要的支柱产业。"十二五"期间广州建成了广州民间金融街、广州国际金融城、广州金融创新服务区、南沙现代金融服务区、广州中小微企业金融服务区、增城农村金融改革创新综合试验区六大金融功能区，同时广州国际金融城将对标伦敦金融城，打造华南最大的国际金融总部集聚区。

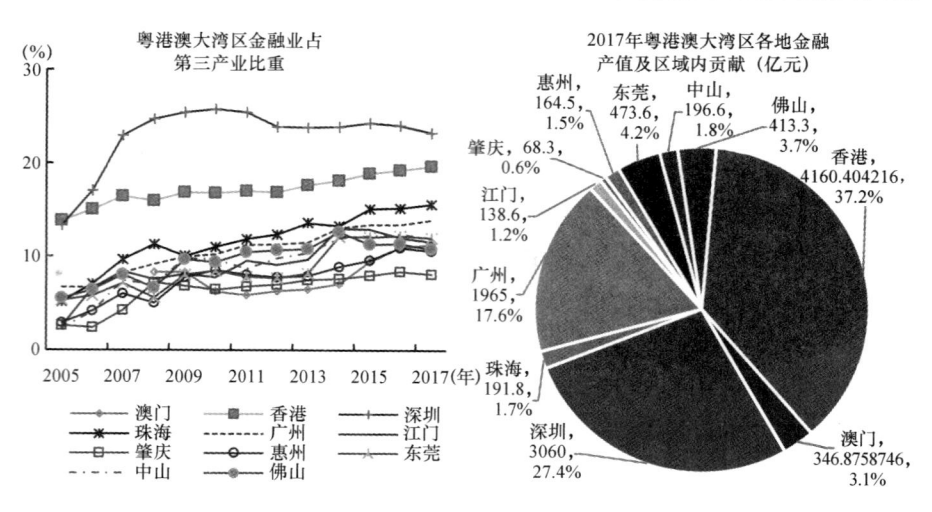

图 5—39 粤港澳大湾区各地金融业概况

资料来源：wind 以及各地统计年鉴。

三 重点产业解析

（一）纽约湾区

结合 BEA 都市圈的行业统计数据，筛选出纽约湾区的部分重要行业，如金融保险业、房地产及租赁、科学技术、制造业、健康与教育行业，分析这些行业在纽约湾区都市圈内的地理分布特征。具体计算方法为，根据北美产业分类体系（NAICS）分类标准，计算出特定行业的都市圈产值构成。总体上看，纽约—纽瓦克—泽西城都市圈作为纽约湾区内的核心功能区，各行业占比均处于较高水平，所选特定行业占比第二高的城市则根据行业不同而有所差异。

1. 金融保险和房地产业

纽约—纽瓦克—泽西城是美国乃至全球重要的金融中心都市圈，以华尔街为金融核心功能区，在全球金融资源配置、资产定价方面发挥着重要作用。在纽约湾区都市圈中，纽约—纽瓦克—泽西城金融保险业产值总量远高于其余都市圈，2017 年其金融保险业总产值为 2834 亿美元，远高于位居第 2 的布里奇波特—斯坦福德—诺沃克都市圈的 150.8 亿美元，金融保险业产值最小为大洋城的 0.96 亿美元；同时纽约—纽瓦克—泽西城的房地产及租赁也是纽约湾区内都市圈中产值最大的，

2017年其产值为2890亿美元，略高于其金融保险业，产值最小为格伦斯福尔斯的2.29亿美元。

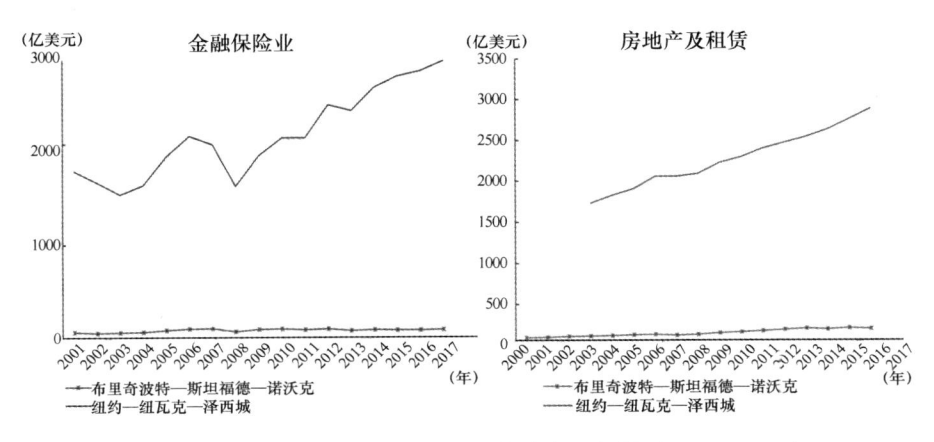

图5—40 纽约湾区金融保险业、房地产及租赁（2001—2017）

资料来源：BEA，Regional data。

表5—14　　　　　　　　　　纽约主要的金融公司

金融公司名称				
Actors Federal Credit Union	Cede and Company	JPMorgan Chase	Peerform	VanEck
American Express	Cerberus Capital Management	Kohlberg Kravis Roberts	RapidRatings	Virtu Financial
American International Group	Citigroup	LendKey	Rebellion Research	Wahed Invest
APriori Capital Partners	Clearing House Interbank Payments System	MarketAxess	Refco	
The Bank of New york Mellon	Depository Trust & Clearing Corporation	MetLife	Reich & Tang Deposit Networks	
BanxCorp	Depository Trust Company	Mizuho Securities USA	Reynolds Securities	
BanxQuote	Dominick & Dickerman	Moody's Analytics	Sagent Advisors	
BBL Churchill	Drexel Burnham Lambert	Moody's Corporation	S&P Dow Jones Indices	
Behalf	Eagle Investment Systems	Moody's Investors Service	Smith-Barney	

续表

金融公司名称			
Betterment（company）	Electronic Payments Network	Morgan Stanley	Standard & Poor's
BGC Partners	Evercore Wealth Management	Morgan Stanley Wealth Management	Stash（company）
Biz2credit	FG Hemisphere	MSCI	Storm Exchange
BlackRock	First Manhattan Co.	NASDAQ	SumZero
The Blackstone Group	Fitch Ratings	Nasdaq, Inc.	Sycamore Partners
Blue Wolf Capital Partners	Goldman Sachs	New York Gold Exchange	T3 Live
BlueCrest Capital Management	Goldman Sachs Capital Partners	New York Stock Exchange	Teneo
Brixmor Property Group	GSO Capital Partners	NYSE Euronext	TIAA
Burford Capital	IEX	Openfolio	Tradeweb
Cadre（company）	Indxx	OppenheimerFunds	TrueEX Group
Caxton Associates	Itau Securities	OpusPoint Partners	Tumbridge & Co.

资料来源：根据网络资料整理。

2. 科技与教育

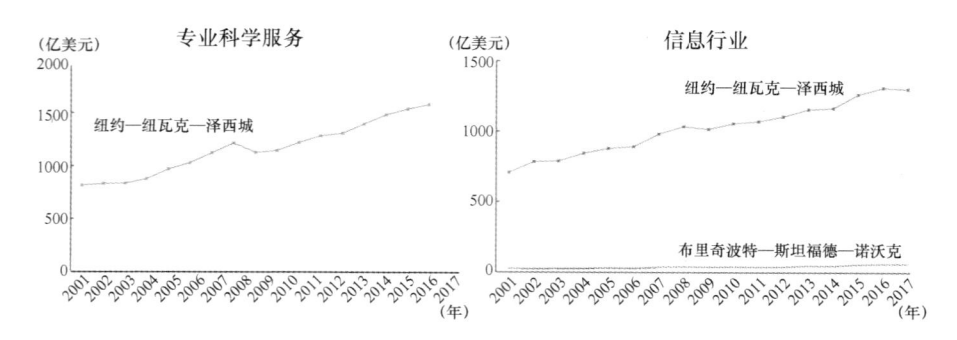

图 5—41 纽约湾区科技产业（2001—2017）

资料来源：BEA, Regional data。

纽约湾区内，专业科学服务以及信息行业比重最大的是纽约—纽瓦克—泽西城都市圈，2017 年其专业科学服务产值为 1585 亿美元，信息行业产值为 1302 亿美元。位于曼哈顿 Flatiron 区的"硅巷"(Silicon Alley) 诞生于 1995 年,是纽约湾区重要的高科技产业中心。与位于加州的"硅谷"相呼应,"硅巷"的科技模式被称为"东岸模式",即将运

表 5—15　　　　　　　　纽约都市圈的科技公司

类型	公司	类型	公司
App 程序开发	Moonit		Animoto
	Trello		Appetizer Mobile
人工智能	IBM Watson		Atavist
云和数据库服务	IBM		Barnes & Noble
	KeyMe		Blackbird Group
	LiveTiles		Bloomberg
	R3		CA Technologies
数字媒体	DoubleClick		Cockroach Labs
	Soundcloud		Cognizant
	Spotify		ConsenSys
	Vimeo		Deeplink (company)
金融科技	E-Trade		DigitalOcean
	PolicyGenius	软件服务	Enterproid
硬件	Htc		Fog Creek Software
	Huawei		Greenhouse Software
	IBM		Helix Software Company
	LG Electronics		Impelsys
	Samsung Electronics		Infor
	TCL Corporation		letgo
	Zte		LivePerson
健康服务科技	Oscar Health		Paribus
	Zocdoc		Primer Archives
软件服务	TalkPoint		Q-Sensei
	Telmar		Safefood 360°
	Yext		Videology

资料来源:根据网络资料整理。

用互联网技术为商业、时尚、传媒及公共服务等领域提供解决方案——把技术与传统行业结合,用技术改革传统行业并建立细分市场。在金融科技方面,通过科技服务金融,将大数据、云计算、区块链、人工智能等新科技手段,运用于传统金融,使金融服务更快、更高效,是金融科技的核心出发点。不同于硅谷的是,硅巷的科技产业已经从制造电脑、互联网的基础框架,向制造消费品过渡,以生产制造科技服务为主要目的。2014年纽约市政府与IBM合作发起"数字纽约"(Digital. NYC)计划,为初创企业汇集整个地区的相关创业信息,包括纽约所有的科技公司、初创企业、投资者、创业孵化器、工作间、活动及招聘信息,成为纽约市的在线创业服务中心。纽约市政府也发起"高科技人才输送管道"项目,致力于人才的短期培养,把纽约居民培养为高科技公司的理想员工。在人才培养上,纽约实行"纽约市应用科学"计划,通过大力吸引世界顶级理工院校来共建大学和科技园区,培养优秀的应用科学人才,2012年纽约市政府宣布引进康奈尔大学和以色列理工学院在罗斯福岛共建大学园区和初创企业孵化器——Cornell NYC Tech,以媒体、医疗和环保三大领域为核心,设立计算机、电子工程、生物医学等20多个专业,计划每年培养约2500名硕士和博士生,弥补纽约在应用科学领域的短板。

BEA都市圈统计数据显示,纽约—纽瓦克—泽西城是区域内该行业占比最大的都市圈,但产值总量相对较小,2017年其产值为262亿美元。但作为纽约湾区的核心区域,其教育与科研体系也十分丰富,包括公立学校和大学、私人组织运营的公立机构、联邦服务学术机构、非宗派学术机构、私立学院和学术机构、宗教附属的研究机构等多层次科研体系。以纽约大学为例,下设103个涵盖多个领域的科研机构。

表5—16　　　　　　　　　　纽约的教育科研体系

类型	学校
公立学校和大学	State University of New York(SUNY)
	The City University of New York(CUNY)

续表

类型	学校
私人组织运营的公立机构	New York University（NYU）
	New York State College of Ceramics operated by Alfred University
	New York State College of Agriculture and Life Sciences
	New York State College of Human Ecology
	New York State College of Veterinary Medicine
	New York State School of Industrial and Labor Relations
联邦服务学术机构	United States Merchant Marine Academy，Kings Point
	United States Military Academy，West Point
非宗派学术机构	Adelphi University，Garden City
	Albany College of Pharmacy and Health Sciences
	Alfred University，Alfred
	American Museum of Natural History
	Bank Street College of Education（graduate school），Morningside Heights，Manhattan，
	Cazenovia College，Cazenovia
	Clarkson University，Potsdam
	Colgate University，Hamilton
	Columbia University，Morningside Heights
	Cooper Union，East Village，Manhattan
	Cornell University，Ithaca
私立学院和学术机构	ASA College
	Berkeley College
	DeVry University
	Five Towns College，Dix Hills
	Globe Institute of Technology，Manhattan
	LIM College（Laboratory Institute of Merchandising），Midtown Manhattan
	New York Film Academy，Battery Park，Manhattan
	New York University（NYU）

资料来源：根据网络资料整理。

(亿美元)

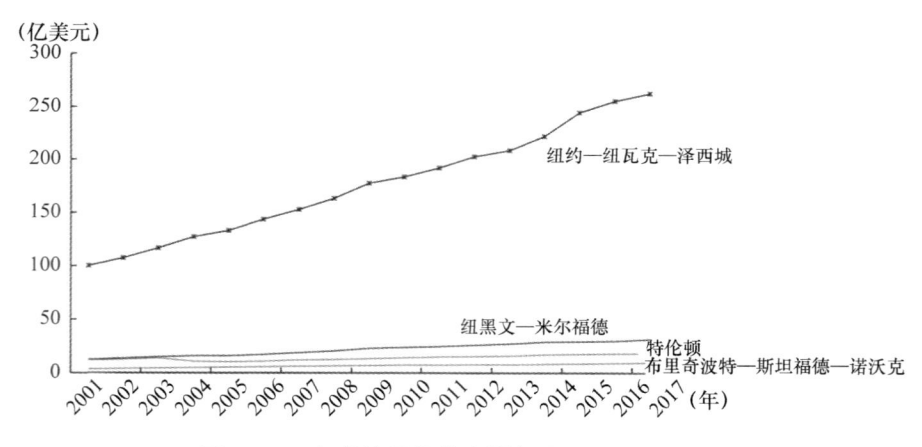

图 5—42　纽约湾区的教育服务业（2001—2017）

资料来源：BEA，Regional data。

3. 制造业

从整体上来看，纽约湾区各都市圈的制造业产值均比较小，不论是耐用品还是非耐用品，纽约—纽瓦克—泽西城均是纽约湾区制造业比重较大的都市圈（由于 BEA 数据所限，该都市圈数据缺少时间序列数据）。按照北美产业分类标准（NAICS），纽约的食品制造业、计算机和电子产品制造是主要的制造业。

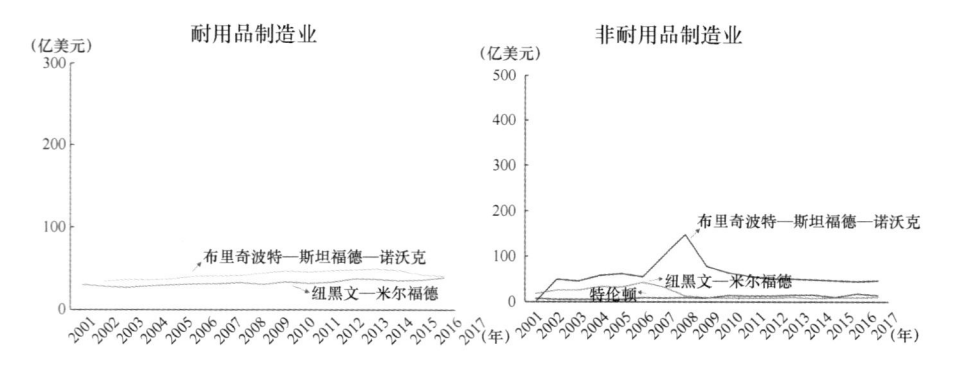

图 5—43　纽约湾区的制造业（2001—2017）

资料来源：BEA，Regional data。

（二）东京湾区

1. 制造业

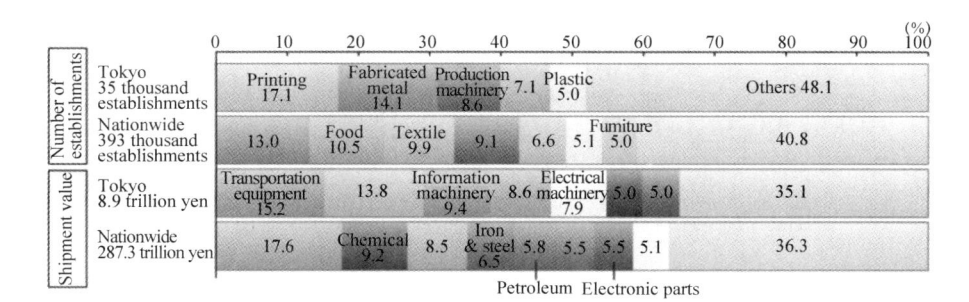

| | | 0 | 10 | 20 | 30 | 40 | 50 | 60 | 70 | 80 | 90 | (%) 100 |

Number of establishments	Tokyo 35 thousand establishments	Printing 17.1 / Fabricated metal 14.1 / Production machinery 8.6 / 7.1 / Plastic 5.0 / Others 48.1
	Nationwide 393 thousand establishments	13.0 / Food 10.5 / Textile 9.9 / 9.1 / 6.6 / 5.1 / Furniture 5.0 / 40.8
Shipment value	Tokyo 8.9 trillion yen	Transportation equipment 15.2 / 13.8 / Information machinery 9.4 / 8.6 / Electrical machinery 7.9 / 5.0 / 5.0 / 35.1
	Nationwide 287.3 trillion yen	17.6 / Chemical 9.2 / 8.5 / Iron & steel 6.5 / 5.8 / 5.5 / 5.5 / 5.1 / 36.3 / Petroleum / Electronic parts

图 5—44　东京制造业构成

资料来源：MIC，METI "Economic Census for Business Activity"。

根据东京都产业劳动局统计，在东京都企业中，比重最大的印刷类企业占17.1%，金属制造类企业占14.1%，机器制造类企业占8.6%，纺织类企业占7.1%，塑料制品企业占5.0%。其中90%的东京制造商拥有的员工不多于30名，超过一半的企业只有1—4名员工，可见东京的制造业以中小企业为主。以制造业为依托，东京都的技术研发类机构占比也较大，东京高校数量占全日本的17.8%，其他科研类机构占全日本数量的19.7%，这两类比重均高于日本国内其他城市比重。

2. 科研教育

在技术研发方面，2003—2013年东京的生命科学和信息技术研发投入数额相对其他行业较大，生命科学研究投入从2003年以来持续上升，信息技术投入在2007年之后开始有所下降。能源、环境、芯片投入等比较接近，占生命科学科研投入的1/3左右。空间和海洋发展方面的科研投入相对较少。2013年的数据显示，生命科学研究投入自2003年以来持续上升到3.03万亿日元，信息科技研发投入自2007年以来持续下降到2.38万亿日元。

176　Ⅱ　四大湾区影响力解析

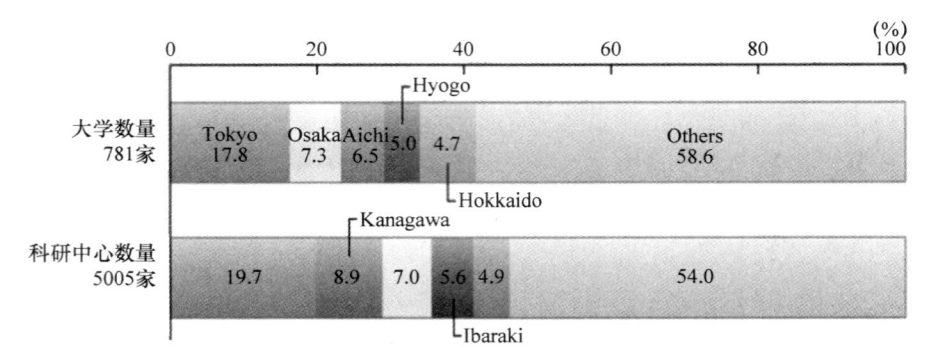

图5—45　东京科研机构比重

资料来源：MEXT "School Basic Survey"。

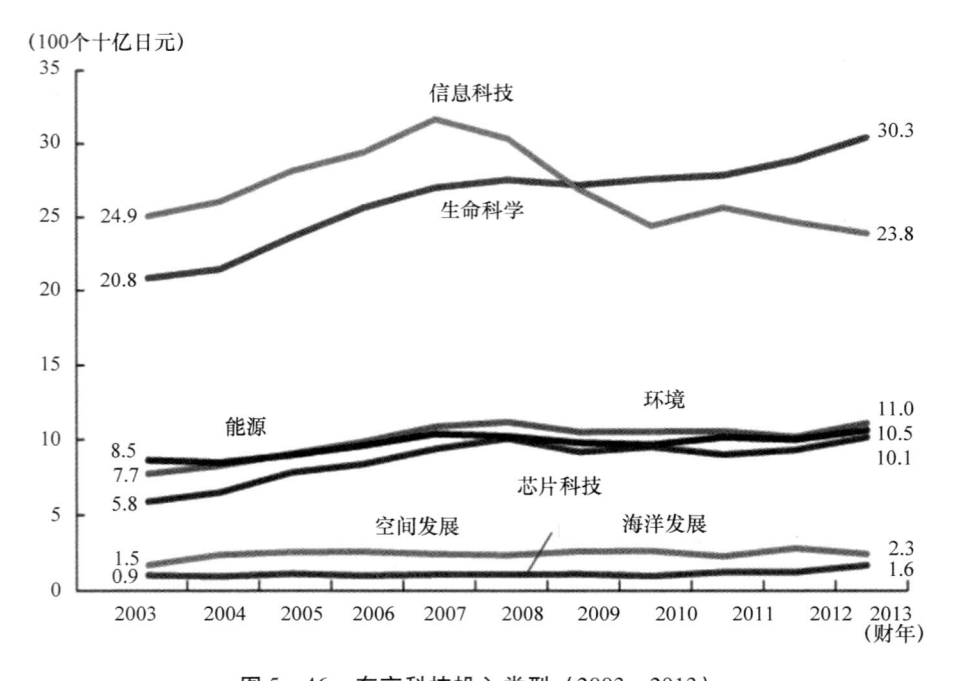

图5—46　东京科技投入类型（2003—2013）

资料来源：MIC "report on the Survey of Research in Science and Technology"。

3. 金融发展

长期以来，日本致力于将其首都东京发展成为全球顶尖的金融中心，2008年至今的全球城市竞争力指数显示，东京在全球的综合影响力长期保持在前4位，2016年、2017年上升到第3位。日本打算利用2020年奥运会之机，将东京打造成为国际金融中心，与华尔街和伦敦匹敌，成为有利于日本和海外金融专业人士开展业务活动的金融中心，通过匹配国内外金融资产和资本需求，向国内外增长地区进行投融资服务。《东京行动计划2020》也作为可持续经济增长战略的一部分，其中提出，东京政府将通过帮助外国企业起草商业计划并协助建立与日本公司联系，加快吸引金融科技、物联网等领域的外资企业进驻。由于日本经济的绝对规模比较大，位居全球第3，日元也作为仅次于美元和欧元的第三种国际货币，有利于日本将东京打造为国际金融中心。

首先，可以更有效地利用其金融资产应对迅速提升的老龄化程度。日本老龄化程度预计2030年达到31.8%，2050年达到39.6%，这使得日本成为世界上老龄化最快的国家。充分发挥东京在金融市场和资本市场为家庭资产提供资产组合配置方面的作用，从而提高日本家庭资产配置的效率，降低日本政府对公共养老支出的负担。

其次，可以促进金融和相关商业部门发展，为其摆脱经济负增长泥潭制定经济增长战略。长期以来日本受到TFP增长乏力的制约，其经济增长动力不足，日本第三产业占GDP比重超过70%，从而提高全要素生产率和GDP增长的关键在于第三部门，因此推动东京成为国际金融中心，也是日本增长战略的体现。

再次，可以发挥日本的资金优势，以支持新兴国家经济发展，为其政府和企业提供多样化的融资来源。比如发展更好的金融基础设施，促进跨境金融和资本交易，促进全球资金流通获得更多的投资回报。

最后，可以推动日元国际化。日本在1999年亚洲金融危机期间推出亚洲货币基金（AMF），但因为美国和IMF的反对意见而以失败告终，但日本没有放弃推动日元的国际化。日本政府推动东京成为国际金融中心，也是希望成为区域性的外汇和金融市场的关键参与者，提高其在国内和全球的金融中介能力，推动外汇交易以及日元成为国际计价货币，增加日元在海外的使用，促进地区债券市场发展，同时，日本希望建立地区性的金融网络，促进海外的日本公司、其附属公司和其伙伴公司在亚洲及全球开展有效的金融服务。

表5—17　　　　　　　　　　东京行动计划2020

目标	内容
安全城市	保护东京居民的生活和财产免受各种灾难的影响,建设充满活力和繁华的东京
多样性城市	我们将创造多元化、亲切、温馨的东京,让每个人都能过上充满活力的生活
智慧城市	作为一个全球性大城市、日本的首都和经济驱动的引擎,将创建一个可持续发展的东京,可以解决面临的挑战和不断加剧的城市之间的竞争

凭借其雄厚的资本市场,日本首相安倍晋三的"安倍经济学"对此采取积极的吸引措施:一是在2016财年,有效的公司税率从38%下降到29.97%;二是在2014年日本政府推出日本个人储蓄账户(NISA),并在2016年推出初级NISA,对年投资额达到一定限度的投资者,进行股息资本利得的免税待遇。三是日本央行(BOJ)采取大规模货币宽松政策,推动购买交易所交易基金(ETF),政府养老金投资基金(GPIF)管理的公共养老金储备资产的持股增加,有利于日本股票价格回升。日本打算借此机会,利用过剩的资本来促进新兴市场国家金融发展,并为维持经济增长和提高新兴市场国家生活水平所需的长期投资和基础设施项目提供资金。为此,东京为构建国际金融中心在以下方面作出努力。

首先,营造国际化的经营环境,为经营者提供多种货币结算以及更便捷的行政程序,培育吸引外国公司和投资者在东京投资的商业环境。

(1) 为高技能金融专业人员营造舒适的生活环境:如更方便的英文标识牌、交通便利、医疗保健、学校等,提高本地区对高技术金融专业人员的容纳性。

(2) 开发信息系统,使国际商务成为可能:如提供英文版本的金融相关法案和规则,扩大英文一站式行政程序办公室;修改税制,使东京成为国际商务城市;东京证交所正努力扩大投资者基础。

(3) 建立国际商务交流平台:主办国际金融会议促进国际合作;促进公司和投资者之间的互动。

其次,建立吸引日本国内和外国资本促进预期经济增长的机制。

(1) 通过利用东京政府的资产和工艺,振兴经济:如促进基于东京市政府土地的商业PPP投资机会;培育利于东京政府实施政策的公私合作基金;培育东京外国债券上市公司在东京PRO-债券市场的上市;

为创业公司商业启动提供培养援助。

（2）加强私营部门公司治理；为私营部门发展外币和债券等交易和结算所需的基础设施。

再次，建立促进金融工具创新发展的机制，为国内金融资产的投资提供更多机会，从以储蓄为中心的方法扩大到其他金融工具。

（1）促进个人中长期资产建设；修订个人城市债券；开发、普及和教育消费者有关反映老龄化的社会投资工具；为老年人开发 NISA 与改进的 401K 等个人金融工具。

（2）为投资者提供多元化的资产管理方法，如 REIT、PPP、养老金投资工具。

最后，培养能在全球金融中心发挥积极作用的人力资源，包括强化英语教育，培育金融高科技人才；促进小学、初中和高中的金融教育等。

（三）旧金山湾区

1. 金融保险和房地产业

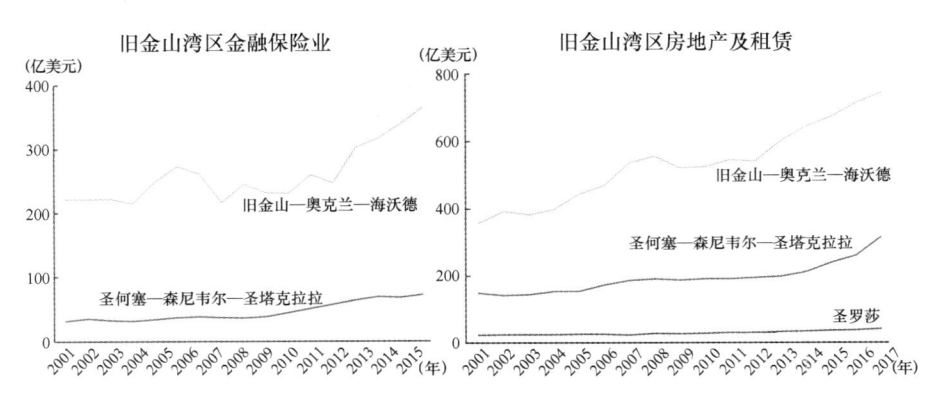

图5—47　旧金山湾区金融保险业、房地产及租赁（2001—2017）
资料来源：根据 BEA 区域统计数据计算。

从 2001 年以来的情况看，旧金山湾区金融保险业、房地产及租赁业主要集中在旧金山—奥克兰—海沃德都市圈，2017 年产值分别为 365 亿美元、743 亿美元；圣何塞—森尼韦尔—圣塔克拉拉都市圈产值分别为 71.8 亿美元、316 亿美元；其余都市圈占比较小。其金融业务主要以证券投资服务和承包服务为主，2017 年产值和占比分别为 125 亿美

180　Ⅱ　四大湾区影响力解析

元（30%）、90 亿美元（25%）。

2. 科技与教育

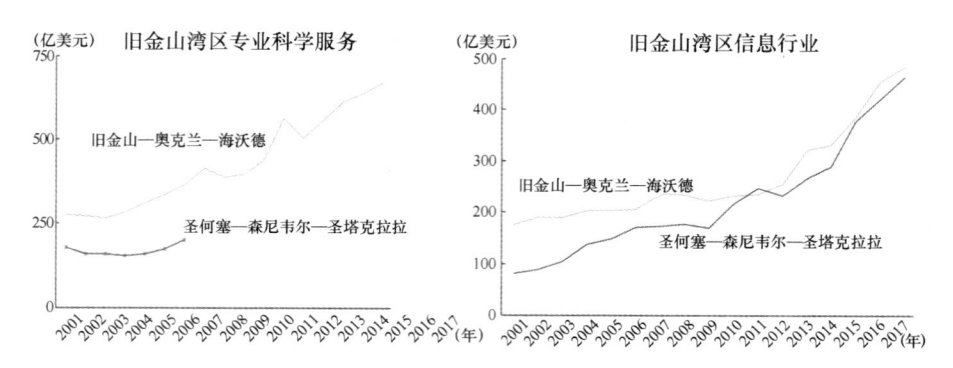

图5—48　旧金山湾区专业科技产业的区域构成（2001—2017）
资料来源：根据 BEA 区域统计数据计算。

2017 年旧金山湾区的专业科学服务、信息行业占比分别为 8.2%、11.49%，专业科学服务主要集中在旧金山—奥克兰—海沃德都市圈，信息行业主要在旧金山—奥克兰—海沃德与圣何塞—森尼韦尔—圣塔克拉拉都市圈比较集中。其余各都市圈的这两个产业集中度相对较小。从产品类型来看，信息产业主要的产品是数据处理和出版服务，根据 2017 年美国经济分析局数据，二者占信息产业中的比重之和接近 80%。

在教育方面，旧金山湾区集聚了斯坦福大学、加州大学等知名大学，以及劳伦斯伯克利国家实验室、劳伦斯利弗莫尔国家实验室等科研中心。

表5—18　　　　　　　旧金山湾区的著名高校

高校	建校时间	2019 年 QS 世界大学排名	2019 年《泰晤士报》高等教育世界大学排名	主要成就
斯坦福大学	1891 年	2	2	81 个诺贝尔奖，8 个菲尔兹奖，27 个图灵奖，4 个普利策奖

续表

高校	建校时间	2019年QS世界大学排名	2019年《泰晤士报》高等教育世界大学排名	主要成就
加州大学伯克利分校	1868年	27	18	104个诺贝尔奖，14个菲尔兹奖，25个图灵奖
加州大学戴维斯分校	1905年	100	54	2个诺贝尔奖，1个菲尔兹奖，2个普利策奖
加州大学旧金山分校	1873年	—	—	5个诺贝尔奖、10个拉斯克奖、5个邵逸夫生命科学与医学奖、4个美国国家科学奖、1个生命科学突破奖
加州大学圣克鲁兹分校	1965年	336	162	13名美国科学院院士，26名美国艺术与科学学院院士，35名美国科学促进会会员
卡内基梅隆大学西海岸校区	1900年	46	24	12个图灵奖，20个诺贝尔奖，9个奥斯卡奖，114个艾美奖，44个托尼奖

资料来源：根据网络资料整理。

表5—19　　　　　　　　　旧金山湾区的著名研究机构

名称	成立时间	运营机构	主要成就
劳伦斯伯克利国家实验室	1931年	加州大学伯克利分校	13个诺贝尔奖
劳伦斯利弗莫尔国家实验室	1952年	加州大学等机构	发现了6种化学元素、超级计算机、美国国家点火装置、高安级别核材料
航空航天局艾姆斯（Ames）研究中心	1958年	美国国家航空航天局NASA	国家全尺寸空气动力学综合设施（NFAC）、旋翼飞行器、新的空中交通管理技术
斯坦福直线加速器中心	1962年	斯坦福大学	发现"J"粒子、夸克、τ粒子等
农业部西部地区研究中心	1941年	美国农业部	

资料来源：根据网络资料整理。

3. 制造业

旧金山湾区的制造业主要集中在前两大都市圈，2008年金融危机之后圣何塞—森尼韦尔—圣塔克拉拉都市圈逐渐成为旧金山湾区制造业的核心城市，其产业产值逐渐高于旧金山—奥克兰—海沃德都市圈。从

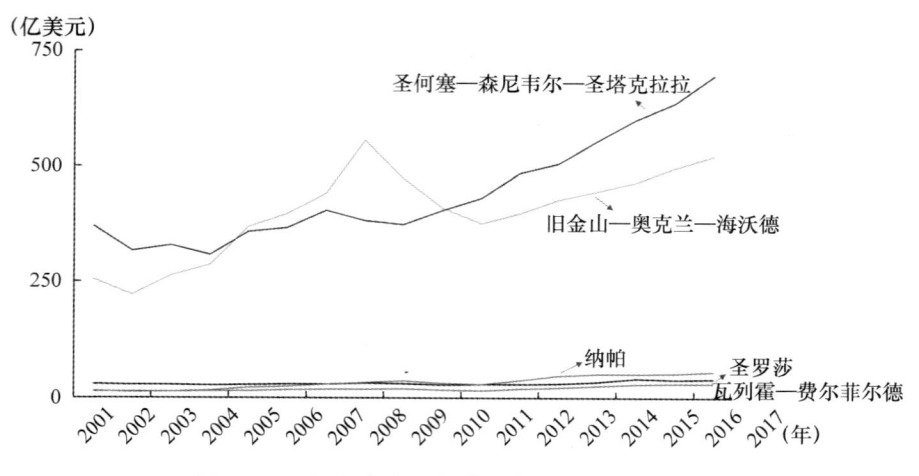

图 5—49　旧金山湾区制造业产值（2001—2017）

资料来源：根据 BEA 区域统计数据计算。

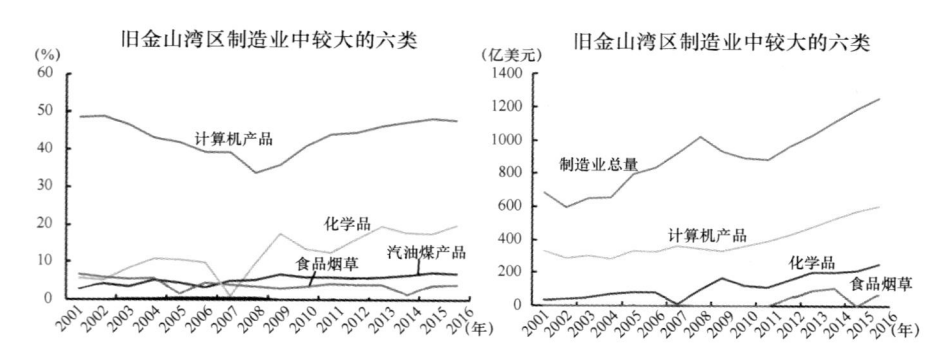

图 5—50　旧金山湾区制造业中六大类比重及产值

资料来源：根据 BEA 区域统计数据计算。

产品类型来看，占比类型较高的产品是计算机类产品，其次是化工品，2017 年计算机类产品比重约为该类产品的 50%，产值接近 1200 亿美元，化学品产值比重接近 20%，产值约为 600 亿美元。

（四）粤港澳大湾区

1. 科研创新

2017 年 12 月广东省委省政府印发《广深科技创新走廊规划》，提出创建广深科技创新走廊，依托"一廊十核多节点"的空间格局，其中一廊为广深科技创新走廊，十大核心创新平台包括广州市四核、深圳市四核、东莞市两核。

具体范围北起广佛交界处，经广州主城区、东莞松山湖、深圳主城区，南至深圳大鹏，沿广深高速、广深沿江高速、珠三环高速东段、穗莞深城际、广九铁路等复合型交通要道所形成的创新要素集聚区域，长度约180公里，规划指标数据统计范围为广州、深圳、东莞三市全域，规划期限为2017—2030年，展望至2050年，总定位是为全国实施创新驱动发展战略提供支撑的重要载体，具体定位为全球科技产业技术创新策源地、全国科技体制改革先行区、粤港澳大湾区国际科技创新中心的主要承载区、珠三角国家自主创新示范区的核心区。发展战略部署如下。

第一步到2020年，成为"广深科技创新走廊"的主引擎，主要创新指标达到创新型国家水平；第二步到2025年，成为"广深科技创新走廊"引领区，创新能力跻身世界创新型城市行列；第三步到2030年，基本建成国际科技、产业创新中心，创新能力跃居世界创新型城市先进水平；第四步到2035年，全面建成具有全球影响力的国际科技、产业创新中心，科技创新水平世界领先，成为代表国家参与全球竞争合作的先锋力量，为中国建成世界科技强国形成强力支撑。

（1）广深科技创新节点

表5—20　　　　　　　粤港澳大湾区核心科技创新区域

区位	名称	目标
广州四核心	广州大学城—国际创新城	以广州大学城教育科研创新为支撑，建设珠三角科技创新高地、华南科技合作之窗、高科技人才创新创业基地，重点发展新一代信息技术、新材料与高端制造、文化创意、生命健康产业
	广州中新知识城	建设知识经济产业集聚区，推动国家知识产权运用和保护综合改革试验，成为广州建设国家科技创新枢纽的核心组团，重点发展生物医药、电子信息、新材料、知识经济产业
	广州科学城	以战略性新兴产业为主导，突出创新创业生态建设，提升创新要素密集度，扩大对外辐射带动影响力，把科学城建设成为区域性科技创新创业中心，重点发展电子信息、新材料、生物医药产业
	广州琶洲互联网创新集聚区	打造广州新经济重要引擎、亚太地区互联网总部基地、全球互联网投资首选地及国际高端人才汇集地。重点发展"互联网＋"产业

续表

区位	名称	目标
深圳六大总部基地	深圳高新区总部基地	增加创新要素密度,建设成为世界一流高科技园区、国家知识产权示范园区、国家高新技术产业标准化示范区,重点发展新材料、电子通信、数字视听、生物医药产业
	留仙洞片区总部基地	世界知识密度最高的总部基地之一,片区定位为国际化新一代信息技术研发转化与应用示范基地,是南山乃至深圳未来引领产业高端发展的新平台和创新"高地",规划重点发展航空航天、机器人、生命健康等未来产业和高增长科技企业,根据规划,总部基地总用地面积为135.5公顷,规划建筑面积683万平方米
	后海中心区总部基地	后海中心区总部基地目标发展国际物流总部中心,未来将建设成为总部企业云集、文化生活多元的滨海中心区,50余家企业总部已确定入驻,目前公示入驻企业:中粮集团亚太总部、汇丰银行、永亨银行、中国银行(香港)有限公司、大新银行有限公司、顺丰速运、恒生银行、香港卫视等
	龙华核心区总部基地	定位综合型城市副中心,规划商业服务业规模约550万平方米,未来将拥有办公楼60栋,计划引进20—30家大型总部企业及上市公司
	福田中心区总部基地	作为深圳总部经济航母的福田中心区总部基地,汇聚了深圳近80%的金融力量,至2020年,福田中心区总部基地目标引入深圳金融人才约12万人,新增5家以上金融控股集团公司,20家以上总部型金融机构,金融业增加值约1600亿元
	深圳湾超级总部基地	打造基于智慧城市和立体城市、虚拟空间和实体空间高度融合的未来城市典范,成为全球高端产业集聚地的典型和世界级城市功能中心
深圳四大核心	深圳坂雪岗科技城	放大华为等龙头企业的带动作用,发挥技术溢出和人才溢出效应,培育打造国际科技研发高地和特区一体化先行示范区,重点发展通信设备、5G产业
	深圳高新区总部基地	增加创新要素密度,建设成为世界一流高科技园区、国家知识产权示范园区、国家高新技术产业标准化示范区,重点发展新材料、电子通信、数字视听、生物医药产业
	深圳国际生物谷	瞄准国计民生重大需求,以前沿科学发现为引领,发挥生物技术与信息技术融合优势,建设成为国际领先的生物科技创新中心、全球知名的生物产业集聚基地,重点发展生物医药和生命健康产业
	深圳空港新城	打造技术标准领先、市场前景广阔的未来产业集群,大力发展国际会展贸易、现代服务等功能,建设成为粤港澳大湾区新城、国际一流空港都市区,重点发展智能装备、航天航空产业

续表

区位	名称	目标
深圳其他节点	宝龙科技城	于龙岗大中心城组团，是深圳国家自主创新示范区和深圳高新区的重要组成部分，也是省市共建战略性新兴产业基地及深圳市机器人产业基地，亦是龙岗区重点规划建设的科技新城
	中山大学深圳校区	总建筑面积超过129万平方米，投资估算101亿元，规划建设包括"医、工、文、理"四大学科组团及图书馆、大礼堂、体育馆等配套建筑。《共建世界一流大学战略合作协议》，双方将以改革、开放、创新的精神，创新体制机制，通过10年左右努力，将"中山大学·深圳"建成具有中国特色、传承中山大学办学传统、若干学科水平居于国内国际前列、具有世界一流水平的大学校区，成为支撑引领广东经济社会发展、辐射亚太地区的高层次创新人才重要培养基地
	光明新区	以打造深圳北部文化高地为引领，抢抓全面建设小康关键期和光明新区"中山大学·深圳"落户、公明水库蓄水、地铁6号线通车等重大发展机遇，实施"幸福光明、多彩文体"战略，趁势提升城市内涵，加快发展文化事业。到2020年，实现新区文化事业的持续发展、现代公共文化服务体系基本建成、文化建设机制更加健全、公共文化服务设施全面覆盖、居民文化生活丰富多彩、文化精品形成品牌、文化产业竞争力不断增强、城市文化品格——深圳北部文化高地态势基本形成
	光明小镇	定位为"集都市农业、休闲度假、文化体验和运动生活于一体的生态农业小镇，树立新型城镇化的珠三角样本"，将着重发展文化创意产业、现代农业、生态旅游业
	光明凤凰城	定位为"汇集湾区活力及腹地资源，对接产业创新与产业制造，宜居、宜业、宜人的理想城市，区域性创新高地"，主导产业为人工智能、平板显示、新材料、生物、生命健康、文化创意等产业
东莞两大核心	东莞松山湖	打造全球性科技园区、国家科创策源地、生态文明示范城区，重点发展高端电子信息、机器人、生物技术、新能源、现代服务业
	东莞滨海湾新区	打造海洋产业与先进制造业创新集聚区、广深科技创新走廊重要空间平台、粤港现代服务业融合发展试验区，重点发展现代服务业、海洋生物医药、智能装备、新一代信息技术产业

资料来源：通过各地政府官网资料整理。

从具体策略来看，通过研究湾区部分城市的《国民经济和社会发展第十三个五年规划纲要（2016—2020）》以及相应的科技"十三五"规划纲要，总结了"十三五"期间，作为创新走廊主要参与者的广州、深圳、东莞的科技创新的重点领域，如表5—21至表5—23所示：

表 5—21　　　　　　　　　　　广州科技创新的举措

领域	内容
新一代信息技术产业	把握产业发展新趋势，完善信息基础设施，加快推动技术原始创新与跨界融合发展，深度推进"互联网＋"行动计划，打造万物互联、融合创新、智能协同、安全可控的新一代信息技术产业体系，建设国家下一代互联网示范城市
生物与健康产业	构建生物医药产业发展体系、提升生物医学工程发展水平、大力推进生物制造、积极发展健康服务、发展壮大生物与健康战略性新兴产业基地、大力提升生物与健康产业创新平台效能、推进实施一批生物与健康产业重大项目
新材料与高端装备	提升新材料产业竞争力、推进智能制造装备上新台阶、打造轨道交通装备高端品牌、推动形成航空装备发展新局面、做大做强卫星及应用产业链、夯实高端船舶海洋工程装备发展能力、发展壮大新材料与高端装备战略性新兴产业基地、提升新材料与高端装备产业创新平台、推进实施一批新材料与高端装备产业重大项目
新能源汽车、新能源与节能环保产业	推进新能源汽车规模化发展，加快发展新能源与节能环保，大力发展"互联网＋"智慧能源，发展壮大新能源汽车、新能源与节能环保战略性新兴产业基地，大力提升新能源汽车、新能源与节能环保产业创新平台效能，推进实施一批新能源汽车、新能源与节能环保产业重大项目
时尚创意产业蓬勃发展	大力发展数字内容产业、优先发展创意设计产业、推动创意设计与相关产业融合发展、构建时尚创意产业创新生态体系、发展壮大时尚创意战略性新兴产业基地、大力提升时尚创意产业创新平台效能、推进实施一批时尚创意产业重大项目
发展前沿产业	精准医疗、高端智能机器人、可穿戴设备、云计算与大数据、增材制造（3D 打印）

资料来源：通过各地政府官网资料整理。

表 5—22　　　　　　　　　　　深圳科技创新的举措

领域	内容
新一代信息技术	虚拟现实/增强现实技术、通信技术、大数据技术、云计算技术、嵌入式软件、新型网络技术、物联网技术、区块链技术、集成电路设计、集成电路封装与测试
智能制造技术	先进制造工艺与工业检测技术、精密制造装备与专用成套设备、网络协同制造、智能机器人技术与系统、智能无人控制技术与系统
新材料技术	电子信息材料、新能源材料、生物医用材料、先进碳材料、高分子材料
新能源技术	新能源汽车关键技术、核电技术、太阳能、风能、生物质能利用技术、燃料电池技术、能源互联网

续表

领域	内容
生命科学与生物技术	脑科学与类脑研究、合成生物学技术、生命信息技术、基因检测分析、生物治疗技术、医学影像技术、生物医学传感与监护技术、体外检测、培养与诊断技术、组织工程与植入介入性医疗器械、生物育种技术
航空航天技术	航空发动机关键部件、航空电子关键组件与集成技术、微小卫星关键技术、宇航空间机构及控制技术、空间环境能源供给技术、航天生态控制与健康监测技术、航空航天材料及应用技术
海洋科学技术	海洋环境监测技术、海洋资源高效开发利用技术、海洋信息技术、海洋工程技术与装备、海洋生物产业
节能环保技术	节能技术、资源循环利用、水环境保护、大气污染防治、土壤污染防治与修复、固体废弃物处理处置与资源化、物理环境提升、生态保护与修复

资料来源：通过各地政府官网资料整理。

表5—23　　　　　　　　　东莞科技创新的举措

领域	内容
智能制造和高端装备	先进制造系统、数控装备、机器人
以移动互联与器件为核心的高端新型电子信息	物联网、高性能芯片及应用、虚拟现实及数字音视频技术、物联网芯片及应用、通信技术、关键电子元器件、新型电子材料及应用新型无源器件
云计算与大数据	云计算核心技术及产品、大数据核心技术与应用技术、云计算与大数据安全技术
新能源汽车	电动汽车整车系统关键技术、电池相关技术与产品、电动车用电机相关技术与产品、电动化底盘及车载信息系统、充电基础设施相关技术与产品
新材料	高分子材料、新型金属材料、第三代宽禁带半导体材料等新型半导体材料、功能玻璃、功能陶瓷等无机非金属材料
生物医药	医疗器械、生物药研究开发、中药天然药物技术与产品、化学药研究开发、轻化工生物技术及产品

资料来源：通过各地政府官网资料整理。

（2）"十三五"期间科技创新目标

通过搜集部分地区科技创新"十三五"规划纲要，粤港澳大湾区重要科技创新城市的"十三五"科技创新目标如下。

表 5—24　　粤港澳大湾区部分区域科技规划

2020 年指标	广州	深圳	东莞	珠海	佛山	惠州
R&D/GDP（%）	3	4.25	2.8—3	4	2.9	3
高新技术企业数量（家）	8000	15000	3000	1600	2000	1000
高新技术产品产值占规模以上工业总产值比重（%）	50	—	50	60	48	58.5
规模以上工业企业建立研发机构比例（%）	50	—	50	45	40	22
PCT 国际专利受理量（件）	1000	24000	—	—	—	—
国家级创新平台数量（个）	120	—	10	10—15	—	12
省市级创新平台数量（个）	—	—	—	15—20	—	24
科技企业孵化器面积（万平方米）	—	—	—	160	—	200
众创空间（个）	57	350	50	20	50	36
科技孵化器数量（家）	150	—	100	25	80	46
新型研发机构数量（家）	100	—	50	35	50	20
技术自给率（%）	—	—	—	75	—	75
科技进步贡献率（%）	—	62	—	60	—	60
高新技术企业产值（亿元）	—	30000	—	—	16000	—
国内发明专利（件）	—	118000	—	—	—	—
国家、省、市创新载体累计数（家）	—	2200	—	—	—	—
专利发明授权量（件）	—	—	—	—	—	—
专利发明拥有量（件）	15	—	—	—	—	—
专利发明申请量（件）	—	—	—	—	20000	33000
每万人发明专利申请量（件）	—	—	—	40	—	—
每万人发明专利授权量（件）	—	—	8.48	12	—	—
每万人发明专利拥有量（件）	25	—	23	12	20	11

资料来源：通过各地政府官网资料整理。

粤港澳大湾区高校分布如表 5—25，根据 2018—2019 年 QS 世界大学排名，香港高校排名前 100 的有香港大学（25）、香港理工大学（37）、香港中文大学（49）、香港城市大学（55）。

表 5—25　　　　　　　　　粤港澳大湾区高校分布

城市	本科	专科	合计	2018—2019 年 QS 世界大学排名前 100
广州	36	47	83	0
香港	11	—	11	4
澳门	5	—	5	0
深圳	4	3	7	0
珠海	4	2	6	0
东莞	3	4	7	0
佛山	2	4	6	0
肇庆	2	3	5	0
惠州	1	4	5	0
江门	1	3	4	0
中山	1	2	3	0
总数	70	72	142	—

资料来源：中国教育部及网络。

2. 金融业发展

（1）香港是粤港澳大湾区建设的主要金融引擎

2016 年以来，香港为提升作为国际金融中心的竞争能力，积极组建香港金管局基建融资促进办公室（IFFO），推动私营机构资本致力于基建投融资，组建金管局金融科技促进办公室（FFO）促进香港金融创新，以推动金融科技在银行及支付业的开发与应用，具体包括：开发快速支付系统，全面接通零售层面的电子支付；制定开放应用程序编程接口（开放 API）框架；提升金融科技研究和人才培训；加强跨境金融科技合作；升级金融科技监管沙盒；引入虚拟银行；推出银行易，简化可能会对客户数码银行体验造成不便的监管要求。并与中国人民银行联合启动"债券通"项目，拓展了内地企业的投融资渠道，继续发挥作为企业财资中心的枢纽、资产管理中心配置资源的功能，并积极推动绿色金融、政府债券计划、伊斯兰金融、离岸人民币国债等促进香港债券市场发展。

（2）以点带面，发挥金融对科技创新的驱动作用

广州紧紧围绕建设国家重要中心城市的总目标，以建设国家创新中

心城市和国际航运、航空、科技创新枢纽，打造高端高质高新现代产业新体系为导向，通过实施"金融+"专项行动计划，进一步促进金融与经济社会各领域的深度融合，增强金融支持创新驱动发展支撑，将金融业打造成为全市服务业的第一大支柱产业。深圳旨在全力建设金融创新核心区、产融结合示范区、国际金融先行区、金融品牌集聚区和金融运行安全区，并欲在 2020 年成为联通香港、服务全国、辐射亚太、影响全球的人民币投融资集聚地和国际化金融创新中心。东莞通过促进科技开发、成果转化和战略性新兴产业发展的平台载体、金融服务体系、金融工具的系统性安排，形成科技创新与金融创新良性互动、产业更新升级与金融要素高效对接的体制机制，欲建设广东省内金融、科技与产业创新融合发展的先行区与示范区。

部分金融业增加值占第三产业比重较高的城市金融发展目标如表 5—26 所示。

表 5—26　　2020 年金融发展目标

2020 年指标	深圳	广州	东莞	佛山	惠州	珠海
金融业增加值（亿元）	4000	3360	750	550	270	300
金融业增加值占 GDP 比重（%）	15	12	8	5	5	10
保险密度（人均保费，元）	8500	6000	7500	5500	5500	7500
保险深度（保费占 GDP 比重,%）	5	5	6	5	5	6
金融机构数量（家）	—	3000	300	500	—	4000
金融机构本外币存款规模（亿元）	80000	60000	—	11500	8000	10000
上市公司数量（包含新三板，家）	2000（深交所）	500	50	400	—	180
金融机构本外币贷款规模（亿元）	45000	40000	—	—	5000	5000
全年保费收入（亿元）	1200	1000	600	—	—	—
基金管理公司管理资产总额（亿元）	70000	—	—	—	—	—
社会融资总量（亿元）	10000	—	—	—	—	—
直接融资占社融比重（%）	25	40	—	—	—	—
银行机构总资产（亿元）	—	80000	—	—	—	—
金融机构总资产（亿元）	—	—	20000	—	—	—
全国股转系统挂牌公司（家）	—	—	400	—	—	—

续表

2020 年指标	深圳	广州	东莞	佛山	惠州	珠海
股权投资基金规模（亿元）	—	—	—	1000	—	—
各类债券发行规模（亿元）	—	—	—	2000	—	—
金融业资产规模（亿元）	—	—	—	—	—	13000

资料来源：各市《国民经济和社会发展第十三个五年规划纲要》。

四 四大湾区经济影响力总结

（一）基本研究结论

1. 地理方面，以深水港作为湾区经济的基础

从地理区位上来看，四大湾区均有类似的地理特征，即形成湾区经济的基础——深水港以及系列的配套港口。旧金山湾由北湾、东湾、南湾以及半岛构成，旧金山是太平洋进入湾区的咽喉要塞，各部分呈环抱之势筑成天然的港口，湾区的各部分陆地通过若干桥梁、海底隧道相连，拥有旧金山港、奥克兰港。纽约湾区由上湾区和下湾区构成，拥有美国最大的深水港——纽约港，为湾区带来了原始的财富。作为世界最大的深水港之一，纽约港发挥了美国与世界贸易的纽带作用，也为美国带来了丰富的人力资源。东京港包括东京都、埼玉县、千叶县、神奈川县等"一都三县"，拥有东京港、横滨港、千叶港、川崎港、木更津港、横须贺港等分工明确的港口作为支撑。粤港澳大湾区由广东9市以及香港、澳门构成，地处中国改革开放的先驱地带，拥有广州港、深圳港、香港港、东莞港、珠海港等分工明确的重要港口。

因此从地理区位来看，四大湾区均是天然的港湾，而且都拥有吞吐量巨大的深水港作为重要支撑。

2. 人口方面，有较大的人口规模与较高的人口密度作为市场支撑

从人口特征来看，四大湾区都有较大的人口规模以及较高的人口密度作支撑。人口规模方面，2017年，旧金山湾区总人口为781.6万人，占加州总人口的19.8%；纽约湾区的总人口约为2290.5万人，占NY - NJ - CT - PA 四州都市圈人口的51.5%。2015年，东京湾区总人口为3503.2万人，占日本总人口的27.5%。2017年，粤港澳大湾区总人口为11706.58万人，占粤、港、澳三地人口的58.6%。人口密度方面，

2017年，旧金山湾区平均人口密度为621.3人/平方公里，纽约湾区平均人口密度为1349人/平方公里，粤港澳大湾区平均人口密度为3942人/平方公里。2015年，东京湾区平均人口密度为3252人/平方公里。

可见，四大湾区都具有较大的人口规模以及人口密度。

3. 产业方面，四大湾区都有明确的主导优势产业以及聚集的经济活动带

从产业构成来看，四大湾区都有明确的主导产业定位：旧金山湾区以制造业为主，尤其以信息产品为主要的制成品，代表的制造中心为旧金山—奥克兰—海沃德都市圈；纽约湾区主要以金融保险业、房地产及租赁为主，代表的产业带为纽约—纽瓦克—泽西城都市圈；东京湾区以第三产业为主，2015年占81.8%，由批发零售、房地产及租赁、金融保险业等构成；粤港澳大湾区主要以制造业为主，其中工业比重为最大。

与人口集聚特征相呼应，湾区经济也具有类似的集聚特征，一是在相应的所辖区域内呈现出相对集聚的特征；二是某些经济活动集聚在湾区内的部分区域。如旧金山湾区的经济活动集中在旧金山—奥克兰—海沃德都市圈，纽约湾区集中在纽约—纽瓦克—泽西城都市圈，东京湾集中在"京滨工业带"，粤港澳大湾区集中在广东、东莞、深圳、香港经济带，即未来的"广深科技创新走廊"。

与产业相配套的是，四大湾区还有丰富的教育与科研体系作为重要支撑，各湾区都拥有本国最优秀的大学以及科研中心。

4. 发展背景方面，美国、日本与中国的发展阶段不一样，中国与美、日的产业成熟度差别较大，还需要较长的发展时间

美国、中国以及日本，是世界上三个最大的经济体，但各国的发展路径和在世界产业链中的地位有所不同。美国的金融和科技处于世界的前沿，旧金山的信息产业为世界信息科技产业的发展提供源源不竭的创造力；纽约是世界第一大金融中心，华尔街对金融服务的创新驱动了世界金融的向前发展；东京是亚洲第二大金融中心，近年来日本政府采取积极的财政金融政策以及金融中心建设政策，致力将东京打造为亚洲最大的金融中心；香港是亚洲最大的金融中心，也是中国联通世界的重要枢纽，但中国作为发展中国家，在世界产业链中的地位处于相对劣势。

从产业发展的角度来看，美国、日本的产业结构特征相对稳定，各次产业发展相对成熟，处于全球的领先地位，也占据了全球价值链的优势地位；中国的产业结构相对不稳定，各产业与美国和日本相比，尚处于不断调整和转型阶段，改革开放以来的中国，通过承接国外产业积累了后期发展的资本，但也在世界产业链中处于相对被动的地位。

（二）三大湾区对粤港澳大湾区发展的借鉴

1. 粤港澳大湾区与其他三大湾区的差距

第一，贫富差距较大，区域发展不平衡。与发达国家相比，中国经济腾飞较晚，在国际产业分工体系中的地位较低，通过承接较多发达国家的产业转移获得成长。从粤港澳大湾区内部的经济发展情况来看，香港、深圳、广州、佛山是重要的发动机，以港深为核心推动了粤港澳大湾区的科技、金融、制造业的发展。香港作为世界重要的金融中心以及中国走向世界的门户，承担着重要的港口贸易、科技创新、金融创新、人才吸引等功能。深圳是中国改革开放的试验田，也是粤港澳大湾区内与香港经济发展保持最紧密的一个城市。广东尽管是中国改革开放的前沿阵地，但不论是人均 GDP 产值还是 GDP 总量，都与发达国家存在显著差距，更重要的是粤港澳大湾区的内部贫富差异较大。2017 年数据显示，GDP 总值最高的为香港，22884.5 亿元，最低的是肇庆，2200.6 亿元，前者是后者的 10 倍。人均 GDP 最高的是澳门，514163.2 元，最低的是东莞，53472.6 元，前者是后者的 9.6 倍。总体来看，粤北、粤西经济发展相对较差。

第二，创新动力较弱，科研资源相对落后。美国、日本较早地步入资本主义产业化路径，教育科研体系与产业体系之间的融合程度相对较高。旧金山湾区的硅谷，云集斯坦福大学、加州大学伯克利分校、加州大学旧金山分校等世界一流的研究型大学，以及劳伦斯伯克利国家实验室、劳伦斯利弗莫尔国家实验室、斯坦福大学直线加速器中心国家加速器等国家实验室，还有硅谷大企业先进的研究机构。日本的京滨工业区建立了产学研协作平台，将原来隶属于多个省厅的大学和研究所调整为独立法人机构，赋予大学和科研单位更大的行政权力，把科研的主体放在企业，每年企业研发经费的投入占日本研究与试验发展经费的 80% 左右。

从 2017 世界大学学术排名来看，进入前 100 的排名中，美国高校有48所、日本有3所、中国有2所。进入前50的排名中，美国有29所、日本2所、中国1所。从湾区内高校来看，美国多所高校进入前100的名单，日本东京大学排名第24，中国粤港澳大湾区则没有高校进入该名单。

第三，市场机制不完善，仍处于深化改革的阶段。邓小平同志南方谈话开启了中国市场化深化改革的序幕，为粤港地区发展注入动力，但美国和日本较早地步入资本主义社会，对市场化制度建设具有更丰富的经验教训，在从计划经济到市场经济转型的阶段中，中国市场机制建设具有行政干预特征。由于历史原因，粤港澳地区所实行的社会基本制度有所差异，相对而言大陆地区的市场化程度较低，因此与美国和日本一体化的制度环境相比，资源在粤港澳地区的转换成本也可能会相对较大。

2. 粤港澳大湾区的独特性和优势所在

第一，制度优势释放增长潜力。在2018年亚洲博鳌论坛上，粤港澳地区高层领导人对粤港澳大湾区的制度优势进行表态，香港特区行政长官林郑月娥认为"一国两制"是粤港澳大湾区的独特优势，粤港澳将发挥各自优势，形成互补，打造新的经济增长点，香港拥有自己的经济、社会制度，加上优良的法治传统以及和国际标准高度接轨的营商环境，可以将国际企业引进大湾区，并推动内地企业"走出去"。

因此，加快建立大湾区建设协调机构，聚焦破解体制机制障碍，畅通人流和物流；推进大湾区基础设施连通，打造世界级港口群、机场群和轨道交通网；构建区域协同创新共同体，建设具有全球影响力的国际创新科技中心；为港澳居民在内地学习、就业和生活提供更加便利的条件。在"一国两制"下建设粤港澳大湾区，由于之前从未尝试，因而需要更新观念，探索新的合作模式，既要加强统筹协调，建立高层次协调机制，又要兼顾各方不同利益，发挥各个方面独特作用，激发区域创新动力。

第二，资源优势推动互利互通。香港是世界金融中心，发挥着在中国家门口的全球金融资本配置功能，深圳是内地金融的重要创新高地，通过港深打通中国与世界的金融活动。因此，进一步完善深港金融同业合作机制，促进金融要素资源优化配置，深化两地在金融市场、机构、人才等领域合作。提升跨境人民币业务创新示范区功能，探索建立与自贸区发展相适应的账户管理体系，深化跨境人民币贷款、跨境资产管理等业务创新，支持香港离岸人民币中心建设。加快金融业对港澳地区进一步开放，探索建设新型跨境金融服务基础设施，配合推动深港资本市场互联互通和保险市场融合发展。完善金融招商政策体系，吸引境内外金融机构加速集聚。探索创办具有国际影响力的高端金融论坛，加强金融品牌宣传和推广。支持金融监管机构开展监管创新试点，率先探索跨部门、跨市场协作的混业监管模式。

第三，市场优势扩增发展潜能。一是大湾区内产业分工明确，香港作为国际金融中心，拥有物流、关税、资本、制度和人才方面的诸多优势，既可在科研成果转化、产业升级方面提供资本对接，亦可在现代服务业发展上为内地企业树立标杆。广州、深圳的科研创新资源，结合区内其他城市完善的制造业体系实现了资源共享、优势互补。二是粤港澳大湾区拥有完善发达的海陆空交通物流网络，机场客运吞吐量和集装箱吞吐量位列全球四大湾区之首，密集的铁路和高速公路网络向外呈放射状分布，使大湾区具备多式联运的物流优势，港珠澳大桥、广深港高铁、莲塘/香园围口岸开通，将大大缩短港澳居民进出内地的通勤时间，增强香港、澳门与内地的连接。三是粤港澳大湾区拥有庞大的人口规模和劳动力规模，相对其他湾区而言，人口优势是该地区重要的市场资源。2017年，粤港澳大湾区总人口为6862.1万人，GDP产值为102052.1亿元，该地区人口总量、面积总量与GDP总量占全国的比重分别为4.94%、0.59%、12.3%，在四大湾区中人口总量位居第一。湾区经济的发展为该地区创造了丰富的就业岗位，吸引了周围地区以及内地的劳动力就业，具有较高的就业创造能力，同时，该地区的人口资源也创造了广阔的市场空间。

第六章　四大湾区文化影响力解析

　　文化特别是文化创意产业的蓬勃发展，给我们的城市增添了巨大的价值，人们对于这种价值的衡量标准常常是货币。而事实上，文化给予城市应对自身发展局限与危机的新契机，催生出迷人的包容性与创新精神，使城市产生巨大的活力，带来宜人的城市体验。可以说文化的活力与活力城市的成功共享一个共同的 DNA。

　　湾区的文化影响力形成与辐射方式，与其自身特性是息息相关的。湾区经济具有开放的经济结构、高效的资源配置能力、强大的集聚外溢功能、发达的国际交往网络等突出的优点。以此相匹配，对于湾区文化影响力的研究，除了文化产业与资源、公共文化设施、多样的文化事件、文化资金投入等传统考察角度之外，湾区作为特殊的经济组织形态，拥有更明显的文化影响力形成方式。

　　文化开放与包容度，是湾区文化中的重要特质。作为连接内陆和国际市场的重要节点，湾区经济因港而生、依湾而兴，具有天然的开放属性，可以说开放是湾区经济发展的先决条件和根本优势。湾区往往率先接轨世界经济，作为对外开放的门户，最先吸纳外商直接投资，引进国外先进技术和生产方式，是科技创新最为敏感的区域。同时，湾区城市吸纳大量外来人口，成为世界不同民族文化荟萃的窗口，形成了开放包容的移民文化。这也是为何世界四大湾区的核心城市，往往亦是全球城市，是世界经济、文化、信息等多重中心与节点，具有较大的辐射与影响力。因此湾区文化影响力和其自身与世界的链接度、开放与包容度具有重要的关联。

　　文化创新生态与活力则是湾区文化基因中的灵魂，是湾区经济持续占领世界经济高地的根本动力。综观世界四大湾区，无不在对外开放的地缘优势基础上，汇集密集的顶尖高校集群和知名独角兽企业集群、庞大的具有良好教育背景的高素质文化阶层、持续活跃的风投资金，以及由此构建形成的良好的创新生态体系。湾区以此不断与世界最新的信息和技术相激发碰撞，催生了具有创业精神的时代弄潮儿与广泛的创新机构，涌现出大批创新成果，成为引领全球创新的最活跃的经济组织形态。因此，对于湾区高素质文化阶层和文化创新生态的考察亦是湾区文化影响力的重要面向。

本章以湾区自身的发展特质为基础，从文化创意产业、文化公共设施资源、文化活动与消费、文化阶层状况（大学集群、受教育程度）、创新文化生态、文化资金投入等方面对四大湾区的文化影响力进行研究与解析。

一 文化创意产业

文化创意产业同样在四大湾区的发展中占有特殊的地位。虽然世界四大湾区从各自的产业分布而言，均围绕自己的核心产业扩散发展形成产业链聚集，各有特色：东京湾区被称为"产业湾区"、纽约湾区则是"金融湾区"、旧金山湾区被称为"科技湾区"、粤港澳大湾区已经形成了初具实力的"金融+科技+产业"大湾区。

但是从文化产业资源的分布来看，湾区经济体往往也同时是文化资源集聚区。特别是在当下，文化创意产业是发达国家经济转型过程中的重要产物，由于附加值高、发展可持续，越来越为各国所重视，增长速度远高于整体国民经济增速，已成为世界经济增长的新动力，引领着全球未来经济的发展。据联合国教科文组织，国际作家与作曲家联合会（CISAC）和安永会计师事务所（EY）共同发布的文化与创意产业最新报告显示：全球文化创意产业创造产值2.25万亿美元，超过电信业全球产值（1.57万亿美元），并超越印度的国内生产总值（1.9万亿美元）。从业人数2950万人，占世界总人口的1%。四大湾区的核心城市纽约、东京、旧金山、香港都不同程度地被视为文化创意产业发展的聚集地。

表6—1　2015年四大湾区部分核心城市相关文化创意产业数据对比

湾区	城市	地理面积（平方公里）	公里总人口（人）	学历—学位或以上（%）	创意产业就业人数占比（%）
粤港澳大湾区	深圳	1997	10778900	41.1	2.8
	香港	1104	7265500	29.8	5.7
纽约湾区	纽约	1214.40	8175133	33.3	8.0
旧金山湾区	旧金山	121	805235	52.4	6.1
东京湾区	东京	2130	13513734	25.5	12.9

资料来源：根据《世界城市文化报告2015》相关数据整理。

从以上四大湾区部分核心城市文化创意产业相关统计数据来看，东京的文化创意产业比例最高，达到12.9%。纽约和旧金山排在次后，分别为8.0%与6.1%。粤港澳大湾区主要核心城市的国内生产总值较高，受教育文化阶层比例也较高，但文化创意产业就业比例偏低。

香港的文化创意产业就业率较高，融入了香港衣食住行的每一个环节。根据《香港统计月刊》（2018年6月期）统计，香港文化创意产业包括：艺术品、古董及工艺品；文化教育及图书馆、档案保存和博物馆服务；表演艺术；电影及录像和音乐；电视及电台；出版；软件、电脑游戏及互动媒体；设计；建筑；广告；娱乐服务11大类。据统计，在2006—2016年，香港文化创意产业的名义增加价值的年均升幅为6.7%，高于香港名义本地生产总值在同期5.1%的年均升幅。文化创意产业的增加价值相对于本地生产总值的百分比，亦相应地由2006年的3.9%上升至2016年的4.5%。2016年，香港文化创意产业总产值达109607百万元，占香港生产总值的4.5%；香港文化及创意产业的就业人数为212820人，对香港就业总人数的贡献率为5.6%。

表6—2　香港文化创意产业2006—2016年整体价值统计

单位：百万元（另有注明除外）

年份 产业内容	2006	2012	2013	2014	2015	2016
艺术品、古董及工艺品	4437	11446	13633	12199	10157	8020

续表

年份 产业内容	2006	2012	2013	2014	2015	2016
文化教育及图书馆、档案保存和博物馆服务	—	1161	1246	1465	1289	1414
表演艺术	628	932	876	954	1196	1263
电影及录像和音乐	3401	3643	3524	3106	3469	3713
电视及电台	5018	7043	7986	6431	7174	6501
出版	14908	14066	14112	13894	12602	12474
软件、电脑游戏及互动媒体	19240	37755	40265	44387	46141	48343
设计	1291	3310	3711	4080	4146	4247
建筑	3484	9261	9762	11058	10724	11783
广告	4056	7322	8682	9254	9182	9187
娱乐服务	847	1899	2253	2852	2840	2662
文化创意产业	57309	97837	106050	109680	108920	109607
占以基本价格计算的本地生产总值的百分比（%）	3.9	4.9	5.1	5.0	4.7	4.5

资料来源：《香港文化创意产业发展报告（2016）》。

作为全国首个国家创新城市与粤港澳大湾区中经济总量最大的部分，2014 年深圳被评为"创意之都"。在深圳的产业分布中，文化创意产业已成为深圳第四大支柱产业。据统计，2016 年，深圳文化创意产业增加值 1949.70 亿元，增长 11.0%，占全市 GDP 的 10%。2017 年实现增加值 2243.95 亿元，占 GDP 比重超过 10%。作为国内第一个被联合国教科文组织认定的"设计之都"，深圳目前约有设计机构 1.2 万家，专业设计人员近 20 万人，设计产业年产值约 230 亿元，带动工业产值数千亿元，平面设计、工业设计、室内设计、服装设计等领域占全国较大市场份额。深圳在未来的发展目标是成为一座创新型城市，专注于数字、IT 和"智能城市"，并拥有腾讯、A8 音乐、华强文化、华视传媒等为代表的多家依托高新技术的企业。不过，与其他湾区核心城市相比较，深圳的文创产业就业率有待提升。

根据美国国家统计局的 NAICS 产业代码，纽约的文化创意产业包括：广播、出版、建筑、广告、电影和电视、设计、音乐、视觉艺术、表演艺术 9 大类。截至 2006 年 1 月，纽约已有大约 2000 个艺术及文化非营利机构，大约 2300 个设计服务商业机构，500 多个艺术馆，超过 1100 个与广告相关的电影公司，将近 700 个书籍、刊物出版机构，以及 145 个电影制作工作室，是全球文化创意产业发展规模最大的地区。从表 6—3 可见，纽约文化创意产业就业率在 2014—2016 年基本保持稳定在 2.4%—2.5%。

表 6—3　　　　纽约文化创意产业就业率统计（2014—2016）

	2014 年	2015 年	2016 年
总就业人数（人）	237092	245830	237422
占社会总就业率比重（%）	2.5	2.4	2.5

资料来源：DATA USA：York-Newark-Jersey City, NY – NJ – PA Metro Area。

东京文化创意产业则以动漫为主。日本是世界最大的动漫制作和输出国，在全球播放的动漫作品 60% 来自日本，在欧洲更是高达 80% 以上。动漫产业主要集中在东京都和大阪府。其中东京都练马区尤以动漫产业闻名，东京都的 400 多个动漫工作室基本都聚集于此，贯穿了日本动画三大核心业务——动画制作、衍生品贩卖、文化旅游。这些公司遍布东京各地，已经形成一个覆盖整座城市的巨大产业链。这个产业链将原始的动画创作与终端零售、文化旅游完美地结合在一起。著名的日本东映动画股份有限公司，迄今为止制作了 224 部剧场版动画和 208 部电视动画。截至 2015 年 3 月，东映制作的动画集数已经高达 11820 集之多[1]。

这些具有日本特色的动画，不仅使东映成为日本动画界的佼佼者，更使东京成为东映支持者心中的圣地。

从美国人口普查局发布的《2017 年奥的斯加州创意经济报告》中 2014 年统计数据来看，旧金山湾区的文化创意产业分布中，媒体艺术、视觉与表演艺术等新型文化创意产业发展迅速，公司总量约占到整个湾区文化创意产业的 76.4%；且具有良好的收入，约占整个湾区文化

---

[1] Toei Animation, Official Website. Message from the President Katsuhiro Takagi [EB/OL]. http://corp.toei-anim.co.jp/en/outline/message.

创意产业收入的 68.1%。传统的建筑与室内设计公司占比 6.6%，收入占比约 10%；出版与印刷传统文化创意产业公司数量占比 5.6%，整体收入占比约 6.1%。艺术画廊、流行文化、娱乐、家具与装饰艺术、玩具等其他产业公司占比约 11.4%，总收入占比约 15.8%。而从旧金山湾区文化创意产业的年平均工资来看，传统的出版与印刷行业仍然拥有最高的收入。媒体艺术与数字媒体的收入仅次于传统出版与印刷行业。

表6—4　旧金山湾区的文化创意非雇主公司分布与收入情况（2014）

行业	公司数量（家）	公司收入（千美元）
艺术画廊	651	8061
传媒艺术	23426	1066253
建筑与室内设计	4948	282552
流行文化	2216	133014
娱乐	4591	187361
视觉与表演艺术	34284	864255
家具与装饰艺术	966	68473
出版与印刷	4203	172499
玩具	213	11784
总计	75498	2834252

注：旧金山湾区包括阿拉米达县、康特拉科斯塔县、马林县、纳帕县、圣贝尼托县、旧金山、圣华金、圣马特奥、圣塔克拉拉、圣克鲁斯、索拉诺和索诺玛。

资料来源：美国人口普查局，非雇主统计《2017年奥的斯加州创意经济报告》。

表6—5　　　　旧金山湾区的文化产业平均年工资情况

行业	平均年工资收入（美元）
出版与印刷	292744
数字媒体	228950
娱乐	145169
交互艺术	106661

续表

行业	平均年工资收入（美元）
玩具	105130
工业设计	101329
建筑与室内设计	89902
家具与装饰艺术	58549
视觉与表演艺术	53310
艺术画廊	50332
流行文化	48244
表演艺术学院	20606
所有行业平均	85549

注：旧金山湾区包括阿拉米达县、康特拉科斯塔县、马林县、纳帕县、圣贝尼托县、旧金山、圣华金、圣马特奥、圣塔克拉拉、圣克鲁斯、索拉诺和索诺玛。

资料来源：美国劳工统计局，QCEW系列《2017年奥斯加州创意经济报告》。

从以上数据统计中我们可以看出，四大湾区核心城市的文化创意产业均在社会总产值的10%以下，且各有侧重。香港以出版、软件、电脑游戏及互动媒体、建筑占比最大，体现了传统与新兴文化产业领域较为均衡的特征。旧金山则更多地侧重于与湾区自身科技特征紧密关联的传媒艺术、视觉与表演艺术等领域。纽约以影视为特征，东京则以动漫尤为突出。深圳和其他湾区核心城市相比，文化创意园区数量虽多，但仍未形成清晰的定位与特征。

二　公共文化设施资源

从《世界城市文化报告2015》中的统计数据中可以看出，四大湾区的代表性城市，均在不同的公共文化设施占有量上拥有明显的优势，并均表现出在公共图书馆、音乐厅、剧院、艺术画廊、影院等典型公共设施上充裕的投入。

表6—6 四大湾区部分核心城市文化设施及文化资源数据对比（2015）

项目	深圳	香港	纽约	旧金山	东京
喜剧俱乐部数量（个）	2	0	24	11	0
公共图书馆（座）	639	80	217	34	387
其他博物馆（座）	34	23	136	159	167
国家博物馆（座）	3	17	7	0	8
博物馆总数（家）	37	40	143	159	163
主要音乐厅（座）	8	4	16	4	11
现场音乐场地（处）	1017	0	453	201	610
剧院（座）	40	44	640	127	219
公共绿地占比（公园/花园）（%）	45.00	40.00	27.00	13.70	7.50
历史遗迹与遗址（处）	39	1133	1474	223	879
联合国教科文组织世界遗产（处）	0	0	1	0	2
艺术画廊（家）	1348	123	613	164	660
专业私人文化设施（家）	0	2	12	7	15
电影院（家）	112	47	95	25	67
电影屏幕（块）	527	209	374	83	321
书店（家）	707	1460	839	93	1430
稀有二手书店（家）		65	91		629
酒吧数量（个）	1434	1300	2657	377	28543
酒店数量（家）	84257	13143	23520	3973	149141
米其林星级餐厅的数量（家）		61	76	21	217
市场数量（个）	265	101	144		87
电子游戏机的数量（家）	240	211	32	16	509
夜总会、迪斯科舞厅和舞厅（处）	861	110	498	136	91
专业的公共文化机构（个）	5	2			1

资料来源：根据《世界城市文化报告2015》相关数据梳理。

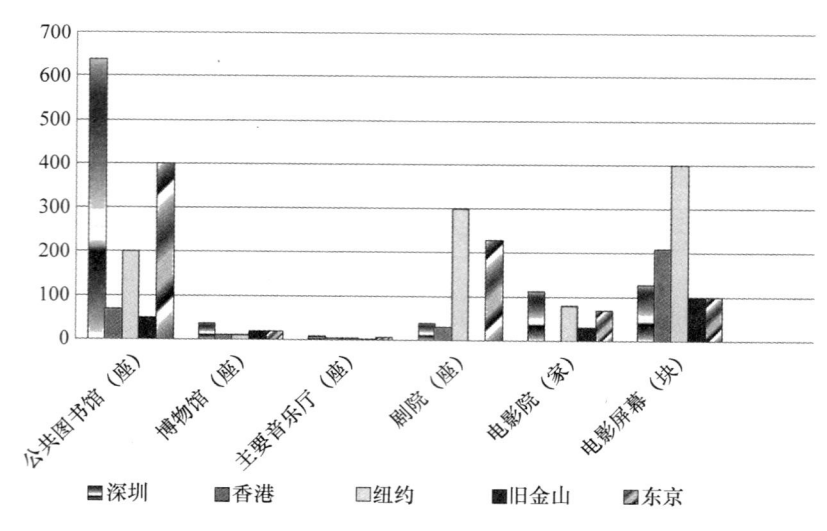

图6—1 四大湾区部分核心城市文化设施统计

资料来源：根据《世界城市文化报告2015》相关数据梳理。

粤港澳大湾区的核心城市深圳、香港均在文化设施上优势突出。从图6—1的数据统计中我们可以看出，相比其他几个城市，香港的文化设施更为集中投放在以流行文化为导向的电影、剧院等方向。香港以209块电影屏幕的数量占四大湾区代表性城市之首，同时4座歌剧院、110处夜店迪斯科、每十万人17处酒吧等娱乐场所的拥有量，体现了香港历来在流行文化及电影娱乐方面的文化特色优势；此外，1111处历史文化遗迹，展现了香港多样的文化特征。深圳的公共图书馆占有量远胜于其他湾区城市，共639座，展现了以政府公共投资为主体的深圳文化设施的优越性。截至2015年，深圳拥有公共图书馆639座、博物馆37座、音乐厅8座、剧院40座、112家电影院以及527块电影屏幕。从文化设施的多样性上看，香港优越于深圳，与其他三大湾区核心城市的文化设施配备更相像，更能体现湾区核心城市应有的文化设施特质。

东京公共文化设施的投入与其他三个湾区核心城市相比，也处于前列。东京每十万人1144家酒店这一数据代表的更多是繁华大都市的文化独特魅力。东京拥有230座歌剧院，仅次于伦敦的241座；拥有879处历史遗产与遗迹、610处现场音乐场地，公共文化设施资源丰富。同时，东京的艺术和文化由传统与现代融合的独特性和多样性所支撑，传统与现代并列融合在一起。东京依然是日本传统文化最重要的中心，拥有许多这样的艺术场所，包括歌舞伎杂剧院、国立 Noh 剧院和 Kokugi-kan 大厅，并以其历史悠久的神龛和寺庙，及传统表演艺术而闻名，如 Noh、Kabuki、Rakugo、工业艺术和几代人流传下来并庆祝的节日。

纽约是世界上最大的城市之一，以其活跃的城市文化生活而著称。从卡内基音乐厅（Carnegie Hall）到 MoMA，纽约城市中世界级的非营利文化机构将公民抱负与富有的慈善家联系起来。纽约公共文化设施资源十分丰富，其文化设施主要包括五部分：一是以三大公共图书馆为主体的图书馆系列；二是以两大博物馆为主体的博物馆系列；三是以百老汇剧院为主体的表演艺术系列；四是以中央公园为主体的休闲娱乐系列；五是以自由女神像和帝国大厦、世贸中心遗址等为代表的城市文化标志建筑系列。从表 6—6 可见，纽约文化设施特别在音乐厅、剧院、艺术画廊、电影院等内容上表现突出。截至 2015 年，纽约共有图书馆 217 座、博物馆 143 座、大剧院 640 座、音乐厅 16 座、电影院 95 家、电影屏幕 374 块、历史遗迹与遗址 1474 处、艺术画廊 613 个、现场音乐场地 453 处，均在各自类别中居前列，每年接待国际游客 11805400 人，凸显其作为当代艺术中心的地位。此外还拥有 1 处联合国教科文组织世界遗产。

旧金山与其他城市相比，仍然是一个文化上充满活力的城市。据表 6—6 统计，截至 2015 年，旧金山有公共图书馆 34 座、博物馆 159 座、音乐厅 4 座、剧院 127 座，历史遗迹与遗址 223 处。同时，旧金山以每年 168 个节日与庆典、高达 14% 的公共绿地面积更多地体现出了良好的文化生活与生态环境优势。旧金山的人均艺术家和艺术机构比美国其他主要城市都多。许多著名文化机构都集中在城市中心，包括旧金山战争纪念和表演艺术中心。FMOMA 现在是美国最大的现代和当代艺术博物馆，2016 年，该博物馆完成了自身的扩建。旧金山是美国最大的表演艺术中心之一，有将近 7000 个座位分布在多个场馆，是旧金山芭蕾舞团、旧金山歌剧和旧金山交响乐团的所在地。2015 年，旧金山共接待 2460 万名游客，其中 290 万名是国际过夜游客，仅文化旅游就为当地游客创造了 17 亿美元的支出，为城市居民提供了超过 5 亿美元的家庭收入。

表6—7　四大湾区部分核心城市人均文化设施拥有数量对比

项目	深圳	香港	纽约	旧金山	东京
每十万人的食肆数目	7817	1794	2877	4934	1144
每十万人公共图书馆	5.9	1.0	2.7	4.2	2.9
每百万人口拥有的电影院数量	489	285	457	1031	238
每十万人拥有的书店数目	66	201	103	115	127
每十万人中酒吧的数量	133	179	325	468	2165

资料来源：根据《世界城市文化报告2015》相关数据梳理。

从表6—7的人均文化设施拥有数量统计来看，在电影院、公共图书馆等大型公共文化设施人均占有量上，旧金山优势明显，深圳次之。相比旧金山和纽约在小型公共文化设施中的人均拥有量优势，深圳仍存在不小的差距。

综上所述，四大湾区在公共文化设施拥有量与文化生活的习惯上各有侧重。纽约和东京文化设施与文化消费均处于四大湾区前列，是世界级的文化中心，并具有明显的大都市特质。粤港澳大湾区有希望以香港和深圳为文化聚集点，以香港流行文化的独特气质为基础，进行自身湾区文化特质的打造；而旧金山湾区则更多地体现了多样与宜居的文化特质。

三　文化活动与消费

（一）文化活动

从四大湾区的核心城市文化事件数据统计，纽约、东京的年度文化事件发生频率优势明显，符合其文化中心城市的定位。旧金山次之，香港与深圳文化事件频次相对较低。纽约、东京、香港均在音乐、戏剧、舞蹈表演领域活动频繁。东京的电影节频率较其他城市更高。深圳的舞蹈表演活动占比明显高于其他文化活动的同类比例。

1. 纽约

纽约是美国及全世界的文化中心，文化活动频繁、形式多样，主要包括影院文化、广场文化、公园文化、节庆文化、社区文化、媒体文化、体育文化和旅游文化。仅2015年，纽约举办电影节57个、文化节日和庆典263个、各戏院的戏剧表演数量30576场、舞蹈表演数量6292

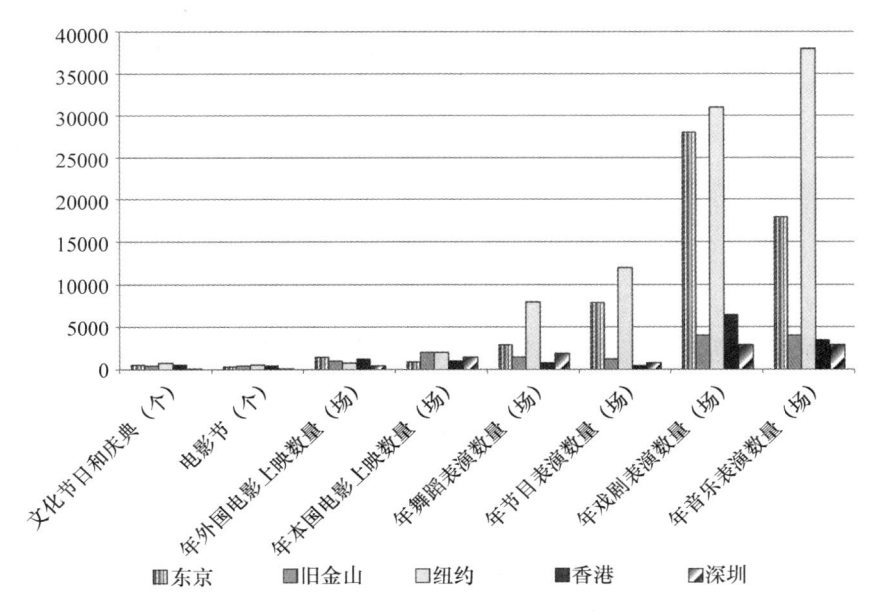

图6—2　四大湾区核心城市文化活动数据统计（2015）

资料来源：根据《世界城市文化报告2015》相关数据梳理。

场、音乐表演数量 36192 场。纽约文化事件密度居于四个湾区核心城市之首。

影剧院文化是纽约文化活动的主要形式，主要内容包括歌舞等表演艺术和电影。其节庆活动有以文化艺术形式为主题的艺术节，如电影节；有以场所为主题的艺术节，如林肯艺术中心每年的艺术节；还有以艺术家为主题的艺术节如莫扎特艺术节。此外，纽约还有十分发达的社区文化，比如中国城的春节，爱尔兰移民的"圣·巴特里克节"，"小意大利"居民的"圣·珍那庐节"等。

2. 东京

东京在保有高频率文化事件的同时，也将其作为传承传统文化的重要途径。2015 年，东京共举办电影节 30 个、文化节日和庆典 89 个、各戏院的戏剧表演数量 28970 场、舞蹈表演数量 2445 场、音乐表演数量 16699 场。东京市政府在保持其传统文化节目和外国游客表演艺术方式的同时，也不断拓宽其文化事件的面向。比如向学童提供日本传统文化中的亲身体验课程、在东京大茶道举行的非正式茶道仪式以及简短的亲身体验等。2016 年秋季，跨学科艺术节"东京大都会"在东京首次举行，并将节日与地点紧密关联，目前已经成为最大的国际表演艺术节之一。2020年，东京将举办奥运会和残奥会，这也是东京走向世界的重要机遇。配合奥运会契机，东京尝试如何利用过去的智慧为后代留下遗产，以应对城市发展的挑战。为此，东京制定了城市发展战略——《东京行动发展计划2020》，致力完成"更加成熟的世界城市"的规划目标。

此外，东京举行的国际会议次数从2006年开始增加了26%。同时，在国际会议期间，在日本举行的全国性活动增加了近71%。东京国际博览会每年都有大量的文化活动举行，2016年共有304个活动（展览）举行，1460万多名参加者参加。这些都增加了东京的文化活力。

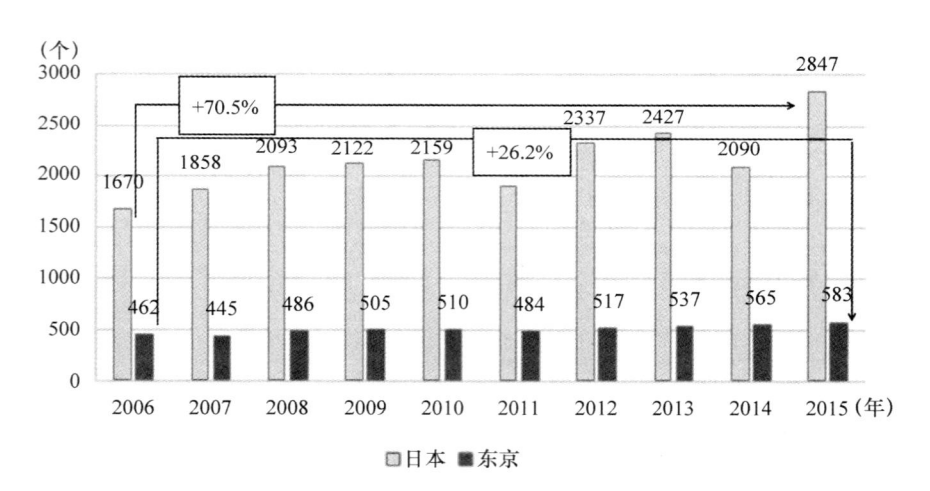

图6—3　日本与东京国际会议数量

资料来源：UNWTO/WTCF City Tourism Performance Research Report for Case Study "Tokyo"。

3. 深圳

深圳，也正在以文化事件的推进实现其城市文化建设的目标。深圳被称为联合国教科文组织促进阅读的全球模式，认为阅读直接影响其创造能力和经济竞争力，并致力将创建阅读文化作为城市的主要目标。目前深圳有四个"书城"，每层占地面积超过10000平方米。市中心的深圳书城可以说是这个城市最具活力的公共文化场所。更多非正式的文化参与也在增长。从2003年开始，依托华侨城集团（OCT）的工业区复兴项目，OCT LOFT创意文化园成为深圳重要的文化枢纽。LOFT举办艺术节和展览，也是OCT当代艺术终端（中国当代艺术的主要画廊）的所在地。此外，深圳主办中国（深圳）国际文化产业博览会（ICIF），2014年吸引了2000多名参展商、17000名海外买家和500万名参观者。另一个重要事件是由深圳市政府主办、深圳市公共艺术中心主办的深圳和香港双城市的城市/建筑双年展。双年展把这两个相邻的城市聚集在一起，在国际上对城市化和城市化的关注是独一无二的。经过40年的惊人增长和发展，深圳现在面临着向成熟城市转型的挑战，文化事件也成为深圳发展与身份认同过程中的关键工具。

4. 旧金山

旧金山每个月都有数以百计的展览、阅读和表演。在城市的咖啡馆、餐馆、书店和商店，连接有社区和当地企业的艺术家。这种多元主义被看作是旧金山的文化艺术生态中的重要资产，是不可或缺的。

（二）文化消费

表6—8　　　　　　　四大湾区核心城市文化消费统计

项目	深圳	香港	纽约	旧金山	东京
博物馆/画廊出席率工作年龄人口每年至少参加一次（%）	44.0	13.3			63.4
Top5博物馆及展览馆参观人数（人）	2650000	3076000	11292181	4429503	10533691
平均每日参观前五名艺术展览（人次）	160	2209	5918	2098	5667
每年各戏院的入场人数（人）	1560000	3320000	13100000	756610	11262360
所有戏院每年的票房总收入（美元）	23600.000	75591.563	1361611.919	9287.675	776506.000
每年的电影院观看数量	29420.000				27321.715
主要电影节的入场人数（人）	12100	71874	467000	55270	238185
每年电影票房总收入（美元）	193095.000	338296.472			354221.587
估计主要嘉年华/节庆的出席人数（人）	10670000		3500	750000	1840000

续表

项目	深圳	香港	纽约	旧金山	东京
估计出席主要嘉年华/节庆的人数占城市人口的比重（％）	99		42	93	14
每年的国际游客人数（人）	1661200	59307596	11805400	3044000	11894000
每年国际游客人数占城市人口的比重（％）	15.4	809.7	144.0	378.0	88.8

资料来源：根据《世界城市文化报告2015》相关数据梳理。

从《世界城市文化报告2015》发布的文化消费数据来看，各个城市均有不同侧重。总体来看，纽约和东京的博物馆、戏剧、艺术展等文化活动频率高于其他湾区核心城市，依然体现了世界性文化中心的特质。香港的公共图书借阅量、深圳的电影院消费处于世界前列，城市嘉年华参加人数也远远高于其他城市。深圳虽然拥有最多的博物馆数量，但博物馆参观人数却是五座城市中最低的，证明其设施的使用率不高。香港的电影与电影节活动频次则比其他城市更高，并以每年809.7%的国际游客接纳率，位居五个核心城市之首，充分体现了香港影视与流行文化特征。

四　文化阶层状况

纽约、旧金山和东京三大湾区的发展经验告诉我们，湾区发展一直都是人文与自然持续演化的过程。积聚性的顶尖高等教育与实力强大的企业群落、集群式科技资源配置与创新体系形态、具有良好教育程度的文化阶层资源，是湾区的重要特征，为湾区发展提供持续、重要的动力支持。特别是湾区的顶尖大学与企业总部集群资源，具有临近聚集性、文化植根性、抱团创新性、结构生态性、创新创业性等特性，同时孕育着各自湾区内产学研协同创新机制，有利于建设基于知识链—专业链—产业链的创新集群，为自身发展积累了优质、庞大的文化阶层，使其成为区域创新的引领者。

表6—9　2015年全球四大湾区文化阶层（大学与企业总部）数据对比

指标	东京湾区	旧金山湾区	纽约湾区	粤港澳大湾区			
				大湾区	广州9市	香港	澳门
人口（万人）	4347	715	2340	6671	5874	732	65
世界100强大学数量（所）	2	3	2	4	0	4	0
世界500强企业总部数量（个）	60	28	22	16	9	7	0

资料来源：《粤港澳大湾区协同创新发展报告（2018）》。

从表6—9中，我们可以看出，世界级湾区均与世界级大学、企业总部分布密切关联。四大湾区横向比较，可以看到粤港澳大湾区在整个文化阶层享有度上，仍有很大挺进空间。东京湾区高度重视科技创新，拥有2所世界100强大学与60个世界500强企业，在此基础上聚集了超级国际化大学集群、牵引国际化人才大学集群以及位于东京湾区的高水平大学集群等，同时还有大量具有技术研发能力和产业创新能力的企业和研究所。旧金山湾区则是四大湾区中人均享有顶尖教育与企业资源最高的湾区，拥有3所世界100强大学和28个世界500强企业总部。在湾区内拥有世界一流大学集群、美国顶尖大学集群，湾区周边的世界一流大学集群、美国著名大学集群以及区域内著名大学集群，还拥有被誉为美国硅谷的摇篮，涌现出谷歌、苹果、英特尔等一批知名企业。粤港澳大湾区拥有4所世界100强大学，并聚集着200多所普通高校和200万名在校大学生，并有若干独角兽企业集群。

（一）大学集群

1. 粤港澳大湾区

在粤港澳大湾区中，香港与深圳是大学资源密集区，并以香港的教育资源最为优越。2017年9月，泰晤士高等教育（THE）发布最新一期世界大学排行榜，在该榜单上，入围世界100强大学的高校，有3所处在粤港澳大湾区，分别为香港大学、香港中文大学、香港科技大学。2017年6月，QS教育集团发布了第14届QS世界大学排名，榜单共评估了959所全球范围的大学，粤港澳大湾区有4所高校进入榜单前100名。

位于深圳南山区的深圳大学城集聚了北京大学、清华大学、哈尔滨工业大学、南开大学、中国科学院等一大批著名高等院校和科研机构。

另外，深圳目前也正在积极推进顶尖高校引进工作，并拟在深圳的龙岗片区建立国际大学城，目前3所国际大学分别为香港中文大学（深圳校区）、深圳北理莫斯科大学、深圳吉大昆士兰大学。深圳北理莫斯科大学目前已签约；深圳吉大昆士兰大学也已签约，也将成为中澳两国外交项目，目前正在选址。另外，龙岗区还将初步引进8个特色学院，分别为低碳技术学院、国际太空学院、微电子技术学院、北京航空航天大学特色学院、显示技术学院、中国人民大学深圳环境与经济特色学院、香港浸会大学特色学院、麻省大学医学院。

据基本科学指标（ESI）统计，广州市中山大学目前有18个学科领域进入ESI全球前1%，学科领域数量居国内高校第2位；一批学科进入QS、USNEWS、ARWU等并排名前列。此外，学校还围绕相关学科提前布局了"天琴计划"、海洋综合科考实习船、南海研究院、精准医学、大数据科学与超级计算等科研平台，为学科科研实力提升创造了条件。华南理工大学近年来全力推进综合改革，以每两年前进100名的速度跻身"世界大学学术排名"第201—300名区间。与此同时，华南理工大学还发挥"以工见长"的优势，构建雄厚的科技创新平台体系，现有国家级科研平台25个、省部级科研平台166个，数量位居全国高校前列。

此外，粤港澳大湾区拥有1个国家自主创新示范区、3个国家创新城市、25个国家重点实验室、25个国家工程研究中心、97家新型研究机构、449家科技孵化器、150名本省及双聘院士、161名海外高层次人才引进专家、112个珠江人才计划创新团队。在科研能力方面，《粤港澳大湾区协同创新发展报告（2018）》统计数据显示，2012—2016年，粤港澳大湾区发明专利总量整体呈现逐年递增趋势，只有在2016年略有回落。截至2016年年底，深圳累计PCT专利69347件。在全球性的创新活动活跃的城市当中，深圳居第2名，仅落后日本东京的261308件，但领先美国硅谷的59762件、纽约的47794件。与科技实力较强的旧金山湾区7座城市的发明专利总量相比，近5年粤港澳大湾区的专利数量已超旧金山湾区，且差距扩大趋势明显。

整体来看，粤港澳大湾区与其他湾区相比，顶尖高校较少。虽拥有200多所普通高校和200万名在校大学生。但粤港澳大湾区城市群中区域错位发展和协同发展统筹协调不足，大湾区内高校、科研机构、企业良性协同创新格局尚未形成，技术资源配置能力偏低，科技成果转化渠

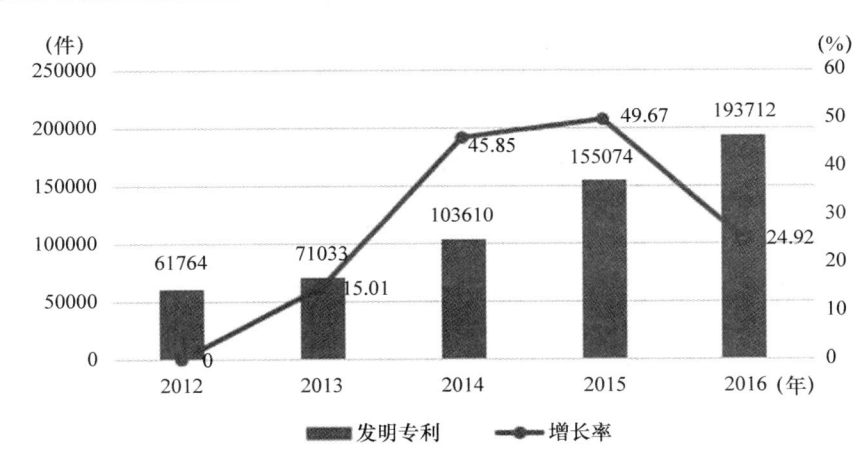

图 6—4　2012—2016 年粤港澳大湾区发明专利数量及增长率

资料来源：《粤港澳大湾区协同创新发展报告（2018）》。

道还不够通畅，科技成果转化水平较低，阻碍了创新体系整体效能的进一步提升。

2. 纽约湾区

纽约湾区拥有 2 所世界 100 强大学及 22 个世界 500 强公司总部，同时有世界顶尖大学的"常春藤盟校"集群、湾区周边的"新常春藤"大学集群、湾区及周边"小常春藤"大学集群、州立市立大学组成的公立大学集群以及著名私立大学集群等。最为知名的当属新泽西州的普林斯顿大学、康州的耶鲁大学和曼哈顿的哥伦比亚大学。根据泰晤士高等教育网站公布的 2016 年世界百强大学排名，三者依次排在第 6 名、第 11 名和第 14 名，且都是常春藤联盟成员。位于曼哈顿的纽约大学和洛克菲勒大学同样不容忽视，前者在阿布扎比和上海均设有分校，且在 10 个国家设有学术研究中心，是当之无愧的全球性大学；后者是在世界范围内享有盛名的科学研究机构，专注于生物和医药领域的研究。该校 96 位任职教师中有 38 位是国家科学院院士，18 位是国家医学院的成员，并有 8 位拉斯克奖（美国最具声望的生物医学奖项）获得者和 5 位诺贝尔奖获得者。此外，湾内还有像罗格斯大学（Rutgers University）、纽约理工学院（New York Institute of Technology）和福特汉姆大学（Fordham University）等一批美国国内知名大学。纽约湾区是四大湾区中世界一流大学聚集数量最多的湾区，拥有 46% 的美国诺贝尔科学奖获得者和 40% 的美国科学院院士。完善的教育资源和匹配的教育服务使得纽约湾区在教育领域上具有优势。

3. 旧金山湾区

旧金山湾区素有"科技之城"之称,是世界上著名的高科技研发中心之一。内有4个世界级研究型大学和5个国家级研究实验室,由斯坦福大学、5所加州州立大学、4所加州大学分校等世界级研究型大学,以及26所社区学院构成了湾区聚集的不同层次的大学体系。这些顶尖大学有着完善的层次结构、多元的学科设置、顶级的学科排名、杰出的研究能力,为湾区发挥着重要的人力保障、促进创新的作用。此外,旧金山湾区还拥有劳伦斯伯克利国家实验室、劳伦斯利弗莫尔国家实验室、斯坦福大学直线加速器中心等国家实验室,不仅提供了大量人才,还极大地促进了创新产业和文化产业的发展。因此,旧金山湾区拥有36%的诺贝尔科学奖获得者和20%的美国科学院院士。

4. 东京湾区

目前日本总共有大学780所,而东京湾区有225所,占比为29%。在日本37所超级国际化大学中,东京湾区占比为46%左右,包括东京大学、庆应义塾大学、武藏工业大学、横滨国立大学等大批日本著名高等学府。而学术研究机构占全国的40%左右,研究人员数更是超过60%,这两个比例都超过全产业的企业数及从业人员数占比的30%。大批高等学府向湾区企业输送了大量的科技创新人才,同时大学和研究所在湾区的密集分布也为产学研结合推动产业发展奠定了基础。

5. 小结

从大学聚集度来看,与世界三大湾区相比,粤港澳大湾区无论在世界顶尖知名高校数量与质量、顶尖实验室、拥有诺贝尔奖获得者和院士数量以及毕业生质量与创业精神等方面,均还有较大的差距。而这样的教育、科技、文化集群的培育,也需要粤港澳大湾区花很长的时间着力培育。

(二)受教育程度

表6—10　　　　四大湾区部分核心城市受教育程度对比

项目	深圳	香港	纽约湾区	旧金山湾区	东京
高中毕业人数比例		28.40%	25.62%		56.80%

续表

项目	深圳	香港	纽约湾区	旧金山湾区	东京
本科及以上学历人数比例	41.10%	29.80%	37.54%	46%	
硕士及以上学历人数比例与人数			15.53%（212.28万人）	98.9万人	

资料来源：深圳、香港本科学历及以上人数比例数据源自"Word Cities Culture Report 2015"，纽约湾区数据与旧金山湾区数据均源自2015年美国人口普查局统计数据（United States Census Bureau），东京数据源自《东京都统计年鉴》。

由于数据采集受限，我们只能选取四大湾区及部分核心城市的数据进行比较。从表6—10中可以大概看出：总体而言，旧金山教育水平最高、纽约、东京次之，粤港澳大湾区以香港为受教育程度较高，深圳本科以上学历的占比率仅次于旧金山，但教育水准和质量与三大湾区仍有不小差距。

深圳由于教育体制差异，数据看起来偏高。截至2015年年底，深圳市有各级各类学校（含幼儿园）2196所，各级各类在校学生总数187.68万人，教职工16.31万人。全市学前教育毛入园率98%；义务教育巩固率100%；高中教育毛入学率98.5%；户籍人口高等教育毛入学率55.1%；全市公办义务教育标准化学校率100%。与深圳相比，香港文化阶层的受教育程度与教育的国际化程度则比深圳要高。

作为东京湾区的核心城市，2016年东京高中毕业人数为104543人，本科毕业人数为100422人，高中学生总人数为318366人，大学生总人数为728209人；高中毕业人数占同年学生比例32.8%。

纽约湾区的教育服务相比五年前增长32.74%，领先美国平均水平14.23%，愈发体现湾区对教育建设的重视。根据2015年美国人口普查局统计，2015年纽约湾大都会区25岁以上居民拥有本科及以上学历约占37.54%，其中硕士及以上学历约有212.28万人。湾区整体受教育程度能排进全美大都会区前十名。

根据2015年美国人口普查局统计，旧金山湾区约有46%的25岁以上的居民具有本科及以上学历，其中拥有硕士及以上学历的约98.9万人。来自美国其他州和海外国家25岁以上的外来居民获得本科及以上学历比例更是分别达到67.37%和62.82%。由图6—6可见，与美国其他区域相比，旧金山湾区人口受教育程度明显较高。从2006年的40%

216 Ⅱ 四大湾区影响力解析

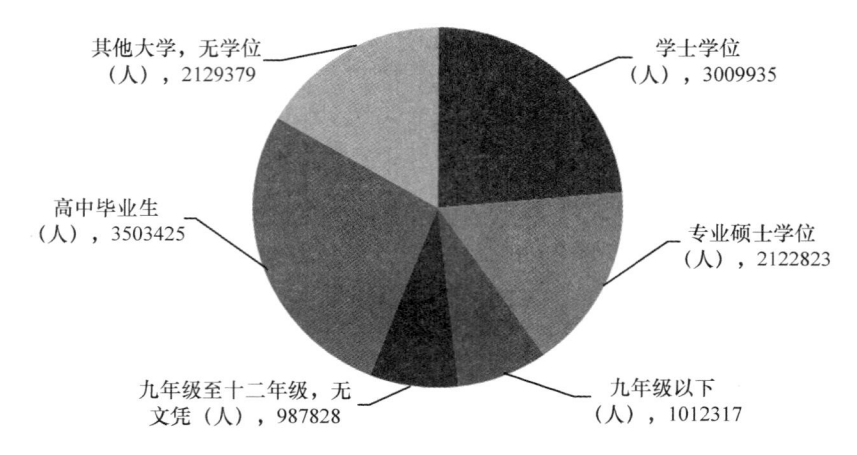

图6—5 2015年纽约湾区25岁以上居民受教育情况

其他大学，无学位（人），2129379
学士学位（人），3009935
高中毕业生（人），3503425
专业硕士学位（人），2122823
九年级至十二年级，无文凭（人），987828
九年级以下（人），1012317

资料来源：美国人口普查局（United States Census Bureau）。

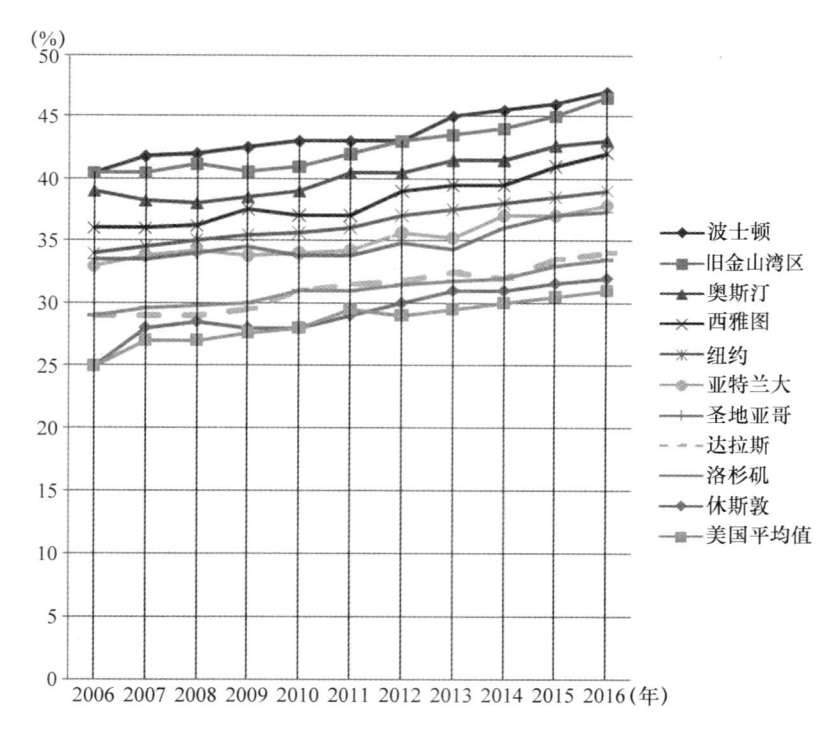

图6—6 旧金山湾区与美国其他地区受教育程度比较

图例：波士顿、旧金山湾区、奥斯汀、西雅图、纽约、亚特兰大、圣地亚哥、达拉斯、洛杉矶、休斯敦、美国平均值

注：在此，旧金山湾区被定义为圣约瑟夫—桑尼瓦尔—圣塔克拉拉、圣弗朗西斯科—奥克兰—海沃德、纳帕、圣罗莎和瓦莱约—费尔菲尔德的联合体。

资料来源：根据湾区委员会经济研究院资料整理（bayareaeconomy.org）。

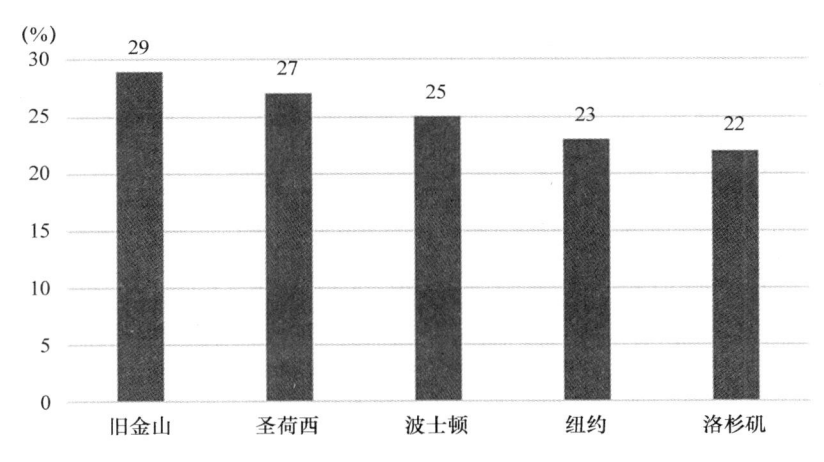

图 6—7　2016 年在美国本土出生的本科毕业生比例

注：在此，旧金山湾区被定义为圣约瑟夫—桑尼瓦尔—圣塔克拉拉、圣弗朗西斯科—奥克兰—海沃德、纳帕、圣罗莎和瓦莱约—费尔菲尔德的联合体。

资料来源：Silicon Valley Competitiveness and Innovation Project – 2018 Update。

增长到 2016 年的 47%；纽约低于旧金山，2006—2016 年，从 34% 直线增长至 39%。这两个区域的受教育水平远远高于全美平均值。

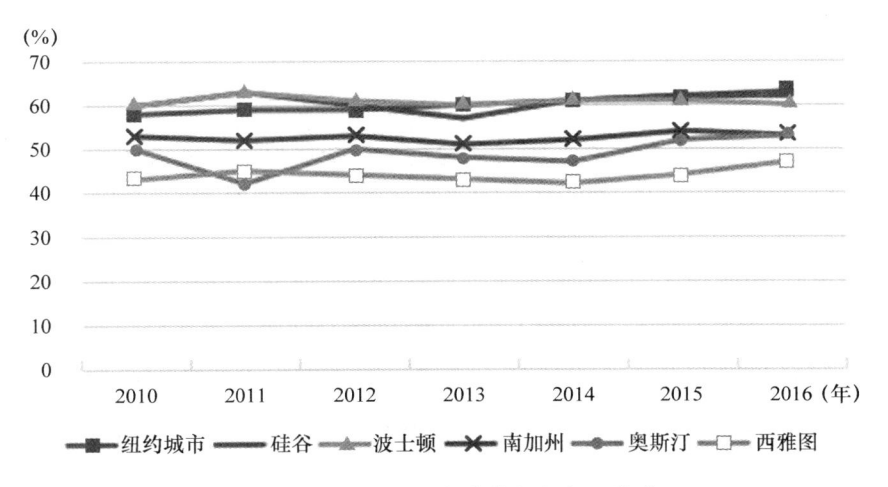

图 6—8　硅谷 3—4 岁学前教育水平统计

资料来源：Silicon Valley Competitiveness and Innovation Project – 2018 Update。

如果我们对旧金山湾区内的硅谷人群进行更为详细的分析，可以更为确认的是旧金山湾区内的硅谷地区展现出了从学前教育到十一年级各个受教育关键年龄、关键领域都高于美国平均水准。这也解释了为何硅谷及旧金山湾区成为全美以及全世界的科技中心。

参加学前教育可以提供的青年基础技能对以后教育成功至关重要。2016年硅谷62%的3—4岁儿童报名参加学前教育计划。自2010年以来，纽约城市学前入学率从58%增加到63%，而硅谷招生率仅从60%增长到62%，虽然增幅小于纽约，但与纽约、波士顿基本持平。

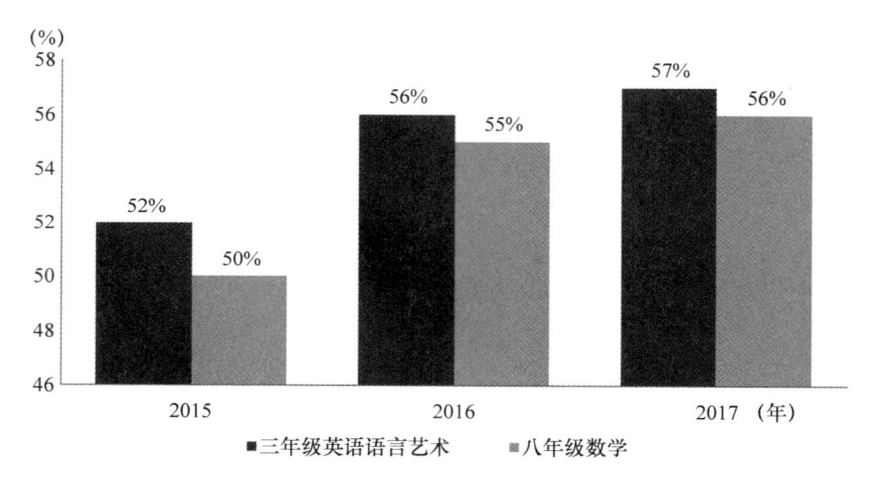

图6—9 硅谷学生达到或超过国家学习标准的比例（三年级英语语言艺术与八年级数学）（2015—2017）

资料来源：Silicon Valley Competitiveness and Innovation Project – 2018 Update。

三年级语言艺术与八年级数学熟练程度是学生未来的学业成就与劳动力准备的重要指标，从图6—9可以看到，硅谷区域的这两项水准逐年上升。当地三年级学生达到或超过国家语言艺术标准的比例从2015年的52%上升至2017年的57%。

而八年级学生达到或超过国家数学标准的比例也从2015年的50%上升到2017年的56%。

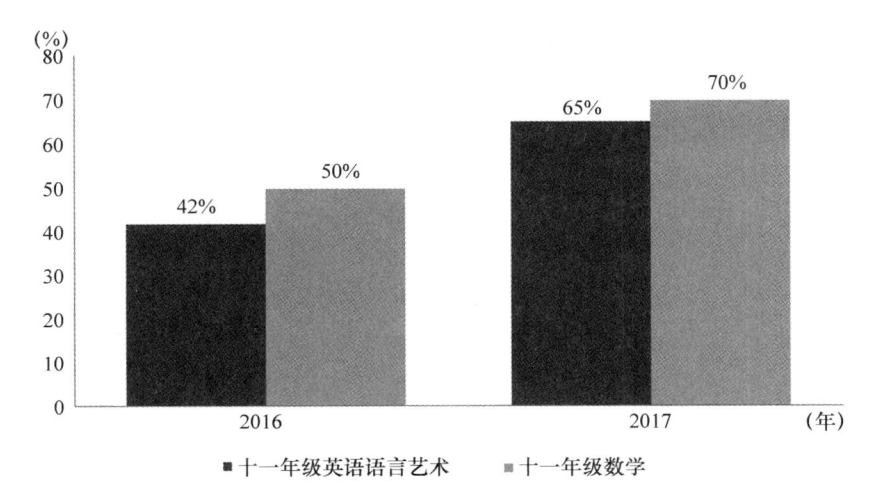

图 6—10　硅谷学生达到或超过国家学习标准的学生比例（十一年级数学与英语语言艺术）（2016—2017）

资料来源：Silicon Valley Competitiveness and Innovation Project – 2018 Update。

十一年级学生接近入学，无论是大学还是劳动力，都对就业和发展产生着巨大的影响，是年轻人为了成功准备的重要指标。2017 年，总体而言硅谷十一年级学生英语语言艺术和数学成绩不断提高。本地十一年级学生在英语中普遍达到或超过语言艺术国家标准，从 2016 年的 42% 上升到 2017 年的 65%。2016 年 50% 的本地十一年级学生达到或超过了国家的数学标准。虽然成绩正在提高，事实上，超过一半的硅谷十一年级学生即将离校但还不精通数学。

五　创新文化生态

对于湾区发展而言，依托于高校、企业与风投而形成的创意经济文化生态是至关重要的。许多成功的创意经济都是在学术、研究、技术和文化中心所创建的在封闭文化生态中找到的，可以更容易地建立地方技能和资源。在这个系统中不仅有先进的经济体，顶尖大学和学院，源源不断的多样化、高技能的文化阶层，也有风险资本和愿意的投资者，为经济成长提供了巨大的动力。技术与金融和人才等多种顶尖资源相结合，为湾区产生需要的火花创意，促进湾区经济蓬勃发展。因此，对于湾区创新文化生态与企业资源的考察尤为重要。

（一）旧金山湾区

旧金山湾区汇聚众多世界一流大学和学院，同时也拥有以硅谷为代表的风险投资和高科技产业聚集地，使得教育与企业资源无缝对接并长期保持创新活力。

从表6—11可以看到，正是由于良好的创新生态，旧金山湾区培养出了世界上最具创业精神的大学生。

表6—11　　2017年旧金山湾区大学企业及创业生态统计

本科排名	大学名称	企业家数量（人）	公司数量（家）	资本筹集（十亿美元）
1	Stanford 斯坦福大学	1127	967	22.6
2	UC Berkeley 伯克利大学	1089	961	17.1
3	MIT 麻省理工学院	907	780	16.1
4	Harvard 哈佛大学	844	750	21.9
5	University of Pennsylvania 宾夕法尼亚大学	788	712	13.9
6	Cornell University 康奈尔大学	721	666	14.8
7	University of Michigan 密歇根大学	689	614	9.4
8	University of Texas 德克萨斯大学	600	551	5.9
9	Tel Aviv University 特拉维夫大学	582	486	6.7
10	University of llinois 伊利诺伊大学	506	460	6.3

注：排名是基于对2009年"当前数据"关于风投支持公司创始人的教育水平分析。
资料来源：Pitch Book 2017 Report。

旧金山湾区的健康多样化经济越来越受到技术的引领，行业领袖型公司正在迅速崛起。根据2017年《财富》杂志评选出的世界500强企业，共有13家总部设在旧金山湾区，其中有8家高科技公司驻扎在硅谷。苹果以2156.39亿美元的营业额位居榜首，利润更是湾区第二名美国富国银行的2倍之多。和苹果一样，Alphabet（Google母公司）、思科（Cisco）、甲骨文和脸书（Facebook）的利润率都超过20%，可见高科技企业的盈利能力之强。此外，以制药为主营业务的吉利德科学公司，凭借9000名员工创造出135.01亿美元利润，且利润率高达44.43%。

表6—12　　　　2017年旧金山湾区世界500强企业名单

排名	企业	位置	行业	营业额（百万美元）	利润（百万美元）	资产（百万美元）	雇员数（人）
9	苹果（APPLE）	库佩蒂诺	计算机，办公设备	215639	45687	321686	116000
11	麦克森公司	旧金山	批发，保健	198533	5070	60969	64500
45	雪佛龙	圣雷蒙	炼油	107567	-497	260078	5200
61	美国富国银行	旧金山	银行，商业储蓄	94176	21938	1930115	269100
65	Alphabet	山景城	互联网服务和零售	90272	19478	167497	72053
144	英特尔公司	圣塔克拉拉	半导体，电子元件	59387	10316	113327	106000
181	惠与（HPE）	帕罗奥图	计算机，办公设备	48238	2496	29010	49000
187	思科（Cisco）公司	圣何塞	网络，通信设备	49247	10739	121652	73700
194	惠普公司（HP）	帕罗奥图	计算机，办公设备	48238	2496	29010	49000
280	甲骨文（Oracle）	红木城	计算机软件	37047	8901	112180	136000
358	吉利德科学公司	福斯特城	制药	30390	13501	56977	9000
361	3M	圣保罗	混合	30109	5050	32906	91584
393	脸书（Facebook）	门罗帕克	互联网服务和零售	27638	10217	64961	17048

资料来源：2017年《财富》杂志。

事实上，从风险投资在旧金山湾区的地区分布，我们可以看出湾区整体创新文化的深厚与生态的成熟度。硅谷仍然是高科技技术创新和发展的开创者,该地区的风险投资高达 301.18 亿美元,约占美国风投总额的 43.6%。这使得旧金山湾区在专利申请方面远远超过同行,2015年占美国专利申请总数的 17%(见图 6—11)。

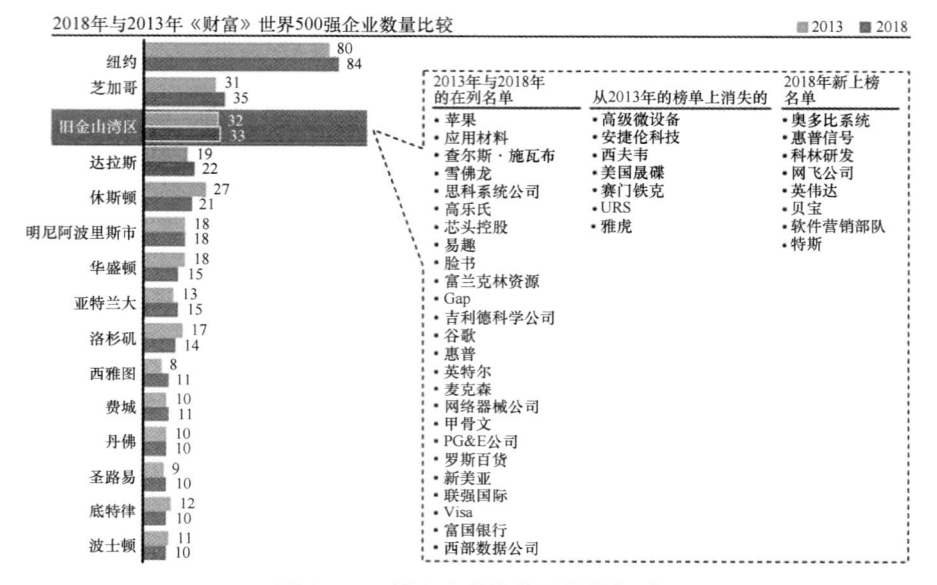

2018年与2013年《财富》世界500强企业数量比较

地区	2013	2018
纽约	80	84
芝加哥	31	35
旧金山湾区	32	33
达拉斯	19	22
休斯顿	27	21
明尼阿波里斯市	18	18
华盛顿	18	15
亚特兰大	13	15
洛杉矶	17	14
西雅图	8	11
费城	10	11
丹佛	10	10
圣路易	9	10
底特律	12	10
波士顿	11	10

2013年与2018年的在列名单	从2013年的榜单上消失的	2018年新上榜名单
苹果	高级微设备	奥多比系统
应用材料	安捷伦科技	惠普信号
查尔斯·施瓦布	西夫韦	科林研发
雪佛龙	美国晟碟	网飞公司
思科系统公司	赛门铁克	英伟达
高乐氏	URS	贝宝
芯头控股	雅虎	软件营销部队
易趣		特斯
脸书		
富兰克林资源		
Gap		
吉利德科学公司		
谷歌		
惠普		
英特尔		
麦克森		
网络器械公司		
甲骨文		
PG&E公司		
罗斯百货		
新美亚		
联强国际		
Visa		
富国银行		
西部数据公司		

图 6—11 旧金山科技公司风投领域

注:所提供的数据是所有情况下都会区统计区域的数据,但湾区除外,它代表着来自 9 个县的公司。

资料来源:Continuing Growth and Unparalleled Innovatio Bay Area Economic Profile。

专利数量的增加和企业孵化器、丰富的创新生态系统是基于受过高等教育和经验丰富的高技能劳动力,世界级领先的研究型大学(斯坦福大学、加利福尼亚大学四校区),国家级研究实验室和大量非营利性独立实验室,世界上最大的企业家群体,稳健的资本、投资平台,等等。旧金山湾区长期以来以拥有卓越的创业生态系统著称,这里汇集了科学技术优势,吸引了年轻、自由的博士群体,吸引了其他年轻人。如今旧金山湾区地区技术实力正持续应用于加速国家和全球经济的数字化上。无论是汽车行业、娱乐(数码)媒体与游戏、金融制造业(通过互联网支付)、生命科学(如个性化医疗)等新兴的科技公司的发展,还是传统的非科技公司的转型,都需要数字化驱动,旧金山湾区的技术实力正在有效地推动这一地区的数字革命。

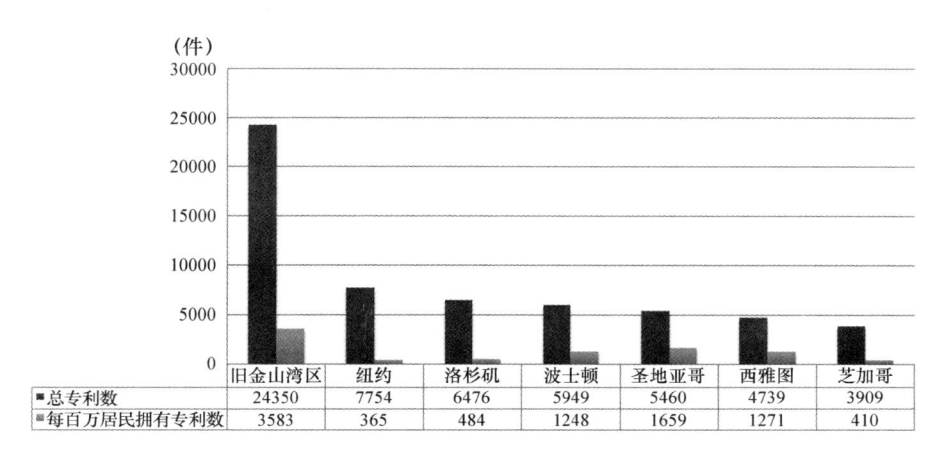

	旧金山湾区	纽约	洛杉矶	波士顿	圣地亚哥	西雅图	芝加哥
总专利数	24350	7754	6476	5949	5460	4739	3909
每百万居民拥有专利数	3583	365	484	1248	1659	1271	410

图6—12　旧金山湾区专利申请

资料来源：Continuing Growth and Unparalleled Innovatio Bay Area Economic Profile。

（二）纽约湾区

纽约湾区拥有华尔街这一美国当之无愧的金融中心，为纽约湾区经济作出三成以上的贡献，占全国泛金融业总额的15.16%。诸多金融巨头选择将总部设在纽约进一步使得纽约湾区对金融企业产生聚集效应。纽交所和纳斯达克交易所这两座世界上最大的股票交易所，以及美国商品交易所以及美国贸易委员会等金融交易所的总部也同样坐落于华尔街。

同时，纽约湾区还拥有硅巷，它与硅谷和波士顿并列为美国三大科技中心。区域产业包含互联网、新媒体、数码、软件开发、游戏设计以及金融科技等信息技术领域。此外，湾区内的创业生态系统和风险投资氛围也十分浓厚。根据美国全国风险投资协会（National Venture Capital Association）2016年数据统计，纽约湾区有888家公司接受风险投资，共940个风投项目，投资总价值约75.65亿美元，约占全国风险投资总额的10.95%。风投资金驱使高科技初创公司汇聚资本和人才，同样也推动区域内的创业与创新全球化发展进程。根据2017年《财富》杂志评选出的世界500强企业，共有23家总部设在纽约湾区。从行业分析来看，金融类企业占据半壁江山，多达11家；以强生为代表的制药类企业紧随其后；还包括电信业龙头威瑞森（Verizon）、计算机业巨头IBM、食品业代表百事以及娱乐业的二十一世纪福克斯等。

表6—13　　　　2017年财富500强纽约湾区企业名单

排名	企业	位置	行业	营业额（百万美元）	利润（百万美元）	资产（百万美元）	雇员数（人）
32	威瑞森电信	纽约市	电信	125980.0	13127.0	244180	160900
48	摩根大通	纽约市	银行、商业储蓄	105486.0	24733.0	2490972	243355
74	花旗集团	纽约市	银行、商业储蓄	82386.0	14912.0	1792077	219000
82	IBM	阿蒙克市	信息技术服务	79919.0	11812.0	117470	414400
97	强生	新布朗斯维克市	制药	71890.0	16540.0	141208	126400
128	大都会人寿	纽约市	人寿与健康保险	63476.0	800.0	898764	58000
131	百事公司	纽约市	食品消费品	62799.0	6329.0	74129	26400
148	保德信金融公司	纽瓦克市	人寿与健康保险	58779.0	4368.0	783962	49739
173	辉瑞制药	纽约市	制药	52824.0	7215.0	171615	96500
175	美国国际集团	纽约市	财产与意外保险	52367.0	-849.0	498264	56400
229	邦吉公司	白原市	食品生产	42679.0	745.0	19188	32000
243	美国纽约人寿保险公司	纽约市	人寿与健康保险	40786.6	1088.1	287196	11320
255	默克	卡尼尔沃思市	制药	39807.0	3920.0	95377	68000
260	霍尼韦尔国际	莫里斯平原	电子,电气设备	39302.0	4809.0	54146	131000
267	摩根士丹利	纽约市	银行,商业储蓄	37949.0	5979.0	814949	55311
278	美国教师退休基金会	纽约市	人寿与健康保险	37105.4	1492.3	523194	12997
315	美国运通公司	纽约市	多元化金融	33823.0	5408.0	158893	56400

续表

排名	企业	位置	行业	营业额（百万美元）	利润（百万美元）	资产（百万美元）	雇员数（人）
371	时代华纳	纽约市	娱乐	29318.0	3926.0	65966	25000
376	查特通信	斯坦福市	电信	29003.0	3522.0	149067	91500
394	旅行者集团	纽约市	娱乐	27326.0	2755.0	48365	21500
396	二十一世纪福克斯	纽约市	娱乐	27326.0	2755.0	48365	21500
406	菲利普·莫里斯国际公司	纽约市	烟草	26685.0	6967.0	36851	79500

资料来源：2017年《财富》杂志。

（三）东京湾区

根据2017年《财富》杂志评选出的世界500强企业榜单，东京湾区上榜企业多达38家，其中36家集中在东京，横滨和千叶各1家。从行业分布情况分析，榜单前三名分别为制造业、金融保险业和批发与零售业。其中，以本田、日产为首的汽车制造企业和以普利司通为代表的汽车零部件生产商为制造业贡献将近40%的营业额。日本邮政和第一生命等保险公司占比金融保险业的营业收入超过七成。贸易在批发与零售业中的比例最大。就盈利能力角度分析，虽然制造业的营业收入是金融保险业的1.5倍，但前者的利润额相比后者却少了12亿美元。信息通信业的利润额达到266.6亿美元，位列总榜第三，仅软银集团一家就为行业贡献了将近半数的利润。运输业以高达9.6%的利润率位居行业首位，信息通信业以8.9%排在次席。由于受保险业拖累，金融保险业的利润率仅为6.4%。若将金融企业单独列出，三菱日联、三井住友和瑞穗这三家商业银行的平均利润率高达15.9%。

表6—14　　　　2017年财富500强东京湾区企业名单

排名	企业	位置	行业	营业收入（百万美元）	利润（百万美元）	雇员数（人）
29	本田汽车（HODAN MOTOR）	东京	车辆与零部件	129198.40	5690.30	211915

续表

排名	企业	位置	行业	营业收入（百万美元）	利润（百万美元）	雇员数（人）
33	日本邮政控股公司（JAPAN POST HOLDINGS）	东京	人寿与健康保险	122990.30	-26740	248384
44	日产汽车（NISSAN MOTOR）	横滨	车辆与零部件	108164.10	6123.40	137250
50	日本电报电话公司（NIPPON TELEGRAPH & TELEPHONE）	东京	电信	105127.50	7384.40	274844
71	日立（HITACHI）	东京	电子、电气设备	84558.40	2134.30	303887
72	软银集团（SOFTBANK GROUP）	东京	电信	82892.30	13163.40	68402
87	日本永旺集团（AEON）	千叶	综合商业	75772.00	103.90	274760
105	索尼（SONY）	东京	电子、电气设备	70170.30	676.40	128400
116	丸红株式会社（MARUBENI）	东京	贸易	65791.60	1433.70	39952
127	JXTG控股有限公司（JXTG HOLDINGS）	东京	炼油	63628.50	1477.30	26247
142	第一生命控股有限公司（DAI-ICHI LIFE HOLDINGS）	东京	人寿与健康保险	59589.70	2134.50	62606
145	三菱商事株式会社（MITSUBISHI）	东京	贸易	59303.20	4063.50	77164
164	三菱日联金融集团（MITSUBISHI UFJ FINANCIAL GROUP）	东京	银行：商业储蓄	55185.30	8550.10	115276
167	Seven & I控股公司（SEVEN & I HOLDINGS）	东京	食品店和杂货店	53858.00	892.90	54712
185	东京电力公司（TOKYO ELECTRIC POWER）	东京	公共设施	49446.40	1225.70	42060
188	MS&AD保险集团控股有限公司（MS&AD INSURANCE GROUP HOLDINGS）	东京	财产与意外保险	49238.80	1942.20	40641
193	东京海上日动火灾保险公司（TOKIO MARINE HOLDINGS）	东京	财产与意外保险	48291.60	2527.40	38842
202	日本三井住友金融集团（SUMITOMO MITSUI FINANCIAL GROUP）	东京	银行：商业储蓄	47374.60	6520.50	77205
219	日本KDD电信公司（KDDI）	东京	电信	43821.60	5045.10	35032

续表

排名	企业	位置	行业	营业收入（百万美元）	利润（百万美元）	雇员数（人）
228	新日铁住金（NIPPON STEEL & SUMITOMO METAL）	东京	金属产品	42756.90	1208.50	100169
237	富士通（FUJITSU）	东京	信息服务技术	41619.90	816.70	155069
249	三井物产株式会社（MITSUI）	东京	贸易	40275.00	2825.30	42316
262	三菱电机股份有限公司（MITSUBISHI ELECTRIC）	东京	电子、电气设备	39118.60	1942.60	138700
282	住友商事（SUMITOMO）	东京	贸易	36888.00	1577.10	70900
294	日本三菱重工业股份有限公司（MITSUBISHI HEAVY INDUSTRIES）	东京	工业机械	36122.40	809.60	82728
297	日本明治安田生命保险公司（MEIJI YASUDA LIFE INSURANCE）	东京	人寿与健康保险	35766.60	2064.80	41872
340	损保控股有限公司（SOMPO HOLDINGS）	东京	财产与意外保险	31558.80	1535.70	47430
347	佳能（CANON）	东京	计算机、办公设备	31271.00	1385.00	197673
349	三菱化学控股（MITSUBISHI CHEMICAL HOLDINGS）	东京	化学品	31157.60	1442.10	69291
352	斯巴鲁公司（SUBARU）	东京	车辆与零部件	30695.50	2605.80	36668
353	普利司通（BRIDGSTONE）	东京	车辆与零部件	30678.30	2441.30	143616
356	日本钢铁工程控股公司（JFE HOLDINGS）	东京	金属产品	30538.60	627.00	61439
357	日本瑞穗金融集团（MIZUHO FINANCIAL GROUP）	东京	银行：商业储蓄	30390.10	5570.10	59179
381	Medipal控股公司（MEDIPAL HOLDINGS）	东京	批发：医疗	28276.70	267.70	15745
408	东日本旅客铁道株式会社（EAST JAPAN RAILWAY）	东京	铁路运输	26586.90	2565.00	85834

续表

排名	企业	位置	行业	营业收入（百万美元）	利润（百万美元）	雇员数（人）
423	日本出光兴产株式会社（IDEMITSU KOSAN）	东京	炼油	25887.60	813.70	9139
437	日本电气公司（NEC）	东京	信息技术服务	24595.60	252.00	107729
461	阿弗瑞萨控股公司（ALFRESA HOLDINGS）	东京	批发：医疗	23550.50	285.10	13217

资料来源：2017年《财富》杂志。

（四）粤港澳大湾区

2018年《财富》杂志公布世界500强企业中，总部位于粤港澳大湾区的世界500强企业为20家，占比16.7%，比2017年上升1.9%。包括美的集团、碧桂园以及腾讯、阿里、唯品会、小米、科大讯飞等一大批互联巨头。广州还有世界500强的富士康、思科智慧城、通用电气生物产业园等众多企业、大型跨国的高端创新项目。深圳方面，则有华大基因（目前世界上较大的基因工厂）、新能源汽车比亚迪等，这些企业的创新力量将加快推动大湾区成为国际科技创新中心。而落户在大湾区的华为、腾讯、联想等高科技企业，正代表着粤港澳大湾区高新产业技术力量不断崛起。以华为为例，去年的专利技术申请量是4906件，这个数字与瑞典、荷兰这些国家的专利总量相当，超过了加拿大。联想近年来一直致力于云计算、大数据、物联、人工智能领域的技术研发与产品应用，并将在2019年开启史上第四次零售变革风潮。

四大湾区具有不同程度优势的企业与创新资源。但粤港澳大湾区与其余三大湾区相比，尚未形成成熟的创新文化生态，高校与企业相关度不高，成果转化相对有限。

六 文化资金投入

湾区文化影响力的提升，与其文化资金投入息息相关。在各个湾区的城市发展战略中，文化作为公共投资，永远不可能与教育、食品、卫生、住房、交通、工作和环境等城市重要硬性建设项目一样受到重视。

然而文化应该成为湾区发展战略的一部分，并完整地融入其他非文化政策部门，并且不应该只停留在精英群体，而应该保持对低收入人群等多样群体的支持，以助力城市的文化包容性与吸引力。

表6—15　　　　　　四大湾区部分核心城市的文化投资对比

项目	深圳	纽约	旧金山	东京
文化资金投资（百万美元）	443	2338	624	2606
文化公共资金投资比例（%）	100	30	39	45
文化私人资金投资（%）	0	70	61	54

资料来源：Word Cities Culture Finance Report 2017。

从表6—15我们能发现，以深圳为典型代表的港粤澳大湾区文化投资基本以政府公共投资为主。这也是为何在前文中的文化设施部分，深圳在数量上领先的重要原因。而处于世界文化中心地位的纽约、东京则是以私人投资为主。私人资金对于城市文化的投入，在一定程度上显示了城市文化的影响力与生命力。这些文化投资按投资主体大概可分为国家文化公共资金直接投入、其他公共资助者、公共间接和私人资金以及其他一些新的融资模式，在不同的城市以不同的方式用于不同途径。

（一）纽约

纽约的文化资金投入呈现出高度分散的特性。与城市文化资金水平相比，国家资金支出微不足道，仅为19%，且国家也更为鼓励个人捐赠。国家文化资金更多地用于公共图书馆等非利润投资的文化项目、资助文化事务部门机构群（由33个文化机构组成，包括大都会博物馆艺术中心、林肯中心、美国自然历史博物馆、布鲁克林植物园等）以及国家艺术基金会（NEA）。重要的非文化公众资助者则定期关注文化旅游领域。在纽约市有很多其他的城市机构提供资金艺术和文化节目，包括老年部、惩教部感化部、青年部和社区发展、纽约市长办公室、纽约市议会媒体和娱乐中心、纽约市住房当局、纽约大学人文教育学院等。

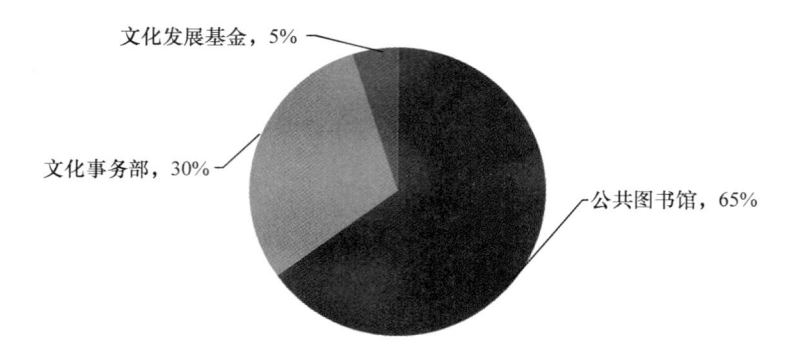

图 6—13 纽约公共文化投资

资料来源：Word Cities Culture Finance Report 2017。

（二）旧金山

旧金山的公共资金体系亦呈现出极度分散的特征，整体文化资金投入高于世界城市的绝大多数支出的水平。其中国家文化预算占比1%，以国家艺术基金会的方式向州、地方和非营利组织及个人提供资助。按照美国的标准，旧金山地方政府对艺术的支持也非常高。2014年，市政府人均花费99.30美元用于艺术和文化。公共投资主要用于支持公众图书馆系统，同时还资助博物馆、公共艺术和艺术组织及个人艺术家。私人文化资金投入在旧金山占主要比例。重要的非文化公共资助者包括经济和劳动力办公室发展、康乐及公园管理处等，向青年、家庭和儿童

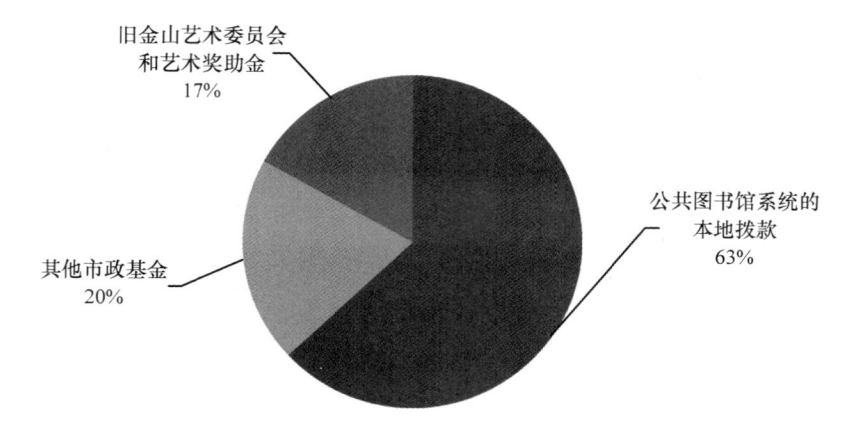

图 6—14 旧金山公共文化投资

资料来源：Word Cities Culture Finance Report 2017。

提供项目与活动支持。同时，旧金山湾区激励慈善与税收相结合的模式，这在美国也很流行。此外，旧金山也已经试验许多新的替代融资模式，如社区艺术稳定信托（CAST）、艺术贷款基金等。

(三) 深圳

深圳是典型的中国一线城市，文化投资基本为国家投资，合计为3.1亿美元，2016年占政府预算的0.4%，略高于全国0.38%的平均水平。资金资助包括文化、广播、电影和电视、体育、新闻、出版和旅游。直接资助文化机构包括图书馆、画廊、交响乐和遗产管理部门。对文化的私人资助在中国并不普遍，"公共文化"的概念意味着完全由国家支持的机构。然而，深圳正在努力增加私人文化投入，鼓励企业资助更多的文化活动和本地活动，并有一些私人文化基金已经在深圳成立，如Artron基金（由雅昌艺术集团成立）等。同时，深圳提出"文化+"的新模式，包括"文化+技术""文化+企业家精神"和"文化+金融"等组合，以众筹与非众筹等方式增加风投的灵活性，开拓公共文化在深圳的新可能性。

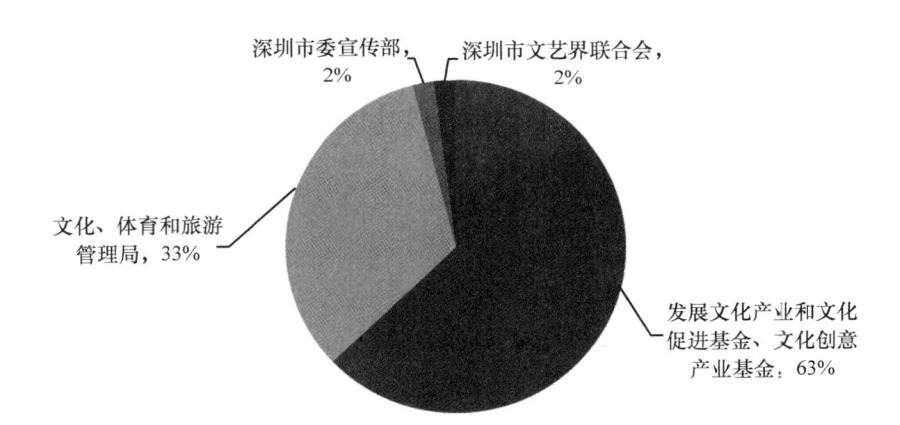

图6—15 深圳公共文化投资

资料来源：Word Cities Culture Finance Report 2017。

(四) 东京

东京公共资金体系相对分散，只有28%的资金由国家政府提供。地方政府负责公共资金的最大比例。国家文化预算开支主要用于管理民族文化的机构和设施。地方政府资助项目管理本地设施和古迹。企业和基金会是主要的私人资助者，资助金额为政府投资的两倍多。2013—2014年东京420家公司和189家基金会，捐赠了5.25亿美元进行文化资金投入。

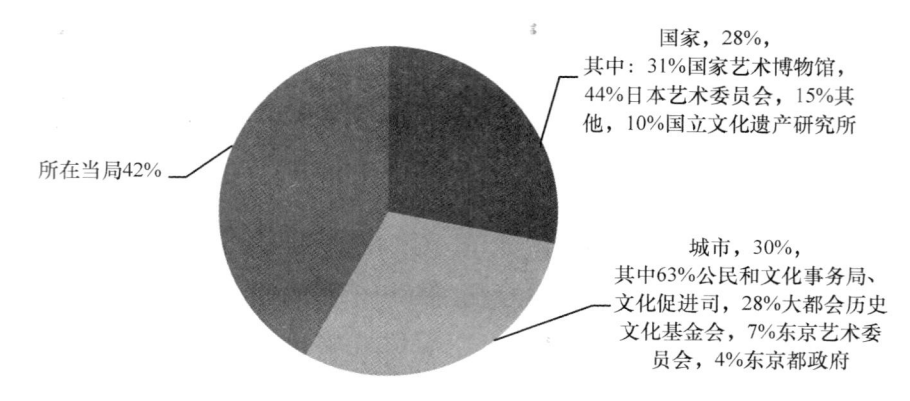

图6—16　东京公共文化投资

资料来源：Word Cities Culture Finance Report 2017。

七　总结与建议

（一）加快粤港澳大湾区顶尖高校建设

粤港澳三地拥有众多高水平大学，香港多所大学位列世界前100强，广州的中山大学、华南理工大学入选国家"双一流"建设计划，深圳近年来在大学建设方面颇多大手笔，澳门的大学亦发展迅速。粤港澳大湾区高等教育集群的基础和势头让人看到比肩三大世界级湾区的希望。但是客观来看，粤港澳大湾区与其余三个湾区相比较，世界知名高校数量以及现有高校质量方面都有较大差距。

粤港澳大湾区中香港高校与研发能力均最强。改革开放以来，内地高校长期处于社会转型期和国家战略调整的大背景中，高等教育理念以动态的跳跃性特征为主。而港澳高校一直处于相对稳定的发达社会并长期采用西方高等教育模式，高等教育理念则呈现出稳态发展的特征。全球科技创新中心的缔造需要粤港澳大湾区高等教育集群紧紧围绕为当地经济产业提供一流的研究支持和人才支撑为中心，而不是军备竞赛式地把各种大学排行榜和 ESI 学科排名作为瞄准的靶心。如何克服制度鸿沟，加强多地区高校共建模式，粤港澳大湾区高等教育集群亟须走出一条超越现状的路。

（二）更加重视文化创新生态

打造国际科技创新中心不是简单的几个研发中心的建设，更加重视的是创新生态圈的建设。建设开放型的创新生态圈国际科技创新中心，建设粤港澳科技创新中心不能脱离产业链和价值链。从全球视野来看，纽约湾区、旧金山湾区、东京湾区三大湾区之所以能享誉全球，既是具有各自优势的产业群，又都具有与之相伴相生、连接紧密的高等教育集群。逐步培育顶尖大学集群、科研机构集群与重点企业集群。要注重大学、企业与科研部门等多重关联，提高科研转化率。以产业链、创业链、人才链、资金链、服务链和政策链为基础，围绕产业链构建创新链，围绕创新链完善服务链，围绕服务链吸引和构建人才链，并且以政策链作为统筹支撑，有助于真正成功建设国际科技创新中心。

（三）注重文化事件与活动的引领作用

粤港澳大湾区有可能成为世界最大的湾区经济体，也有可能成为世界最大的文化综合体。因此要重视文化事件在湾区文化建设中的重要牵引作用，继续巩固现有文化品牌事件。依托粤港澳大湾区自身的文化设施与资金投入优势，建立多形式、多环节的文化事件与活动。积极尝试与探索"文化+"模式，特别是在互联网时代与城市更新语境下，如何将文化产业的生产方式与传统产业转型升级、制造业升级、智能制造结合起来，实现文化事件在文化产业方式的转型中的示范作用。

（四）培育多元化的文化资金投入方式

虽以深圳为代表的内地城市拥有优越的政府投资优势，但文化设施的使用率相对较低，表现出城市文化的活跃度有限。需要充分借鉴其他三大湾区的文化资金运营模式，在充分发挥粤港澳大湾区现有国家资金投入充足的优势基础上，积极探索非公有资金、私人资金等多样资金主体对于文化产业与项目的投入与运作新模式，使公共资金，特别是社会、私有资金都能发挥自身优势，激发文化的社会黏度，真正使文化在城市、社区、团体与家庭、个人等不同层级中活跃起来，实现城市的包容性和文化活力。

第七章 四大湾区创新影响力解析

随着技术创新在经济增长中的驱动地位不断提高，区域的创新影响力成为衡量地区综合影响力的重要因素之一。创新影响力是一个系统的综合能力体现，包括科技创新水平、品牌创新能力以及创新创业口碑等多种维度。一个区域的创新能力又受多重因素的影响，是政府部门和私人企业的研究开发水平、专利制度、市场环境等多重主体共同推进的过程。在这一部分，我们主要就四大湾区的科技创新、高等教育、品牌创新和创新口碑等方面进行量化对比，并针对各湾区的创新影响力作出评价。

一 创新禀赋概述

粤港澳大湾区主要包括广东9市、香港和澳门地区，3地联动创新能力可期。香港是著名的国际金融中心和贸易中心，旅游业也相当发达，贸易及物流服务业占生产总值的1/4，良好的商贸和金融环境为区域技术创新和扩散提供了活跃的环境。澳门经济增长较为平稳，第三产业占生产总值90%以上，其中博彩业占比为45%左右。广东的深圳是中国超一线城市，金融基础雄厚，高新科技产业发达，这里孕育了华为、中兴、腾讯、网易和大疆等中国最具创新力和影响力的企业，进出口贸易额占全国10%以上，是中国最活跃的经济区域之一。

日本东京湾区是制造业驱动型的发展模式，东京—横滨—川崎是世界上最大的制造业聚集地之一。东京湾区主要有西岸的京滨工业带和东侧的京叶工业带，是日本的重工业和化学工业基地。在京滨工业带长达60公里的海岸带上，汇聚了日本的几百家大型工厂企业，其中包括日产汽车、日本石油、三菱重工和石川造船等;东岸的京叶工业带则拥有千叶港和木更津港这样的世界级港口,并有钢铁厂、石油化工和炼油厂等[1]。东京湾在占国土面积不到2%的土地上,产出了全国30%以上的工业生产值。

旧金山湾区是科技驱动型的发展模式,旧金山和硅谷集中了当地的高科技行业以及旅游服务行业。"硅谷"是旧金山湾区创新领域的代名词,这里是世界上最发达的高科技企业聚集地之一,孕育了苹果、谷歌、英特尔等品牌,对全球的科技产业链产生了深远的影响。另外,旧金山湾区也分布了大量的研究型大学、公立及私人研究机构,为整个区域的创新进程奠定了技术基础,孕育了大批专业型人才。同时良好的创新创业环境又吸引了大批的投资机构入驻,为整个地区的创业进程提供了坚实的资金基础。

纽约湾区是全球金融中心,掌握着最高端的金融资本,是全球资源配置的核心节点。纽约聚集了优秀的工业力量和教育资源,创新能力禀赋优越,其主要产业包含金融、国际贸易、旅游和制造业等。纽约湾区充分利用自身的金融和教育资源,金融创新和产业服务创新十分活跃。这里有高盛、摩根士丹利、摩根大通和花旗银行等世界著名的金融机构,也有市值位列全球前三的纽约交易所和纳斯达克交易所,活跃的资本流动为企业创新注入了活力。

二 科技创新

从经济基础来看,东京湾区在全国中的经济地位最高,2016年GDP(国内生产总值)为1.8亿元,占全日本比例为41.07%;粤港澳大湾区凭借中国作为发展中国家的追赶福利,2016年经济增速在四大湾区中最高,达到7.9%,人口基数也最大;旧金山湾区以760万的人口创造了高达0.76亿美元的GDP,充分体现了其智能化的高科技发展模式;纽约湾区各项指标则相对均衡,2016年研发投入高达46亿美元,为四大湾之首。

---

[1] 王建红:《日本东京湾港口群的主要港口职能分工及启示》,《中国港湾建设》2008年第1期。

四大湾区产业模式的共同点是以第三产业为支柱型产业，占比均在 75% 以上（见表 7—1）①，这也充分体现了各地区产业创新的发展模式。在纽约湾区的创新禀赋中金融服务优势突出，活跃的金融市场和宽松的流通环境推动了科技创新的资本化运作，第三产业占比在四大湾区中占比最高；东京、旧金山和粤港澳大湾区的第二产业比例则相对较高，这些区域以制造业为主导产业，科技创新也主要在制造行业展开，但是侧重点略有不同。日本主要以电子、汽车和化工的制造业为主，旧金山的亮点则在于专业科技服务。

表 7—1　　　　　　　四大湾区经济基础及研发投入

湾区	GDP（万亿美元）	人口（万人）	GDP 占全国比例（%）	GDP 增速（%）	三次产业比例	研发投入（亿美元）
东京湾区	1.8	4383	41.07	3.6	0.27∶17.46∶82.27	—
纽约湾区	1.4	2020	7.76	3.5	0∶10.65∶89.35	41
旧金山湾区	0.76	760	4.44	2.7	0.28∶16.95∶82.76	33
粤港澳大湾区	1.36	6672	10.86	7.9	1.61∶20.35∶78.04	130

日本的研发投入以企业投入为主导，企业每年的研发经费占日本全国 R&D（Research and Development，研究与开发）经费的 80%。东京湾区较早开始高度重视科技创新，加大企业 R&D 投入。京滨工业区集聚了众多具备技术研发能力的企业和研究所，包括佳能、三菱、索尼、东芝和丰田研究所等，这些机构产业创新能力强、企业管理能力先进，迅速提高了东京湾区的科技创新能力。随后在"产学研"体系的带动下，R&D 投入的溢出效应将产业的科技创新成果进一步扩散②，使得工业区的产业研发功能得到整体提升，形成产业协作创新的闭环。

旧金山湾区的研发投入以产业和企业的自发行为和更新迭代为主，英特尔、谷歌、苹果、高通等企业的研发费用支出占总营业收入的 10%—20%（见图 7—1），其中英特尔、谷歌和苹果 2017 年的研发费

---

① 鲁志国、潘凤、闫振坤：《全球湾区经济比较与综合评价研究》，《科技进步与对策》2015 年第 11 期。

② 陈庭翰：《21 世纪日本制造业企业竞争战略调整研究》，博士学位论文，吉林大学，2017 年。

用均超过100亿美元。硅谷是创新创业者的天堂,这里不断涌现出新的科技和新的业态,这里就像角斗场,激励企业进行高研发投入,为进一步发展提供技术支撑。

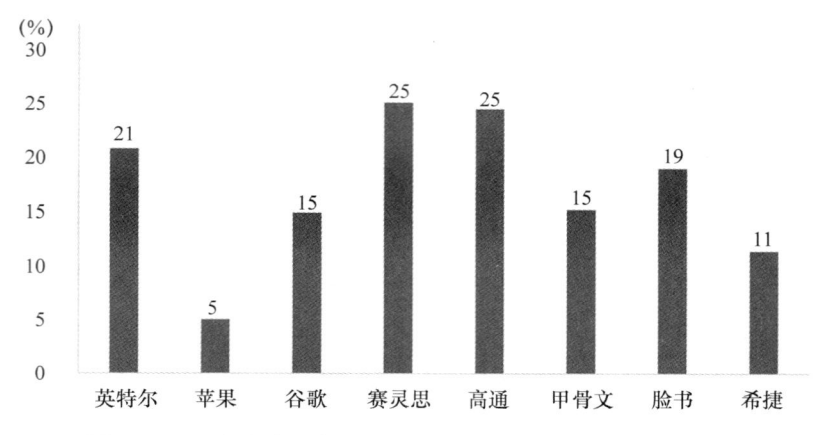

图7—1 旧金山湾区主要公司2017年研发费用占营收百分比

粤港澳大湾区近年来加大社会研发投入力度,2017年全社会研发投入高达130亿美元。近年深圳市大力扶持发展高新技术产业,2017年筹备组建了8个重大科技基础设施,并组建了诺贝尔奖科学家实验室3家、基础研究机构3家、制造业创新中心5家、海外创新中心7家,新设立新型研发机构11家和创新载体195家,并引进大量的专业型人才,致力于打造中国"硅谷"。

三 高等教育与人力资本

在一个创新型产业区域,高等教育的支撑力量不容忽视。高等院校致力于人才培养和科学研究,是社会创新体系的重要支撑。这里有大量的高层次知识人才、领先的科学研究环境,是整个社会知识创新、技术研发和成果转化的核心力量。综观四大湾区,均有一大批高水平的大学作为产业集群的支撑,为整个湾区的创新体系奠定良好的基础,进一步形成规模化的科技创新集群。

纽约湾区在世界100强大学所有量上居于首位(见表7—2);相比

之下粤港澳大湾区的高校教育资源也处于优势地位，5所世界100强大学彰显了该地区的教育实力；旧金山湾区的高校总体数量相对较少，但仍有9所高校进入世界100强，其中斯坦福大学在2017QS世界大学排名中位列第2；东京湾区拥有116所高等院校，占日本高校总量775所的15%，其中东京大学和京都大学代表了日本高等教育的最高水准。

表7—2　　　　　　　　　四大湾区高校数量　　　　　　　　　单位：所

	粤港澳大湾区	东京湾区	旧金山湾区	纽约湾区
高校数量	160	116	80	95
世界100强大学数量	5	2	9	16

纽约湾区的高校聚集效应较为明显，这里拥有世界顶尖级大学的"常春藤盟校"集群，并以此为枢纽产生了强大的辐射力和影响力。纽约州内有哥伦比亚大学、康奈尔大学和纽约大学，大湾区周边有哈佛大学、麻省理工、耶鲁大学、普林斯顿大学等闻名遐迩的世界一流大学，在美国"常春藤盟校"8所大学中有5所坐落于纽约湾区。在纽约湾区，有接近1/4的人口获取了硕士以上学位。在师资力量上，美国毫无疑问处于顶尖位置，独揽2015—2017年全球高被引科学家中的1641名（见表7—3），数量是排名第2英国人数的4.8倍。

表7—3　　　　　　　　全球高被引科学家排名

国家	2017年排名	2015—2017年累计人次
美国	1	1641
英国	2	344
中国	3	249
日本	10	75

旧金山湾区的高等教育主要包括以加州大学为代表的公立体系和以斯坦福大学为代表的私立体系，其特点是多层次、多形式、多类型，是

世界上高等教育系统的典范①，36%的诺贝尔奖获得者和全国20%的科学院院士出自于此。斯坦福大学是旧金山湾区高等教育的代表，受硅谷商业环境影响，斯坦福大学与实业合作交流丰富，创新创业氛围浓厚，为湾区的科技创新输送了源源不断的人才。自2009年开始，毕业于加州伯克利和斯坦福毕业的学生累计创办公司数量达2948家。

东京湾区是日本的金融和商贸中心，同样也聚集了日本最优秀的教育资源。这里有东京大学、早稻田大学、横滨国立大学、东京都市大学等120多所大学，校园数量占日本总量的1/5以上。2014年日本文部科学省启动了以培养国际化高素质人才和推动世界性研究为目标的"超级国际化大学"，大大提升了高等院校科技创新的积极性，在东京湾区完善的"产学研"体系带动下，为企业创新作出了突出贡献。

粤港澳大湾区的高等教育资源主要集中在广东和香港地区。广东省高等教育水平位居中国前列，拥有普通高等学校147所，近年清华大学和北京大学均在深圳设立了校区，提升了该地的人才培养环境。香港高等教育一直处于亚洲前列，其中香港大学、香港中文大学、香港科技大学、香港理工大学和香港城市大学均位列世界前100强。近年来，粤港澳地区广泛开展教育交流合作，广东、香港和澳门三地均开展了不同程度的合作办学和项目交流活动，致力于探索湾区人才培养的新模式②。

四　品牌创新

品牌创新主要研究的是各大湾区在发展过程中成长起来的企业品牌的影响力。企业是最具生产活力的创新组织，也是地区创新成果向世界传播的重要桥梁。在这里我们主要根据湾区的世界500强企业数量和BCG评选的最具创新力公司作为评估指标（见表7—4）。

---

① 欧小军：《世界一流大湾区高水平大学集群发展研究——以纽约、旧金山、东京三大湾区为例》，《四川理工学院学报》（社会科学版）2018年第3期。

② 冼雪琳、安冬平：《粤港澳大湾区高等教育现状及合作模式探讨》，《深圳信息职业技术学院学报》2017年第4期。

表7—4　　　　　　　　　四大湾区企业品牌指标　　　　　　　　单位：家

	粤港澳大湾区	东京湾区	旧金山湾区	纽约湾区
世界500强企业数量	16	70	28	22
BCG最具创新力公司	1	2	12	6

东京湾区凭借超大型的制造业产业集群，在世界500强企业中独揽70家，是四大湾区中拥有数最多的。旧金山湾区以高科技为代表，最具创新力公司有12家，比其他三个湾区加起来的总数还要多。纽约湾区的500强企业数略低于旧金山湾区，但仍有6家最具创新力公司。粤港澳大湾区在世界500强企业数和最具创新力公司数上均不占优势，存在很大的发展和追赶空间。

旧金山湾区的品牌创新影响力是四大湾区之首。在这里涌现了苹果、英特尔、高通等大量改变或改善人们日常生活方式的高科技公司（见表7—5）。苹果、Alphabet、脸书居于全球企业市值前5位，2018年8月，苹果公司股价创下207.39美元新高，推动公司市值突破1万亿美元，成为全球首家市值突破万亿的科技公司；优步、Airbnb等以共享经济为核心的初创企业规模不断扩大，同时催生了中国滴滴、摩拜等企业的诞生，共享经济红极一时。2017年，旧金山湾区的高科技产业就业增长率为5.2%，远高于其他三大湾区，湾区内的核心产业分别是互联网、计算机设计和生物医药。

表7—5　　　　　　　　　　四大湾区代表性企业

湾区	主要企业
旧金山湾区	英特尔、苹果、谷歌、脸书、赛灵思、高通、闪迪、惠普、甲骨文、希捷、西部数据
纽约湾区	摩根大通、花旗、美国国际集团、美国大都会集团、IBM、通用电气、Verizon、保德信金融、菲利普·莫里斯、穆迪、惠誉国际
日本湾区	富士通、本田、三菱、索尼、丰田、东芝、佳能、日本理光、日立、NEC、NTT
粤港澳大湾区	华为、中兴、腾讯、网易、大疆、富士康、茂业集团、招商银行、比亚迪、方大集团、飞亚达、周大生

纽约湾区作为国际金融心脏，金融行业的创新力和影响力是其核心

竞争力。纽约湾区极具产业趋势嗅觉，在城市发展的不同时期，先后作为美国的贸易中心和轻工业制造中心。在"二战"之后，纽约的服务业迅速崛起，新型的金融服务业和商贸服务业代替传统制造业成为支柱型产业，发源于纽约的高盛、摩根士丹利和花旗银行等金融企业影响力已遍布世界各地。

东京湾区的品牌创新主要得益于日本制造业立国的产业政策支持以及欧美发展重心向第三产业转移的"去工业化"趋势。20世纪50年代开始，日本的汽车产业开始进入快速成长期，70年代后电子产业开始快速发展，进入90年代日本汽车产业的国际市场占有率已经非常高，2000年后电子产业也进入稳定发展期[①]。目前电子产业和汽车产业是日本的主导产业，索尼、松下、夏普等电子企业，以及丰田、本田、三菱等汽车企业，均是日本制造业高度产业创新的代表。

粤港澳大湾区尤其是广东地区的制造业优势明显，例如华为、中兴作为通信设备商的后起之秀，已成为全球四大设备商之二。粤港澳大湾区的品牌创新影响力来自技术扩散过程中发展中国家追赶的替代效应，华为、中兴等国内企业在追赶发达国家巨头如诺基亚、爱立信等企业的过程中，核心技术差距逐渐缩小。与此同时，一方面由于国内生产成本和人力成本低，国内企业享受了"工程师红利"；另一方面，出于行业对信息安全的特殊要求，诺基亚、爱立信在国内的市场份额逐渐被华为和中兴所替代。在追赶过程中，华为、中兴等企业逐渐成长为具备国际影响力的主设备商。

五　金融支持

金融支持中我们主要关注地区的资金流动性，二级市场作为金融中资金流动性最强的领域，是一个重要指标。二级市场具备一定的入市门槛且具有很强的融资功能，是企业资金融通的重要来源，可以很好地体现该地区的金融支持状况。

四大湾区中纽约湾区金融支持优势明显。纽约是全球规模最大、

---

① 陈庭翰：《21世纪日本制造业企业竞争战略调整研究》，博士学位论文，吉林大学，2017年。

最发达的金融中心，纽约交易所和纳斯达克交易所均扎根于此，道琼斯指数和纳斯达克指数的影响力更是冠绝全球，目前金融服务业在湾区GDP中占比高达15.39%，金融交易十分活跃。纽交所市值超过16万亿美元（见表7—6），有2758家企业在此上市；纳斯达克市值4.58万亿美元，主要是为中小企业提供融资平台，因此上市企业数较多，达5400家。

表7—6　　　　　　　　　四大湾区主要证券交易所

	纽交所	纳斯达克	东证所	深交所
市值（亿美元）	166130	45820	34780	33000
上市企业数（家）	2758	5400	1777	2300

东京湾区是最重要的国际金融中心之一，这里有日本最大的证券交易所——东京证券交易所，几乎包揽了全日本证券交易量的80%。东京证券交易所的市值规模为3.478万亿美元，位居世界第4，共有1777家企业在此上市，是东京重要的经济中枢。从整体来看，东京的金融市场主要以金融机构进行间接投资为主，证券交易整批性强、单笔数量大，从而发行市场不甚活跃，反而债券市场相对发达。这也是东京证券交易所与主流证券交易所差距所在。

近年来粤港澳地区的金融影响力上升趋势明显。深圳证券交易所自1990年成立以来，共有2300家企业在此上市，市值已达3.3万亿美元，与上海证券交易所一起是中国最重要的两大证券交易所。根据2014年全球金融中心指数显示，深圳的金融业竞争力排名为第18，香港则位列第3。其他三大湾区的排名分别为纽约湾区第1、旧金山湾区第10、东京湾区第6。近年来，随着深圳地区创新型企业不断涌现，VC（Venture Capital，风险投资）/PE（Private Equity，私募股权投资）也迅速发展起来，2017年深圳本土VC/PE机构数量达3172家（见图7—2），是中国一级市场投资最为活跃的地区之一。未来中国进一步加强金融市场建设，不断进行金融市场改革，深港地区的金融业具有很强的竞争潜力。

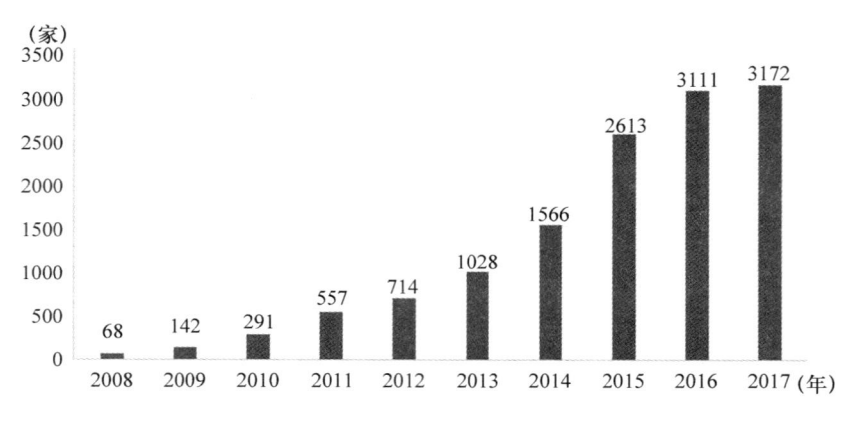

图 7—2 深圳 VC/PE 机构数量

年份	数量（家）
2008	68
2009	142
2010	291
2011	557
2012	714
2013	1028
2014	1566
2015	2613
2016	3111
2017	3172

旧金山湾区的硅谷是美国创业最活跃的区域，与此同时也吸引了大量风险投资和天使投资资金。数据显示，2016 年硅谷获得 1 亿美元以上的风险投资企业数为 17 家，风投总额高达 231 亿美元。硅谷的风险投资总量占加州的 73.6%、天使投资量占 74%、IPO（Initial Public Offerings，首次公开募股）交易量占 57%、企业并购占 36%，专利申请书也是加州的 53.6%。旧金山、圣玛蒂奥和圣塔克拉拉三个郡的生产总值之和约为 3700 亿美元，人均产出超过 10 万美元[①]。

六　创新口碑

当地企业的影响力是一个地区创新影响力的重要体现，一个地区代表性企业的发展状况是该地区创新创业成果的重要体现。在这一部分我们针对旧金山湾区的代表性企业苹果公司和粤港澳大湾区的华为技术有限公司进行运营状况分析，进一步了解不同湾区之间产业创新的模式。

（一）旧金山湾区：苹果公司

"创新"已经成为苹果公司的代名词。苹果公司的创新已经不局限于产品本身，它所改变的是人们的整个生活方式。除此之外，苹果公司

---

① 蒋玉宏、王俊明、朱庆平：《从〈2017 硅谷指数〉看美国硅谷地区创新创业发展态势》，《全球科技经济瞭望》2017 年第 3 期。

的产品具备强大的产业链影响力，每发布一件新产品，都能或多或少地成为行业标杆。

1. 智能终端革命

2007 年 1 月 9 日，乔布斯在旧金山马士孔尼会展中心的苹果公司全球软件开发者年会中推出第一代 iPhone，开启了智能手机的移动终端革命。2008 年 6 月支持 3G 的 iPhone 3G 发布，其美观的设计搭配流畅的网络迅速获得了消费者的追捧，此后每年更新一代的 iPhone 出货量逐年上升（见图 7—3）。曾经饱受追捧的移动终端巨头诺基亚和摩托罗拉则迅速淡出人们的视野，即使后期有意复出也终究是不温不火，手机终端的市场格局从此改写。

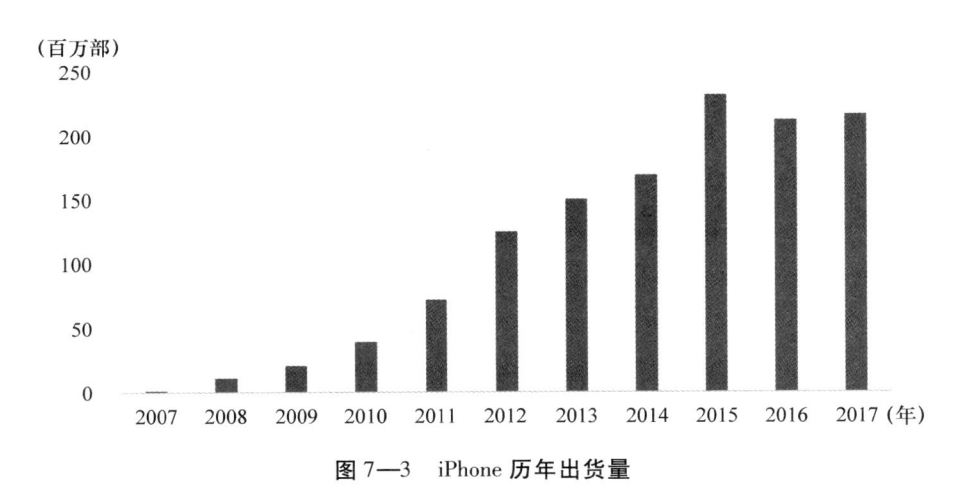

图 7—3 iPhone 历年出货量

苹果公司的 iPhone 不仅以一己之力掀起了智能手机的革命，并且带动了智能软件终端的发展。一是即时通信软件，类似于 QQ、微信等手机端即时通信软件迅速活跃起来，以文字交流为主、语音和视频通话功能为辅的社交软件受到年轻人的追捧，逐渐改变着人们的交流方式；二是视频软件，人们摆脱电视电脑等固定终端的限制，可以在移动终端上随时随地观看视频，甚至出现自媒体的形式；三是手机游戏，2008 年随着 iOS 及安卓系统的诞生，苹果成功地开创了触屏手机的先河，在手游脱离物理键盘的束缚后，一系列新型手游以一年一款的速度迅速占据了市场份额，手游也成为人们日常娱乐的重要方式之一。

近年来，苹果先后发布了 Apple Watch、iPad、AirPods 等创新设备，在拓展智能硬件领域具有开创性意义。iOS 的系统架构和封闭生态进一步优化了产品的交互流畅度，这些产品仍然延续了苹果产品领先的使用体验和功能性的特点，迅速获得了可观的市场份额。

2. 生态系统绑定客户，服务业务创收

苹果自成一派的 iOS 系统及其相关的产品生态系统一直是绑定客户的最佳途径。iOS 在系统架构上具备独特优势，与 PC 端的 Windows 系统和移动端的 Android 系统相比，其运行更流畅、安全性更强，加之苹果 Mac、iPhone、iPad、Apple Watch 等产品多管齐下，强大的用户体验使得客户黏性极强。在形成完整的生态系统下，苹果公司开展了 App Store、Apple Pay、iTunes、iCloud 等服务业务。2016 年，开发者在 iOS 平台上所缴纳的"苹果税"达 85 亿美元，占苹果公司收入的 4%。目前，服务业务收入已经超过 Mac 和 iPad，成为苹果仅次于 iPhone 的第二大营收项目。

3. 直营店的销售模式巩固品牌定位

苹果的直营店（Apple Store）是其营销过程中的重要一环，店面设计突出科技感与时尚感，对应着苹果简约的品牌文化。2001 年，苹果公司在加州和弗吉尼亚州开设了 Apple Store，到 2017 年，苹果公司已在全球 20 多个国家和地区共开设了 495 家直营店，其营业收入占公司总体营收的 10%。数据显示，Apple Store 每平方英尺的年营业额为 5546 美元，甚至比奢侈品商店的营业额还要高。高营业额离不开苹果对于 Apple Store 的定位。这些直营店大多选址在租金高昂的精华商业中心，展示风格多为极简的低调风格，消费体验上也都尽显高端消费的特色。这样的定位可以吸引目标人群进店消费，并在无形之中扩大品牌影响力。每年新产品发布时商店前消费者排的长队，也是各大媒体争相报道的对象。

（二）粤港澳大湾区：华为

华为是粤港澳大湾区的重要企业代表，是全球四大通信设备商之一，也是国内创新能力最强、影响力最广的企业之一。在 5G 全球布局中，华为凭借过硬的技术积累实现弯道超车，成为全球 5G 商用能力最强的通信设备商。

1. 创新能力位于前列，推进国际标准制定

华为是全球5G标准研究制定的主要参与者和贡献者，彰显了其强大的创新实力。华为是全球通信行业主要专利持有者之一。自2017年参与3GPP 5G新空口（5G NR）标准化制定开始，华为凭借先进的5G技术优势，成为标准推进过程中不可忽视的力量。在与老牌通信巨头的博弈中，华为更是顶住压力推进Polar Code（极化码）成为5G控制信道编码方案，为国内通信产业争取了发展空间。目前华为已经获得了22个5G商用合同，并与全球50多家运营商开展5G商用测试。

2. 核心技术行业领跑，5G终端技术专利积累雄厚

华为的技术能力在行业中保持领先地位，在近期举行的5G国家测试中表现优异，以通过率100%的优异成绩率先完成国家5G试验三个阶段的网络测试。华为目前已经拥有有关5G标准专利61项，占比居全球第一，领先苹果与三星，5G研发进展顺利（见表7—7）。在中国5G的发展进程中，政府的战略性布局发挥了举足轻重的作用。2013年2月，工信部、发改委和科技部共同成立IMT-2020（5G）推进组，通过牵头组织5G试验，推进5G工作计划。5G国测是中国政府官方对各产业链厂商展开的测试，为技术研发进行了系统规划，推动了整个5G研发和测试的有序进行，在产业链的标准制定过程中起到了标杆作用。

表7—7　　　　　　　　　　华为5G终端设备推进进展

时间	主要进展
2018年1月	联合德国电信司推出全球首个5G商用网络
2018年2月	发布了全球首款基于3GPP标准5G商用芯片和终端
2018年3月	提供符合3GPP标准的5G端到端网络设备，推出面向规模商用的5G全套网络解决方案
2019年3月	预计推出基于独立组网（SA）的5G商用系统
2019年9月	预计推出基于非独立组网（NSA）的全套5G商用网络解决方案

3. 全球市场占有率有望大幅上升

国内设备商中兴通信和华为势头正猛，爱立信、诺基亚竞争优势下降。华为在2018年前三季度全球电信设备市场份额达28%，此前宣布已在中国境外出货10000个5G基站。全球5G投资周期即将到来，华

为市场份额有望大幅上升。海外设备商爱立信和诺基亚迎来业绩寒冬，全球三年CAGR（Compound Annual Growth Rate，复合年均增长率）均为负数；从2017年的业绩来看，爱立信和诺基亚扭转竞争优势的下降依然有难度。因此，预计未来两年华为在海外和国内市场的份额会有所提升，在全球的影响力逐步扩大。

七 对粤港澳大湾区的发展启示

（一）优化创新环境，形成联动效应

区域中创新主体的要素投入和产出之间会形成联动效应，主体之间相互交流、相互促进、相互制约，能够加强区域的创新能力和产业稳定性。硅谷的成功离不开创新企业之间的交流和碰撞，其中的产业竞争、产业合作都在无形之中加强了该地区的协同创新能力。地方政府要发挥主导作用，优化创新环境，形成产业集群。当然这并不意味着政府要划定封闭的高科技产业圈，而是依托深圳、香港等地的产业优势，为企业创造良好的外部创新环境，激发企业的创新欲望，加强资金、人才和其他生产要素的流动性，为企业塑造完善的创新生态系统。

（二）加强高等院校的创新创业教育

高等院校的人才是企业科研、创新的中坚力量，也是社会中最具创新活力的人群，高校的科研成果更是科技前沿的宝贵财富。细数纽约湾区和旧金山湾区的发展路径，高校人才为区域的创新发展输送了最新鲜的血液。因此，只有引领高校科技人才走向实业，才能更好地形成知识链—专业链—产业链的生态闭环。一方面，加强企业和高等院校的交流联动，对高校人才给予良好的创新创业指导，形成良好的氛围和环境；另一方面，加强校园的创新创业教育，加强学生的产业责任感，在脱虚向实的大背景下，引领更多的优秀人才为产业创新作出贡献。

（三）进一步激发中小企业活力

中小企业是技术创新的重要力量，是行业创新的先行者。但中小企业的生存状况并不理想，往往在财务上会遭遇问题，导致其研发项目或初始项目难以投入运营，"融资难"也已经成为社会热议的话题。普遍

认为中小企业公司规模较小、盈利状况不稳定，难以在银行等金融机构获取融资，于是中国商业银行在政策上对中小企业的融资有所倾斜，即使在金融"去杠杆"的大背景下也呼吁银行和证券公司勇于"背锅"，确保中小企业的财务稳定。

市场经济是优胜劣汰的，在危机和机遇的环境下发展才是企业走向长远的正途。一味通过贷款的政策倾斜普遍输血并不能起到根本作用，反而会影响市场正常的进入退出机制。应该进一步发挥市场的调节作用，推动一级市场的风险投资、私募股权投资的发展，以市场的力量选择优质的企业。同时银行做好贷款、质押业务的风险控制工作，保持业务开展原则的一致性，加强金融市场的系统稳定性。

"开源"可以交给市场来解决，政府最重要的是为企业"节流"。目前企业最需要的应该是减负。2018年7月20日，中共中央办公厅、国务院办公厅印发了《国税地税征管体制改革方案》，明确自2019年1月1日起基本养老保险费、基本医疗保险费、失业保险费、工伤保险费、生育保险费等各项社会保险费交由税务部门统一征收。社保由税务部门全责征收后，企业按照员工工资全额缴纳社保，薪酬成本大幅提升。尤其是对粤港澳地区来说，高科技产业和金融产业人才需求高，职工薪酬是企业运营成本的重要部分，社保负担的增加势必会挤占公司其他方面的支出。根据行业测算，对于计算机、通信和互联网行业来说，社保新规后平均社保基数翻番，社保缴纳总额增长80%以上，企业净利润下降平均比例为30%左右。

因此，减小中小企业和科技创新型企业的社保和税费负担将是促进区域创新创业发展的重要工作。一方面，可以进行中小企业和科技创新型企业的社保抵扣力度，进行部分税费抵扣，或者在基数和缴纳额上给予优惠；另一方面，可以加大企业研发投入的抵扣力度，即为企业的研发运营减小成本，又能促进产业向科技创新的方向发展。近日，财政部、国家税务总局、科技部联合发布通知，企业开展研发活动中实际发生的研发费用，按照实际发生额的75%在税前加计扣除；形成无形资产的，按照无形资产成本的175%在税前摊销，并拓宽了之前科技型中小企业的范围。这一举措将大幅提升企业的净利润水平，令我们对科技创新型企业和产业区的未来充满信心。

第八章　四大湾区宜居影响力解析

近年来,随着人们对生活和生态环境重视程度的增加,区域生活的"宜居性"(City livability)受到了广泛的重视,伦敦、巴黎、纽约等一些国际大都市已经将宜居作为一项重要目标纳入区域建设的总体规划中。而中国也在 2015 年 12 月 20 日召开的中央城市工作会议上,把"宜居城市"和"城市的宜居性"提到了前所未有的战略高度,明确指出要"提高城市发展宜居性",并把"建设和谐宜居城市"作为城市发展的主要目标(张文忠,2016)。而在湾区的建设过程中,由于需要协调区域内部产业、人才及资源的流动和协作,这也就对湾区的宜居性建设提出了更高的要求,同样也为区域整体宜居性的发展提供了良好的机遇,本章从经济发展水平、社会治安水平、环境水平、公共服务以及宜居口碑等方面对世界四大湾区的宜居情况进行分析,进而为粤港澳大湾区的发展提供建议。

一　经济发展水平

一个地区的经济水平发展状况是衡量居民生活水平的重要指标,因此,也是影响一个地区宜居水平的重要因素(顾文选、罗亚蒙,2007)。本章从居民收入水平、消费支出及失业率等维度对四大湾区的经济发展水平进行分析,从而体现四大湾区在居民经济条件方面的特征(温婷、蔡建明、杨振山,2014)。同时,在此基础上,本章也对各个区域中的重点城市进行着重分析,进而展现四大湾区在经济发展方面的异同。

（一）粤港澳大湾区

随着中国整体经济水平的不断发展，以及粤港澳大湾区的一体化进程不断推进，粤港澳大湾区的经济水平实现了高速的发展，居民收入也不断提升（见图8—1），2010年及2011年的增长水平均超过10%，即使在2015年、2016年增长速度略有降低，但在2017年仍旧实现了超过7%的增长水平。2010年的粤港澳大湾区的居民人均年收入仅为6000美元，而到了2017年湾区居民的人均年收入已经超过10000美元（约10123美元），体现了在这一阶段粤港澳大湾区居民生活水平的显著改善。需要指出的是，虽然粤港澳大湾区的居民收入水平远高于中国大陆平均水准（约4000美元），但这一高水平的居民收入主要来自香港和澳门地区，而其他城市中仅广州、深圳和珠海三个大型城市的居民收入水平超过10000美元，居民生活水平相较于发达国家仍有进一步提升的空间。

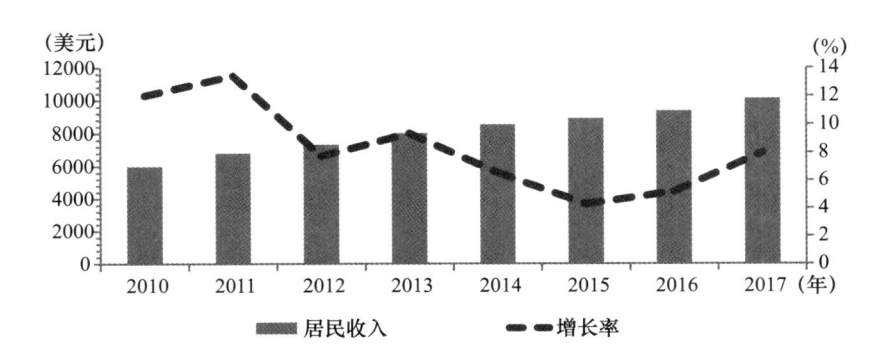

图8—1 粤港澳大湾区居民收入水平（2010—2017）
资料来源：广东省统计年鉴、广州等市统计公报、香港统计年刊、澳门统计年鉴。

另外，从失业率方面来看（见图8—2），自2010年以来粤港澳大湾区的失业率一直维持在一个较低的水平（低于2.5%），且较为稳定，这主要得益于粤港澳地区的突出的经济发展表现。同时，失业率较低也在一定程度上保证了该地区经济及社会发展的稳定性，从而体现了粤港澳地区的较高的宜居水平。

香港作为粤港澳大湾区的代表城市，其经济发展水平也一直在湾区

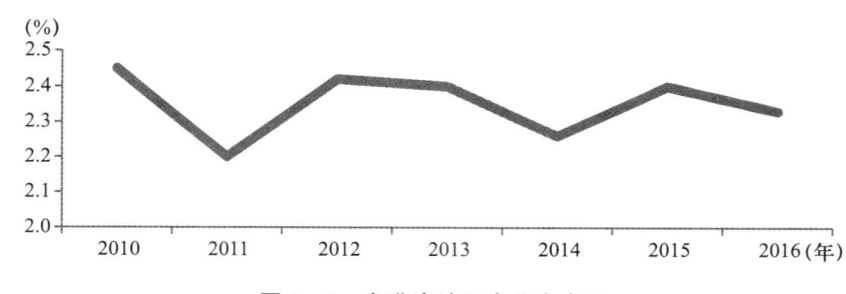

图 8—2 粤港澳地区失业率水平

资料来源：广东省统计年鉴、广州等市统计公报、香港统计年刊、澳门统计年鉴。

各个城市中保持领先的位置，而与此同时，香港作为国际重要的经济、贸易中心，其物价水平也一直处于较高的水准，从而影响了城市的宜居水平。从图8—3中可以看出，虽然最近几年香港居民的消费支出仍旧不断增长，但可以看出，消费支出的增长水平低于居民收入水平的增长，因此，居民消费支出占比也在近几年不断下降，由2010年的0.83到2017年的0.73；体现了香港宜居水平的不断改善。居民的真实收入水平是衡量区域宜居水平的重要依据，对于粤港澳地区整体而言，在不断促进大湾区经济水平发展的同时也应当注重湾区居民宜居环境的改善，保证居民收入的增长水平高于生活支出的增长水平，真正实现居民经济环境的改善和生活水平的提升。

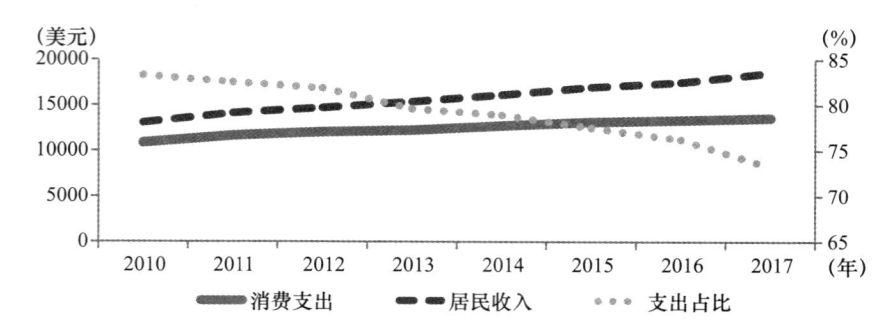

图 8—3 香港地区居民收入及支出情况

资料来源：香港统计年刊。

（二）东京湾区

东京湾区作为日本主要的经济发展集群，已经达到较高的经济发展水平，人均居民收入也已达到20000美元（见图8—4），同时，也可以看出，虽然东京湾区的居民收入水平较高，但是，其增长已呈现明显放缓的趋势（增长率低于5%），甚至在2013—2015年出现负增长情况。这主要与日本整体经济发展停滞、人口老龄化以及缺乏新经济增长点等因素有关，从而导致整个东京湾区的经济环境萧条。经济环境的萧条也会影响居民的幸福感，进而降低整个区域的宜居感受。因此，对于东京湾区而言，促进经济的持续发展是改善区域宜居环境的重要途径。

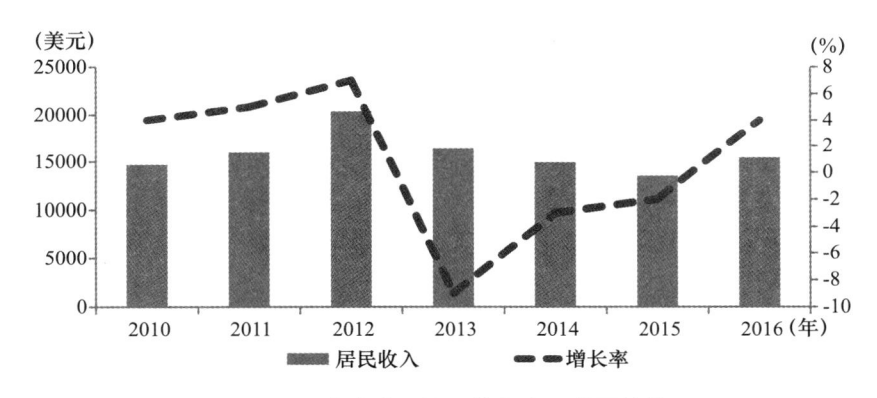

图8—4 东京湾区居民收入水平发展趋势

资料来源：日本经济年鉴。

与居民收入水平的表现相一致，自2010年以来，东京湾区的失业率一直处于较高的水平（见图8—5），在2014年以前失业率达到5%以上，而从2015年开始，随着日本政府制定的一系列经济刺激政策的出台，日本经济整体回暖，东京湾区作为日本最大的城市经济集群，其失业率也呈现出下降的趋势，截至2016年，东京湾区的失业率水平已经降到4%以下，显示出经济向好发展的信号。这一方面可以为居民提供更好的经济和生活环境，降低居民生活的压力；另一方面，也可以提升居民对于经济发展的信心，从而提升东京湾区的宜居水平。

东京是整个东京湾区的代表城市，也是整个区域的经济核心，因此，其经济发展水平高于湾区的平均水平，但是东京也同样受制于日本整体的经济下滑影响，经济发展出现停滞（见图8—6）。而居民消费支出却呈现明显的增长趋势，由2010年的年消费支出15000美元增长到

图 8—5 东京湾区失业率

资料来源：日本经济年鉴。

2016年近17000美元，与此同时，支出占居民收入的比重由80%增加到了现在的90%以上。因此，即使东京湾区呈现出经济向好发展的趋势，如果想真实提升居民的生活水平，改善区域的宜居环境，仍旧需要进一步提升经济发展水平并有效控制物价上涨，降低居民的生活压力。

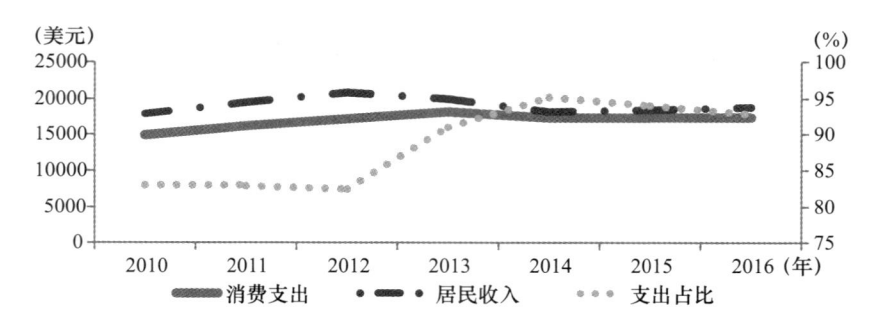

图 8—6 东京居民收入及消费支出情况

资料来源：日本经济年鉴。

同时，从表8—1中可以看出，2010—2016年，住房成本占东京居民生活成本的比重一直处于一个较高的水平，这也与大多数国际大型城市的发展情况类似，随着城市经济水平的不断发展，城市化水平不断提升，城市人口密度也会随之增加，从而导致区域的居住成本较高。因此，房价和房租也是影响东京居民甚至是整个东京湾区居民生活质量的重要影响因素。粤港澳大湾区在发展过程中也应当注重对于房屋、食品等基本生活品价格的控制，以防在经济过快增长过程中导致居民生活水平的下降，影响区域的人才吸引力。

表 8—1　　　　　　　　　东京居民生活成本

年份	住房支出（美元）	生活成本（美元）	住房支出占比（%）
2010	5425	11379	48
2011	5771	12369	47
2012	6139	13158	47
2013	7090	13809	51
2014	6110	13097	47
2015	6033	13255	46
2016	5929	12869	46

资料来源：日本经济年鉴。

（三）纽约湾区

2016年纽约湾大都会区的GDP总量为1.6万亿美元，占美国GDP总量的9.89%，列各大都会区头名，相当于同年全美各州排名第2和世界国家排名第10的经济水平。以2010年数据为基准，纽约湾大都会区GDP总量在五年间的增幅略低于全国0.92%。泛金融业及旗下金融和保险科目的五年增幅均较缓于全国，但泛金融业在湾区经济中占比提升0.85%，达到32.87%；在全国泛金融业占比15.16%，金融和保险科目稳固占比21%。由此可见，纽约湾区泛金融业增速虽放缓却无碍于其对湾区经济的贡献和在全国金融业内无可撼动的霸主地位。

同时，借助其良好的经济发展水平，截至2016年，纽约湾区的居民人均收入已达到50000美元（见图8—7），显示出纽约湾区作为全球的经济、金融中心所带来的强大经济优势。与此同时，居民收入水平仍旧保持了较为稳定的增长势头，实现了接近美国平均水平的居民收入增长率（2.5%），保证了居民较为稳定的经济环境。但是，从失业率的角度来看，由于受到2008年次贷危机的影响，2010年整个纽约湾区的失业率达到惊人的9.2%（见图8—8），一定程度影响了社会的稳定，降低了纽约湾区的宜居水平。而随着美国经济的不断复苏，纽约湾区经济也不断向好发展，2017年纽约湾区失业率已经降到5%以下，并且呈现出进一步下降的趋势，保证整个区域经济及社会发展的稳定。

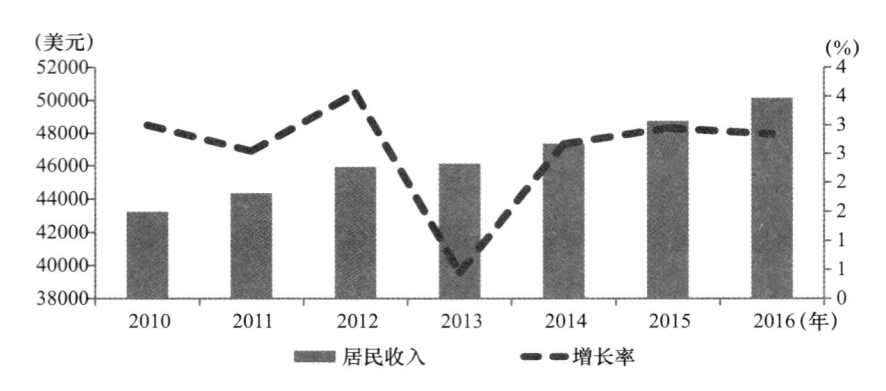

图 8—7 纽约湾区居民收入水平发展趋势

资料来源：美国经济年鉴。

图 8—8 纽约湾区失业率

资料来源：美国经济年鉴。

值得注意的是，虽然纽约湾区的居民收入水平较高，但是，其消费支出同样处于较高的水平。根据美国统计局数据显示，纽约的生活成本指数为 164.6（美国平均水平为 100），从而说明纽约高经济发展水平带来生活成本的提升。另外，纽约的住房成本也比较高，平均房屋价格达到 778606 美元，而租房的平均价格达到 1351 美元，也对该区域生活的居民形成了较大的生活压力。但是，相对于该区域居民的平均收入而言，其生活成本和住房成本的占比远低于东京、香港等地，甚至低于旧金山湾区，从而表现出纽约湾区在经济环境方面表现出的宜居属性。

(四) 旧金山湾区

2016 年旧金山湾区联合统计区的 GDP 总量为 7585.01 亿美元（见

图8—9），占美国GDP总量的4.68%，相当于2016年全美各州排名第6和世界国家排名第17的经济水平。以2010年数据为基准，旧金山湾联合统计区GDP总量在五年间的增幅比全国高出12.62%。细分湾区GDP各行业，泛金融业（金融、保险、房地产、租金与租赁）、专业及商业服务和制造业是湾区经济的三大支柱，分别占据湾区GDP总量的19.13%、17.77%和15.96%。作为湾区经济支柱龙头，虽然泛金融业增幅20.73%，然而湾区经济占比却回落1.96%，不过该项的全国占有率仅减少0.1%，说明实际上泛金融业的局部回落对其整体经济占有率的影响并不明显。

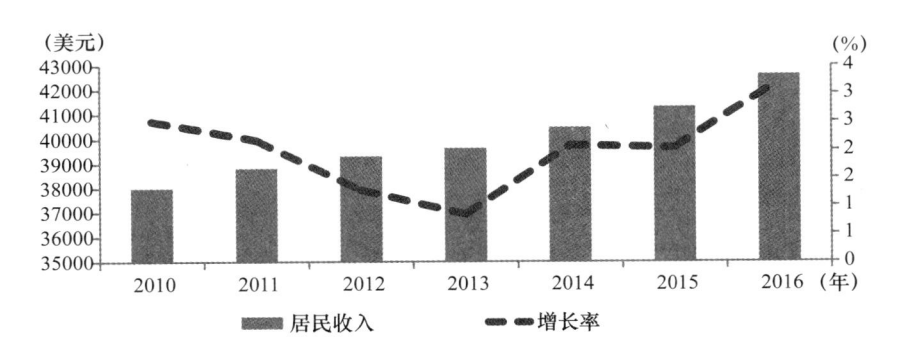

图8—9 旧金山湾区居民收入水平发展趋势

资料来源：美国经济年鉴。

同时，借助旧金山湾区在美国经济发展中的重要地位，其居民收入水平也一直处于较高水平，截至2016年，旧金山湾区的居民人均收入已经达43000美元，并且一直处于平稳的增长趋势当中（1%—3%），从而说明该区域能够为居民提供良好的经济发展环境。另外，与纽约湾区类似，由于美国整体经济受到次贷危机的冲击，2010年旧金山湾区的失业率水平达到接近9%的水平（见图8—10），但是，随着经济的不断复苏，旧金山湾区的失业率也不断下降，到2016年已恢复到3%左右的水平，保证了经济持续平稳的发展，为居民的宜居环境创造了条件。

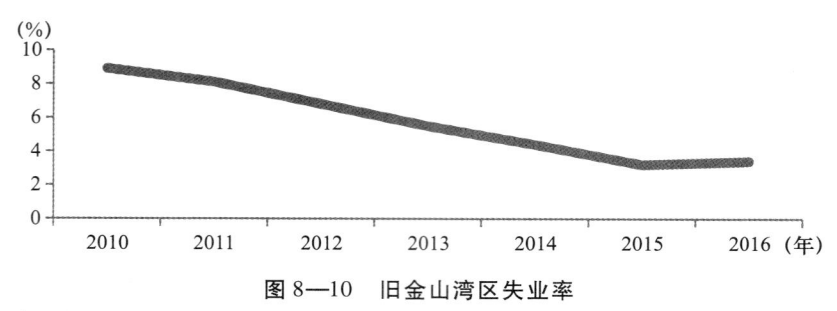

图 8—10 旧金山湾区失业率

资料来源：美国经济年鉴。

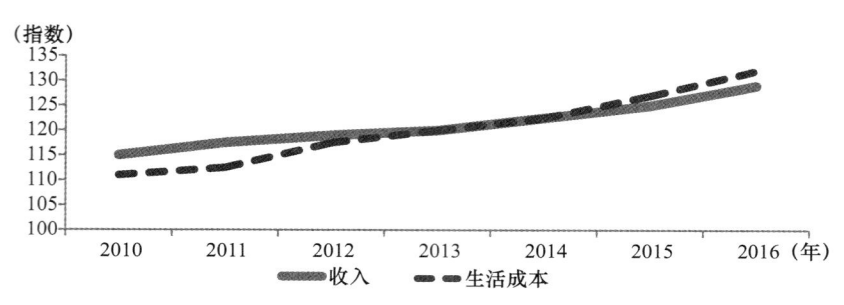

图 8—11 旧金山湾区居民收入及生活成本增长情况

资料来源：美国经济年鉴。

虽然，旧金山湾区的经济环境较好，居民收入呈现不断增长的趋势，但是，从图 8—11 中可以看出，近几年旧金山湾区的居民收入增长水平明显低于生活成本的增长水平，即居民的生活水平呈现出下降的趋势，这无疑会影响人们的生活质量，从而对旧金山湾区的宜居水平造成负面的影响。因此，在关注区域经济发展水平的同时也应当注重区域内部的经济平衡，实现物价水平的平稳发展，保证居民稳定的经济环境。

作为旧金山湾区的代表城市，旧金山市居民同样有着与纽约等大型城市居民一样高收入、高支出的特点，甚至旧金山的物价水平要高于纽约。根据美国统计局数据，旧金山的居民生活成本指数为 169.8（美国平均水平为 100），代表了非常高的居民生活消费支出水平。同时，旧金山的住房成本同样高于纽约，其平均房屋价格为 109731 美元，平均房屋租赁价格为 1784 美元，甚至高于纽约，导致旧金山市的居民生活压力较大，从而影响居民整体的生活质量。因此，作为旧金山湾区的代表城市，旧金山市虽然在整体经济发展水平以及经济环境方面有着突出的表现，但是由于其在生活成本方面的压力导致其在城市宜居性的表现受到一定负面的影响，降低了湾区整体的宜居水平。

二 社会治安水平

社会治安是衡量城市安全性的主要指标，即评价居民居住在这个城市是否安全，居民的生命和财产能否得到保障，所以，也是影响一个区域居民生活质量的重要因素（李丽萍、吴祥裕，2007）。本节从区域犯罪率、警力情况以及城市安全指数等几个维度对四大湾区的社会治安水平进行评价（陆仕祥、覃青作，2012）。但是，由于受到数据的限制，在本节中我们仅对四大湾区的典型城市的治安水平进行考察。

（一）粤港澳大湾区

香港作为国际著名的贸易、金融中心，其在城市安全性方面的表现也一直受到国际的认可，被《经济学人》评为全球十大安全城市之一。从犯罪率方面来看，香港的城市犯罪率一直处于一个较低水平，每十万居民犯罪率已经低于 1000 件，并且犯罪率还有不断下降的趋势，表明了香港在控制犯罪方面的成功（见图 8—12）。同时，值得注意的是，虽然香港的犯罪率较低，但是其所付出的警力却相对较少，每千人警力数在 3 人左右，体现了香港警方在控制犯罪方面的高效，也可以很好地控制维护社会治安的成本（图 8—13）。

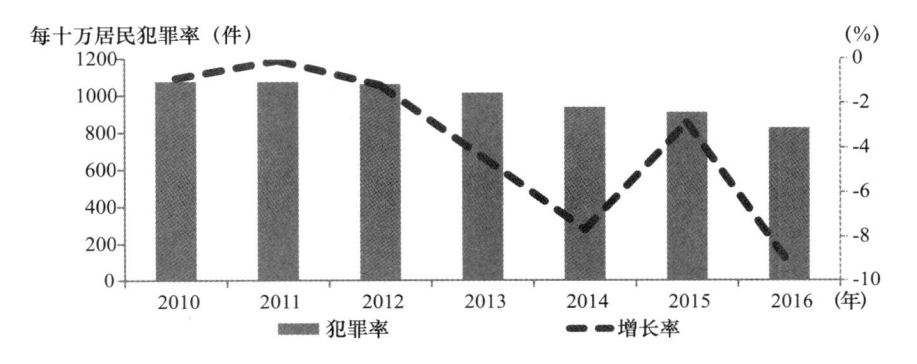

图 8—12 香港犯罪率

资料来源：香港警察公开网站。

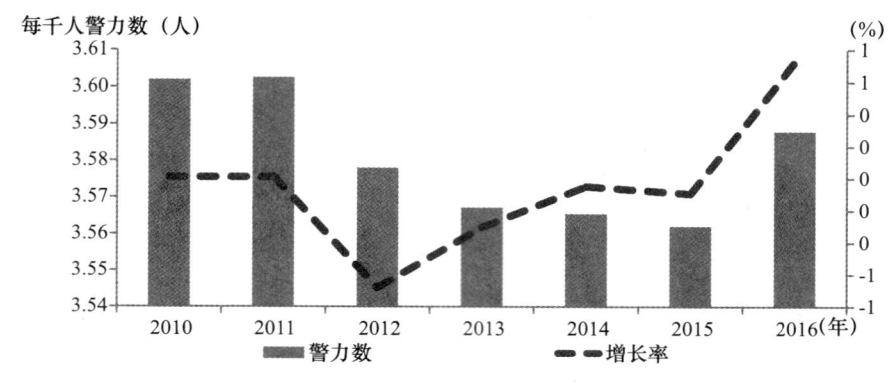

图 8—13　香港警力情况

资料来源：香港警察公开网站。

此外，根据经济学人智库在 2017 年统计的全球安全城市榜单中，香港得分 86.22，位列第 9，是粤港澳大湾区唯一入选全球安全城市的城市。因此，在社会治安的维护、罪案防治方面粤港澳大湾区中的其他城市应当学习香港的成功经验，控制区域犯罪率的同时保证资源的高效利用，从而提升区域整体的治安水平，为居民提供更加安全的生活环境，这也是保证湾区可持续发展的重要影响因素。由于中国对于治安的重视，加之粤港澳大湾区整体人口教育水平较高，因此其整体治安水平较高，但是未来随着经济的不断发展，粤港澳大湾区将积聚越来越多的人口，也将对治安水平提出更高的要求，粤港澳大湾区在治安方面应当有更多的联合和协同，保证区域的长治久安。

（二）东京湾区

日本向来是世界公认的安全国度，其中，东京作为日本的首都，也一直被认为是全球最为安全的城市之一（王宏伟，2009）。拥有 1350 万人口的东京都是世界人口最多的城市，其人口密度达到 6160 人/平方公里。虽然超高的人口密度也使东京都成为日本犯罪立案件数最多的城市，但是，实际上日本的犯罪率却是发达国家城市中相对较低的（见图 8—14）。具体来看，东京的犯罪率由 2010 年的每十万居民 1500 件不断降低，截至 2016 年东京的犯罪率已经降低到每十万居民 1000 件的水平。在人口如此密集的环境下，依旧可以实现犯罪率的不断下降，由此也可以看出东京在控制犯罪、维护社会治安方面的成功。同样值得关注的是，在东京犯罪率不断下降的这几年间，东京的警力实际上也是在不断下降的（见图8—15），截至2016年，东京每千人警力数已经下降到3.2人左右，从而可以体现出东京在维护社会治安方面的效率不断提升。

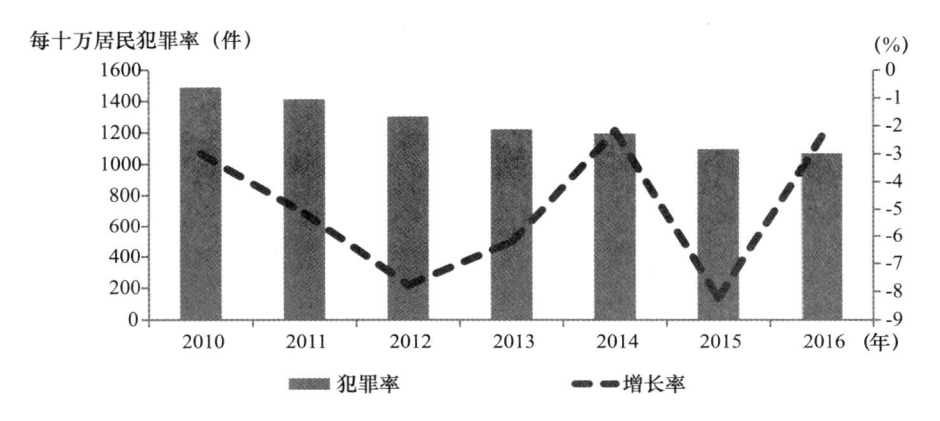

图8—14 东京犯罪率

资料来源：东京治安年鉴。

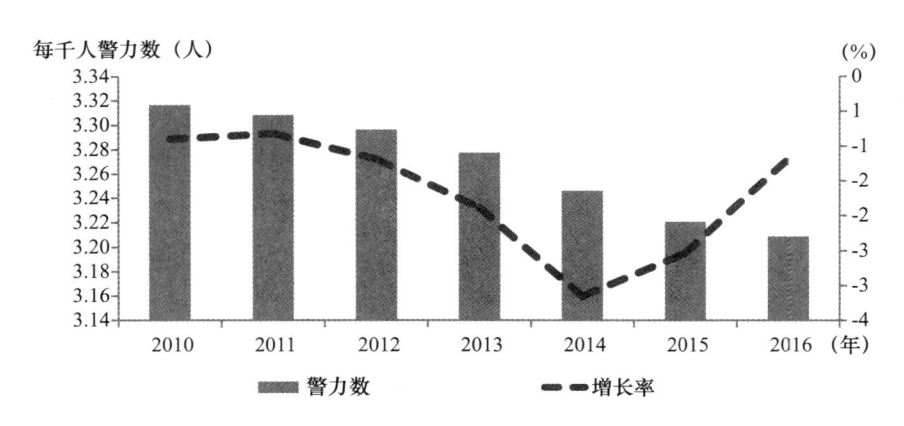

图8—15 东京警力情况

资料来源：东京治安年鉴。

此外，在2017年经济学人智库统计的全球安全城市榜单中，东京位列第1，得分85.63，体现了其在城市安全方面的优异表现。同时也可以看出东京在城市安全方面在全球范围内都享有较高的声誉。虽然，东京湾区仅有东京一个城市入围全球安全城市的榜单，但是借助日本整体在安全教育、罪案防范方面的优秀表现，东京湾区整体在社会治安方面都有较好的表现，也为湾区的居民提供了健康、安全的生活环境，保障了东京湾区宜居性长期稳定的水平。

（三）纽约湾区

2016 年，纽约的整体犯罪率较 2015 年时下降了 3%。其中，2016 年纽约市的谋杀和抢劫犯罪率为 50 年来最低，而 2015 年入室盗窃和重窃案犯罪率也是半个世纪以来最低的。作为美国最大都会，以及"世界的首都"，俗称"大苹果"的纽约经常被冠以犯罪之城的名号，由于种族构成复杂，同时又是总统大选两党候选人的"主场"，围绕选举的纷乱不断，因此，纽约的治安压力一直以来都是纽约政府面临的重要难题（宋会敏，2010）。由图 8—16 可以看出，纽约在经历了 2008 年经济危机后，由于经济发展停滞，失业率居高不下，2010—2012 年纽约市的犯罪率不断攀升，每十万居民犯罪率超过 2300 件，显著高于东京、香港及伦敦等发达城市，但是随着美国经济的不断复苏、失业率下降以及纽约政府对于社会治安的重视，在 2012 年后纽约犯罪率不断下滑，到 2016 年已经降到 2000 件以下。同样值得注意的是，在这一过程中纽约市的警力数量不断增加，截至 2016 年，每千人警力数已经达到 4.25 人，这一方面说明政府对社会治安问题的重视，另一方面也说明纽约地区治安压力和警力使用效率要低于东京和香港（见图 8—17）。未来，随着美国经济水平不断好转，社会治安压力可能进一步下降，因此，纽约的社会治安水平可能会进一步提升。

此外，纽约在 2017 年经济学人的全球安全城市的排名中，位列第 22，得分为 81.01，虽然与东京和香港等知名安全城市相比仍旧有较大的差距，但是随着纽约对于社会治安重视程度的不断提升，其城市安全水平仍可能进一步提升，为居民提供更加安全的生活环境，从而提升整个纽约湾区的宜居水平。

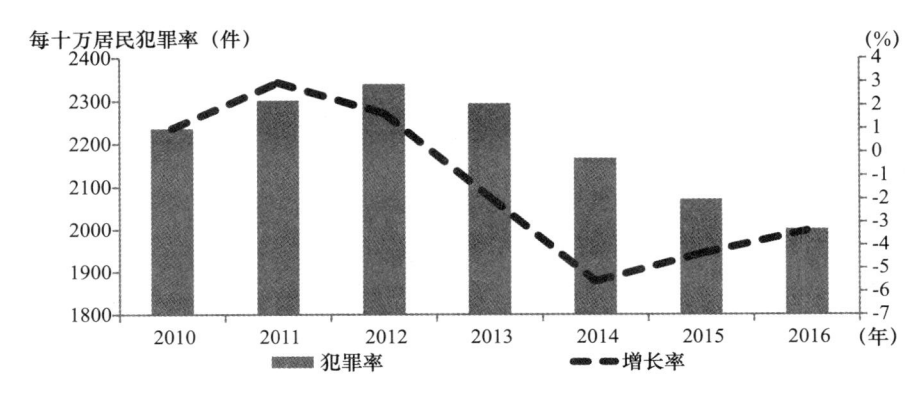

图 8—16 纽约犯罪率

资料来源：纽约治安年鉴。

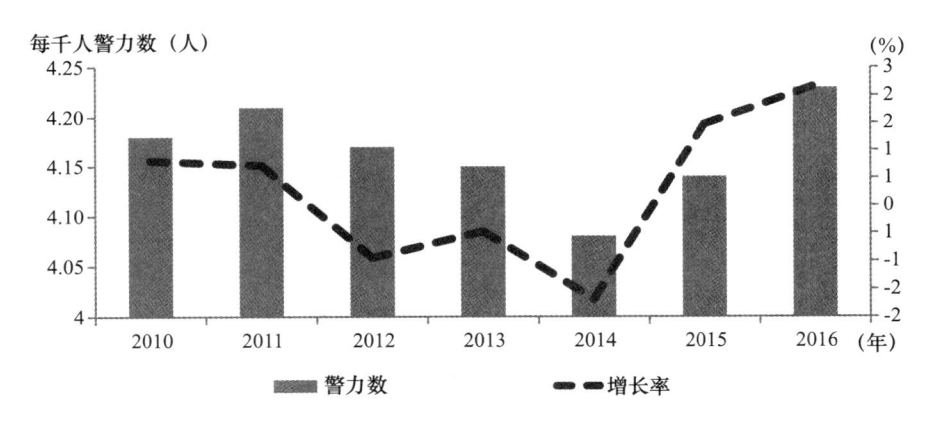

图 8—17 纽约警力情况

资料来源：纽约治安年鉴。

（四）旧金山湾区

旧金山湾区包括 9 个县市，拥有 700 多万人口。主要由三个大城市旧金山、奥克兰、圣何塞和众多各具特色的小城市构成。旧金山市是其中的代表城市，也是旧金山湾区的重要经济、文化中心。然而由于旧金山湾区得天独厚的气候条件以及自由的文化环境，导致该区域人口规模不断提升，从而也带来了社会治安方面的压力（庚晋、周洁，2001）。由图 8—18 可以看出，截至 2016 年旧金山地区每十万居民犯罪率已经达到 6000 件，是纽约的 3 倍，是东京和香港的近 6 倍，给当地居民的生活造成了非常大的安全隐患。虽然近几年犯罪率有下降的趋势，但是现在治安压力较大，未来一段时间内很难实现城市安全条件的根本改善。同时，由当地警力情况可以看出，旧金山市的警力条件明显低于纽约市，甚至远低于东京和香港等治安环境较高的城市，显示出当地在治安方面存在重视程度不足的问题（见图8—19）。

虽然旧金山市存在犯罪率较高及警力不足等问题，但是在2017年经济学人智库的统计榜单中旧金山市依旧位列第15，得分为83.55，这可能也与其统计指标有关。在一个榜单中不仅仅关注犯罪率等指标，还关注相关安全基础设施、数字安全及卫生安全等方面，而在这几个方面旧金山地区表现较好，因此，整体而言，旧金山湾区的生活安全性较好，但是在城市罪案的控制和防范方面仍然需要进一步提升。

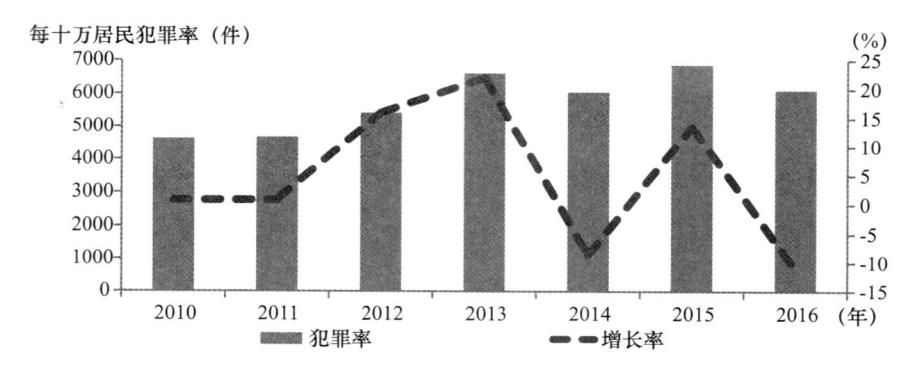

图8—18 旧金山犯罪率

资料来源：加州治安年鉴。

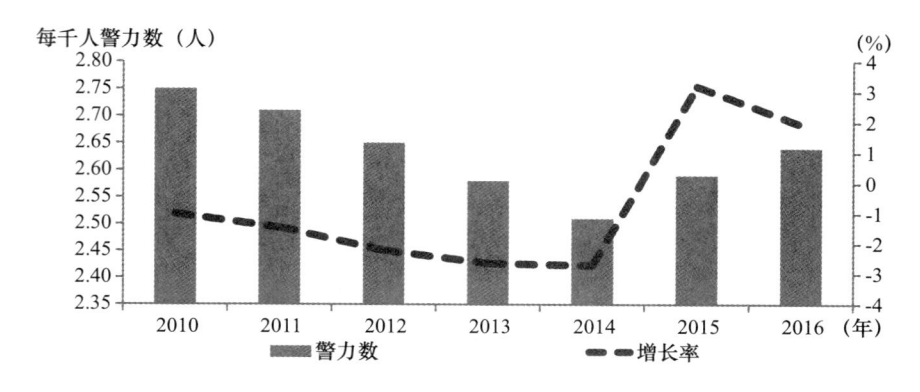

图8—19 旧金山警力情况

资料来源：加州治安年鉴。

三 绿色环境水平

环境条件是衡量一个地区宜居情况的重要衡量标准，同时，在经济、社会发展的过程中也可能会牺牲区域的环境条件，从而导致区域宜居水平下降。因此，本节主要从区域环境舒适度及生态环境质量对四大湾区的宜居情况进行评价。

（一）环境舒适度

环境舒适度，即这个城市的环境是否有利于居民健康，包括气候条件、环境污染情况、自然环境舒适性等（张文忠，2006）。一方面，环境舒适程度是一个地区宜居属性的重要组成部分；另一方面，也是吸引人才的重要条件，对于区域经济、文化等属性的发展也存在一定的间接影响（李业锦、张文忠、田山川，2008）。而四大湾区均为沿海地区，因此，从温度、降水量及空气湿度等指标来看四大湾区的气候环境均比较适宜居住（见表8—2）。平均气温均在15℃—25℃，且空气湿度也处于适宜居住的范围内。值得注意的是，由于粤港澳大湾区纬度较低，属于亚热带气候，因此，从气温和降水量来看，粤港澳大湾区均高于其他几大湾区，并且在夏季也是台风高发区域，因此，在环境舒适度的吸引力方面稍逊于其他几大湾区。

表8—2　　　　　　　　四大湾区环境舒适度

区域	旧金山湾区	纽约湾区	东京湾区	粤港澳大湾区
年度平均气温（℃）（最高气温/最低气温）	20（26/10）	15（30/-4）	17（32/2）	24（33/5）
降水量（mm）	810	1270	1779	2214
空气湿度（%）	51	65	69	70

资料来源：《粤港澳大湾区建设报告（2018）》。

（二）生态环境质量

粤港澳大湾区是国内率先跨越"大气环境库兹涅茨"曲线的地区（杨海生、周永章、林剑箐，2008）。根据环境库兹涅茨的经验研究，在发展的早期阶段，一个地区污染物的排放会随着经济发展而增加，发展到一定阶段之后，会达到巅峰并逐渐下降，污染排放和经济发展之间的关系呈现倒"U"形关系（刘应希，2005）。香港和澳门的大气污染物排放已经相对较早跨越了环境库兹涅茨曲线的峰值。近几年来，珠三角地区的大气环境治理也取得明显成效。2017年广东空气六项污染物年均浓度达到国家二级标准，空气质量如期实现连续三年稳定达标，圆满完成了国家"大气十条"终期考核目标；珠三角PM2.5平均浓度为34微克/立方米，广州PM2.5年均浓度为35微克/立方米。2017年珠三角城市整体空气质量达标天数比例（AQI）平均为84.5%，各城市以优、良等级为主，无严重污染情况出现。但是从表8—3的数据中也可以看出，虽然粤港澳大湾区的环境质量已经达到国内领先的水平，但是相较于其他几大湾区在环境治理方面仍然有较大差距。而环境质量，尤其是空气质量是一个地区宜居性和吸引力的重要影响因素，为了能够持续地吸引人才和资本助力大湾区的发展，环境的治理也是其中重要的一项工作。

粤港澳大湾区拥有丰富的生态资源。"五年消灭荒山，十年绿化广东""新一轮绿化广东大行动"等战略的实施推进，使珠三角的生态环境质量不断得到改善和提升。2016年珠三角的森林覆盖率达51.5%，有各类森林公园221处、湿地公园67个，城区人均公园绿地面积19.2平方米。至2017年，珠三角9市中已经有广州、惠州、东莞、珠海、肇庆、佛山、江门7市成功创建国家森林城市，粤港澳大湾区整体绿化率也达到37%，相较于旧金山湾区和纽约湾区而言已经达到了较高的水平。但同时，在水体保护方面粤港澳大湾区仍存在一定程度的水污染情况，与较为成熟的几大湾区之间仍有差距。

表8—3　　　　　　　　　　　　**生态环境质量**

区域	旧金山湾区	纽约湾区	东京湾区	粤港澳大湾区
PM2.5浓度（微克/立方米）	9	7	12	30
地表水黑臭水体占比（%）	0	0	0	8.9
绿化面积/比率（%）	30	21	43	37

资料来源：《粤港澳大湾区建设报告（2018）》。

四 公共服务水平

(一) 教育条件

根据来自 QS 世界大学排名 (2018) 的数据,纽约湾区、旧金山湾区、东京湾区、粤港澳大湾区的高校总数分别为 95 所、80 所、100 所和 160 所,其中,全球排名前 50 的高校分别有 3 所、4 所、1 所、4 所,排名全球 100 强的高校分别有 3 所、9 所、2 所、5 所。在世界 50 强大学数量和高校总数方面,粤港澳大湾区均位列第一(见图 8—20),除香港大学、香港科技大学和香港中文大学等世界 50 强高校外,区内还拥有中山大学、华南理工大学等入选一流大学建设的高校。但是与此同时,值得注意的是粤港澳大湾区内世界知名高校均来自香港,存在一定程度的区域内教育资源不平衡,因此,也可以借助湾区一体化的过程,促进内陆高校与香港高校的联系与合作,从而进一步提升湾区高校的教育水平。

此外,由图 8—20 和图 8—21 可以看出,虽然在高校建设方面,粤港澳大湾区有着较为突出的表现,但是从区域人口的教育程度分布来看,粤港澳大湾区与其他三大湾区的教育建设仍旧存在较大差距。旧金山湾区、纽约湾区和东京湾区的大学及以上学历的人口比例均超过了 30%,其中,旧金山湾区作为全球"创新中心"大学以上学历人口比例超过了 45%,而粤港澳大湾区的大学及以上学历的人口比例仅为 21%,仍需进一步加大区域整体的教育投入,加强人才的引进。

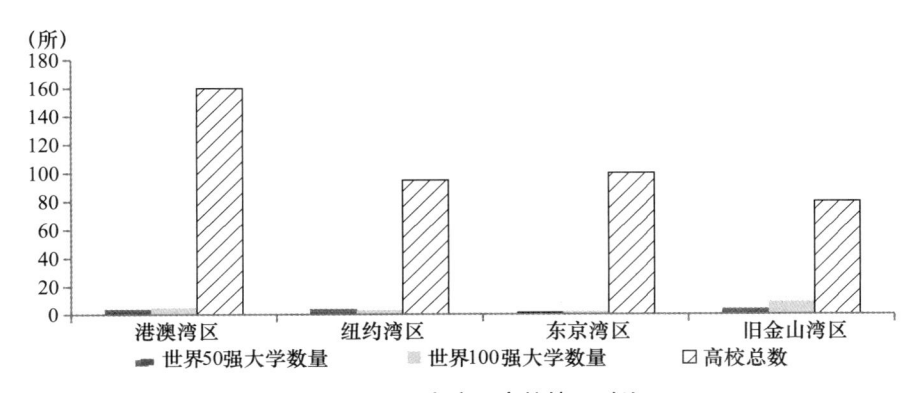

图 8—20 四大湾区高校情况对比

资料来源:2018 年 QS 世界大学排名。

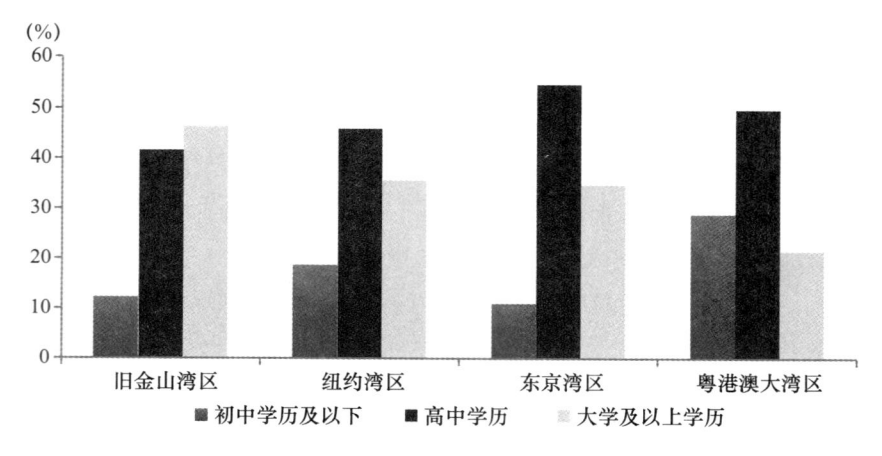

图 8—21 四大湾区教育程度情况分布

资料来源：2017 年 QS 全球大学排名。

（二）医疗条件

从四大湾区的人口平均寿命来看，由于各大湾区在生态环境情况及医疗情况方面的良好表现，为当地居民提供了良好、健康的生活环境，四大湾区的居民平均寿命均超过了 80 岁，且均超过了各国平均水平。但是在医疗建设的投入方面，粤港澳大湾区的建设水平略低于其他三大湾区，每千人医生数量仅为 1.8 人，护士数量也仅为 4.3 人（见表 8—4），这主要是由于粤港澳大湾区的人口规模较大，导致医疗资源难以有效供给，与此同时，在医疗技术及医疗设施的投入方面，中国也与发达国家存在显著差距。因此，为了进一步提升粤港澳大湾区在宜居属性方面的竞争力，需要进一步完善医疗卫生方面的建设，在医疗数量及质量方面缩小与发达区域的差距。

表 8—4　　　　　　　　　　　　四大湾区医疗条件

	旧金山湾区	纽约湾区	东京湾区	粤港澳大湾区
平均寿命（岁）	81.4	80.7	83.1	80.3
每千人医生数量（人）	2.6	2.8	3.4	1.8
每千人护士数量（人）	4.2	4.6	5.7	4.3

资料来源：加州医疗年鉴、纽约医疗年鉴、东京医疗年鉴、香港医疗年鉴、广东医疗年鉴。

五 宜居口碑

经济学人智库通过对各个地区的调研，对全球140个城市的宜居程度从社会治安、医疗卫生、文化环境、教育条件以及基础设施5个方面进行调研，最终对城市的宜居属性进行综合打分并得到宜居城市排行榜。

根据对榜单的分析，本节将属于四大湾区区域内的城市提取出来（见表8—5），可以看到，四大湾区的主要城市（旧金山、纽约、东京和香港）均位于榜单的前60位，表明四大湾区均具有较高的宜居口碑。对于旧金山湾区而言，其宜居总分为89.4分，其中在医疗卫生、文化环境方面有着较为突出的表现；但是在社会治安方面，旧金山仅得了58分，是四大湾区中社会治安得分最低的，这也与前文中关于四大湾区社会治安的分析相一致。对于纽约湾区而言，其在医疗卫生、文化环境、教育及基础设施方面均有十分优异的表现，体现了纽约在生活、健康及文化方面的宜居性，但与旧金山湾区类似的，社会治安也是影响纽约湾区宜居性发展的重要因素，其社会治安评分仅有70分，远低于东京和香港。虽然近几年纽约市的治安情况有了显著的改善，但仍存在较大的发展空间，同时在治安的口碑方面，也需要一定的时间去改变其整体的治安形象。东京湾区的宜居评分达到94分，位列榜单的第22位，是四大湾区城市中排名最高的城市，其各项宜居属性的评分均高于90分，没有明显的短板，其中，医疗卫生和教育条件甚至达到100分，体现了东京在公共服务方面的优异表现。粤港澳大湾区有三个城市入围榜单的前100位，其中香港第35位、深圳第80位、广州第90位。其中，香港在各项宜居属性方面均有较高的评价，总体口碑也得到了91.6分。而对于深圳和广州来说，虽然入围榜单前100位，但是在医疗卫生、文化环境以及教育方面的公共服务仍旧需要进一步提升，与其他湾区的城市存在较大的差距。而形成这一差距的主要原因便是珠三角地区人口密度较大，导致提供公共服务的压力和困难也相应提升，因此，应当进一步平衡区域内公共服务资源的分配，提升居民整体的宜居体验。

表 8—5　　　　　　　　　　宜居城市排行榜

	排名	总分	社会治安	医疗卫生	文化环境	教育条件	基础设施
旧金山湾区							
旧金山	52	89.4	58	92	97	83	86
纽约湾区							
纽约	57	87.3	70	92	93	100	93
东京湾区							
东京	22	94	90	100	92	100	93
粤港澳大湾区							
香港	35	91.6	95	83	88	100	96
深圳	80	73.4	85	63	66	67	82
广州	90	70.9	80	63	61	67	82

资料来源：EIU 城市宜居排行榜（2017）。

六　国外湾区宜居影响力经验

（一）完善湾区一体化发展模式

在各个湾区的发展过程中，发展模式的确立起到了重要的作用，在纽约湾区的形成与发展历史中，由"第三部门"主导的跨行政区域的统筹协调规划起了重要作用。其中最重要的是纽约区域规划协会（以下简称 RPA）。该协会于 1922 年在美国纽约州创办，属于非营利组织，由企业、市民和社区领导者组成。该协会创办至今，共制定了四次纽约湾区规划，凸显政府、企业和社会三方合作机制在区域规划中的作用，提供了由第三部门组织制定和推进区域规划的成功范例，三部门统筹的规划促进了区域内部公共资源的协调以及相应经济、文化、环境政策的协调性和一致性，从而促进了湾区宜居属性的发展（鲁志国、潘凤、闫振坤，2015）。东京湾区是一个更多被赋予经济统计意义上的都市区，因为它迄今为止还没有成立相关的契约型组织，而是鼓励要素的自由流动，并实行"各自为政"的管理模式，分属各地方政府管辖（刘艳霞，2014）。东京湾区的区域资源要素整合主要通过智库进行协调衔接：在大东京规划之下，每个地区有各种规划，如千叶县有千叶县的规划，千叶县自身又有临海部与内陆部的规划等（《粤港澳大湾区建设报告

（2018）》）。在旧金山湾区各地（包括硅谷）的形成、定位和发展过程中，鲜有政府力量的干预，取而代之的是湾区内的区域治理机制和力量的形成，以此来帮助协调并管理区域发展、基础设施、生态保护、空气质量等方面所遇到的问题。例如，在1961年旧金山湾区成立了区域性地方政府协会（The Association of Bay Area Governments，以下简称ABAG）。这个协会是一个契约型组织，也是一个正式的综合区域规划机构，其主要任务是强化地方政府间的合作，所以具有行政区的特征。因此，无论是统一的规划政策还是各个区域分而治之的模式都有成功的先例，其共同点是能够实现区域内部要素（资源、人才等）的协调发展，从而实现区域宜居属性的整合。而粤港澳大湾区的发展则糅合了多种发展模式，既有从经济特区到珠三角、泛珠三角再到粤港澳大湾区的区域统筹和顶层设计，也有各城市自主管理的模式，智库也在湾区形成和发展中发挥了重要作用。但值得注意的是，粤港澳大湾区由于在社会制度、法律体系甚至流动货币方面都存在差异，因此，粤港澳大湾区的发展就需要一个赋予更多功能和责任的协同组织，能够高效的协同区域间的差异，例如建立关税自贸区、制定相关法规政策等。

（二）加强区域内部协作发展

湾区经济、文化以及环境的建设一般涉及多个行政区，不管是产业分工合作、城市基础设施衔接，还是生态环境保护，都需要区域协调，而且发展成熟的湾区无不有着合理的分工协作体系，包括加强统筹规划，明确城市与港口的角色定位，成立湾区政府协会、交通委员会等多种治理组织。

纽约区域规划协会在历史上的多次规划对其产生了深远影响。在近百年里，RPA分别于1929年、1968年和1996年发表了对纽约大都市地区的规划研究报告，每份规划所覆盖的时间跨度均长达二三十年（陈德宁、郑天祥、邓春英，2010）。例如，1968年的规划核心是将就业集中于"卫星城"，恢复区域公共交通体系，以解决郊区蔓延和城区衰落问题。这次规划推动了布鲁克林、纽瓦克等城市的经济发展，提升了居民的整体生活水平。纽约湾区最大的成功在于，许多大企业不会单独在新泽西、曼哈顿或布鲁克林选址，而是根据企业的具体需求来决定，或在纽约湾区多个地点设址，因而进一步加强了区域内部的协作。

东京湾港口城市产业圈的形成与发展，是多种因素综合作用积累循环的结果，是日本特色的"极—圈"区域经济开发理论的生动实践。东京湾区的优势在于庞大的产业集群。东京湾区这一"世界工厂"建在环太平洋城市产业带（包括西太平洋沿岸的东京湾都市圈和东太平洋沿海的名古屋、阪北九州都市圈）基础之上。东京湾京滨、京叶两大工业地带以东京为中心，分别向环抱东京湾的两侧延伸。这种布局将工业地带与东京主要城区大体量人口进行了一定的隔离，降低了主要城区的污染，提升了居民的生活质量（申勇、马忠新，2017）。这两个战后兴起的工业地带可以说是世界上最大最先进、出口实力最强的新型工业地带。其"新"在于彻底的临海和大规模的集聚，做到高效率的大进大出，同时又与腹地东京的金融、总部、研发等功能紧密互动。

旧金山立足于核心区与外围区的比较优势，成功地建立了产业分工和雁阵布局体系。在国际大湾区的雁阵布局体系中，核心区扮演着经济增长点和发动机的角色，是高端要素和高端产业高度集聚的区域，在产业价值体系中占据了附加值较高的环节，同时也是人口主要的聚集区；外围区发挥着承接核心区产业转移和配套设施的功能，布局主要是与核心区产业关联度较高、处于价值体系中间位置的产业部门。旧金山湾区的"头雁"在硅谷，汇聚了以谷歌、苹果、思科等世界500强企业为代表的众多电子类高科技企业，而外围的圣何塞市则依托风险投资产业和高等教育产业为硅谷的创新创业输送资金和人才，同样处于外围的奥克兰则以制造业和交通运输业为主，为硅谷的高科技产业提供各种原材料、中间品以及产品输出服务，从而在产业形成协同发展的同时合理分散了各个区域内的人口和资源，保证了公共服务提供的合理性和均等性。

粤港澳大湾区内各城市有不同的资源优势与功能定位，协同互补的空间巨大。但是，与国外著名的湾区经济相比，粤港澳大湾区是在"一个国家、两种制度、三个关税区、四个核心城市"背景下的复合叠加型湾区经济体（黄枝连，2009）。在两种不同的政治制度中推进，意味着内地实行社会主义制度，港澳实行资本主义制度，三地由此在经济模式、法律体系等领域存在着显著的差异，因此，在确保"一国两制"基本制度"不动摇""不变形"和"不走样"的前提下，实现港澳与内地的经济模式有机对接、资源要素的自由流动以及行政管理的并行同构，是摆在粤港澳大湾区面前最为严峻的挑战（蔡赤萌，2017）。目前，湾区内各城市之间仍然存在排他性竞争。各城市之间缺乏有机联系、缺乏相互配合。例如，广州和深圳是珠三角最大的两座核心城市，它们之间还未形成合作机制或模式。只有打破原来行政体制划分所形成的资源各自占有、市场分割局面，攻克各自为政的观念、体制和运行机制，解决各城市之间的合作机制问题，粤港澳大湾区城市群才能真正发挥各自的优势，形成产业协调、公共资源辐射扩散功能，才能带动整个区域内资源的有效配给，也才能在中国经济发展过程中发挥更重要的作用。因此，虽然粤港澳大湾区已具备一定的设施基础和政策支撑条件，但要在经济及宜居性方面发展成为世界一流的湾区，仍需要在体制和机制上进行大胆创新。

（三）形成区域独特文化标签

湾区在宜居建设的过程中，除了在经济、产业及公共服务等方面需要协调发展之外，塑造区域整体的文化标签和文化认同也至关重要。移民塑造了纽约的城市精神。来自海外不同民族和国家的一代代移民进入纽约，不同文化在这里碰撞、吸纳、升华，在长期生活中不断竞争、融合、认同，形成了一种特定的纽约城市人特性。同时，各民族移民在长期共存和竞争的过程中，也培养出了相互谅解、互利互惠的宽容精神。纽约湾区所蕴含的"多重文化"洋溢着强大的吸引力。这一方面赋予了纽约湾区域独特的文化标签；另一方面也增强了区域人们的文化认同感，有利于湾区内部人口、资源的流动和协同发展（俞少奇，2016）。东京湾区拥有的若干良港，只是在物理上提供了对外交流的门户，更重要的是开放程度，它决定了港口城市的国际化氛围，东京湾区正是具备了这两方面的因素。开放性和国际性使东京湾区的发展能够敏感地捕捉到世界政治经济不断变化的内容和趋势。可以说，从"二战"后走到今天，东京湾区的发展始终与其开放性相伴相随。大规模人口聚集与大规模交流相辅相成，形成了东京湾区的文化特色，即体量大，多样性强，集政治的、商业的、研发的各种功能交织在一起，有着良好的相乘效应，总体效率非常高。旧金山湾区是文化多元之地，移民占比很高，对不同文化和观念的接受度也很高，包容性极大。在这里聚居着来自世界各地的人，可以在越南城、日本城、韩国城、小意大利、印度神庙、泰国神庙、佛教寺院等地体验世界各地的文化节日，品尝地道美食。加上湾区优越的自然环境，几十年来不断吸引来自全球各地的优秀科研人才。在此过程中，移民政策起到积极的促进作用，包括 H-1B 签证、国际企业家签证和绿卡。同时，这种环境还催生出拥抱风险和失败的文化氛围，使创业者和投资人都显得雄心勃勃，也使他们很乐于交流合作。各种想法和信息在湾区快速传播，激发了创新思想与实践，也吸引全球最优秀、聪明的人来这里寻找机会，从而提升了区域人口的整体素质，一定程度降低了公共资源分配的压力。秀美的岭南水乡、妖娆的西葡风情、深度的中西交汇，联袂组合成了独特的自然风光与人文景观，足以将粤港澳大湾区打造成一个宜人宜居的休闲湾区（陈德宁、郑天祥、邓春英，2010）。经过多年的沉淀，粤港澳地区形成了充满鲜活文化元素、具有独特品格的商业文化。要进一步营造和培育鼓励创新、容忍失败的创新文化环境，提高对外的接受和兼容能力，促进粤港澳都市圈的"多元共生"，形成共同的文化标签，进而实现区域居民对整个区域的认同，促进区域内部人口、资源的流动和共享。文化标签是塑造一个区域凝聚力的重要途径，粤港澳大湾区应当在现有文化因素的基础上进一步强化整体的文化标签，一方面，吸引创新、活力的年轻人加入湾区的建设；另一方面，也让来到湾区的人们更有归属感和凝聚力，保证区域的长期稳定发展。

七 粤港澳大湾区宜居影响力未来发展方向

（一）健全完善湾区宜居规划

湾区宜居属性的建设需要有完善的区域规划，并且在统一规划的基础上，需要各个城市之间能够真正通过比较优势实现深度的分工协作和资源共享。因此，一方面应当建立相关的区域发展建设和监督管理的部门，实现湾区内部体制、运行机制的协调发展，同时，整体发展的有效规划和相应的管理政策，为湾区的融合提供有力保障。另一方面，也应当注重各个城市之间、各个城市部门之间的协调合作，避免区域间、部门间资源、地位的争夺，根据各个区域的比较优势，实现区域内部人口、资源的有效流动和高效利用，将湾区的建设有条不紊、一步一个脚印地落实发展下去。

（二）以可持续发展为建设的根本理念

完善湾区宜居属性的建设首先要顺应区域发展的基本规律，要适应其所在的自然环境，不要破坏自然环境的基本特征，要将湾区建设与所处的自然环境有机结合起来，要做到城融于景，景中有城，最大限度地维护好自然机理。其次，要保证城市发展的稳定和高效率，尽可能降低不可再生资源的利用，发展的同时要把资源的利用最小化，提高资源利用率，避免资源浪费，使区域的经济朝着低耗能、高效率、稳定创新的方向发展。同时，需要注意的是粤港澳地区由于在经济发展、环境保护方面存在着较大的发展差异，因此，在未来发展中也应当注重对于区域内部差异的协调，实现区域经济发展责任与环境保护义务的统一。

（三）进一步完善湾区公共服务设施

居民日常生活质量及方便快捷性的提高与否，与区域公共服务设施是否完善直接相关。在当今区域发展的新时代下，公共服务设施正在不断健全完善，但是随着湾区的经济不断发展，会对人才形成较大的吸引力，从而导致区域人口密度不断提升，造成公共资源相对短缺等问题。同时，公共资源可能存在严重的区域间发展不平衡的问题，导致人口进一步向资源相对集中的区域流动，这种情况会加剧区域内部发展的不平衡。因此，宜居湾区建设不仅需要不断健全公共服务设施，而且还要进一步提升城市服务的协调性，促进区域内部公共资源的共享，降低区域内部资源的争夺和过度竞争，实现湾区居民生活质量和便捷性整体、全面的提高。

（四）注重湾区生态环境保护

环境是区域宜居性发展建设的自然根本条件，并且从上文的分析也可以看出，目前其他三大发展先进的湾区均有着非常良好的生态自然环境。近年来，中国在城市发展的同时对于环境的保护工作做得越来越好，从湾区的绿化面积、空气质量、路面的洁净程度等方面均可体现出来。但随着人口的聚集和产业的升级，可能会对环境形成新的压力，这就需要我们注重经济发展与生态保护的双重平衡，在湾区经济发展的同时，优先改善湾区生态环境，最大限度地降低对生态环境的压力，确保整个湾区生态系统的平衡,实现人与自然的和谐。

(五) 提升湾区整体文化内涵

湾区的文化建设,根本上就是要提升湾区的整体品位,创造勇于创新的文化氛围和丰富多彩的文化活动。一方面要对粤港澳大湾区中传统历史文化进行保持、维护,保留城市历史建筑风貌、传统人文风格,寻求湾区文化的共同内核,加强湾区共同文化标签的建设,增强区域文化的认同感;另一方面,要开放和创新现代文化,营造、吸引适宜于整体区域发展建设需要的新鲜文化血液,增强湾区的活力,也增强了对于城市年轻血液的吸引力,吸引更多的创新、创业人才加入湾区的建设中。

第九章 四大湾区旅游影响力解析

  所谓湾区，指的便是由一个海湾或者相连的若干个海湾、港湾、邻近岛屿共同组成的区域。"人类向海，世界向湾"，当今世界中发展条件最好的、竞争力最强的城市群，都集中在沿海湾区。而由于濒临大海，湾区不仅是带动全球经济的增长极，也是拥有着绝美风光的旅游胜地。每个湾区所在的地域不同，文化背景与自然地理格局存在显著差异，其旅游景观与主题也各有不同。粤港澳大湾区是由香港、澳门两个特别行政区和广东省9市组成的城市群。粤港澳大湾区依山、面海、拥江，除了拥有旖旎风光，因历史原因，粤港澳大湾区融入葡、英等多国文化，也是国内不可多得的人文旅游胜地。位于日本的东京湾区是世界上第一个主要依靠人工规划而缔造的湾区，囊括东京都及附近的7县域，旅游景观更多呈现出湖光山色、商业繁华及时尚前卫的特征。纽约湾区又称纽约大都市区，依托城市经济，以帝国大厦、中央公园、时代广场为核心地标，彰显着纽约时尚、夜景、休闲及购物等多元化旅游元素。旧金山湾区是世界旅游胜地，拥有众多美国国家公园等自然景观，因而也成为美国公路旅行最佳地点之一，景观大道、美丽海岸、原始森林及美酒美食等成为旧金山湾区旅游的热门标签。

  旅游影响力表征着区域旅游综合实力，是区域旅游品牌塑造与形象推广的重要基石，也是区域核心竞争力的重要体现。基于此，本章主要从旅游人气、旅游效益、旅游吸引力及旅游营销传播四个方面对粤港澳大湾区、东京湾区、纽约湾区及旧金山湾区及其核心城市的旅游影响力进行深入探究。

一 旅游人气

本节主要从旅游总人数与国际旅游人数两个层面来综合探究四大湾区及其核心城市旅游人气,前者主要表征旅游综合人气,后者主要表征国际性旅游人气,是衡量湾区旅游影响力的重要指标。

(一) 粤港澳大湾区

如表9—1所示,一方面,就旅游总规模而言,近5年来,其旅游总人数呈现出稳步提升的态势,其旅游总人数由2013年的2.8亿人次升至2017年的4.1亿人次,其年均增长率为10.5%。比较明显的是,2017年粤港澳大湾区旅游总人数较2016年同比增长了27.2%,究其原因,这跟粤港澳大湾区战略的有效实施,从而推动区域旅游一体化发展密不可分。而在全国占比层面,2013—2017年,粤港澳大湾区旅游总人数占全国旅游总接待人数的比重虽然有所波动,但基本维持在7%—8%,可见粤港澳大湾区已是中国重要的区域旅游目的地。

另一方面,就国际旅游规模而言,近5年来,其接待外国游客人数呈现出先降后升的"U"形态势,其接待外国游客人数由2013年的2119.3万人次升至2017年的2307.8万人次,其年均增长率为2.2%,2015年是比较明显的转折点,2013—2015年接待外国游客人数呈现出下降态势,但下降幅度收窄,这与全国入境旅游业总体变动态势相吻合,2016年后,随着中国总体入境旅游业的回暖,粤港澳大湾区接待外国游客人数也稳步提升,展现出了较好的走势。而在全国占比层面,2013—2017年,粤港澳大湾区接待外国游客人数占全国接待外国游客总量的比重均在53%以上,显示了该区域在中国国际旅游业发展进程中一直占据主导地位,对于全国国际旅游水平提升及高质量发展起到强劲的带动与示范作用。

表 9—1　　　　　2013—2017 年粤港澳大湾区旅游人气概况

年份	旅游总规模			国际旅游规模		
	旅游总人数（万人次）	增长率（%）	全国占比（%）	接待外国游客人数（万人次）	增长率（%）	全国占比（%）
2013	27615.6	7.1	8.1	2119.3	-2.7	53.4
2014	29578.3	7.1	7.9	2099.7	-0.9	61.3
2015	30905.1	4.5	7.5	2097.8	-0.1	53.5
2016	32370.5	4.7	7.1	2225.6	6.1	53.0
2017	41160.4	27.2	8.0	2307.8	3.7	53.2

资料来源：广东省统计年鉴、广州等市统计公报、香港统计年刊、澳门统计年鉴。

在核心城市层面，如表 9—2 所示，就旅游总规模而言，广州、香港与澳门的旅游总人次均呈现出稳步提升态势，但 3 市的旅游总人次的湾区占比却呈现出下降态势，显示了核心城市旅游人气集聚度有所下降。2013 年，香港旅游总人气集聚程度显著高于广州，而 2017 年，广州却明显高于香港，显示粤港澳大湾区战略实施给予了广州旅游业发展难得的机遇，而受社会经济条件限制，澳门的旅游总人气集聚度明显低于广州与香港。就国际旅游规模而言，3 市接待外国游客规模逐步扩大，其中香港作为国际金融、贸易、航运中心和国际创新科技中心，其国际旅游规模庞大，在湾区内占据主导地位，虽然其占比有所下降，但仍维持在 45%—50% 的水平，而在"一带一路"倡议实施下，广州作为"一带一路"的枢纽城市，其国际旅游人气集聚程度有所提升，澳门则基本保持不变。

表 9—2　　　2013 年与 2017 年粤港澳大湾区核心城市旅游人气概况

核心城市	旅游总规模				国际旅游规模			
	2013 年	2017 年	2013 年	2017 年	2013 年	2017 年	2013 年	2017 年
	旅游总人次（万人次）		湾区占比（%）		国际旅游人次（万人次）		湾区占比（%）	
广州	5041.9	6275.6	18.3	15.2	279.0	345.7	13.2	15.0
香港	5429.9	5847.2	19.7	14.2	1048.9	1100.7	49.5	47.7

续表

核心城市	旅游总规模				国际旅游规模			
	2013年	2017年	2013年	2017年	2013年	2017年	2013年	2017年
	旅游总人次（万人次）		湾区占比（％）		国际旅游人次（万人次）		湾区占比（％）	
澳门	2932.0	3261.1	10.6	7.9	293.0	319.0	13.8	13.8

资料来源：广东省统计年鉴、广州等市统计公报、香港统计年刊、澳门统计年鉴。

（二）东京湾区

受数据收集限制，本书主要从国际旅游规模方面探究东京湾区的旅游人气，由图9—1所示，2013—2017年，其接待外国游客人数出现明显的增长趋势，由2013年的1338.4万人次升至2017年的2706.1万人次，5年间增长了近一倍，其年均增长率为19.3%，尤其是2014年与2015年，其外国游客人数年增长率更是高达30%以上，主要受该阶段日本政府采取的推进航空自由化、放宽中国等国家的旅游签证及日元贬值等内外利好措施推动。而从全国角度来看，该区域是日本国际旅游人气的核心集聚地，也是外国游客访日的主要焦点地域，引领着日本国际旅游业的高质量发展。

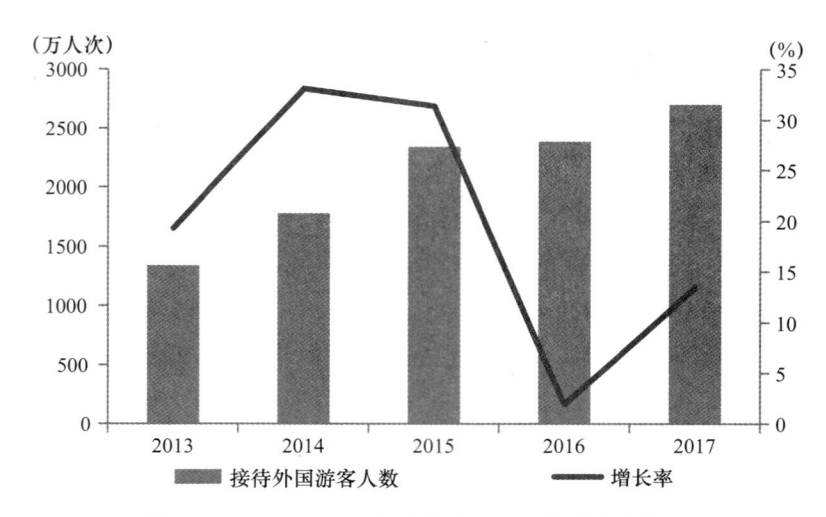

图9—1 2013—2017年东京湾区国际旅游人气概况

资料来源：日本观光局旅游统计。

在核心城市层面，如图9—2所示，东京的外国游客人数呈现出稳步提升态势，由2013年的681.2万人次提升至2017年的1443.3万人次，年均增幅高达20.6%，而且其外国游客人数的湾区占比也呈现出总体上升态势，由2013年的50.8%升至2017年的53.3%，显示了东京作为湾区的核心旅游城市地位日趋强化，其国际旅游人气集聚程度也渐进提升。

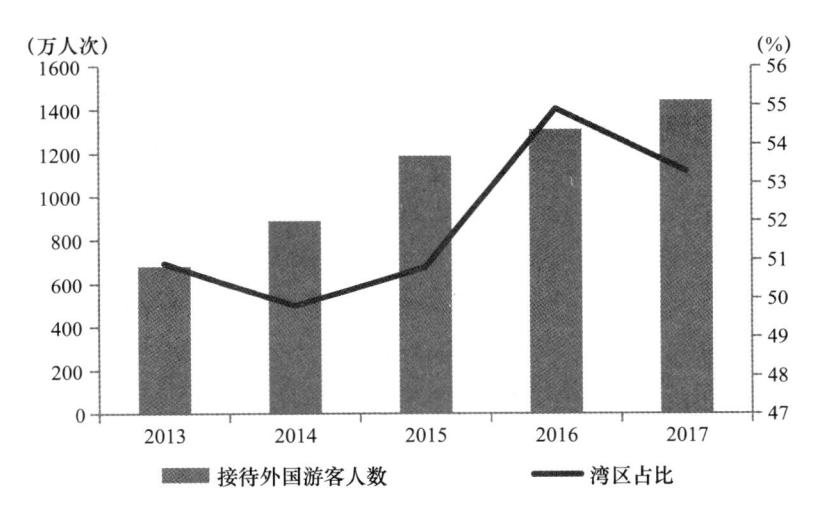

图9—2　2013—2017年东京国际旅游人气概况
资料来源：日本观光局旅游统计。

（三）纽约湾区

由于纽约湾区相关县市旅游人气数据较为匮乏，本书仅选取湾区核心城市的纽约旅游人气数据进行代表性分析与探究。由表9—3可知，在最近五年，无论旅游总人数还是接待外国游客人数，纽约均展现出平稳增长的特征。其旅游总人数由2012年的5270万人次升至2016年的6050万人次，其年均增长率为3.5%；其接待国际旅游人数由2012年的1090万人次升至2016年的1270万人次，其年均增长率为3.9%。可以明显看出，纽约的国际旅游人气增速高于旅游总人气，显示出纽约国际旅游人气上升态势明显。

表 9—3　　　　　　　　2012—2016 年纽约旅游人气概况

年份	旅游总规模		国际旅游规模	
	旅游总人数（万人次）	增长率（%）	接待外国游客人数（万人次）	增长率（%）
2012	5270	3.5	1090	2.8
2013	5430	3.0	1150	5.5
2014	5650	4.1	1200	4.3
2015	5850	3.5	1230	2.5
2016	6050	3.4	1270	3.3

资料来源：纽约旅游局（The Official Guide to New York City）。

（四）旧金山湾区

由于旧金山湾区相关县市旅游人气数据也较为匮乏，本书同样仅选取其核心城市的旧金山旅游总人气数据进行代表性分析与探究。如图 9—3 所示，2013—2017 年，旧金山旅游总人数同样展现出总体增长的特征，其旅游总人数由 2013 年的 960 万人次升至 2017 年的 1030 万人次，其年均增长率为 1.8%。可以明显看出，这五年来旧金山旅游总人次增长率逐渐收窄，2017 年甚至出现负增长。这不难理解，前阶段奥巴马政府提出的《旅游促进法》在打造"Brand USA"的美国品牌同

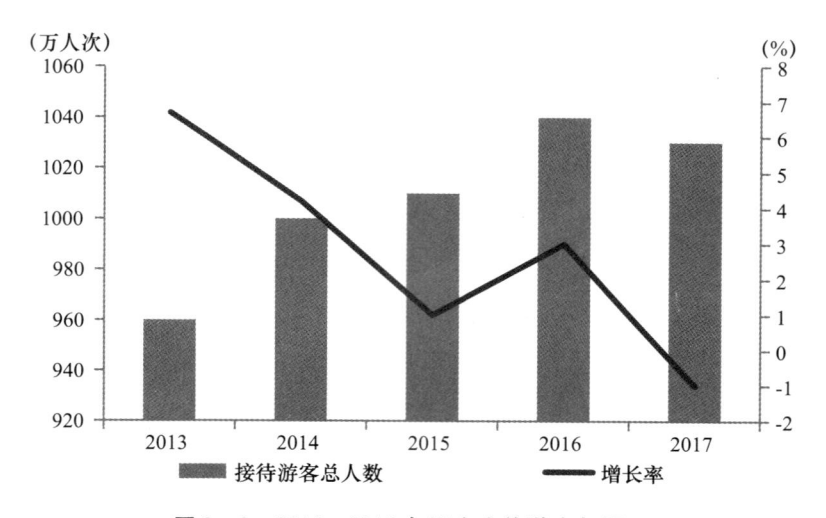

图 9—3　2013—2017 年旧金山旅游人气概况

资料来源：旧金山旅行协会（San Francisco Travel）。

时，重点推动海外旅游市场营销工作，推动了旧金山国际旅游业的繁荣；而特朗普政府推行的"入境限制禁令"与相关贸易禁令则对旧金山国际旅游业发展形成一定阻碍。

（五）小结

综上所述，从国际旅游人气来看，粤港澳大湾区外国游客人数在波动中小幅攀升，但与邻近的东京湾区外国游客人数稳步提升的显著幅度相比，仍存在较大的提升空间。从四大湾区核心城市的国际旅游人气来看，与东京、纽约及香港千万级别的外国游客流量相比，粤港澳大湾区内的广州及澳门在提升旅游国际人气方面仍需作出诸多努力，这对于提升广州旅游国际知名度及澳门打造世界休闲中心意义非凡。

二 旅游效益

本节主要从旅游总收入与旅游外汇收入两个层面来综合探究四大湾区及其核心城市旅游效益，前者主要表征旅游综合效益，后者主要表征国际性旅游效益，同样是衡量湾区旅游影响力的重要指标。

（一）粤港澳大湾区

如表 9—4 所示，一方面，就旅游总效益而言，2013—2017 年，其旅游总收入总体呈现出提升的态势，其旅游总收入由 2013 年的 1657.4 亿美元升至 2017 年的 1929.6 亿美元，其年均增长率为 3.9%。比较明显的是，2013—2017 年，其旅游总收入年增长幅度逐渐收窄，2015 年甚至出现负增长，这说明粤港澳大湾区旅游综合效益还有提升空间。而在全国占比层面，2013—2017 年，粤港澳大湾区旅游总收入占全国旅游总收入的比重呈现出缩减态势，但仍然维持在 20% 以上，显示了粤港澳大湾区已成为中国旅游总体效益的亮点地域。

另一方面，就国际旅游效益而言，2013—2017 年，其旅游外汇收入呈现出先升后降的倒"U"形态势，其旅游外汇收入由 2013 年的 1017.2 亿美元降至 2017 年的 912.6 亿美元，其年均降幅为 -2.6%，2015 年是比较明显的转折点，2013—2015 年旅游外汇收入呈现出增长态势，但 2015 年以后，粤港澳大湾区旅游外汇收入却出现负增长态势，这与该阶段入境旅游人数稳步提升的趋势不相符合。而在全国占比层面，2013—2017 年，粤港澳大湾区旅游外汇收入占全国旅游外汇总收入的比重总体下滑态势明显，由 2013 年的 73.8% 降至 2017 年的 46.6%，体现出了中国入境旅游效益地域格局更趋向多元化，而集聚了全国将近 50% 的国际旅游效益则凸显了粤港澳大湾区在中国入境旅游发展格局中的主导地位仍较为稳固。

表 9—4　　　　2013—2017 年粤港澳大湾区旅游效益概况

年份	旅游总效益 旅游总收入（亿美元）	增长率（%）	全国占比（%）	国际旅游效益 旅游外汇收入（亿美元）	增长率（%）	全国占比（%）
2013	1657.4	15.7	29.9	1017.2	14.8	73.8
2014	1834.6	10.7	26.2	1057.1	3.9	54.3
2015	1781.4	-2.9	24.1	907.7	-14.1	48.4
2016	1788.5	0.4	23.0	862.1	-5.0	45.7
2017	1929.6	7.9	22.3	912.6	5.9	46.6

资料来源：广东省统计年鉴、广州等市统计公报、香港统计年刊、澳门统计年鉴。

在核心城市层面，如表 9—5 所示，就旅游总效益而言，广州旅游总效益呈现出稳步提升态势，湾区内占比也明显提升，但香港与澳门旅游总效益则呈现出下降态势，湾区占比显著下降。2013 年，香港与澳门旅游总效益集聚程度显著高于广州，而 2017 年，广州却明显高于香港与澳门，显示借助粤港澳大湾区建设契机、"一带一路"倡议的有效实施及"全域旅游"的深入开展，广州旅游总体发展效益水平得到显著提升。就国际旅游规模而言，广州市旅游外汇收入得到明显增加，由 2013 年的 51.7 亿美元升至 2017 年的 63.1 亿美元，年均增长 4.1%，在湾区内地位也显著提升，其比重由 2013 的 5.1% 升至 2017 年的 6.9%。

表 9—5　2013 年与 2017 年粤港澳大湾区核心城市旅游效益概况

核心城市	旅游总效益				国际旅游效益			
	旅游总收入（亿美元）		湾区占比（%）		旅游外汇收入（亿美元）		湾区占比（%）	
	2013 年	2017 年	2013 年	2017 年	2013 年	2017 年	2013 年	2017 年
广州	349.5	531.5	21.1	27.5	51.7	63.1	5.1	6.9
香港	424.3	382.1	25.6	19.8	—	—	—	—
澳门	436.7	342.7	26.3	17.8	—	—	—	—

注：香港与澳门的旅游总收入即为旅游外汇收入。
资料来源：广东省统计年鉴、广州等市统计公报、香港统计年刊、澳门统计年鉴。

（二）东京湾区

由于东京湾区相关县市旅游效益数据较为匮乏，本书仅选取大湾区核心城市的东京旅游效益数据进行代表性分析与探究。如图 9—4 所示，东京的国际旅游效益总体呈现出稳步提升态势，旅游外汇收入由 2011 年的 88.7 亿美元提升至 2015 年的 293.9 亿美元，年均增幅高达 34.9%，除 2011 年受日本大地震影响，东京国际旅游业受到负面影响较为明显，其旅游外汇收入出现明显下降。而后伴随着日本相关旅游优惠政策推出、日元大幅贬值等利好条件出现，东京旅游外汇收入增幅逐

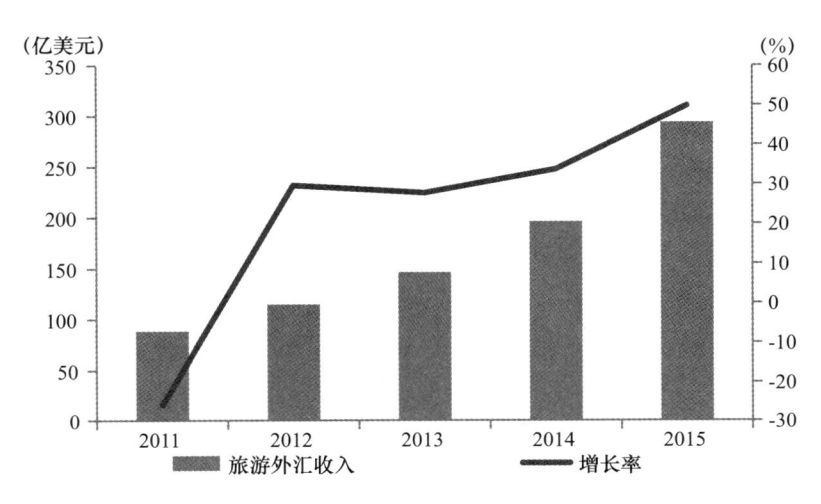

图 9—4　2011—2015 年东京国际旅游效益概况
资料来源：日本观光局旅游统计。

年加大，尤其是 2015 年其增幅更是高达 49.8%。而且近年来，东京作为湾区的核心旅游城市地位日趋强化，其国际旅游效益的集聚效应也日渐凸显。

（三）纽约湾区

由于纽约湾区相关县市旅游效益数据较为匮乏，本书仅选取大湾区核心城市的纽约旅游效益数据进行代表性分析与探究。由图 9—5 可知，在最近五年，纽约旅游总收入展现出平稳增长的特征，其旅游总收入由 2012 年的 369 亿美元升至 2016 年的 430 亿美元，其年均增长率为 3.9%，但比较明显的是纽约旅游总收入增幅出现逐年收窄现象。

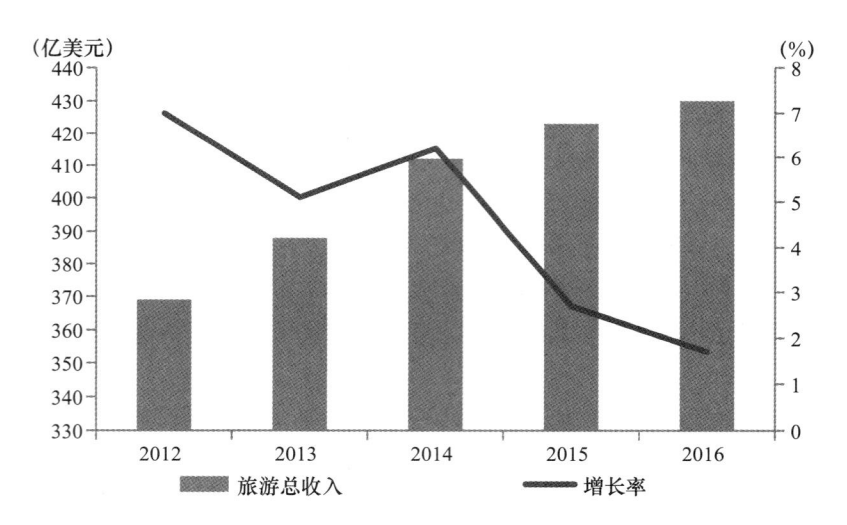

图 9—5　2012—2016 年纽约旅游总效益概况

资料来源：纽约旅游局（The Official Guide to New York City）。

（四）旧金山湾区

由于旧金山湾区相关县市旅游效益数据较为匮乏，本书同样仅选取湾区核心城市的旧金山旅游效益数据进行代表性分析与探究。由图 9—6 可知，2013—2017 年，旧金山旅游总收入同样展现出总体增长的特征，其旅游总收入由 2013 年的 84 亿美元升至 2017 年的 98 亿美元，其年均增长率为 3.9%，可以明显看出，这五年来旧金山旅游总收入增长率也总体呈现出放缓的态势，与旅游人气变动态势较为一致。

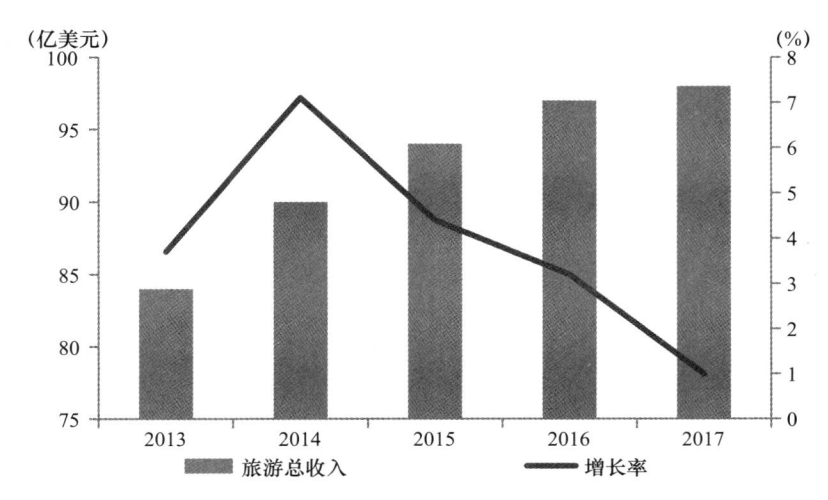

图 9—6　2013—2017 年旧金山旅游总效益概况

资料来源：旧金山旅行协会（San Francisco Travel）。

（五）小结

综上所述，从湾区核心城市的国际旅游效益来看，一方面，对于内地核心城市广州而言，其旅游外汇收入远低于湾区内部核心城市香港与澳门，使得湾区国际旅游效益内部出现分化态势；另一方面，同其他湾区核心城市相比，广州国际旅游效益也与东京、纽约等国际旅游名城存在较大差距，由此使得广州成为粤港澳大湾区总体旅游效益提升的显著短板，广州在搞好旅游营销吸引规模化国际客流的同时，也需要提升入境旅游效益水平。

三　旅游吸引力

本部分主要从酒店设施与旅游景观两个层面来综合探究四大湾区及其核心城市旅游吸引力，前者主要表征旅游综合设施状况，后者主要表征核心吸引力，也是衡量湾区旅游影响力的重要指标，具体数据及资料见表 9—6 所示。

（一）酒店设施

1. 湾区层面

经统计，在酒店设施数量层面，粤港澳大湾区数量最多，11 市合计共10962家；其次是东京湾区，共计4497家；纽约湾区与旧金山湾区酒店数量相对较少，分别为633家与385家。不难看出，粤港澳大湾区是旅游投资热点，并处于改革开放前沿，旅游接待设施建设水平较高。

2. 核心城市层面

首先，在酒店设施数量方面，就广州、香港、澳门、东京、纽约及旧金山六大核心城市而言，广州市酒店设施数量最多，为3727家；东京酒店数量位居第2，为1000家；纽约酒店数量位居第3；香港与旧金山酒店数量紧随其后；而澳门酒店数量最少。

其次，在酒店客房数量方面，基于酒店数量方面优势，广州酒店客房数量最多，超过23万间；其次是东京、纽约，两市酒店客房数量均超过10万间；香港与澳门较少，而旧金山最少，仅3万间左右。但就单个酒店所拥有的客房数量而言，其排名依次为澳门、香港、纽约、旧金山、东京及广州，分别为340间、276间、238间、146间、123间、62间。究其原因，据《澳门统计年鉴》显示，2016年澳门星级酒店数量占全部酒店的70.6%，其中高星级酒店（四星与五星合计）占星级酒店的64.9%。而据《香港统计年刊》显示，2016年香港高级酒店（由甲级高价酒店与乙级高价酒店组成）的数量占全部酒店的49.4%，可见港澳酒店设施更趋向高端化与规模化发展。而据《广东省统计年鉴》显示，2016年广州星级酒店数量仅占全部酒店的6.3%，其中高星级酒店（四星与五星合计）仅占星级酒店的31.4%，可见广州酒店设施更趋向经济化、多元化，酒店规模相对偏小。

最后，在酒店客房出租率方面，客房出租率最高的城市是香港，平均高达88.2%；纽约紧随其后；澳门、东京及旧金山三市的酒店客房出租率也较高，均在80%；而广州的酒店客房出租率最低，不足70%，与其他核心城市形成鲜明对比，其客房利用率有待提升。

（二）旅游景观

1. 湾区层面

据统计，在核心景观数量方面，东京湾区显著多于其他湾区，粤港澳大湾区紧随其后，两区域核心景观均超过1000家；而纽约湾区与旧金山湾区相对较少，分别为621家与433家。而核心景区中，以东京湾高等级景观居多，其世界遗产数多达5个（见表9—7），远超过粤港澳大湾区（2个）、纽约湾区（1个）与旧金山湾区（1个）。

在文娱设施方面，拥有博物馆数量从高到低排列依次为东京湾区（907家）、粤港澳大湾区（402家）、纽约湾区（393家）及旧金山湾区（176家），而开展音乐会及文艺演出次数从高到低却依次为纽约湾区（563次）、旧金山湾区（116次）、东京湾区（106次）及粤港澳大湾区（63次），由此可见，东京湾区及粤港澳大湾区在博物馆设施建设及运营方面存在得天独厚的优势，而纽约湾区在文化娱乐活动开展方面却遥遥领先，粤港澳大湾区在该方面相对较为滞后，需要得到有效改进与提升。

2. 核心城市层面

据统计，在核心景观数量方面，纽约遥遥领先，其次是旧金山，香港的核心景观数量也在300家以上，广州与东京核心景观相对较少，而澳门数量最少，仅为131家。从核心城市景观集聚程度来看，旧金山最高（79%），其次是纽约（75.8%），最后依次是香港（20.1%）、广州（18.6%）、东京（13%）及澳门（8.6%），由此可见，旧金山及纽约是湾区核心景观的主要集聚地。

在文娱设施方面，拥有博物馆数量从高到低排列依次为纽约（298家）、旧金山（111家）、东京（110家）、香港（101家）、广州（99家）及澳门（36家），而开展音乐会及文艺演出次数从高到低依次为纽约（427次）、旧金山（94次）、东京（44次）、香港（19次）、澳门（16次）及广州（15次）。由此可见，在文娱设施及活动开展方面，纽约均位居榜首。究其原因，纽约是闻名世界的娱乐文艺城，有著名的大都会艺术博物馆、所罗门·R.古根海姆博物馆、惠特尼美国艺术博物馆、新画廊和犹太博物馆、卡内基音乐厅、百老汇及华纳兄弟、环球娱乐等知名景观与娱乐企业。而粤港澳大湾区的核心城市广州与澳门，其文娱设施与活动开展则远不及其他核心城市，均排在末两位。但对于澳门而言，其博彩业与会展业高度发达，据统计，2017年，其娱乐场所数目为40处，博彩业收益高达33.2亿美元，举办会展会议1381场，远高于东京（593场），参会人数多达190万人次。而对于广州而言，在全域旅游开展及"文化+旅游"融合发展态势下，如何有效提升其旅游文化内涵，增加文化魅力，实现自然与文化双景观的双重提升，也是城市未来发展方向。

表9—6　　四大湾区及核心城市旅游吸引力指标（2017）

区域	酒店设施 数量（家）	酒店设施 客房数（间）	酒店设施 客房出租率（%）	旅游景观 核心景观数量（家）	旅游景观 博物馆数量（家）	旅游景观 音乐会与演出（次）	世界遗产数（个）	会议数量（场）
粤港澳大湾区	10962	—	—	1528	402	63	2	—
广州	3727	231643	66.3	284	99	15	0	—
香港	278	76863	88.2	307	101	19	0	—
澳门	109	37100	86.9	131	36	16	1	1381
东京湾区	4497	—	—	1803	907	106	5	927
东京	1000	122501	85.7	234	110	44	2	593
纽约湾区	633	—	—	621	393	563	1	—
纽约	480	114100	87.1	471	298	427	1	—
旧金山湾区	385	—	—	433	176	116	1	—
旧金山	232	34002	83.3	342	111	94	1	—

注：核心景观主要指区域地标性景点；博物馆包括艺术博物馆、历史博物馆、特色博物馆及画廊，为了便于比较分析，纽约湾区数据通过推算获取。

资料来源：广东省统计年鉴、广东省旅游政务网、广州等市统计公报、香港统计年刊、澳门统计年鉴、日本观光局旅游统计、UNWTO/WTCF City Tourism Performance Research、纽约旅游局（The Official Guide to New York City）、旧金山旅行协会（San Francisco Travel）、TripAdvisor网站。

表9—7　　　　　　　　　四大湾区世界遗产名录

湾区	世界遗产名录
粤港澳大湾区	澳门历史城区、开平碉楼与村落
东京湾区	神殿和庙宇、富士山、富冈制丝场（群马县）以及近代绢丝产业遗迹群、勒·柯布西耶的建筑作品、小笠原群岛
纽约湾区	自由女神像
旧金山湾区	红杉国家公园

资料来源：根据维基百科整理。

（三）小结

综上所述，粤港澳大湾区酒店设施数量较多，设备齐全，核心景观数量及文体设施规模较大，但在文化娱乐活动开展方面相对滞后。与其他湾区核心城市相比,广州基本在旅游吸引力各方面处于全面落后的态势,比如酒店规模偏小、客房出租率偏低、核心景观数量偏少、文娱设施相对不足及文体活动开展相对匮乏等问题,旅游吸引力不足也是导致广州在国际旅游人气与效益方面显著落后其他核心城市的主要原因,全方位提升广州市旅游吸引力不仅关乎着广州自身城市旅游竞争力的提升,同时也直接影响着粤港澳大湾区的国际旅游竞争力。

四 旅游营销传播

本节主要从权威旅游网站评论量与谷歌趋势两个层面来综合探究四大湾区旅游营销传播,受数据收集限制,选取广州等六大核心城市代表性分析,其数据资料分别见表9—8与表9—9。

(一) 权威旅游网站评论量

一方面,网民对于纽约旅游目的地的点评量最高,超过370万条,显示了纽约旅游目的地强劲的网络传播能力;其次是东京与旧金山;而粤港澳大湾区的三个核心城市点评量相对较低,广州最低,不足15万条,显示了其城市旅游目的地网络传播能力较为微弱。

另一方面,网民对于广州与澳门的酒店点评量最高,而对于美食的点评量相对较低。香港的美食点评量最高,而景点玩乐点评量相对较低;东京、纽约及旧金山三市的美食点评量最高,而酒店点评量却均相对较低。同样从总体角度来看,六个核心城市的美食平均点评量(44.98万条)远高于景点玩乐(40.33万条)与酒店(31.94万条)。由此可见,美食品鉴已成为国外知名旅游城市的旅游核心内容,也是国际旅游者旅游体验的核心关注点。

表9—8　　湾区核心城市旅游关键词的猫途鹰评论解析

（截至2018年9月9日）　　　　　单位:万条

关键词	广州	香港	澳门	东京	纽约	旧金山	平均
旅游目的地	13.01	95.95	15.33	112.63	371.75	108.91	119.60
酒店	8.32	30.81	6.28	24.77	93.65	27.79	31.94

续表

关键词	广州	香港	澳门	东京	纽约	旧金山	平均
景点玩乐	2.40	30.59	4.83	31.66	134.69	37.80	40.33
美食	2.18	33.44	4.19	54.42	136.37	39.29	44.98
其他	0.11	1.11	0.03	1.77	7.03	4.03	2.35

资料来源：根据 TripAdvisor 网站整理获取。

（二）谷歌趋势

表9—9　　湾区核心城市旅游关键词的谷歌搜索总量　　单位：条

关键词	纽约湾区	旧金山湾区	东京湾区	粤港澳大湾区
好玩的	254541.7	8822708	1850021	127527.3
购物	1008317	36413968	938940.6	779524.6
景色	342021.7	37947738	863755.7	113901.6
历史	2260577	104000000	2645263	3053626
博物馆	1034917	591384.1	536662.9	460824.8
画廊	2716866	36851175	456889.3	98929.37
纪念馆	514899.2	3496055	1741124	84615.83
建筑	1183494	70272254	1841766	1262514
当地美食	407857.1	15513209	138320.2	581930
饭店	1022372	44199563	804667.9	2268833
火车	1368195	2854893	2317456	639570.2
旅行租赁	996451.3	1953063	334066.1	461478.8
航班	758045.9	25838891	490693.3	304887.7
旅游业	1313207	17987000	1928037	1227540
酒店	1250220	20755960	2327081	897601.9

资料来源：本课题组。

表9—9是四大湾区各个关键词在谷歌中的搜索总量。为了排除由于四大湾区母语不同造成的搜索量的差异，该数据最终版本是汇合了日文、中文和英文的搜索结果，按照各个语言的使用总人口数进行了按比例扩大后的加总量。

对表 9—9 的数据进行标准化和加权之后，得出四大湾区的旅游形象影响力总指数。具体方法可参见形象影响力分析章节。从旅游形象影响力总指数来看，排名第一的是旧金山湾区，为 0.95，接近满分；第二是纽约湾区，为 0.28；第三是东京湾区为 0.25；最后是粤港澳大湾区，为 0.05，与前三大湾区的差距较大。

旧金山湾区的旅游收益总量在四大湾区中的表现和其旅游形象的营销传播效果相比落后很多，不过优秀的旅游形象营销传播，为旧金山湾区旅游业未来的发展奠定了良好的舆论基础，因此我们有理由相信旧金山湾区旅游业所具备的巨大的发展潜力。据旧金山旅游协会（SanFrancisco Trravel Association）的报告，旧金山湾区已经成为加州第一火爆的旅游景点，并且其旅游收益在全州旅游收益的贡献比例，从长远角度来说呈上升趋势。2016 年，旅客在旧金山湾区的花费达到 345 亿美元，贡献了加州旅游总收益的 1/4 以上。从单个关键词的搜索量来看，旧金山湾区的旅游形象影响力搜索总量排名前三的指标分别是："历史""建筑"和"饭店"，总数量分别为 104000000 条、70272254 条和 44199563 条。这三个关键词的搜索总量和其他三大湾区相比，旧金山湾区也是最高的。

旅游形象影响力排名第二的纽约湾区在旅游收益方面是四个湾区中最高的。这得益于其丰厚的人文历史资源，纽约湾区以其文化多样性著称，核心城市纽约在国际上更是享有"国际演艺都会"之称。美国著名作家 Tom Wolfe 曾称这里为"文化就像是融入了这里的每一丝空气之中"。同时，纽约湾区经过了历史上的三次大规模规划，拥有世界上最健全的交通基础设施网络。因此纽约湾区的旅游形象影响力搜索总量排名前三的指标分别是："画廊""历史"和"火车"。总量分别为 2716866 条、2260577 条和 1368195 条。

至于东京湾区，其最受关注的三个旅游关键词依次为"历史""火车"及"酒店"，总量分别为 2645263 条、2317456 条和 2327081 条。东京拥有悠久的历史文化，以宗教文化形成的特色小镇和社区近千个，同时湾区还具有拥有很多带有纪念意义的历史遗迹，比如东京塔、银座、浅草寺等等，这些使得上述关键词成为国际游客的关注焦点。

排名最后的粤港澳大湾区与其他三大湾区横向比较，"历史"和"饭店"的搜索总量排在第一名，但其余关键词的搜索总量都排在最后一名，造成了粤港澳大湾区整体的旅游形象影响力得分低。其中，"画廊"和"纪念馆"与其他三大湾区的湾区差距尤其显著。就自身纵向比较，粤港澳大湾区搜索总量最高的三个关键词分别是"历史""饭店"和"旅游业"，总量分别为3053626条、2268833条和1227540条。上述的结果显示出，粤港澳大湾区的人文历史旅游资源具有优势，但是开发程度尚待提升。粤港澳大湾区的湾区文化以岭南文化作为底色，经历数千年的发展形成了诸多响当当的名片，粤剧、粤曲、开平碉楼等等。不过，上述结果显示这些名片在国际上知名度还不够高。还需要进一步开发利用这些资源，加强旅游品牌营销。

五 国外湾区旅游影响力经验

（一）湾区发展战略支撑旅游业影响力延展

20世纪60年代，日本开始实施"工业分散"战略，将一般制造业外迁，机械电器等传统工业逐渐从东京的中心城区外迁，中心城区发展以旅游业为主的高端服务业。2014年日本推出《2020年的东京——跨越大震灾，引导日本的再生》以及《创造未来——东京都长期愿景》等专项湾区规划。前者提出"发挥和利用东京优势促进企业发展动力与活力，通过体制强化和战略性信息发布，在文化和旅游等方面扩大东京的对外影响力"及"以亚洲为中心开展亚洲各国家的战略性宣传，发展与旅游观光产业相关的各类大型会展活动，进一步吸引国外游客，促进东京成为时尚魅力的发布中心"。后者主要着眼于2020年东京奥运会，在"成功的2020奥运会、进化的基础设施及独有的待客之道"等方面提出具体要求。旧金山湾区颁布了2040年区域可持续发展战略，其中重点提到优先保护区域（PCA）："即规划提出的具有广泛区域社会共识和需要保护的重大区域。它们提供了重要的农业、自然资源、风景、文化、娱乐或生态价值和生态系统功能，着重于旅游自然环境的维持与保护。"2014年，纽约区域规划协会对纽约大都市地区发展发表了题为"脆弱的成功"的评估报告。第四次纽约大都市地区规划提出"经济、包容性和宜居性"目标，对旅游业发展及影响力提升提出了民生层面的更高要求。

(二) 核心城市引领湾区旅游业整体影响力强化

众所周知，东京、纽约及旧金山是国际知名旅游大都市，而东京湾区、纽约湾区及旧金山湾区整体旅游布局均以这些国际大都市为核心向外辐射。东京湾区旅游总体布局建立在首都向外扩散的基础之上，东京的中心城区不断地强化自身的高端服务功能，重点布局了包括旅游行业在内的高附加值、高成长性的服务行业、奢侈品生产业和出版印刷业，在塑造东京塔、迪士尼、银座、上野公园等核心旅游品牌基础上，巩固其全国旅游消费及商贸中心地位，并通过有效的人工规划、高效的交通联结、强大的经济底蕴与集聚外溢效能，将东京旅游发展势能推向湾区其他地区，实现旅游人流共享与提升旅游开放水平。旧金山湾区在维持金门大桥、渔人码头及金门公园等核心旅游景观吸引力基础上，更加积极推广多元移民文化、葡萄酒文化及开展多种节庆与文艺活动，纽约是世界经济的核心中枢，是美国旅游发展高地，也是世界文艺中心，形成了以大都会艺术博物馆、百老汇、林肯中心（全球最大的表演艺术中心）、帝国大厦、洛克菲勒中心、时代广场、布鲁克斯动物园、巴克莱中心、第五大道及自由女神像等为核心的旅游体系，作为全美发展较为典型的两大城市，旧金山与纽约通过高度发达的高科技产业、先进的城际轨道交通、优良的城市环境、具有竞争力的高校群和人才引进机制，带动旅游服务业的发展壮大，同时也成为两大湾区旅游业保持核心竞争力的重要法宝。

(三) 湾区旅游产业特色布局推动旅游影响力扩展

旧金山湾区内旅游产业功能分区成熟，差异化定位明显，旧金山市以旅游、商业和金融发展见长；北湾是美国著名的酒乡和美食之都，据称全美90%的葡萄酒都产于此，葡萄酒旅游与美食旅游较为发达；东湾则以重工业、金属加工和船运为核心，有着工业旅游开发的潜力；而南湾就是硅谷园区的所在地，此处云集了成千上万家高新科技企业，主要涉及计算机、通信、互联网、新能源等多个行业，开展科技旅游的条件得天独厚。纽约市以文化、演艺及美食为核心旅游吸引力，而康涅狄格州工业旅游项目颇有特色，斯通宁顿酒庄、PEZ糖果工厂、Fascia巧克力工厂、香玛酒庄是其典型代表。

(四) 湾区内部互联互通保障旅游整体影响力的提升

要实现区域旅游一体化，提升区域旅游影响力，高度发达的交通网络肯定是第一倚仗。东京湾区核心——东京都市圈地下轨道交通线有14条之多，拥有世界上最大的铁路网，包括JR、私家铁路、地铁、单轨铁路等。JR东日本铁路、羽田机场及成田机场共同保障了东京湾区交通正常运转。"一都三县"各首府之间在上下班高峰期间，无论是自驾还是公交都能在一个半小时之内实现通勤。旧金山湾区更具备成熟的海陆空交通网络基建来串联起各块功能片区，其湾区内共计有7个海港，3个国际机场、2个联邦非民用机场及数个国内机场，同时区域内跨郡公交系统和铁路捷运系统完善，有4条主要高速公路联结湾区内外，湾区各县均有公车系统负责大众运输，旧金山市区和圣塔克拉拉县内则有轻轨系统，县与县之间的交通除了公路联络之外，以湾区捷运（BART）和加州通勤火车（Caltrain）最为重要。纽约湾区拥有北美最大的交通运输网络，服务于从纽约市至长岛、纽约州的东南部和康涅狄格州大约5000平方公里内的1530万人口。MTA公司旗下的地铁、巴士、列车每年为纽约提供27.3亿人次的运能。长岛铁路系统（LIRR）、新泽西运输系统（NJT）与Metro-North Railroad（MNRR）承担了主要运力，3座核心城市之间乘坐PATH列车均能在一小时内实现互通，也为实现湾区旅游影响力整体提升提供有利条件。

(五) 旅游营销推广促进湾区旅游影响力跃升

旅游营销推广是提升湾区旅游影响力的重要途径，对湾区旅游核心城市而言，更是如此。东京都政府在完善"GO TOKYO"旅游观光网站基础上，最新推出"每个当下都是历史，下一刻你会在哪？"（Tokyo Tokyo Old Meets New）的旅游新形象，以此来提升东京在海外的城市魅力，着力提升东京作为全球旅游目的地的形象。纽约市旅游会展局举办全球旅游业推广活动"原味纽约市"（True York City），展示了由纽约市五大区850万居民创造的独特文化，让游客能够有一个更加真实地道的纽约市体验。旧金山旅游协会和圣地亚哥旅游局共同合作，推出首个不同目的地联合推广的"玩全加州"线路，展现多元文化融合的独特城市魅力，以此提升旧金山旅游影响力。

六　粤港澳大湾区旅游影响力问题与挑战

（一）三地合作性战略规划的协同作用有待强化

粤港澳大湾区建设作为国家级发展战略愈发受到重视，《粤港澳大湾区发展战略规划》也呼之欲出，毫无疑问，粤港澳三地旅游业方面的合作发展将是湾区发展战略的重要内容。而近年来，随着三地贸易自由化与区域一体化程度加深，《内地与港澳关于建立更紧密经贸关系的安排（CEPA）》的签署与协议完善不断扩大了内地旅游业对港澳地区的开放程度，尤其是2014年签署的《（CEPA）关于内地在广东与香港基本实现服务贸易自由化的协议》中提及了"在饭店餐饮及导游服务方面对香港服务提供者实行国民待遇"的旅游协议内容，使旅游业成为三地开放程度最高的行业之一。而国家"十三五规划"也提出"加大内地对港澳开放程度，加快前海、南沙、横琴等粤港澳平台建设，加深内地通通港澳地区旅游交流合作，深化泛珠三角等区域合作"。《粤港澳大湾区框架协议》也对三地的产业分工提出错位发展诉求，要求"香港推动服务业、旅游业和创新科技事业的发展。澳门则是努力打造建设成为世界级旅游休闲城市"。而广东自贸区建设与"一带一路"倡议的相关实施规划协议也提到诸多粤港澳三地旅游合作的内容，如何使得诸多国家级战略规划实现有效的协同衔接，共同发挥出旅游合作共赢的优势效果，是粤港澳大湾区需要梳理的重点挑战性工作。

（二）粤港澳大湾区核心城市旅游引领作用有待深化

核心城市旅游业发展能够为区域旅游业的整体发展与合作产生较强的引领与示范作用，但随着旅游提质增效时代的到来，作为大湾区核心城市的广州、香港与澳门在旅游业在实现较高水平提升的同时也面临着产业发展瓶颈。例如，广州面临着交通门户地位和交通枢纽功能竞争加剧、广州旅游形象固化和旅游产品老化及周边城市旅游的快速崛起等挑战。而香港旅游业发展下行压力也开始加大，受一些事件后续影响显现，旅游市场秩序问题频出，内地游客与当地导游旅游纠纷冲突事件使其旅游消费环境持续恶化，"好客之都"形象严重受损，市场秩序整顿与旅游形象重塑已成为香港旅游业当务之急的工作。而澳门也面临着

"东方赌城"形象固化与博彩业的一家独大不利于旅游产业多元化发展的困境。因此，核心城市旅游业升级优化成为突破瓶颈、提升城市旅游竞争力的重要任务。

（三）粤港澳大湾区旅游产业特色化不足

粤港澳大湾区旅游经济整体影响力的提升既需要湾区内的各个城市有着清晰合理的旅游发展定位，同时也要塑造城市旅游特色产业，形成互助互补的一体化产业链，强化城市间的旅游经济联系。目前，相比其他三大湾区，粤港澳大湾区旅游经济效益较高，但旅游经济特色并不突出，虽然《粤港澳大湾区框架协议》对港澳核心城市旅游发展提出了特色定位，但对于湾区内其他非核心城市的旅游产业特色定位缺乏清晰的界定，其旅游产业发展方向也尚未细化，同时湾区各城市旅游特色产业的培育与良性互补不仅仅是由政府规划决定，更多的是取决于经济市场的不断变化与相互间竞争的结果，各城市旅游特色产业能否形成区域协同互动发展的良性格局，仍需等待三地政府间的基础条件以及政策要素的配套的持续深化。

（四）粤港澳大湾区互联互通仍面临较多障碍

粤港澳大湾区旅游互联互通障碍不仅体现在基础条件方面，更多体现在制度架构方面。粤港澳大湾区内具有"一国两制"下，特殊的跨境协调治理难题，这在政府机制、经济制度及法规制度方面体现得尤为明显。首先，粤港澳三地政府存在行政权力机构、行政等级结构、自主决策能力的区别。政府功能强弱上的落差、规划内涵及执行力的不同，都会影响到粤港澳大湾区的发展进程。其次，在经济制度方面，粤港澳大湾区内存在香港、澳门两个独立关税区，广东省内形成了三个相互独立的关税自贸区，有别于其他地区的关税制度，这间接造成了粤港澳大湾区内税制管理上不小的问题。最后，在法律制度方面，香港和澳门的司法体制分属"海洋法系"，而内地的司法体制则分属"大陆法系"，由于缺乏行之有效的区际司法协助制度，导致三地在平行诉讼、文书送达、调查取证、法院的法律判决与解释和执行上存在诸多困境，这也成为粤港澳大湾区三地旅游合作明显的制度障碍。

(五) 旅游营销与推广协调程度较低

粤港澳大湾区旅游消费与推广的协调障碍主要体现在品牌形象不统一及基础障碍解决难度大两个方面，具体而言，粤港澳大湾区的核心区域及城市旅游形象较为突出，比如广东的"活力广东 心悦之旅"（Truly Enjoy Guangdong）、广州的"南国风情，动感花城"、香港的"尽享一最香港"（Best of all, It's in Hong Kong）及澳门的"东方拉斯维加斯"旅游认知形象已经深入人心，广为熟知，已经能够充分折射出湾区主要城市核心旅游吸引力要素。这使得在湾区旅游品牌形象统一设计与推介方面如何将核心城市旅游要素成功糅合，从而进一步提升游客对湾区旅游品牌形象的感知度与体验度，就会存在不小困难。而在两种制度、三种货币、法律体系和关税制度、区域文化的显著差异及基础设施条件互联互通尚待完善的背景下，更加剧了湾区联合包装大湾区整体形象，开展联合旅游营销和宣传推介的难度。

七 粤港澳大湾区旅游影响力未来发展方向

（一）以粤港澳大湾区发展战略为主导，实现多重战略的有效融合

粤港澳大湾区建设已经写入党的十九大报告和政府工作报告，提升到国家发展战略层面，2018年全国旅游工作会议提出，要树立"粤港澳大湾区旅游一体化"品牌，建立旅游一体化发展协调机制，编制大湾区城市群旅游发展规划，开展"粤港澳大湾区旅游季"系列活动，支持澳门打造旅游教育培训基地，建立大湾区"一程多站"旅游精品线路和项目库"，这也就从国家战略层面对粤港澳大湾区旅游总体发展及影响力的提升制定了明确方向。因此，粤港澳大湾区未来旅游发展方向是在践行大湾区旅游发展战略要求基础上，积极同"一带一路"倡议进行有效协同，借助"一带一路"旅游国际合作的重要平台和门户枢纽，重点在旅游资源特色化、旅游市场规范化、旅游服务标准化、旅游人才国际化等方面下功夫，以此提升粤港澳大湾区旅游国际影响力。此外，借助南沙国家级新区建设的契机，实行有效的旅游制度创新，以"邮轮母港综合体"打造休闲、高端的特色旅游环境，以"免税购物中心"打造优美、便利的舒适居住环境，建成宜商、宜业、宜学、宜游、

宜居的南沙湾港澳优质生活示范区，成为提升粤港澳大湾区旅游影响力提升的突破点与亮点。

（二）重点发挥湾区核心城市的引领作用

重点推动广州、香港及澳门等核心城市的旅游集聚与示范能力的提升，强化三市在粤港澳大湾区的旅游核心增长极功能，广州积极发挥三大国际枢纽的作用，在旅游贸易便利化、旅游人才与创新合作及交通互联互通等重点领域上贡献力量，香港借助国际知名的金融、航运、贸易中心的地位及"东方之珠""美食天堂"和"购物天堂"等旅游品牌，积极引领湾区国际旅游发展新格局。澳门则凭借发达的博彩旅游业及完善的酒店设施，大力建设世界旅游休闲中心，对于湾区休闲旅游产业布局起到重要示范作用。

（三）推动湾区旅游产业差异化发展

粤港澳大湾区的城市需要强化各自旅游定位和功能分化、专业化，形成独特吸引力。湾区各城市需要形成错位发展格局，形成特色，增强合力，避免同质化竞争格局。广州充分利用广州商贸会展、保税物流等功能做强、做大商务会展旅游，同时也应在主题公园等领域形成新的优势产品。此外，广州还可以进一步发掘广州医疗资源优势，发展医疗旅游、养生养老旅游，打造中国医疗旅游目的地。香港将借助香港特殊的历史文化背景，以及市区和郊区之间交通方便的特点，发展购物、文化和绿色旅游，进一步丰富旅客的旅游体验。澳门努力建设世界旅游休闲中心，打造中国与葡语国家商贸合作服务平台，建设以中华文化为主流、多元文化共存的交流合作基地。惠州突出互补性，培育湾区旅游拳头产品，如围绕罗浮山、西樵山、鼎湖山、白云山等打造名山旅游，围绕孙中山、李小龙、叶挺等打造名人旅游，江门将发挥江门侨乡人缘优势，以侨为"桥"，聚侨情、引侨资、用侨智，推进湾区旅游经济大发展。

（四）提升湾区各市联通与协同水平

粤港澳大湾区实现旅游联通与协同发展应从三个方面着力：第一，机制协同。必须建立旅游一体化发展协调机制，推进 9 + 2 城市旅游合作，并充分发挥"粤港澳大湾区城市旅游联合会"的重要协调作用，多举行"粤港澳大湾区旅游业界合作峰会"，共同签署《粤港澳大湾区旅游业界合作协议书》，以推动区内旅游资源开发、联合开发特色旅游产品，并建立定期沟通渠道及日常联络机制。第二，交通互联。随着港珠澳大桥和广深港高铁通车，粤港澳大湾区连接更加方便，但港澳通行证、通关等软连接还不够便捷，建议各地加大协调力度，进一步提升粤港澳通关便捷性。第三，产业协作。主要在湾区旅游大数据平台的共建、旅游资源和旅游产品的互补、精品旅游线路的联合设计与打造、湾区内旅游人才培养等方面进行强化，香港、惠州、深圳可联手打造环大亚湾滨海旅游带等。

（五）统一湾区旅游品牌联合营销与推广

统一进行旅游营销推广是提升湾区旅游影响力的最有效途径，具体要求共同宣传推介，设计统一的湾区旅游形象、统一的宣传口号，将粤港澳大湾区作为一个旅游目的地，联合包装整体形象，开展联合旅游营销和宣传推介。这就需要基于澳门特区政府旅游局、广东省旅游局、香港旅游发展局三方机构协调，更需要国家层面的旅游跨境协调管理机制发挥主要作用，在现有旅游合作机制下持续强化联合推广工作，把握粤港澳大湾区建设机遇，加强海内外推广，联合打造大湾区旅游品牌。

第十章　四大湾区形象影响力解析

一　概念与研究设计

（一）湾区形象概念以及分析的意义

由于湾区具备在地理条件、产业集聚和扩散性以及交通体系等方面独特的优势，湾区发展往往成为其所在国家整体发展进步的重要引擎，受到了理论界的高度重视，有着丰富的研究成果。然而作为湾区发展情况综合反映的湾区形象研究还不算多。一些学者对湾区形象的概念进行了界定，比如卢文彬（2018）认为湾区形象是指某一湾区的整体形态与特征，是人们对于某一湾区的看法与评估，是一个湾区的内部公众与外部公众对该湾区内在综合实力、外在影响力和发展前景的综合印象。结合区域形象、地区品牌和城市影响力等方面的文献，本书认为湾区形象是指受众对湾区的经济、文化、旅游、宜居等区域主要功能及其发展情况的综合印象和认知。

本书的一个基本假设是，湾区形象与湾区未来的发展存在着双向的正相关关系。一方面，湾区发展水平越高，区域功能优势和特征就越突出、形象认知也就越鲜明；另一方面，湾区的形象打造和推广努力，也能够有效助力其优势的发挥，进一步推动湾区整体的发展。比如作为成功湾区的代表，被称为"世界三大湾区"的纽约湾区、旧金山湾区和东京湾区各自都有很鲜明的湾区形象特色。纽约湾区的形象特征是全球金融湾区，旧金山湾区的形象特征是科技湾区，而东京湾区的形象特征是产业湾区。上述这些形象特征都是湾区发展过程中逐步凸显的。比如东京"产业湾区"的称号是源于战后日本以东京、横滨为中心的京滨工业地带的崛起为起点的产业聚集。而鲜明的形象，反过来进一步推动了这些优势的发展。以旧金山湾区为例，由于其"科技湾区"的形象，不断吸引了来自全球各地的高科技人才和高科技企业的落户，为高科技产业的持续发展提供了保障。此外，旧金山湾区的硅谷其实是自发形成的，没有经过政府的具体规划，这也表明"科技湾区"形象特征和湾区的发展相得益彰。

粤港澳大湾区的 11 个城市由于各有优势，各个城市单独的城市定位都比较明确。比如广州的定位为国际航运中心、物流中心、贸易中心。深圳定位为国际领先的创新型城市。香港定位为亚洲国际都会、国际金融中心。澳门定位为世界旅游休闲中心。然而，相对其他三个湾区而言，粤港澳大湾区的整体形象特征还不够突出。

在本书的指数研究部分引入舆情大数据对四大湾区的整体形象及主要城市的形象进行了评估。本章则拟通过谷歌数据，引入相关多语种的数据（湾区影响力指数仅使用了英文舆情大数据），来进一步解析湾区形象的评估和分析维度，以为了解四大湾区的形象发展态势特别是为粤港澳大湾区改进整体区域形象，提供一个参考的视角。

（二）本章的研究思路与方法

1. 研究视角的确定

迄今关于区域或城市形象影响力的研究文献中，学者们采用了很多研究视角来分析地区形象，其中包括节事活动等大事件对城市形象传播的影响，传播信息的媒介与地区形象的关系、地区形象影响的空间范围，商业品牌与地区形象、旅游与地区形象等。受分析视角的影响，学者们采用的指标数据大多是经济、社会、环境等统计数据指标。然而形象说到底是人们对于地区形象的主观看法与评估，抛开主观变量进行的形象分析显然是不全面的。因此在分析湾区形象影响力时，人们对于湾区形象的看法与评估同样是不可或缺的视角。

当然，目前的研究成果中有一部分考虑到了人们的主观感受对形象影响力分析的重要性，但是其研究对象比较单一。比如有学者通过游客的感知态度来分析城市的旅游形象影响力，也有学者通过投资者的认知来分析地区的投资环境形象等。本章则尝试通过谷歌数据，综合考察四大湾区的旅游、投资、文化和宜居等方面的形象影响力。

2. 研究方法

目前对形象影响力的研究方法,通常包括分析归纳法、问卷调查法和内容分析法等。本章的研究方法是对上述各种方法的综合和改进。首先将分析归纳法用在指标选取部分,其次将问卷调查法中对主观数据的重视应用到分析中,但是不同点在于本书的数据的内容范围更广,数据量更大。最后,本书借鉴内容分析法构建了对湾区形象影响力评估的指标体系。

3. 数据获取

本书使用的数据主要来自两个方面。一是分别用英文、日文和中文关键词在谷歌趋势(Google Trend)中获得旧金山湾区、纽约湾区、东京湾区和粤港澳大湾区在2017年3月到2018年10月的搜索热度数据。二是分别用英文、日文和中文来获得四大湾区各指标关键词的搜索总量。其中,谷歌趋势的数据体现的是特定时间对特定事件的搜索热度。在本章的研究中,湾区的搜索热度越高,说明在此期间关注该湾区的人越多,关注度越高则影响力越大。谷歌作为全球最大的搜索引擎,其用户包含的群众范围更广,谷歌趋势所体现的关注度数据更具说服力。同时,由于谷歌趋势是时间序列数据,本书得以进行形象影响力潜力预测分析。至于谷歌搜索量数据,它代表了对一事件总体的关注程度。

(三) 基于谷歌数据的湾区影响力指标构建

为进一步解析湾区的形象影响力,本书构建了基于谷歌数据的湾区形象影响力指数(BAIII)的概念。本书认为湾区形象影响力指数的一级指标应该包括文化形象影响力、旅游形象影响力、投资形象影响力、宜居形象影响力四个方面,从顾客需求角度出发设计了数十个二级指标,并相应考虑了由于搜索语言差异导致的影响力得分误差。

1. 文化形象影响力

文化是湾区发展的根基和灵魂,也是各湾区显著区分彼此的关键特征。比如旧金山湾区,其独特的以硅谷为中心的"人才文化"机制,成为该湾区科技经济进步的重要基础。纽约湾区则是以多元的、开放的、包容的文化和移民文化著称,外籍居民占地区人口的40%以上,为该地区的可持续发展带来了充足的人力资本。东京湾区独特的东方文化成为其重要的吸引力。在东京湾区，家族供养的寺庙约千座，以宗教文化形成的特色小镇和社区也达千余个。粤港澳大湾区则以岭南文化为基础，在戏剧艺术、饮食、建筑、历史方面都有人们耳熟能详的标志。文化形象影响力的大小对于湾区的吸引力和其他产业的发展起到基础性的作用。本书在舆情分析的视角下，对于文化传播影响力分析指标的选择，基于人们对于湾区文化的最主要关注点。文化产业的分类可以作为人们对于文化关注角度的重要分类指标，因此本书从教育、科技、娱乐等角度来进行指标初步分类。同时"人们关注什么"这一主观的问题如果仅从文化产业分析是不全面的，该部分还借助了谷歌关系（Google Relates）的帮助。谷歌关系数据提供的信息是关于人们在搜索一个关键词的时候，会同时搜索的内容。利用谷歌关系的推荐话题，本书加入了包括"历史""国际化"在内的关键词来完善指标。这几个指标综合在一起，较为全面地衡量了湾区文化的渊源和文化特色包容性及文化创新活力。

2. 旅游形象影响力

旅游常常是区域营销的突出内容，旅游部门也是区域品牌营销中最活跃的主体之一。比如粤港澳大湾区各城市旅游部门共同推出的"大湾区欢乐游"活动，以整体湾区形象和亮点吸引游客。因此旅游形象影响力的分析对于帮助升级湾区旅游品牌有着极其重要的意义，对整体湾区形象影响力提升的意义也不言而喻。该部分指标的构建重点关注交通可及性、旅游人气、旅游文化资源、旅游经济的效益等，来选取游客更为关注的事情作为旅游形象影响力的关键词指标。比如交通可及性，游客更倾向于搜索"火车""航班"等。此外，根据各大旅游网站的标签分类来进行关键词补充。旅游网站作为游客出行前准备的主要参考源头，其标签分类往往能比较全面地涵盖游客最为关心的指标。本部分研究参考的网站包括：trip advisor、yelp、wiki voyage 等，补充了类似"things to do"等指标。

3. 投资形象影响力

湾区投资形象或营商环境形象是关涉湾区招商引资和产业发展的重要维度，关系到湾区经济的可持续发展和品牌构建，是提升湾区竞争力的关键因素。以旧金山湾区为例，其营商环境对于创业者来说十分友好。旧金山湾区良好的营商环境形象，体现在其对风险的包容态度上，这吸引了众多风险资本、天使资本和私人股本。旧金山湾区有超过 300 家以新兴企业为目标的风险资本和私人股本公司，集聚了美国 36% 的风险资本以及全世界 16% 的风险资本，不仅投资多个领域的大型机构，也投资初期企业的小型机构。其包容风险的营商环境形象成为湾区经济可持续发展的原动力。本章在该部分的指标选取首先考虑影响投资者决定的经济学要素，如人力资源、经济增长速度、科技水平等，同时类似文化部分的指标选取，结合了谷歌关系的推荐话题，完善了指标。

4. 宜居形象影响力

伴随城市化进程，城市普遍面临"城市病"的挑战，而作为经济工业较发达的城市群——湾区地带，往往面临更为严重的城市病。生活成本、住房问题、幸福感等往往成为这些地方舆论关注的焦点。宜居吸引力是一个地区最不容易动摇的吸引常住人口的要素。因此提高居民生活质量也成为各个湾区建设的重点。以纽约湾区为例，其都市圈规划的指导理念为"以居民为中心"，2013 年 RPA 启动的纽约大都市区第四次规划旨在创造就业、减少家庭住房开支，解决贫困等。在过往的三次规划中，宜居形象的提升有效地促进了纽约湾区在全球经济格局中的地位和作用的发挥。因此，宜居形象的分析是湾区整体形象分析必不可少的部分。本书的宜居形象影响力重点关注生活质量和环境质量，选取的相应关键词包括"生活成本""幼儿园，高中，初中""健康产业"等。

基于上述分析，本书提出的湾区形象影响力分析的指标框架由 4 个主题层（一级指标）构成，分别为文化形象影响力、旅游形象影响力、投资形象影响力、宜居形象影响力。4 个主题层又包含 52 个次主题层（二级指标）。在这一指标体系中，湾区形象影响力的总体表现即湾区形象影响力指数，表现为 4 个一级指标的互动关系。其中湾区文化形象影响力是特征指数、湾区旅游形象影响力和湾区投资形象影响力是基础指数，湾区宜居形象影响力是趋势指数，4 个指数共同组成一个渐次递进又相互作用的系统结构。

5. 湾区形象影响力指标体系——基于谷歌数据

本书设计的基于谷歌数据的湾区形象影响力指数指标体系如表 10—1 所示。

表 10—1　基于谷歌数据的湾区形象影响力指标体系（BAIII）

一级指标	二级指标		
	指标英文名称	指标日文名称	指标中文名称
文化形象影响力	universities	大学	大学
	mass media	マスメディア	新闻
	publications	出版物	出版物
	sports	スポーツ	体育
	music	ミュージック	音乐
	arts	芸術	艺术
	films	映画	电影
	entertainment	エンターテイメント	娱乐
	holidays + festivals + fairs + events	休み + 祭り + フェア + イベント	假期 + 节日 + 集市 + 活动
	cultural	文化	文化
	religious	宗教	宗教
	unique	ユニーク	独特
	friendly	フレンドリー	友好
	innovative	革新的	创新
	international	インターナショナル	国际性的
旅游形象影响力	things to do	楽しみ	好玩的
	shopping	ショッピング	购物
	scenery	風景	景色
	historical	歴史的	历史
	museum + gallery	ミュージアム + ギャラリー	博物馆 + 画廊
	monuments + architecture	記念物 + 建築	纪念馆 + 建筑
	local flavor + restaurants	ローカルフレーバー + レストラン	当地美食 + 饭店
	trains	電車	火车
	vacation rentals	休暇賃貸	旅行租赁
	flights	フライト	航班
	tourism	観光	旅游业
	hotels	ホテル	酒店

续表

一级指标	二级指标		
	指标英文名称	指标日文名称	指标中文名称
投资形象影响力	economic growth	経済成長	经济增长
	high tech	ハイテク	高科技
	innovations	革新	发明
	human resources	人的資源	人力资源
	startups	創業	创业企业
	laws + regulations	法律＋規制	法律＋规章
	local market	ローカルマーケット	本地市场
	established infrastructure	インフラ整備	建成基础设施
	investment	投資	投资
	financial service	金融サービス	金融
宜居形象影响力	ecological	生態	生态的
	comfort	快適な	舒适
	elementary school	小学校	小学
	high school	高校	高中
	kindergarten	幼稚園	幼儿园
	services	サービス	服务
	healthcare	健康管理	健康
	amenities	アメニティ	基础设施良好
	safe	安全	安全
	diversity	多様性	多样性
	communities	コミュニティ	社区
	housing	住宅	住房
	employment	雇用	就业
	livable	住み易い	宜居
	living cost	生活費	生活成本

资料来源：笔者整理。

在搜索"湾区＋关键词"时，本书所使用的湾区中文名称、日文名称和英文名称采用相应语种环境下最典型的表述（参见表10—2）。

表10—2　　　　　　　　　　四大湾区名称

中文名称	英文名称	日文名称
东京湾区	Greater Tokyo Area	东京圈
粤港澳大湾区	Guangdong-Hong Kong-Macao Greater Bay Area	広東香港マカオ大湾区
旧金山湾区	San Francisco Bay Area	サンフランシスコ ベイエリア
纽约湾区	New York Metropolitan area	ニューヨーク都市圏

资料来源：笔者整理。

（四）指标测算方法

本章所使用的谷歌搜索数据包括每一湾区名加对应的各二级指标关键词的搜索总量。使用该数据基于以下的前提假设：关键词相关信息数量与该关键词的影响力成正相关。即影响力越大，则关于它的包含新闻、评论文本信息越多。同时考虑到四大湾区所处的地理位置的不同，各国使用的语言不同，所以单独使用一种语言得到的搜索量是有偏差的。比如英语搜索量下的纽约湾区和旧金山湾区显然比东京和粤港澳大湾区数量上占优势。因此本文分别搜索了日语、英语、汉语下的四大湾区的搜索数量，并根据使用这些语言的人数来给三种语言的每一个关键字搜索量赋予权重，并进行加权平均。之后用三种语言综合得到的各湾区各关键词搜索量计算四个湾区文化、旅游、宜居、投资四方面的指标。具体计算时，采用了标准化和等权重的计算方法。根据BAIII指标体系，四个一级指标的权重均为0.25，二级指标权重如表10—3所示。

表10—3　　　湾区形象影响力指标体系二级指标权重

指标名称	权重	指标名称	权重
大学	0.055556	酒店	0.066667
新闻	0.055556	经济增长	0.066667
出版物	0.055556	高科技	0.066667
体育	0.055556	发明	0.066667
音乐	0.055556	人力资源	0.066667
艺术	0.055556	创业企业	0.066667
电影	0.055556	法律+规章	0.066667
娱乐	0.055556	本地市场	0.090909

续表

指标名称	权重	指标名称	权重
假期+节日+集市+活动	0.055556	建成基础设施	0.090909
文化	0.055556	投资	0.090909
宗教	0.055556	金融	0.090909
独特	0.055556	生态的	0.090909
友好	0.055556	舒适	0.090909
创新	0.055556	小学	0.090909
国际性的	0.055556	高中	0.090909
好玩的	0.055556	幼儿园	0.090909
购物	0.055556	服务	0.090909
景色	0.055556	健康	0.090909
历史	0.066667	基础设施良好	0.066667
博物馆+画廊	0.066667	安全	0.066667
纪念馆+建筑	0.066667	多样性	0.066667
当地美食+饭店	0.066667	社区	0.066667
火车	0.066667	住房	0.066667
旅行租赁	0.066667	就业	0.066667
航班	0.066667	宜居	0.066667
旅游业	0.066667	生活成本	0.066667

资料来源：笔者整理。

1. 指数计算结果描述

根据上述湾区形象影响力指标和测算方法，我们对旧金山湾区、纽约湾区、东京湾区和粤港澳大湾区的形象影响力进行了测算。图10—1是四大湾区各自的总形象影响力得分。

旧金山湾区形象影响力排名第1，东京湾区的形象影响力排名第2，再次是纽约湾区，粤港澳大湾区形象影响力排在最后。这与下文中谷歌趋势显示的2017—2018年四大湾区搜索热度排名顺序一致。

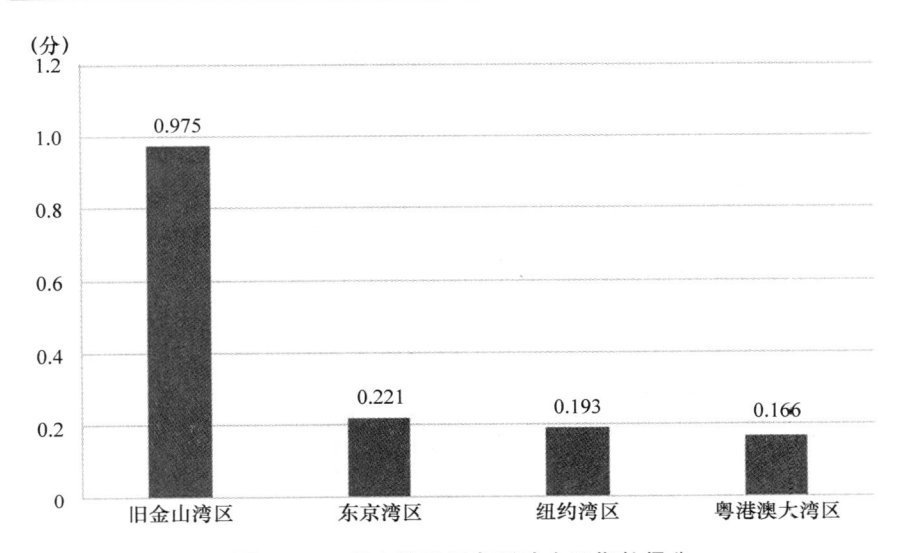

图 10—1 四大湾区形象影响力总指数得分

资料来源：笔者整理。

除了形象影响力总指数，我们还得到了四大湾区各自的文化形象影响力、旅游形象影响力、投资形象影响力和宜居形象影响力。并将结果总结为表 10—4：

表 10—4 四大湾区文化、旅游、投资和宜居形象影响力得分

	纽约湾区	旧金山湾区	东京湾区	粤港澳大湾区
文化形象影响力	0.230176	0.949722	0.236736	0.179624
旅游形象影响力	0.281073	0.953888	0.258431	0.056032
投资形象影响力	0.129353	1	0.128990	0.256052
宜居形象影响力	0.129419	1	0.255856	0.174605

资料来源：笔者整理。

其中旧金山湾区四项得分都接近于 1，体现了其湾区各方面形象影响力大于其他三个湾区。本书在测算 BAIII 指数时考虑到数据的可比性问题，选取极值法来消除量纲的影响。通过极值法将各指标的值域限定在 0—1 的范围内。极值法的公式如下：

$$X = \frac{x - x_{\min}}{x_{\max} - x_{\min}}$$

其中，x 为评价指标，x_{max} 和 x_{min} 分别对应指标 x 的最大值和最小值。

在具体操作时，由于每个二级指标中互相比较的个体只有四个，所以旧金山湾区在很多项上的原始数据都是四大湾区中最高的，因此在经过标准化后很多二级指标的得分为1，导致了它的四个指标得分都接近于1。

从图10—1和表10—4中我们可以看出，旧金山湾区四个指数方面最高的是文化形象影响力和投资形象影响力。其中文化形象影响力比得分最低的粤港澳大湾区高出0.77；投资形象影响力比得分最低的东京湾区高出0.87。纽约湾区四个指数方面得分最高的是旅游形象影响力，该指数在四大湾区中排名第2；得分最低的是投资形象影响力，该指数在四大湾区的总体排名中排第3。粤港澳大湾区得分最高的是投资形象影响力，该指数在四大湾区总排名中排第2；最低的是旅游形象影响力，在四大湾区总排名中排第3。东京湾区得分最高的是宜居形象影响力，在四大湾区总排名中排第2；最低的是投资形象影响力，在四大湾区总投资形象影响力中排第4。同时我们通过图10—2可以发现和其他三大湾区对比，粤港澳大湾区存在显著的发展不平衡的问题。其中投资形象影响力比自身最低的旅游形象影响力指数高出了整整五倍。而其他

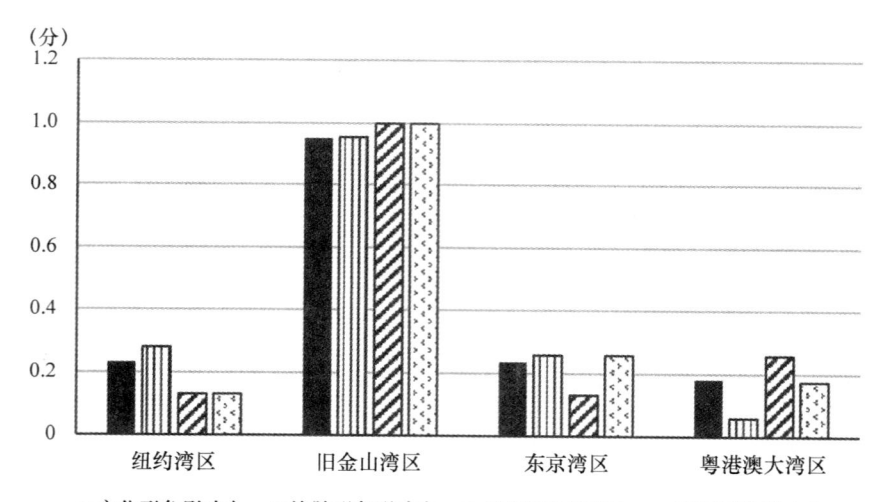

图10—2 四大湾区各项形象影响力得分

资料来源：笔者整理。

三大湾区各个指数都发展得比较平衡。上述分析结果与本书的湾区影响力指数（BAII）的湾区形象影响力一级指标的测量结果从得分上大体相近，但由于指标构成不同，湾区形象影响力的排名也略有不同，有助于我们从更多角度来观察和了解湾区形象影响力的状况。

二 湾区形象影响力：基于谷歌数据的测评与解读

（一）旧金山：综合形象影响力水平遥遥领先，各项指标均居四大湾区首位

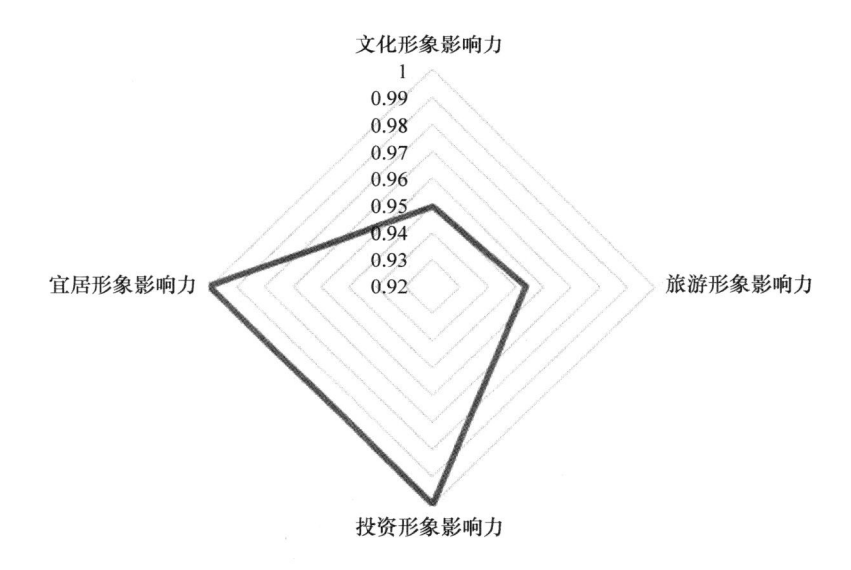

图10—3 旧金山湾区四大形象影响力得分

资料来源：笔者整理。

旧金山湾区形象发展水平具有明显优势，无论是文化形象影响力、旅游形象影响力、投资形象影响力还是宜居形象影响力，所有指标指数都接近满分水准。其中，宜居形象影响力和投资形象影响力得分是最高的，证明其是最受民众关注的。

旧金山湾区趋近完美的宜居形象影响力一部分原因是其自然条件优越。旧金山湾区长期以来一直以自然环境优美著称，是世界上环境质量标

准最为严格、自然生态保护最好的地区,也是国际公认的生态宜居湾区。除自然环境外,旧金山湾区高于全美平均水平的就业增长率、薪资水平都增加了人们对于在这里生活定居的兴趣,进而提升了旧金山湾区的宜居形象影响力。新增就业机会方面,2015—2016年,旧金山湾区的增长率达到1.86%,同时期纽约湾区的增长率为0.54%。在薪资水平方面,由图10—4可知,旧金山湾区每户平均收入比美国平均水平高了接近4万美元。同时期的纽约湾区,平均薪资水平仅比美国平均水平高1.4万美元。

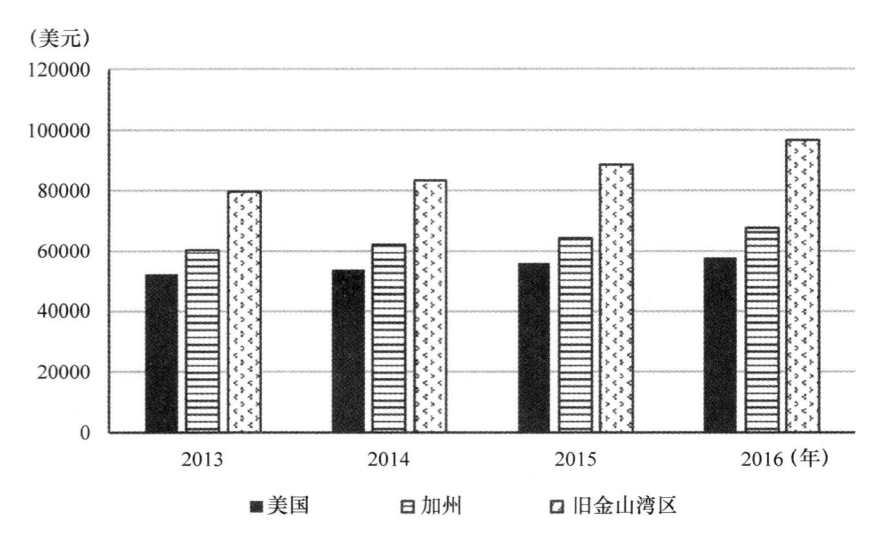

图10—4 2013—2016年美国、加州、旧金山湾区家庭平均收入状况
资料来源:Data. USA。

至于湾区投资形象影响力的高得分,根据各二级指标的原始数据,我们发现得分高低主要取决于"发明"和"人力资源"。旧金山湾区拥有国家级和州级重点实验室25所,包括美国航天局埃姆斯研发中心、桑迪亚国家实验室等。同时拥有诸多著名的高等教育院校,包括斯坦福大学、加州大学伯克利分校等,这都使得该湾区的发明能力遥遥领先于美国其他地区。同时旧金山湾区是美国受教育程度最高的地区之一,仅次于北卡罗来纳、波士顿和华盛顿。旧金山湾区劳动力中,受教育程度本科及以上的比重为46%,而纽约湾区为42%,美国平均水平为28%。旧金山湾区的劳动力素质具有很大优势。同时,风险资本在该地高度集

中，促进了技术密集型产业的发展，增加了对高素质科技型人才的需求，这也使得该地区的人才素质一再提升。

在旧金山湾区的发展方面，不得不提的还有其湾区治理。有效的湾区治理在提升湾区宜居、投资、旅游、文化形象影响力方面发挥了重要作用。旧金山湾区在四大湾区中是最早建立专门机构处理湾区协调机制的湾区。早期，旧金山湾区的主要城市之间各自为政，恶性竞争严重。自1945年起，湾区委员会被发起成立，该委员会现在拥有超过275家大型企业的CEO成员，在避免发展同质化、协调湾区发展中发挥了独特作用。除此之外，1961年旧金山湾区还成立了旧金山湾区政府协会，作为官方机构统筹湾区区域规划。该协会负责的诸多事项中包括审核湾区建设项目。在其成立后，首个任务就是叫停填海、修建堤坝等危害湾区生态健康的项目。制定了流域管理规划，确定了日负荷最大量，制定了非点源能源污染控制措施、地下水保护及毒物清除方案、流域检测及评估计划等用来保护水源，改善水质和整治污染。旧金山湾区的良好治理，促进了城市间寻求联合、分工合作、良性竞争，从而提升了湾区整体各方面的形象影响力。

（二）纽约：旅游形象影响力高，投资形象影响力略显不足

纽约湾区的旅游形象影响力高的一部分原因是该地区丰富的旅游资源。根据2012年世界城市文化报告，光纽约一个城市就有131座博物馆、220座公立图书馆、420家剧院，剧院入场人数达2810万人次，还有6000场舞蹈演出和每年2.2万部音乐表演。纽约湾区汇聚了世界众多顶级画廊和演艺比赛场地。据统计，开展音乐会及文艺演出次数从高到低依次为纽约湾区（563次）、旧金山湾区（116次）、东京湾区（106次）及粤港澳大湾区（63次），纽约湾区在文化娱乐活动开展方面遥遥领先。除此之外，纽约湾区还有几百个特色小镇，这些都是其旅游形象影响力高的重要原因。

纽约湾区四个一级指标的得分中，排名最后的是投资形象影响力。在展开分析原因之前，我们要明确十分重要的一点，就是纽约的投资形象影响力不代表纽约湾区的投资形象影响力，就像上海的城市形象不能代表中国整体的国家形象一样。虽然纽约市营商环境在各大排行榜中表现突出，但是纽约湾区的湾区投资形象影响力表现并不是很尽如人意。这很有可能是因为湾区治理机制缺乏创新。将纽约湾区的治理能力放在

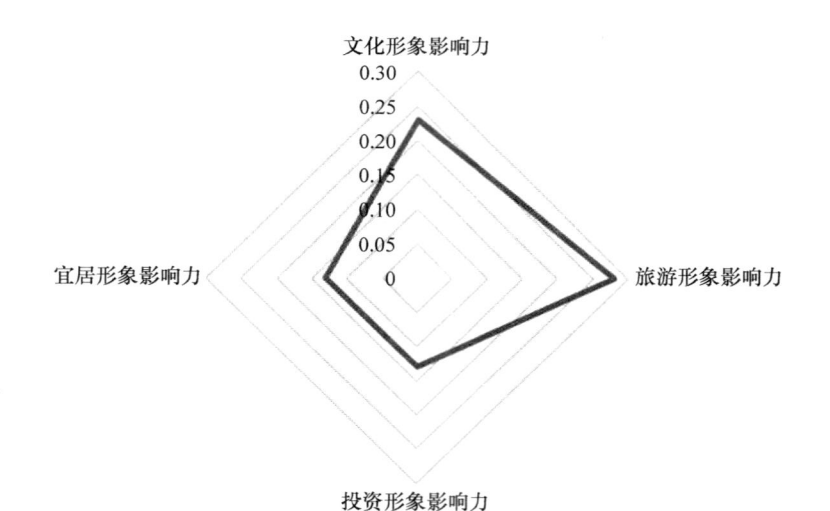

图 10—5　纽约湾区四大形象影响力得分

资料来源：笔者整理。

长期的视角来看，呈现降低的趋势。目前纽约湾区的治理主要依靠规划委员会出台的规划方案，这些方案在过去纽约湾区的发展中起到了至关重要的作用，它提出的一系列建议值得其他湾区学习。但是现阶段，纽约湾区的治理能力显然不足以应对新的挑战。湾区的治理缺乏独立机构和立法规范，同时相关的治理政策存在严重的不连续性。尤其是随着纽约湾区整体经济的增长、社会发展水平的不断提升，湾区的治理却没有跟上这些硬件条件的发展。根据美国发展银行的报告，纽约湾区如果想维持该地区目前的发展水平，至少要在未来 25 年，在基础设施上投资 500 亿美元。但是目前的治理体系和手段在 100 年以来都没有发生过显著的变化。具体表现之一是湾区三大构成主体的纽约、新泽西、康涅迪格，它们在湾区发展资金的支出上，尤其是基础设施的投资上相互推脱责任，同时忽视三个地区彼此发展命运紧密相连的事实，在商业机会上彼此竞争，时常制定出损害彼此利益的政策。这种情况在湾区缺乏单独为整个地区集体利益考虑的公共组织的情况下更加恶化。目前纽约湾区没有任何关于三方如何合作投资的立法或规范，这在很大程度上制约了纽约湾区作为一个整体的形象影响力。即使是美国联邦方面负责和纽约湾区联系的机构，如联邦能源监管委员会、住房和城市发展局、美国国家环境保护局、运输部和商业部在讨论该地区发展问题时，还喜欢将三个区分开讨论，而不是作为一个整体制订发展计划。在社会影响力上，人们提到这里的投资时，更喜欢分开讨论在纽约投资、在新泽西投资、在康涅狄格州投资，而不是将他们作为一个整体，谈论在纽约湾区投资。虽然在2018年，纽约湾区推出了第四次发展计划，但重点显然放在了提升该地区的宜居程度、社会公平等问题上。即使有可能帮助改善投资方面的问题，也还要面临距离具体执行落实还有很长时间的问题，产生实际效果的日子还遥遥无期。

和投资形象影响力得分差不多的还有纽约湾区的宜居形象影响力，宜居形象影响力在四个湾区中排名最低。诚然，纽约湾区整体在经历了1980年、1990年、2008年三次金融危机后，仍保持了高速发展，但是社会的公平情况却在显著恶化。自2000年以来，3/5的居民收入水平陷入了长期停滞（见图10—6）。因此，贫困人口相对于一个世纪前在持续增多。同时收入不平等问题还体现在移民与本地人的收入差距上。在该地区居民的收入没有显著上升的情况下，生活成本却在急剧上升。这造成了大量人才的流失，近年来纽约湾区的逆移民潮流体现了这一点。大量人口离开纽约湾区，选择生活成本更能承受、生活质量更高的地方去生活，这很大程度降低了该地区的宜居形象影响力。

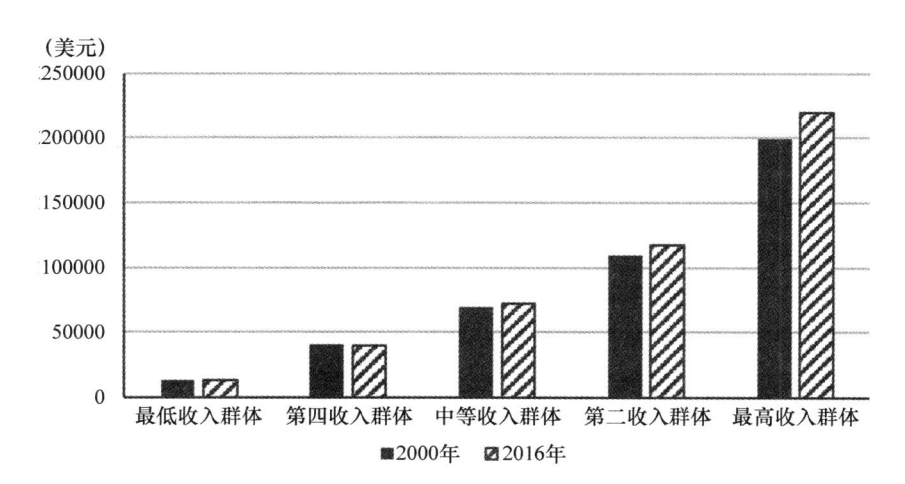

图10—6 2000年和2016年纽约湾区家庭收入各阶层分布状况

注：收入水平位于全部家庭后60%的群体在近20年的发展，收入水平变化十分微弱。

资料来源：纽约湾区第四次规划文件。

（三）东京湾区：宜居形象影响力表现突出，投资形象影响力有待改善

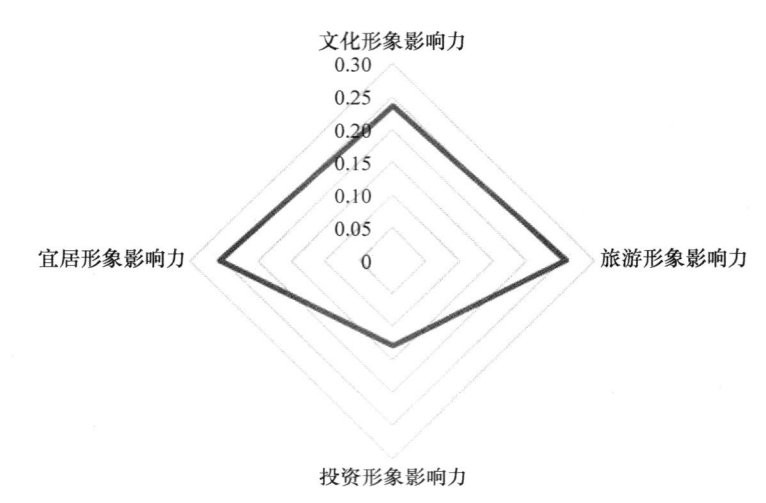

图 10—7　东京湾区四大形象影响力得分

资料来源：笔者整理。

东京湾区宜居形象影响力表现十分突出，在四大湾区总排名中排第二，仅次于旧金山湾区。但是，其投资形象影响力在四个指标中排名最后。因此我们在本部分主要讨论这两方面的发展。

首先，根据二级指标的原始数据来看，东京湾区宜居指数得分项的主要贡献项是住房、幼儿园和"宜居"这个词汇本身。住房和幼儿园的得分高，体现了人们对于这里的基础教育和住房情况十分感兴趣，有强烈在这里组建家庭和定居的意愿。现实也确实如此，日本社会存在严重的郊区空巢化现象，大部分年轻人都选择涌入大城市居住，而东京湾区汇聚了日本最重要的几大城市。和纽约湾区的人口流出相反，东京湾区对于人口的居住吸引力有增不减。其次，优秀的湾区治理则提升了东京湾区整体的宜居形象影响力。随着 20 世纪 70 年代日本工业化进程的加快，东京湾的水污染、近海污染等环境问题日益突出。为解决工业过度集中带来的诸多环境问题，先后五次对湾区规划进行了修改，以确保合理指导湾区建设。通过流域管理，扩大再生水利用，促进污水资源化，建设雨水渗透设施，加强地下水涵养，修复水生态环境等措施，推

动水资源循环，实现了水消费型社会向节水型社会的转变。提升了地区整体的生态、绿色形象，使得东京湾区的宜居形象影响力随之提升。

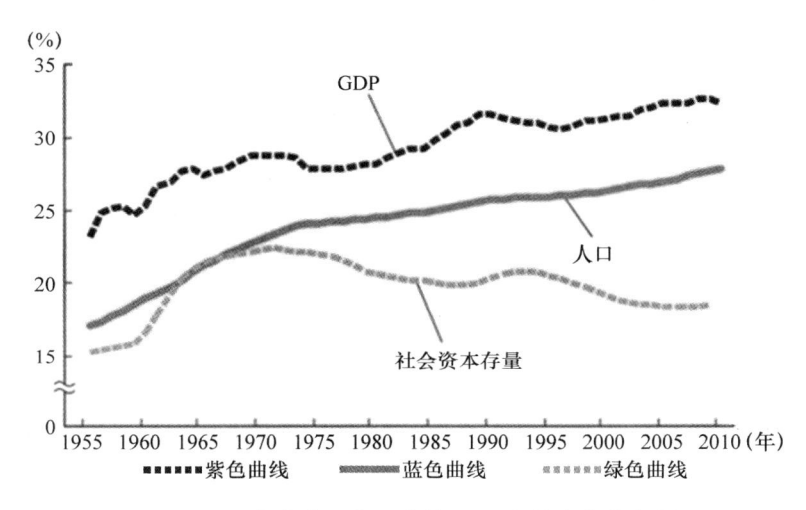

图 10—8　东京湾区和日本的 GDP 和社会资本存量

资料来源：日本总务省。

至于东京湾区得分较低的投资形象影响力，本书认为可能有以下两点原因。第一，基础设施投资的不足，使这里的投资形象影响力落后于地区的实际发展。图 10—8 是东京大学一篇报告中的数据，紫色曲线显示的是东京湾区对整个日本经济的总贡献量。绿色曲线显示的是东京湾区获得的公共资本存量在全国总公共资本存量中的占比。绿色的曲线远远低于紫色曲线的位置，意味着东京湾区的基础设施投资远低于其经济贡献量。而基础设施作为 BAIII 中的重要的指标之一，该项上的失分，导致东京湾区整体得分较低。除基础设施投资不足外，日本整体经济的持续低迷、东京湾区自然的灾害频发，共同加强了投资者们对该地区的经济并不乐观的预期，投资信心还没有完全恢复，这也可能是造成人们对东京湾区投资兴趣低迷的原因之一。第二，东京湾区明确的港口职能分工，可能分散了人们对于东京湾区作为整体的关注度。东京湾区的港口分工明确，促进了区域协调发展，是东京湾区经济发展良好的重要原因之一，也是一直以来被其他湾区学习的重点。但是，我们不能否认各港口独立经营的方式和太过单一明确的分工，分散了人们对湾区整体投资的关注度的可能性。东京港口是负责商品进出口的港口,横滨港负责工业品进出口,千叶港负责能源运输,川崎港负责原材料进出口。虽然在统计数据指标反映上,这很大程度地促进了湾区对要素资源的高效利用和经济的协调发展,但是反映在舆情关注度上,可能一定程度分散了人们的讨论,因此导致东京湾区投资的整体形象影响力得分低。

最后还要说明的是,东京湾区的投资影响力低,主要反映的是世界范围内的形象影响力不够强。因为谷歌搜索总量的原始数据显示,东京湾区在投资方面的总搜索量并不低。但是总量中很大一部分都是由日语搜索贡献的。在按照使用语言的人口比例赋予权重,折算成指数后,投资形象影响力得分显著降低。因此,东京湾区应加强关注如何提升其投资方面在国际范围内的讨论度。

(四)粤港澳大湾区:投资形象影响力表现突出,旅游形象影响力存在不足

粤港澳大湾区形象影响力得分的雷达图有明显的不对称性,其中最高的投资形象影响力和最低的旅游形象影响力差值达到0.2。这也显示了粤港澳大湾区四大形象影响力发展不均衡的问题。

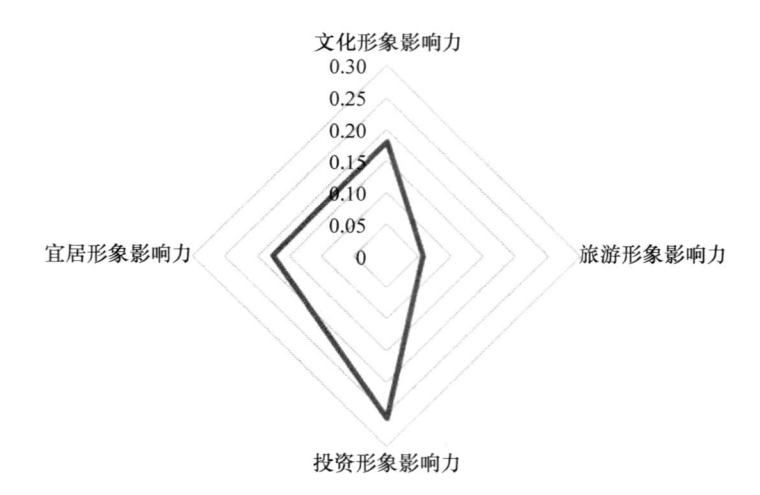

图10—9 粤港澳大湾区四大形象影响力得分

资料来源:笔者整理。

对于指标得分最高的投资形象影响力,在四大湾区的总排名中,粤港澳大湾区的投资形象影响力排在了第2。根据本书的指标计算方法,我们发现粤港澳大湾区在投资形象影响力方面的主要得分贡献项有:高科技(0.85)、创新创业(0.55)和本地市场(0.58)。不过,需要再次说明的是,这里的指数是形象影响力指数,体现的是人们对于粤港澳大湾区这些方面的关注程度高低,而不代表这些方面具体的发展情况。换句话说,虽然粤港澳大湾区的投资影响力最高,但是并不代表统计数据方面,粤港澳的投资发展水平已经超过了其他三大湾区。具体到得分较高的三个二级指标上,粤港澳大湾区投资形象影响力高,可能有三点原因。第一,制度推动。在粤港澳大湾区的发展中,显著特色之一就是中央政府和地方政府协作在湾区发展中发挥的规划和领导作用。由于制度方面将大湾区作为一个整体进行规划,这十分利于湾区各地区协调发展和整体形象影响力的提升。比如2017年6月,由广东省发展改革委、广东省港澳办、广东省社科院和南方财经全媒体集团共同发起组建了粤港澳大湾区研究院。通过"政府+媒体+金融+智库"的方式深化粤港澳合作。第二,大事件增加了粤港澳大湾区投资的媒体曝光度。仅在2017年,粤港澳大湾区就举办了众多涉及投资和金融的论坛。例如,第十九届中国风险投资论坛、第六届中国国际金融交易博览会。第二届"一带一路"高峰论坛,吸引了全球50个国家超过3000名的政商界精英出席。21世纪海上丝绸之路国际博览会,吸引了全球56个国家和地区1682家企业参展。这些活动无疑提升了粤港澳大湾区的投资形象影响力,体现了粤港澳大湾区对于创新创业的欢迎和对风险的包容程度。

第三,在这些指标上,粤港澳大湾区本身发展潜力巨大,因此引发了人们的关注。粤港澳大湾区是四大湾区中唯一的发展中国家大湾区。和其他湾区相比,这里的人力资源成本、投资成本都相对较低。同时,中国有着巨大的消费市场和众多的经济新增长点,如互联网、保险、教育行业等投资发展机会。

为进一步提升粤港澳大湾区的投资形象影响力,我们还要关注投资方面的二级指标中得分较低的各项。其中发现,人力资源、规章的得分是0。这提示我们,粤港澳大湾区要注重加强对知识产权的保护、对人才的尊重,只有这样才能进一步提升其投资形象影响力。目前,粤港澳大湾区关于知识产权保护的合作仍需完善，其中 2017 年 3 月签署的《粤港保护知识产权合作协议（2017—2018 年）》是澳知识产权合作的少数较好的典型。在人才方面，粤港澳地区应注重提升对本校毕业生和国际人才的吸引力，比如完善就业咨询服务和鼓励高校开展国际交换生项目等。

在旅游形象影响力方面，粤港澳大湾区则存在明显的劣势。虽然粤港澳大湾区试图推广以整体湾区形象和亮点吸引旅客的"大湾区欢乐游活动"，但是活动本身的受欢迎程度并不高。而实际上，粤港澳大湾区在发展区域旅游方面有得天独厚的优势，湾区在提升旅游形象时，应考虑如何利用这些优势。第一点，包括特色的闽南文化，如粤剧、粤曲、粤菜、黄埔军校遗址、开平碉楼等都可以被设计成很有独特性和吸引力的旅游项目。除闽南文化外，在核心景观数量方面，粤港澳大湾区在四大湾区中排名第二，核心景观超过 1000 家、世界遗产 2 处、博物馆 402 座。因此，利用这些优势，是提升粤港澳大湾区整体旅游影响力的重要方法。

三 湾区形象影响力：基于谷歌数据的潜力预测

本书选择利用时间序列的方法和谷歌趋势数据，对四大湾区形象影响力的潜力进行预测。时间序列预测是指将预测目标随时间推移而形成的序列视为随机序列，然后分析它随时间的变化趋势，并建立数学模型进行外推的定量预测方法。

（一）数据描述及处理

首先，谷歌趋势的数据反映的是通过分析谷歌全球用户的搜索行为，某一关键词特定时期下在谷歌被搜索的相对热度。根据谷歌趋势官方网站的注释，相对热度是指在具体的时期和区域内，相对于最高点，该时间点的搜索指数。因此这个数值最高是 100，如果数值为 50，那么说明该事件此时的热度为搜索热度最高时期的一半。如果一个时间点搜索数据过少，那么数值会降低到最小值 0，虽然 0 并不代表着这个时间没有人搜索这个关键词。

因此，我们利用谷歌趋势研究地区形象影响力是基于以下的前提假设：当人们对一个事情感兴趣时，人们才会搜索这个关键词。对这个事件感兴趣的人越多，越说明这件事的被关注度更高影响力更大。在本部分，我们将比较纽约湾区、东京湾区、粤港澳大湾区和旧金山湾区在2017年3月19日到2018年10月19日的谷歌趋势数据。之所以选择2017年3月作为起始点，是因为这个时间"粤港澳大湾区"第一次被正式写入总理政府工作报告之中。在此之前该提法没有被规范统一，因此没有可比性。

不过在运用谷歌趋势数据时有两个问题，我们针对这两个问题分别给出处理方式。第一个问题是搜索语言的问题。类似于第三部分谷歌搜索总量数据中的问题，旧金山湾区和纽约湾区所在的位置是英语为母语的美国，所以在英文搜索量上，二者肯定会占优势。东京湾区位置在母语是日语的日本，所以日语的谷歌趋势搜索量十分高。同理汉语搜索粤港澳大湾区的数量也很高。所以单独用一种语言的谷歌趋势数据来进行分析是不准确的，很大一部分搜索数字会被忽略。因此，我们选择的方法是在三种语言下分别搜索四大湾区，把每个湾区所得到的三组数值取算术平均值，将最终的这组数字用于分析。

分析中的第二个问题即谷歌趋势数据提供的是相对热度，并不是实际的点击量。如果我们单独搜索每个湾区每个语言下的搜索热度，这些数字放在一起是没有可比性的。比如2018年2月粤港澳大湾区汉语搜索的曲线达到了峰值100，这意味着相对于这个关键词在别的时期的搜索量，2月人们的搜索热情最高。而2月的实际搜索数量如果跟旧金山湾区实际的搜索数量放在一起比较，鉴于其影响力总指数低于旧金山湾区，这个数字绝不可能达到100。因此，我们选择的方法是利用谷歌比较（Google Compare）功能，每种语言下同时输入四大湾区的名称得到数据，而不是用不同语言单独搜索各湾区。

综合以上两种方法，我们得到了2017—2018年四大湾区的年度搜索热度曲线，并将其绘制如下：

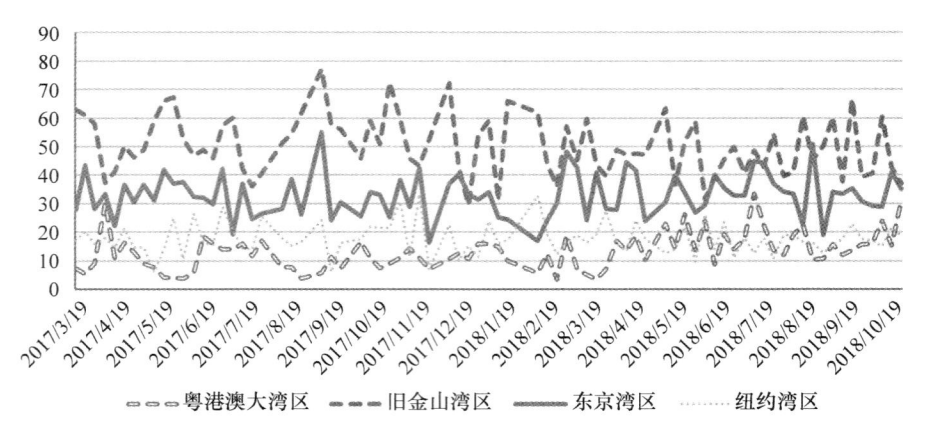

图 10—10　四大湾区 2017—2018 年谷歌搜索热度曲线

资料来源：笔者整理。

根据图 10—10 可以发现，四大湾区搜索热度曲线中，位置最靠上的是旧金山湾区，其次是东京湾区，之后是纽约湾区，最后是粤港澳大湾区。根据我们对于搜索量和地区影响力的假设，可以得出这四大湾区中，在 2017—2018 年影响力最高的是旧金山湾区，其次是东京湾区、纽约湾区，最后是粤港澳大湾区。这一结果与第三部分的总指数排名一致。

（二）时间序列及结果分析

由于缺乏时间的积累，粤港澳大湾区现在的影响力排名最后是意料之中的事情，所以对于粤港澳大湾区影响力潜力的研究是必不可少并且十分重要的。因此在接下来，我们运用时间序列工具对四大湾区影响力进行了分析。

首先根据 ADF test 测试四组数据是否为平稳序列，非平稳序列进行差分，平稳序列可直接进行预测。再根据 ACF 和 PACF 确定四组曲线的阶数来确定需要采用的模型。在得到模型预测结果之后，对残差进行再一次的 ACF、PACF 检测，如果其显示为白噪声，则证明预测曲线很好地贴合了原始数据。最后用 CUSUM 来验证该时间序列模型是否可以完整描述过往数据，而不会产生变异。

根据上述步骤，对于四组数据，我们预测了 2018 年 10 月下旬以后的 52 滞后期的数值（即未来 52 周），我们分别得到以下的预测曲线，2018 年 11 月后的曲线部分为对未来的预测，2018 年 11 月后的深色阴影部分为80%置信区间，浅色阴影部分为95%置信区间：

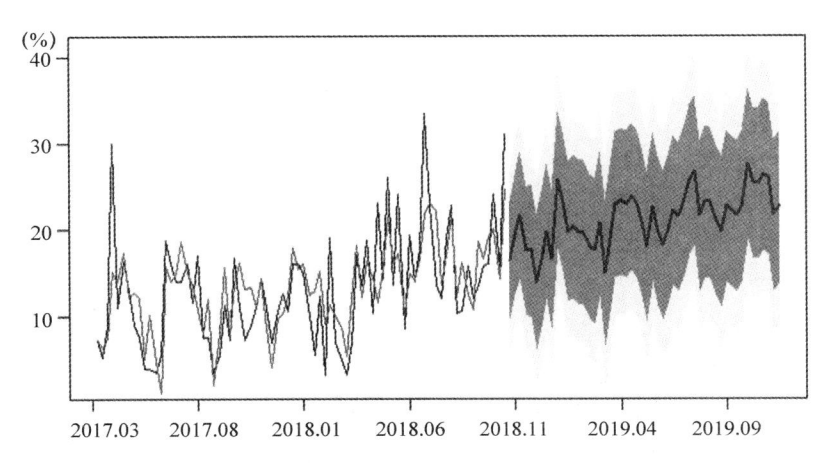

图 10—11 粤港澳大湾区未来52期谷歌搜索热度曲线预测

资料来源：笔者整理。

图 10—11 显示，未来 1 年内，粤港澳大湾区的形象影响力有上升趋势，值得注意的是粤港澳大湾区是四大湾区中唯一呈现上升趋势的。平均值将从 2017—2018 年的 15% 上升到 25% 左右。粤港澳大湾区作为新兴大湾区，在形象影响力方面具有显著的后发优势，这使得其上升空

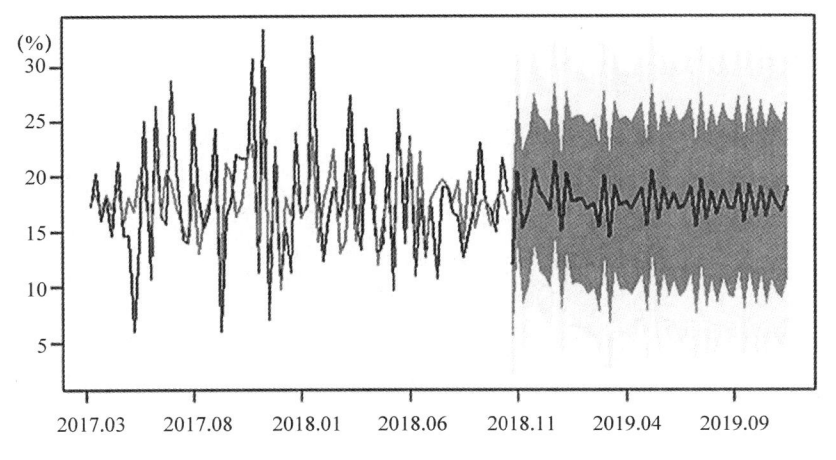

图 10—12 纽约湾区未来52期谷歌搜索热度曲线预测

资料来源：笔者整理。

326　Ⅱ　四大湾区影响力解析

间比较大。

图10—12显示的是纽约湾区未来52期的形象影响力变化。我们可以发现纽约湾区的形象影响力将比较平稳，相较于2017年3月至今不会产生显著变化，均值将继续维持在18%左右。不过值得注意的是，未来粤港澳大湾区的形象影响力均值变为25%，可能会超过纽约湾区的得分。

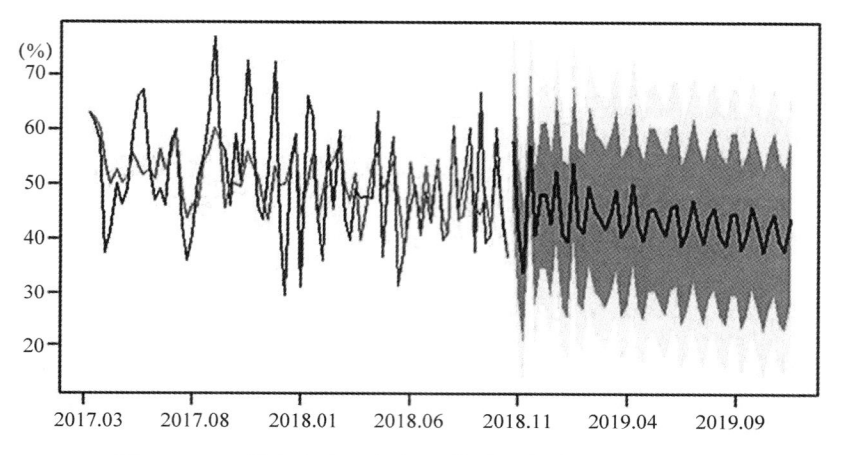

图10—13　旧金山湾区未来52期谷歌搜索热度曲线预测
资料来源：笔者整理。

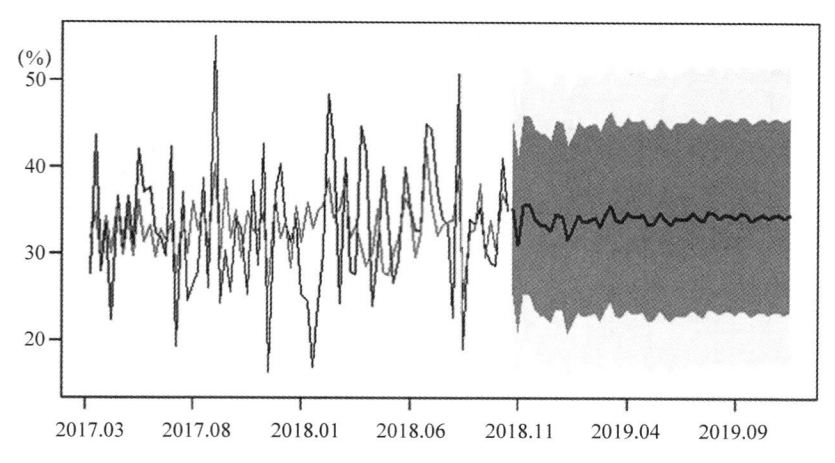

图10—14　东京湾区未来52期谷歌搜索热度曲线预测
资料来源：笔者整理。

图 10—13 显示的是旧金山湾区未来 52 期的形象影响力变化。我们可以发现这一曲线有明显的下降趋势。均值将从 2017 年 3 月至今的 50% 左右，下降到未来的 45% 左右。

图 10—14 显示的是东京湾区未来 52 期的形象影响力变化。我们可以发现这一曲线类似纽约湾区，没有很显著的变化，均值将一直维持在 35% 左右。

总结以上的数据，本书预测在接下来的一年中，四大湾区的形象影响力排名可能会变为旧金山湾区第 1，东京湾区第 2，粤港澳大湾区第 3，纽约湾区第 4。不过正如上文所述，四大湾区各自有不同的优势和劣势，未来的形象影响力发展趋势具体如何，将受各大湾区在弥补自身劣势、保持优势的努力和举措的影响。

Ⅲ
经验与案例

第十一章　纽约湾区：高度发达的"金融湾区"

一　纽约湾区概述

纽约湾区位于纽约州东南部的哈德逊河口，由纽约州、肄涅狄格州和新泽西州等31个县、783个城镇组成，面积近2万平方千米，包括常住人口约2340万人和旅客1300万人。纽约是美国的经济中心，也是联合国总部大楼的所在地。华尔街是世界的金融核心，拥有纽约证券交易所和纳斯达克证券交易所，2900多家世界金融、证券、期货及保险和外贸机构均设于此。

纽约湾区崛起于18世纪末至19世纪20年代，依托优秀海港的自然条件，在纽约湾区的位置形成了美国东北部城市经济核心区，成为美国工业革命和交通革命的首发地。经历了20世纪30年代的大萧条，纽约湾区以制造业为主的经济一度陷入发展低谷，但是借助"二战"的发展契机，纽约湾区逐渐转型成为全球金融中心，以金融业为主的第三产业迅速发展。时至今日，纽约湾区实现了以信息服务业为主导的产业结构转型，纽约及其周边城市的定位变为跨国商业银行和其他跨国金融机构的集中地，集聚了58所世界著名大学、3000多所世界金融机构，对外贸易周转额占全美的1/5，2017年的GDP达到1.718万亿美元，人均GDP达到84547美元。纽约湾区目前是美国众多产业最重要的中心之一，包括金融、国际贸易、传统媒体和新媒体、房地产、教育、旅游、生物、时尚行业等，这也使得纽约湾区被公认为全球发展水平最高、最具影响力的湾区之一。

纽约湾区同时还以其文化多样性和极高的劳动力素质著称。纽约湾区是全球语言最复杂的湾区,有 800 多种语言。这里汇集了 150 多个国家和地区的外籍居民,约占纽约总人口的 40%,世界不同的文化、不同的文明在这里汇聚,也给这里带来了与众不同的文化活力。同时纽约湾区拥有十分优秀的人力资本。仅纽约就汇聚了全美 10% 的博士学位获得者,10% 的美国国家科学院院士,40 万名科学家工程师。在湾区内所有的劳动力中,有近 50% 的人受过本科高等教育,近 20% 的人拥有硕士或类似水平学位。在 2010 年的 CNN 排名中,纽约湾区成为美国最"聪明"的地区排行榜前 10 名之一。

纽约湾区是如何利用占全美 1% 左右的面积创造了占全国近 9% 的生产总值? 它是如何从一个不起眼的海港逐渐发展为全世界最重要的经济中心? 它又是如何不仅从 20 世纪 30 年代的经济危机中复苏,甚至实现了产业结构升级? 本书认为,这可以归结于纽约湾区与时俱进的态度。在发展机遇面前,纽约湾区因时制宜、因地制宜,最大限度发挥优势利用机遇。在发展问题面前,纽约湾区提前规划,不回避问题,阻碍地区发展的因素得到及时的抑制。本章回顾了纽约湾区近两个世纪的演进轨迹,并总结了其在基础设施建设、治理体制和产业升级等方面的先进经验,试图对以上问题进行更为清晰的总结和阐释。

二 纽约湾区演进轨迹:发展历程回顾

(一) 20 世纪 20 年代以前:核心城市的崛起

湾区的发展几乎都始于经济中心的形成。随着经济中心向外辐射,逐渐形成经济核心区或者工业区。纽约湾区的形成和发展就是以纽约市的繁荣作为开端的。

纽约市真正开始发展始于独立战争之后。在此之前,纽约被英军占领,虽然拥有能够连通欧洲的天然巨大的深水海港,但是这一优势并未被发挥在和其他国家的贸易上,而是为大英帝国所独占。独立战争结束以后,纽约获得了贸易上的自主权,虽然失去了英国这一最重要的贸易市场,但是纽约的商人们竭尽全力恢复城市贸易,作出了一系列包括开辟新贸易路径、创立拍卖制的努力,让纽约的贸易地位获得了巨大的提升,标志着纽约城市发展的崛起。随着第二次美英战争的结束,纽约占尽天时地利人和,城市获得前所未有的发展。首先,英美签订和平条约后,英国把纽约作为货物倾销城市，提升了纽约与同类港口城市相比的竞争力。其次，该阶段的美国政治稳定，史称"和睦时期"，一大批专款被用于改善交通运输、公共工程等，一系列有益于国际贸易的政策被制定，纽约从中大大受益。最后，该阶段的纽约商人采取了三项创造性举措巩固了自己贸易中心的地位。第一是促使州议会通过鼓励拍卖制的立法，使得纽约进口贸易的吸引力大大提升；第二是班轮制度的创立，这种便利性服务使得贸易路线逐渐向纽约集中；第三是水运系统的改善，大大降低了贸易的运输成本，纽约贸易中心的地位得以确立和巩固。

也正是随着贸易的日渐兴盛，纽约的城市功能开始发生变化，不仅仅局限于贸易枢纽的功能，金融业中心、制造业中心的功能也得到了发展。以纽约为中心的周边地区在此阶段也从纽约的发展中获益。首先为满足国际贸易发展的需求，服务于海员和商人的保险业和金融业应运而生。巨大的贸易量使得纽约可以从进出口货物中收取代租费、运费、保险费等，积累了大量财富，金融产业得到发展。其次，便利的交通和贸易为纽约带来了大量的原料、资源、廉价劳动力，促使纽约制造业率先发展，1860年纽约制造业的总产值已达到全国第一。纽约制造业的迅猛发展是美国的工业革命在纽约湾区各州内率先发生的重要基础。在服装业、印刷业、制糖业、制革业等制造行业中，纽约拥有最为发达的机器和领先的技术，为满足巨大的国内市场需求，更好地发挥自己在分销、零售中的作用，纽约往往需要联合周边地区进行生产，这使得先进的技术得以在纽约周边地区广泛传播。康涅狄格州和纽约州是最早开始建立新型纺纱厂的地区，标志着美国工业革命在这里率先发生。由于地区工业化水平的进步，包括更广泛地使用蒸汽机、更流行的工厂制等，农村人口纷纷涌向城市就业和生活，城市群内部人口开始聚集，城市化率在这期间迅速增长。到19世纪70年代，美国工业革命基本完成时，纽约湾区的城市化率已经创造了历史新高。由于城市化的需要，三个州的城市之间纷纷产生了交通运输状况的变革。1811年康涅狄克州已有公路800英里，纽约州有1400英里。1851年，与伊利运河水陆互补的伊利铁路通车；同年，纽约中央哈德逊铁路又向西延伸，使纽约拥有两条通向西部的铁路。交通革命为纽约湾区的形成和发展搭建了良好的桥梁。

随着经济水平和城市化的高速发展，如何协调统筹各地区的资源，实现效率的最大化成了纽约湾区商人们十分感兴趣的问题。面对经济发展给纽约湾区带来的新要求,纽约成立了区域规划委员会,该委员会发布的《纽约及其周边地区的区域规划》带领纽约湾区的发展进入了新的阶段。

(二) 20 世纪 20—60 年代:第一次规划

对于纽约湾区包括纽约州、新泽西州和康涅狄格州第一次长远性的、区域性的规划始于 1929 年由纽约区域规划委员会(RPA)发表的《纽约及其周边地区的区域规划》。这项规划涉及的内容包括经济、交通和公共空间利用等。其中最大的贡献在于交通和公共空间领域。这项规划提议在纽约湾区建设精细完善的高速公路、铁路交通网,同时要发展和建设城市公园、商业区、工业区等。这些提议都成为日后纽约湾区发展的基础性方针。

这项规划促使纽约湾区的基础设施建设得到发展,建设了一系列如乔治·华盛顿大桥的成功项目,使得区域之间的连通性更强,给了该地区居民可以不在过度拥挤的市中心生活的选择。这在很大程度上促进了纽约湾区产业、经济的发展和宜居性的提升。

在这一阶段,纽约湾区的产业结构也表现出了新的发展特点。在 20 世纪 20—40 年代,纽约湾区所在的美国东北部是美国制造业发展的重心。但是从 20 世纪 40 年代末开始,纽约湾区内制造业的比重开始有所下降。之后的十年间,失业人口总数达到 300000 人。随着制造业比重的下降,第三产业,尤其是金融、服务业的就业人口在总就业人口中的比重迅猛增加。不过这次产业结构的变化不仅仅是不同产业占比的变化,还有各产业内生产质量的提升。例如以服装行业为代表的制造业,虽然从业人数大量下降,但同时该行业的劳动力要素变得稀缺,工资有所提升,让高端服装——时尚行业迅猛发展。第三产业和制造业之间是紧密联系的,彼此的产业种类和质量在这一阶段都有所提升。

同时,这一阶段不仅仅是经济的繁荣,随着中心城市纽约的发展,纽约湾区的国际影响力和地位也在显著提升。1946 年,联合国总部设于纽约,纽约成为国际政治中心。布雷顿森林体系使得美元成为与黄金等同的世界硬通货,这是纽约成为全球金融中心之一的重要因素,从此纽约外汇市场的运作影响着全球外汇市场,纽约湾区的国际影响力迅速提升。

（三）20世纪60—80年代：第二次规划

到1960年左右，纽约湾区的发展面临新的问题——城市衰落。因此在1968年，纽约区域规划协会完成了大纽约地区第二次区域规划。第二次规划的核心在于通过将就业集中于卫星城，恢复区域公共交通体系，以解决郊区蔓延和城区衰落问题。此次规划通过部门协调，带动纽约大都市地区10亿美元的再投资，保住了成百上千亩的开敞空间，并对区域通勤铁路系统的建设提供了正确指导。城市郊区化的出现，导致都市圈的空间范围扩大，并沿着发展轴紧密相连，大都市自身的形态演化和枢纽功能逐渐走向完善。

这一时期，纽约湾区的产业结构在持续升级，第三产业的发展达到新的高度。很大程度上得益于该时期纽约湾区取消了很多经济上的管制措施。20世纪70年代中期前，在证券市场上，纽约证券交易所仍然实行最低佣金规则，以限制经纪商之间进行价格竞争，对外国公司在纽约上市也有很多限制。20世纪70年代中期之后，美国开始陆续取消或废除了管制措施。1974年，美国取消了资本管制，外国直接投资计划、利息平衡税、对外信贷限制计划等限制资本外流的措施被废除。在这种新的管制环境下，纽约湾区作为国际金融中心从20世纪80年代起获得了很大的发展。以纽约为例，外国银行数目在1970年为47家，在1985年增长到了191家，资产飙升至2380亿美元。1986年，纽约吸收国外存款占美国的68.8%，而洛杉矶和芝加哥仅占11.3%。以纽约为中心的纽约湾区也逐渐确立了金融中心的地位，它聚集了众多的跨国公司总部，从而使其成为全球经济的一个重要节点，对全球经济进行控制与协调。而湾区内的产业转型和生产服务业的走强则为这些跨国公司对全球经济进行控制与协调发挥了极大的辅助作用。

不过，随着经济的发展，社会问题和环境问题日益恶化，尤其表现在基础设施投资不足和城市生态恶化上。在纽约区域规划委员会（RPA）第三次规划文件的正文中有这样的内容："第三次区域规划的产生源于一个新的普遍共识：纽约湾区的繁荣和国际地位岌岌可危，湾区发展的成功与否不能仅仅取决于经济增长的速度，而不考虑它带来的社会和环境的代价。"因此，这也是新阶段纽约湾区的发展特点——更加注重可持续性。

(四) 20 世纪 90 年代至今：第三次规划到第四次规划的启动

20 世纪 90 年代以来，在新一轮科技革命中，纽约湾区率先抢抓"信息高速公路机遇"，大力推动科技金融与金融科技的发展。与全美平均水平相比，20 世纪末的纽约湾区在保险、项目管理、医药、出版、服装行业都占据绝对优势。纽约集中了全美 10 家最大的咨询公司，35% 的全美前 100 强法律事务所，多家世界顶级证券公司和会计师事务所以及 219 家银行总部。新泽西的制药业、康涅狄格的机械制造等产业也在这一时期实现了持续繁荣。1990—2010 年，湾区增加了 150 万个就业岗位。同时湾区的人口也在不断增长，人口从 1990 年的 19710239 人上升至 2010 年的 23076664 人。

人口的增长使湾区面积在空间范围上不断扩展，为地区发展带来了充分的劳动力资源，但是与此同时社会问题和城市病也在不断恶化。因此，这一阶段纽约湾区发展的新特点体现在对环境和社会问题的关注上。1996 年，纽约区域规划委员会（RPA）发布了第三个区域计划，"风险区域：纽约—新泽西—康涅狄格大都市区的第三个区域计划"。规划委员会紧急致电 31 县三州地区的公共和私营部门领导人，商议共同利用湾区地区优越的人力、经济和自然资源，保障经济、环境和社会公平的协调发展。该计划认为，如果纽约湾区现有的基础设施投资、环境投资和社区建设不能跟上时代要求的话，由生产拉动的经济增长将不会持续下去。在这个阶段，RPA 参与保护了城市和郊区的重要自然景观、对供水至关重要的新泽西高地的森林流域，为包括第二大道地铁在内的重要交通项目获得公共资金，并为后来长岛新的中央商务区的建设提出了建议。通过 RPA 的这些帮助，纽约湾区的基础设施和城市生态有所改善，促进了经济的持续繁荣。

从经济规模总量上看，纽约湾区的发展似乎成绩耀眼，但贫富差距大、生活成本高等问题给现阶段的纽约湾区带来了巨大挑战，很大程度上限制了湾区的可持续发展。根据纽约区域规划委员会（RPA）的预测，2015—2040 年，纽约湾区的就业增长将为 8%，这一数字将不及过去 25 年的一半。但是未来 25 年的人口增量却会达到 18%。为了让人们能够负担得起在纽约湾区的生活，湾区不得不采取一系列新的发展措施来恢复可持续发展能力，防止贫困问题和收入不平等恶化。为此在

2017年，RPA出台了最近的一次区域规划计划，主题为平等、共享繁荣、健康和可持续发展。

总之，现阶段的纽约湾区是繁荣和问题并存的。过去近两个世纪的发展历程，为世界其他国家地区和湾区的发展提供了很多值得借鉴的经验，本书将在下文进行阐述。

三 纽约湾区的发展特点及其经验

(一) 基础设施建设的发展经验

对于湾区来说，良好的基础设施是湾区发展的重要基础和推动力。湾区经济发展与湾区城市群建设是一个不断演化的空间过程，各城市有效的基础设施网络所起的连接性能够弱化地理空间所带来的影响，使空间内要素流动关系被重新整合——全方位、多层次的区域城市网络有助于资本、人才、技术等要素流动，进一步促进资源配置的优化与整体经济效率的提高。因此，湾区经济的发展在很大程度上受基础设施辐射网络影响（伍凤兰等，2015）。基础设施作为推动区域经济发展的重要因素，能够作为直接投入，通过溢出效应和网络效应间接地影响区域经济增长（刘龙生等，2010）。随着城市功能的不断完善和区域联系的日益紧密，跨区域的交通基础设施对于推动外资流动和引导工业生产空间向外扩展起到了关键的作用（丁俊等，2018）。在通信、交通等基础设施网络的推动作用下，跨城市的交通流线和网络流线构筑了城市节点，在整体区域范围内形成城市网络，自身物理边界弱化，进一步促进各城市融入紧密联系的湾区城市网络之中，促进湾区经济进一步协同发展。

纽约湾区的发展很大程度上得益于其完善的基础设施。纽约湾区现在具有世界上最完善的海陆空交通布局。湾区内有约翰·肯尼迪机场、通用航空机场，2015年机场旅客吞吐量达到1.37亿人次，人均出行量高居全球前列。湾区内还形成了运输效率极高的港口群，纽约港、费城港、巴尔的摩港等港口分工明确、互为补充。同时，纽约湾区的公路交通系统也闻名于世，四通八达的高速公路使纽约都市圈形成分散的多中心格局。湾区城际轨道系统主要以大都会北方铁路、长岛铁路及新泽西捷运为主体，形成以纽约为中心的放射轨道网络。湾区内14条铁路线联系周边城市，与高速公路、水运及航运一起形成的立体复合式交通网络，促进了湾区内要素由点到面的轴向集聚和扩散，导致了湾区空间结构的改变和产业结构的分工，使"跨城而居，跨洲而居"成为普遍现象。

纽约湾区的基础设施建设，提供了以下三点主要经验。

1. 设立专门机构，协调区域分工

对于纽约湾区来说，明确合理的港口分工是其崛起的重要前提条件。不过，目前纽约港和新泽西港各司其职的状态不是一开始就有的。事实上，在20世纪，这个港口由哈德逊河南北贯穿而分属纽约和新泽西两个州，两州常因相邻的水域问题而发生争议。20世纪初港区内90%的码头设施都设置在纽约市，而大部分的铁路终端则在新泽西一边，货物不得不通过装上或卸下驳船往返于哈德逊河和纽约湾，这大大增加了货物运输的成本。特别是第一次世界大战时期，随着人员流动频率和货物吞吐量的急剧增加，纽约港地区条块分割的管理弊端愈加突出地显露出来。州际贸易委员会指出：纽约和新泽西北部的工业区在历史上、地理位置上以及贸易方面都应该被视为一个统一的区域，只有双方的合作和积极应对才能带来运费调整所不及的改善和效益。为解决这一日益激化的矛盾，两州迈开了州际合作的第一步，成立了州际联合委员会——纽约—新泽西港区发展委员会（New York, New Jersey Port and Harbor Development Commission），由它对整个纽约港区的交通状况进行全面的研究，并向两州政府提出改进计划。经过3年的深入研究和分析，纽约新泽西港区发展委员会在其最后提交的报告中明确指出：为了更好地在港区实行统一规划和管理，应该成立一个常设的两州联合机构，以便为港口综合发展筹备计划。1921年4月，报告中的提议最终付诸实践，纽约和新泽西州签订州际协议，纽约港务局（Port of New York Authority）正式成立，这是美国历史上第一个通过州际协议成立的两州联合管理机构。港务局从成立的一开始，就制定了一个原则，即：纽约和新泽西只有通过协作才能为两地的共同发展谋求机遇。因此港务局承担建设了一系列有益于两州共同发展的基础设施建设，同时明确了海港的分工。这直接导致商户、居民在20世纪洪水般地涌向城市。1890年，两州的居民只有150万人，1940年，这一数字达到了750万人，成为当时最繁荣的湾区。港务局建设了包括美国最繁忙的机场系统、海运码头和港口、PATH轨道交通系统、纽约和新泽西之间的六条隧道和桥梁、曼哈顿港务局巴士码头和世贸中心。80多年来，港务局一直致力于改善在纽约和新泽西生活工作的1700多万人的生活质量，该区域包含了860万个就业机会，估计区域生产总值超过9290亿美元。

总之，对于发展过程中区域间的矛盾和问题，成立专门的跨州际的机构有益于专项突破解决问题，促进湾区的发展。

2. 对发展中的问题保持敏锐态度，超前规划

纽约湾区对于基础设施建设问题的敏锐性的第一个比较典型的例子发生在19世纪20年代左右的第一次区域规划时期。当时随着贸易量的上升，大量的货物和人口涌入纽约湾区。纽约湾区发展委员会意识到基础设施建设对于该地区未来发展命运起着至关重要的作用。未来客流量和货物流量可能会超负荷，为了保证有效率地承接和疏散旅客，同时提高市区内居民的出行效率，方案提出建设韦拉札诺海峡大桥、乔治·华

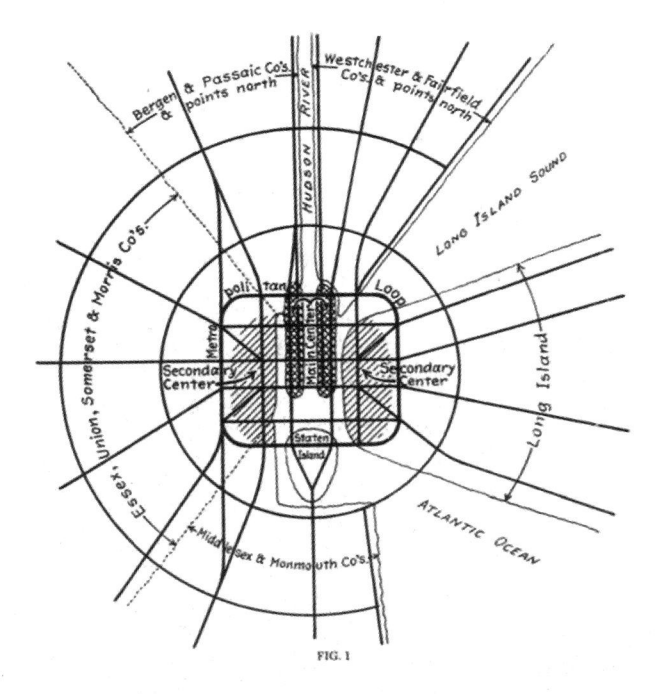

图 11—1　纽约市交通建设方案

注：图中展示的是对整个纽约都市区按照地理和功能进行的区域划分，以及为了服务这种区域划分建立的交通设施。

资料来源：RPA第一次规划方案。

盛顿大桥，重置曼哈顿以外的核心海港位置加强区域的连接性和承载货物的能力，同时设计了一整套城内交通系统图，主干和支线设计十分明确，给纽约市提供了一个十分具体的四通八达的交通建设方案。

第二个例子是 21 世纪的第四次规划文件。第四次规划文件专门有一章内容讲述气候变化给湾区发展带来的威胁，并十分有预见性地提出了在这种背景下，基础设施作出相应调整的重要性和具体的调整措施。气候变暖威胁了人类社会的发展是普遍共识，但是很少有湾区规划文件设置专门的板块阐述这一问题的严重性，更少有规划文件强调基础设施更新在解决这一问题中的重要作用。但是纽约湾区保持了足够的敏锐性，并进行超前规划提出解决措施。湾区规划文件中指出，目前 100 万名居民和 65 万份工作正在受到洪水威胁，而一些关键的基础设施，如发电设备、铁路、水处理装置等，也正在受到气候变化的威胁。预计到 2100 年，海平面将上升 6 英寸，届时，目前 200 万人口居住的土地将在海平面以下。面对这些触目惊心的数字，规划文件提出了加大湾区对绿色基础设施投资的重要性。具体措施包括很多，比如在梅多兰兹建立一个国家公园。梅多兰兹是纽约湾区为数不多的未进行城市化改革的开

图 11—2　纽约湾区规划"绿色基础设施"设计草图之一

资料来源：RPA 第四次规划方案。

阔场地，在这里建立第一个以应对气候变化为目的的国家公园有助于保护物种多样性，同时提供紧急的避难场所。具体措施还包括对于一些有洞巢的高速公路进行开发，用于城市绿地建设等。规划文件还强调对关键基础设施进行升级。目前一些关键的基础设施，包括电力、供水、交通系统都很容易受到洪水和温度变化的侵害，因此要重视对基础设施更新换代的投资。这些项目的建设将有效减轻城市热岛效应，减少暴雨水的流失，缓和气候变暖对城市发展迫在眉睫的威胁，同时让整个湾区在面对气候变化时能做好充分准备。

3. 注重基础设施的创新

在基础设施方面，纽约湾区十分重视创新。这是指湾区的基础设施投资不仅包括建设新的设施，还包括对旧的基础设施进行升级。对旧设施的升级不仅节约了成本，还能在很大程度上提高它们的使用效率。

典型的例子是现在纽约湾区各市正在大力推行的"智能基础设施"项目，也就是普林斯顿大学建筑城市化和基础设施研究中心负责人马里奥（Mario Gandelsonas）所称的"软基础设施"。在第四次规划文件中提到了一系列对纽约湾区地铁系统进行升级的创新措施。该项措施的名字叫作 CBTC（Communications-Based Train Control）。项目的目标之一是地铁实现全方位自动驾驶。自动驾驶的地铁和人力驾驶相比，更加安全，准确率更高，更加节省能源，更灵活，更节省维护费用。项目具体包括在地铁系统中安装和升级广播、光纤、先进的电脑软件。据估计，这项措施一年内可以节省的人力成本达到数亿美元。同时由于 CBTC 设备一般是防水的且易于拆卸和重新转移安装，新的地铁系统可以抵抗洪水等由气候变化产生的威胁。

（二）产业升级经验

纽约湾区产业组织结构的演变是以纽约产业结构的演变为主导的，由纽约市的发展带动整个区域产业结构发生相应的变化。纽约是美国工业革命的发源地，因此制造业曾经是这里的主要产业，到 20 世纪 70 年代，纽约制造业严重下滑，取而代之的是服务业。在纽约的推动下，纽约湾区的其他县市也因地制宜地发展了特色产业。例如新泽西州制药业在全美排名第一等。目前，纽约湾区的产业结构与美国整体产业结构的发展是平行的。从美国的平均水平来看，服务业整体已超过制造业，成为经济增长的新引擎，同时农业所占的比重十分低。

本书认为，纽约湾区的产业结构之所以在不断优化，离不开三点原因。即纽约湾区在发展时抓住了每一次时代的机遇，为了更好地抓住发展机会，其发展战略也是因时制宜的。同时纽约湾区重视吸引人才和培育良好的中小企业营商环境，让创新创业成为可持续性地推动整个地区高质量发展的原动力。

1. 抓住产业升级机遇，发挥优势

纽约湾区产业结构升级和发展建立在抓住机遇并加以利用的基础上，并通过充分发挥自身的优势而最终形成。

18世纪，纽约借助自身海港的优势，发展国际贸易，成为国际贸易中心；19世纪，纽约湾区抓住了工业革命的机遇，一度成为美国的制造业中心；"二战"后，纽约湾区仍然利用了当时的便利条件，实现了服务业的全方位发展；在20世纪70年代中期之后，湾区在经历了滞胀的停滞之后抓住了金融行业翻身的机遇，开始陆续取消或废除了管制措施，使得其国际金融中心的地位得到确立和巩固。目前纽约湾区服务业已经发展得十分成熟，无论是金融产业、健康产业、教育产业还是时尚产业，都渐渐成为美国甚至世界的发展中心。在新的发展阶段，纽约湾区看到了服务行业跨业联合的机遇，提出了湾区锚机构网络这一概念。服务业的根本在于服务的功能，这一网络的构建能使得服务行业为社区成员提供更优质稳定的服务，有利于湾区服务业整体进一步的发展。

所谓"锚机构"就是深深地嵌入社区，作为社区的生活、经济和社会发展必备要素的一类机构，是实现社区服务的重要角色。锚机构是社区生活稳定的压舱石、是社区民生安逸的定盘针、是社区发展潜力的能源部。这些机构一般包含医院、大学等，随着时间的推移，锚机构一般都成为当地社区最大的雇主。锚机构的雇佣或购买行为对当地经济活动会造成很大影响。而构建锚机构网络，可以创造大量的服务业就业机会，同时锚机构网络的经济行为也将促进地区各行各业，如零售行业的发展。

2. 重视人才，为产业升级奠定基础

人才是经济增长的主要源泉，纽约湾区一直以高素质的劳动力著称，可以说人才是经济发展和产业转型的重要基础。纽约湾区内所有的劳动力中，有近一半的人受过本科高等教育，近20%的人拥有硕士或类似水平学位。

高素质劳动力基础首先得益于纽约湾区雄厚的教育资源。湾区内仅常春藤联盟高校便有位于康涅狄格州的耶鲁大学、位于纽约州的哥伦比亚大学、位于新泽西州的普林斯顿大学三所。除此之外，聚集了康奈尔大学、纽约大学等共计58所著名学府。整体极高的教育水平为纽约湾区的经济发展源源不断地输送高质量人力资本。根据每日商业（business daily）的一项报告，纽约湾区的企业家们对湾区教育系统的人才培养结果非常满意。他们认为无论是大学地理位置的分布，还是培养出的毕业生能力，都满足了企业的需求。以纽约州立大学系统为例，大学各个分校校区均匀地分布在纽约州内，使得在全州任何地方基本都可以在很短的驾车距离内找到州立大学的分校。同时毕业生的能力很强，被采访的大部分企业家都反映，无论对于一个职位提出什么样的要求，基本都可以迅速找到合适的人。

当然优秀的人才基础不仅仅是高校的功劳。对于已经从业的人员，或未接受过高等教育的劳动力，他们将享有湾区各个组织机构提供的高质量职业技能培训。纽约湾区第三次区域规划提出并已经得到具体落实的对于人才市场的建议主要有三条：第一，重视终生职业技能培训；第二，在全球化背景下，面对众多移民的新的劳动力构成，湾区应为这股新成分打通就业渠道；第三，让社区与工作接轨，加大纽约湾区在人才市场上的投资，包括建立各种信息共享平台，鼓励机构组织各种职业技能培训活动等。这些建议在纽约湾区的发展中被逐步落实。比如纽约湾区成立了各种促进人才市场信息畅通的组织。以SHRM为例，这是一个社区阶层的职业信息共享平台。根据该机构官网的介绍，"该平台专注于为社区成员服务，让社区成员互相联系、学习、共同成长"。该平台提供的服务包括：举办各种社交活动用于专业人员的交流、领导力培养项目、给打算就业的人员提供职业咨询等。

3. 营商环境良好，湾区经济充满活力

优异的营商环境能够促进产业发展，尤其是服务业。服务业具有制度密集型特征，对制度高度敏感和依赖，同时又是制度的载体，制度和营商环境对服务业发展有重要的影响。基于2003—2016年世界银行公布的《全球营商环境报告》的实证研究，制度环境的确可以影响服务业占GDP的比重。纽约湾区的产业转型、服务业欣欣向荣的发展，离不开其良好的营商环境。

纽约湾区的良好营商环境首先体现在对中小企业的税收优惠政策上。虽然这里并不是全美国税率最低的地方，但是却有很多致力于给中小企业减轻税负的优惠政策。其中最有名的一个项目就是纽约市的"创业纽约"（Startup New York）。该项目从众多申请人中筛选出符合条件的个体，给这些创业者指定特定营业位置，同时允许他们十年内不需要缴纳任何企业相关的税。这个项目旨在吸引更多的创业者在纽约进行创业。

除了政策上的支持，还有众多机构组织，他们的存在给创业者提供了培训和交流信息的平台，给企业发展提供了有力支持。比如纽约市成立的经济发展委员会，据众多当地企业家的评价，这个组织给当地商业的发展带来了很大的好处。之前，各种税收或者针对企业的政策十分分散、不系统、混乱，企业家们很难理解这些政策的具体含义。而委员会让繁杂的政策项目变得清晰明了、更加实用。除了经济发展委员会，还有其他类型丰富的机构组织，为企业发展提供资源。比如纽约得分（New York SCORE），这是一个由各种商业界的专业人士构成的志愿者组织，他们会给寻求扩张规模或新建的中小企业的发展提供指导和建议，且服务全部免费，均由志愿者提供。目前纽约地区成立的SCORE中心达到24个。又如纽约州发展小企业部（Empire State Development's Small Business Division），在这里州政府给创业者提供从创建到扩张企业时需要的技术支持、金融支持，同时致力于为中小企业者提供各类流通度还不够广的商业信息。此外还有美国小企业管理局（SBA）地区办事处［U. S. Small Business Administration（SBA）District Offices］，该机构为企业提供自然灾害补偿和与联邦政府签合同的机会，从制定发展草案到报税手续面面俱到地帮助中小企业。这些组织的存在，打破了企业、市场、政府各个主体的信息不对称，加强了要素自由流动的能力。

上述种种证明了纽约湾区的营商环境友好且充满活力，这很大程度上激发了创业者的热情。《每日商业新闻》（Business News Daily）在2016年发表了一项题目为"小企业之州"（The State of Small Business）的报告，该报告报道了美国各个州的中小企业营商环境。在这份报告中，对于纽约湾区的三个州，他们采访了2057959个中小企业的所有人，询问他们对于当地创业者所面临的机会和挑战的看法。在这些创业者中，大部分都对纽约湾区的营商环境抱有正面评价。

4. 因时制宜的产业战略

从18世纪末期到现在起，纽约湾区的发展经历了很多不同的发展阶段，无论是从最开始的未经建设的海港，还是后来的国际金融中心，在不同发展阶段的关键转折时刻，纽约湾区总能找到十分合适的发展战略，来助力湾区发展。比如19世纪20年代，随着贸易量的上升，开始形成区域协作发展的战略。港口分工、城市功能定位越发明确，城市与城市之间做到了共同发展。

在如今的后工业时代，纽约湾区的城市经济发展同样面临新的挑战。包括制造业对经济的贡献率下降过快，造成失业率上升问题等。根据美国劳工统计局（the Bureau of Labor Statistics）最近发布的一项统计数据，美国全国范围内，从事制造业的人数在急剧减少。2008—2018年消失了1200万个岗位需求。纽约湾区的纽瓦克，作为制造业老城，在这种经济背景下受到的冲击十分严重。纽瓦克一度面临缺乏新经济增长点、新增就业机会不够、居民生活水平下降的恶劣情形。不过该市创新的发展战略不仅仅解决了自身的问题，也给湾区其他后工业发展阶段中遭遇发展瓶颈的地区提供了参考。这项战略便是在后工业时代，不牺牲工业来发展经济。具体做法是利用飞机场和海港等基础设施的优势，围绕这些设施延长产业链。相关的工作岗位和行业包括：卡车运输、码头作业和货运处理、物流销售管理、货运代理、酒店、零售等。这些行业和岗位，对学历的要求比较低，同时待遇又比较好，支付的工资往往在平均薪资水平以上。2009年纽瓦克发布了一项题为"总体规划复验报告"（Master Plan Re-examination Report）的政府报告，提到纽瓦克将为这些机场、海港附近的物流设施工业区发展提供优先权。而事实证明这样做给该地的经济发展带来了巨大的突破。RPA最近发布的一项报告显示，跟仓库管理、配货等相关的行业，会为纽瓦克未来十年内增加约339000个新工作机会。纽瓦克的新发展模式中，海港、飞机场是一个巨大的磁铁，围绕它去发展轻工业、酒店、零售业等，可以形成一个工业和服务业混合的发展模式。在后工业发展时代，这是促进地区经济发展的新的有效战略。

(三) 湾区协同治理

1. 协同治理

在权力下放的背景下,地方进行有效的治理往往需要政府、私人和非营利部门的共同参与。大约从 20 世中期开始,纽约湾区对于湾区的治理不再是讨论如何对地方政府的权力结构进行改革,而是开始思考治理模式的全新的可能性。由此,一种共同治理的新模式开始渐渐成型。纽约湾区参与到湾区治理的企业组织和社群组织飞速发展壮大,发展至今,成为湾区治理中不可或缺的角色,这种共同治理的模式已经成为纽约湾区治理的最突出特点之一。

正如上文所说,在这里治理的主体主要包括地方政府、私人和非营利部门。地方政府包括县、自治体、镇等管辖一定地域范围且拥有相当自治权的单位,还包括学区、特区等。私人部门包括以自我营利为目的而从事生产活动的组织,如大中小企业、商会、业界联盟等。非营利部门主要包括发挥社会服务职能的民间团体、社会团体和公民协会,例如基金会、社区协会、项目委员会等。在纽约湾区的发展中,共同治理模式有效解决了地区发展中的众多问题。首先,共同治理能帮助解决地方政府在提供公共服务时资金不足而无法进行的问题。20 世纪中期之前的纽约湾区治理主要靠地方政府。政府在提供公共服务时,资金主要来自公共财政,公共财政主要来自税收。然而由于大部分地方政府所拥有的税基很小,而公共服务所需要的投资又数额巨大,很多项目无法执行。因此,在湾区治理中引入私人部门的治理机制,借助市场的力量很大程度上缓解了资金不足的问题。

最典型的例子就是纽约与新泽西港口事务管理局。港务局在湾区发展过程中负责投资建立了一系列重大的基础设施,包括在纽约和新泽西州的河岸之间建立了连接通道、投资建设世贸中心等。这些项目对于提升纽约湾区的整体性、加速地区发展起到了至关重要的作用。而这些项目所需要的资金数额非常之大,用税收来源投资往往会半路停滞,因此只靠政府投资很难完成。港务局与政府不同,其资金来源并不是税收,它没有权力征税,也没有从地方政府或州政府那里获得税收,而是利用政府的优惠政策,结合市场运作的模式获取资金的。首先,港务局建设基础设施项目时运用市场的方式吸引投资者,向投资者借钱,这笔钱不必计入政府负债。同时，他们向投资者支付的利息是免税的，这意味着他们可以以比私人公司更低的利率借到钱。他们所拥有的财产被划为公共财产，所以他们不缴纳财产税，在操作时可以凌驾于地方分区和土地使用法之上。其次，另一部分重要资金来源来自设施营运所产生的收入，包括纽约与新泽西之间的桥梁及隧道收费、机场及巴士码头的使用费、轨道交通系统收费、设施、消费服务及零售店租金等。

除了港务局，一些非营利的第三方组织也是湾区治理中的重要力量。在政府治理和私人部门并不能时刻代表公众利益的情况下，第三方组织作为公众声音的代表，时常成为治理的"智囊"。纽约湾区最具代表性的第三方组织是区域规划委员会（RPA）。该委员会由公民、社区和商界领袖组成，为湾区发展提供重要的战略建议。该地区一些最重要的公共工程、经济发展和开放空间项目都植根于 RPA 的想法和倡议，从乔治·华盛顿大桥的位置到布鲁克林、斯坦福和纽瓦克市中心的复兴，再到开放空间的保护，以及帕利塞兹公园、州长岛和门户国家休闲区的发展。RPA 通过独立的研究、规划、倡导和强有力的公众参与努力来实现这些目标。

2. 政府间合作

虽然纽约湾区的治理以多中心治理、整合机制为特点，但并不是说要弱化政府在治理中的角色，或者排斥政府。相反，政府的作用非常重要，尤其是政府之间的合作在纽约湾区的发展中起到了至关重要的作用。

首先是联邦政府和地方政府的合作。"二战"后，随着城市地区地方政府政治日益分散化，再加上税收基础不足，许多地方政府根本无法充分提供公共服务。地方政府存在两个主要的目的：一是提供公共服务；二是更精确地规范经济和社会活动。上述两个目的有时是互相矛盾的，因为控制范围更小的地方政府更加趋向于同质化，并且比大政府更有能力调节经济和社会活动，满足社会公民的需求和愿望。但是，社区本身也需要足够大，能够提供足够大的税基，才能保证政府在提供基础公共服务时所征收的税率不会过高。面对地方政府的心有余而力不足，联邦政府的资金援助在纽约湾区的发展中起到了很重要的作用。一个典型的例子就是纽约湾区的交通网络建设。1956 年，美国政府颁布了《联邦资助公路法》，提出要在全国范围内修建 41000 英里的公路。当时纽约湾区的地方政府在获得了联邦政府的资助下，大力支持了交通网络的建设。

其次是地方政府之间的合作。20世纪30年代开始，纽约大都市区内普遍开展了广泛的政府合作。尤其是针对类似交通、供水、排污、公园、图书馆、消防、健康等涉及广泛的问题，单个政府往往力不从心。其合作主要通过以下五种形式展开，一是非正式合作，通常指不具有法律效应的口头上的非正式的协定；二是政府间服务合同，是指两个或多个政府之间通过签订合同或协议寻求一种服务上的优势互补，互相之间对自己无力提供的服务进行购买，以达到一种"经济性"；三是一揽子服务协议，是指通过向某一政府购买一揽子服务的机制，使服务的生产与提供相分离开来；四是共同权力协定，是指地域上邻近的政府或者需求有重叠的政府之间按照使用比例共同提供某种公共服务；五是职能转移，是指某个政府将某种自己的职能永久性地转移给另一个政府，这种转移既可以发生在上下级政府之间，也可以发生在平级政府之间。一个例子是罗伯特·摩西，他是19世纪中期纽约都市建设中的重要人物，对纽约大都市区中的州际高速公路、公共住房、公园等的建设发挥了重要影响。摩西主持的一系列项目建设之所以成功，有很大一部分原因是他兼任着州、市及一些公营部门的职务，权力的重叠使他能够对跨市、县的事务进行有效地协调，极力达成不同政府机构之间的合作。

3. 治理机制的不足之处

虽然上述种种例子都证明了纽约湾区治理机制的独特性和优势，但是纽约湾区的治理并不是完美的，它存在一部分问题，并且还需要在发展的过程中进行不断的调整。

首先是治理主体内部的治理体制存在问题，由此导致效率低下、腐败的出现。本部分依然以港务局为例。根据港务局协议中的第四条和第五条，港务局主要由港区管理委员会管理。该委员会成员由纽约州和新泽西州州长共同控制，他们负责任命委员会成员，并保留否决委员会在其所在州的行为的权利。在区域规划委员会一篇题目为"治理都市区：纽约湾区"的报告中提到，由于这样的治理体制，港务局目前存在十分严重的寻租问题，往往沦为政客们谋求政治利益的工具，比如2014年秋季发生的"堵桥门"丑闻。当时的新泽西州州长克里斯蒂正在谋求连任，他的副幕僚长与由他提拔的一名港务局管理部门官员互相勾结，寻求利用职权关闭一座连接新泽西州和纽约州大桥的部分车道，以制造交通拥堵，对不支持克里斯蒂连任的民主党地方官员实施政治报复。当然港务局本身意识到了这个问题的严重程度，并早在2014年就宣布要改革自身的管理体制，但时至今日这仍然是一个想法，没有作出任何实质性改变。

除了治理主体内部的问题，纽约湾区的整合治理过程中还面临着协商不力的困扰。要在大都市区内跨越每一个正式或非正式职能实体而实现一种广泛的公共利益其实是一件相当困难的事情。因为一方面这些参与协商的主体之间的对话不是双向谈判，他们在考虑自身利益和合作利益之外还要考虑第三方利益，即公众利益，这在很大程度上影响了协商的正常进行。另一方面，各个主体由于扮演角色的差异，其谈判的资本可能不会完全对等，在这样的情况下，相应的弱势主体可能会出于对强势方的不信任而退出谈判，最终导致协商的失败。例如2017年，由港务局提议要在曼哈顿建立一个更现代化、更宽敞的公交汽车终点站，因为现有的场地设施老化过于严重，空间过于狭窄，越来越不能满足发展的需要。为此，港务局在社会各界征集关于建设这个公交终点站的意见，试图寻找一个既节省经费、效果又好的方案。港务局十分看好第三方组织RPA的一个提议，该建议主张把维茨会议中心（Jacob Javits Convention Center）的地下室改装成终点站，这样不会占据过大的稀缺的地表空间。但是这个对纽约湾区发展百利无一害的决策却因为与州参议员和管理该处的国家公权协商不利导致最后搁浅。参议院多数党领袖洛雷塔·温伯格和参议员鲍勃·戈登直言这个建议"有缺陷、不成熟、不切实际、以纽约为中心"。这样的例子在纽约湾区的发展过程中其实不占少数，有许多对于基础设施投资的项目都因为各方讨价还价，在做决策时缺乏明确的规定和流程而被搁置。

总之，虽然我们不能否认纽约湾区独特的治理机制在过去发展历史中所作出的贡献，但是随着湾区其他方面的发展，治理机制也需要进行进一步升级，以更好地适应未来发展的需求。

第十二章　旧金山湾区：基于 ICON 模型的湾区品牌建设

一　旧金山湾区基本情况

旧金山湾区最初指的就是位于加利福尼亚北部地区的海湾周围人口稠密的地区，其范围包括位于美国加利福尼亚州北部的旧金山、圣巴勃罗和休松河口。虽然该地区的确切边界因来源而异，但湾区通常也包括与上述河口接壤的九个县：阿拉米达（Alameda），康特拉科斯塔（Contra Costa），马林（Marin），纳帕（Napa），圣马特奥（San Mateo），圣塔克拉拉（Santa Clara），索拉诺（Solano），索诺玛（Sonoma）和旧金山。作为世界上第一个成型的湾区，由于湾区地貌形成的独特发展模式和湾区内三个重要城市催生的密集的交通网络，旧金山湾区没有准确的划分。目前，一般认为旧金山湾区包括旧金山市、半岛、南湾、东湾、北湾五大区域，其中，硅谷所在的南湾、西部金融中心旧金山市及坐拥奥克兰港的东湾是人口产业的聚集区。五大区域各具特点，覆盖区域广泛，形成了独特的湾区版图（见表12—1）。

表12—1　　　　　　　　旧金山湾区五大区域

区域名称	包含地区	区域特点
北湾	金门大桥北方的旧金山湾区通常被称作北湾（North Bay）。这个区包含了马林县，也向北延伸至索诺马县（Sonoma County）和纳帕县（Napa County），并向东延伸至索拉诺县（Solano County）	北湾是一个极为富有的地方：马林县和索诺玛县在东西两面都临海，而且有着密集的山丘和树林，这里的都市化程度也比湾区其他地方来得小，大部分为未开发的土地与农田，其中索诺玛和纳帕县因为葡萄园酿酒厂而享誉国际；金门大桥是此区通往旧金山唯一的道路，较小的人口密度与跟湾区其他地区无陆地直接相连是北湾缺乏公共交通工具的主要原因

续表

区域名称	包含地区	区域特点
旧金山	旧金山市在旧金山湾区里，常被在地理和文化上被列为单独的区域，当地通常简称它为"The City"	地理上看，旧金山在北方、东方和西方被水与其他区县隔开，在南方则以行政区线分开，旧金山是旧金山湾区长久以来的文化、财经和都市中心，在湾区历史的很长一段时间里，旧金山也是湾区的主要人口聚集地
东湾	东湾以奥克兰为中心，包括康特拉科斯塔县以及阿拉米达县，还包括位于东湾的县市列治文、奥伯尼、伯克利、爱莫利维尔、奥克兰、阿拉米达、海沃德、联合市、纽华克、费利蒙，以及位于高度城镇化的西岸的县市卡斯特罗谷、马丁尼兹、康科德、普莱森特希尔、核桃溪等	东湾以总部经济为主，包括西夫韦、雪佛龙、24 Hour Fitness 和 Kaiser Permanente 等大型公司总部均设立在东湾；东湾有众多大型公园和开放空间，是一个很适合休闲和健行的地方
半岛	旧金山半岛介于旧金山市以南、南湾以北，不包括位于半岛尖的旧金山市，由圣马刁县的数个中小型城市（如戴利城）、近郊社区和圣塔克拉拉县西北部分（包括帕罗奥图、山景城、和洛思阿图斯）所组成，也包含数个太平洋岸边的城镇，如柏思域加（Pacifica）和半月湾	"二战"后，许多中产和富有家庭迁移至此，带动当地发展，居民的组成多样化是这一区域的显著特点（移民为主）
南湾	圣塔克拉拉谷的北端，包括以圣何塞为中心、大部分圣塔克拉拉县的城市。南湾的主要城市包括圣何塞、圣塔克拉拉、森尼韦尔、库比蒂诺以及吉尔罗伊等	因为许多高科技公司聚集在此，南湾的另一代称是"硅谷"

资料来源：笔者根据文献整理。

旧金山湾区的政府组成是十分多元且复杂的，包括101个市和9个县政府、十几个区域机构以及大量单一用途的特区，如市政公用事业区和过境区。其中城市负责提供警察与安保服务、区域规划、发放建筑许可证以及维护公共街道等职责；公共教育则由独立的学区提供，可以组成小学区、高中区、小学和高中相结合的统一学区，或社区学院区，并由选举产生的学校董事会管理。具有单一功能的特区也有很多，例如湾区快速交通区和湾区空气质量管理区。湾区的区域性政府机构包括：湾区政府协会（Association of Bay Area Governments）、湾区空气质量管理区（Bay Area Air Quality Management District）、金门大桥公路和运输区

(Golden Gate Bridge Highway and Transportation District)、大都会运输委员会(Metropolitan Transportation Commission)、半岛走廊联合权力委员会(Peninsula Corridor Joint Powers Board, CALTRAIN)、旧金山湾区快速交通区(San Francisco Bay Area Rapid Transit District, BART)、旧金山湾区水应急运输管理局(San Francisco Bay Area Water Emergency Transportation Authority)、跨湾区联合权力机构(Transbay Joint Powers Authority)等。

其中最重要的两个机构是湾区政府协会(ABAG)和大都会运输委员会(MTC)。湾区政府协会是一个区域规划机构,这个机构只能涉及土地使用、住房、环境质量和经济发展,湾区内的所有9个县和101个城市都是湾区政府协会的成员。大都会运输委员会是负责旧金山湾区区域交通规划和融资的政府机构,由加利福尼亚州于1970年创建,在湾区委员会的支持下,协调湾区9个县的运输服务。涉及整个湾区的规划和项目都是由这两个机构负责,其中湾区政府协会负责协调区域内政府工作,大都会运输委员会主要协调资金和私人部门。

旧金山湾区的经济体量比沙特阿拉伯还要庞大,不同的是旧金山的居民是从脑力活动赚取财富而不是攫取地下矿物资源。根据湾区委员会经济研究所的数据,湾区过去三年的年经济增长率为4.3%,几乎是整个美国的两倍;该地区的国内生产总值达到7480亿美元,在世界所有国家和地区中排名第19,其在北美甚至世界上的影响力不言而喻。自经济衰退结束以来,科技产业的就业率显著上升,2017年7月增长45%,达到750000多人。旧金山湾区的人均国内生产总值近8万美元,在美国主要大都市区中排名第1[1],这反映了不断增长的科技劳动力的影响。同时,旧金山湾区也拥有全美最高的专利数,全美前三的新增居民数,全美前三的居民大学学历比例等。可以看到,旧金山湾区的体量庞大,而上述政府机构强大的区域协调统筹功能是保证湾区健康发展的基础。旧金山湾区的影响力是广泛与复杂的,在深入发掘旧金山湾区品牌影响力之前,有必要对相关概念进行界定。

---

[1] 以上数据来源于湾区委员会经济研究所(http://www.bayareaeconomy.org/bay-area-gdp-surges-in-2017-now-worlds-18th-largest-economy/)。

二 相关概念界定

（一）地区品牌

地区品牌（place brand）是指不同地点、地区和空间的品牌。其系统提出主要是基于 S. Anholt、K. Dinnie 和 W. Ollins 的理论。尽管地区品牌在近些年得到了学术界、市场实践领域和公共治理领域的广泛关注，但其具体概念的界定依然相对模糊且缺乏广泛接受的标准。因此，无论是研究学者还是实践人员都很难将其与其他相似概念如区域营销、目的地品牌等严格区分开来。

Kotler 认为地区营销是一个营销过程，而地区则被视为以市场为导向的公司，未来的发展愿景被视为产品，以满足现有目标市场的需求并吸引潜在市场（Kotler，2002）。Kotler 没有提供地方品牌的任何具体定义，但是从他的营销理论可以看到，品牌是"一种产品或服务，是与其他产品或服务相区别的设计以满足相同需求的产品或服务"（Kotler 和 Keller，2006）。Anholt（2007）将上述观点吸收并认为品牌是产品或服务或组织，与其名称、身份和声誉相结合的行为，品牌化是设计、规划和传达名称与身份的过程。然而，Anholt 本人指出，一个地方不能完全以产品、服务或公司的方式进行品牌化（Anholt，2007）。

Dinnie（2016）将地区品牌定义为"独特的、多维度的元素融合，并为地区提供与所有目标受众相关的文化差异和关联"。这一概念相当抽象与复杂，简单来说，在城市与区域层面应用这一概念意味着地方品牌是一种多层次和复杂的行为，除了推广关键信息和引人注目的形象外，还依赖更多其他因素（如文化等）。地区品牌建设需要采用整体的、社区驱动的、利益相关者通力合作的方法，这种方法主要基于城市规划、文化地理、商业和经济发展以及目的地推广等要素（Kavaratzis，2004；Landry，2008；Hankinson，2007）。学者们采用跨学科的方法来讨论地方品牌——结合旅游、营销、城市规划、建筑、地方发展和社会学等（Dinnie，2011）。从关于地方品牌的文献中可以清楚地看出，这是一个十分复杂的过程，绝非简单地通过"品牌化"促进旅游消费，促进投资或吸引人才。地区品牌广泛涉及城市政策和经济发展，也包括企业家和新自由主义意识形态下的社会各部门的竞争、消费和合作（Warren

和 Dinnie，2017）。任何地方品牌建设的起点都是地方潜在的"品牌身份"或品牌 DNA。Dinnie（2016）指出，在国家品牌塑造的背景下，品牌认同具有诸如历史领域等广义概念，包括常见的神话或历史、共同的公共文化、共同的法律权利和义务、公认的或著名的符号，甚至是风景。在城市或地区层面，这些标识符可以包括居民的共同休闲活动和生活方式等因素，如建筑、方言、食物、音乐或文化。它可以通过在该城市中更深层次的归属感来表征，既反映了城市的原则标准，又反映了其形象。Dinnie 的这个定义突出了地方品牌的以下特征：人们认识到概念的复杂性（Kavaratzis，2007），多重相关结构、多重行动和目标的组合以及与多个利益相关者的结合（Kavaratzis 和 Hatch，2013；Stubbs 和 Warnaby，2015）。因此本文也采用此定义。

（二）ICON 模型

对于地区品牌建设模型的构建，鲜有研究提出整体地方品牌模型，大多数地方品牌考量具体细节方面，如关系网络品牌（Hankinson，2004），城市形象传播（Kavaratzis，2004；Braun 等，2014），目的地品牌（Cai，2002；Laws，2002；Baker，1999）。Sonya 和 Rowley（2011）提出了一个整体战略地区品牌管理模型（SPBM），其中包含了上述提到的模型的组成部分。SPBM 模型揭示了品牌塑造过程，涵盖了完整的品牌元素。SPBM 模型认为地区品牌化是一个交互式动态过程。因此，它解释了为什么地方品牌是一个持续的过程。该模型是基于产品品牌、服务品牌和企业品牌的模型构建的，因此较为完善。但是正如 Sonya 和 Rowley（2011）所阐明的那样，该模型的适用性需要进行进一步测试。另一个较为完善且经过案例检验的模型是由 Dinnie（2015）提出的 ICON 模型（Integrated, contextualized, organic and new），包含四个层面：（1）整合（I），即机构间合作和公私部门方案的协同发展；（2）情景（C），主要确保地区品牌建设在能力范围内与利益相关者的需求吻合，以及精准匹配目标受众；（3）原生（O），提倡地区有计划和无计划的活动，并建议地方品牌应该植根于地方的身份和文化；（4）创新（N），强调对产品、服务和经验的创新，并强调通过创建与地方相关的新叙事（narrative）获得额外的品牌影响。

三 ICON 模型视角下的旧金山湾区品牌建设

旧金山湾区的地区品牌作为一个区域品牌（region brand），其构成十分复杂，包括旧金山市的旅游品牌和城市品牌、硅谷的高新技术产业品牌、东湾的总部经济品牌等。为了避免长篇累牍，本章仅基于 ICON 模型的内容选取代表性的子品牌进行分析，而不对每个子品牌进行单独的阐述。这样做的一个原因是旧金山湾区的品牌广为人知，不需额外介绍，另一个原因是 ICON 模型重在挖掘跨部门合作下的品牌再建。

（一）整合

地区品牌整合维度侧重于公私部门间的合作。在湾区品牌建设中最明显的案例就是旧金山市的旅游品牌建设，分别是"唯有旧金山"和"永恒旧金山"。2004 年 6 月，旧金山会议与旅游局（San Francisco Convention and Visitors Bureau/SFCVB）宣布开启"唯有旧金山"品牌建设。这项活动的开启标志着旧金山城市营销正式进入品牌时代。其整个活动超过以往城市营销，内容更加丰富具体，包括：为商家提供"唯有旧金山"海报、明信片和其他材料，以便旧金山的每项服务内容均有展示；推出"唯有旧金山，仅限 Visa"（"Only in San Francisco, Only with Visa"）优惠；See's Candies 公司推出参与独特的"唯有旧金山"纪念品。[①] SFCVB 网站（www.sfvisitor.org）全面重新设计，以更好地为潜在访问者提供服务并介绍活动主题；在网站上的"希望与你同在"（"Wish You Were Here"）抽奖活动中，当地居民可以向他们的朋友发送电子明信片，双方都能有机会获得旧金山度假套餐；为了鼓励游客进一步探索城市，"当地大使"（"Neighborhood Ambassadors"）活动开启，从本地人的角度，为游客分享独具美丽的地方；在网站上建立了旧金山照相馆，呼吁旧金山地区的摄影师展示本地风貌；商店促销计划的整合；"唯有旧金山"旅游套餐开发推广。

旧金山会议和旅游局将这座城市的品牌定位为"唯有旧金山"，而作为旅游目的地，市政厅试图吸引更多的游客到城市较少曝光的地区，所以在 2007 年市政府和旅游局合作宣传市政府的名为"购物在三藩，

[①] https://www.hotel-online.com/News/PR2004_2nd/June04_SFCVB.html.

获得更多"("Shop SF, get more")活动①。因此，品牌背后的主要组织者是旧金山会议和旅游局，市政厅起支持作用，同时推进不太知名的街区进行开发，帮助其发展为旅游目的地。

主要负责具体城市品牌塑造活动的机构是旧金山会议与旅游局。它的管理范围包括酒店、会议中心、餐厅和航空公司等。该局的主要目标是吸引更多的游客，并创造更多的酒店住宿；同时，其国际合作伙伴，如旅行社和航空公司也负责国外营销。品牌管理中的另一个关键角色是市政厅，市政厅的主要目标是促进旧金山较不知名和欠发达地区的经济发展。它旨在让人们去发现每个社区的独特性。当地的商会与市政厅合作，开展了活动。它鼓励海湾地区的人们进入这些社区，在零售商店、酒吧和餐馆消费，其目的是通过刺激消费产生更多税收。市政厅没有太多与旅游相关的活动，与旅游局合作主要是提供技术支持和财务援助。"购物在三藩，获得更多"活动主要内容包括：180家当地商家优惠和折扣、游客省钱通行证（享受本地优惠）、停车场免费计划（"Ride with more, Park for less"）、博物馆免费、移动和社交媒体宣传等。旧金山城市品牌管理结构如图12—1所示，除了图中所示部门，市政府小型企业办公室、经济和劳动力发展办公室、旧金山市政交通局、旧金山湾区捷运BART也是重要的合作部门②。

整合过程中，旧金山主要面临四个问题：缺乏资源、利益相关者冲突、政治进程过慢以及城市生活成本昂贵。首先，旅游局和市政厅有预算和人力资源短缺问题。尽管在高新技术产业等方面市政府有很多的资源以及优势，但随着税收和国民收入的下降，经济下滑（特别是2001年及2007—2009年的两次经济衰退）等因素使旅游局可动用的资源捉襟见肘。另外，缺乏相关品牌建设人才也是一个问题。其次，旧金山品牌涉及众多利益相关者。众多利益相关者的意见收集与统一难度非常大，且最后的决定也常常导致利益冲突。比如，SFCVB有1600名成员，这个庞大的团队包括所有的利益相关者，如旅行社、酒店、餐馆、会议中心和当地的商店，其协调难度非常大。同时值得注意的是，旧金山旅

---

① 编者译。
② http：//www.sftravel.com/article/%E2%80%9Cshop-sf-%E2%80%93-get-more%E2%80%9D-includes-180-special-offers-and-other-incentives-san-francisco.

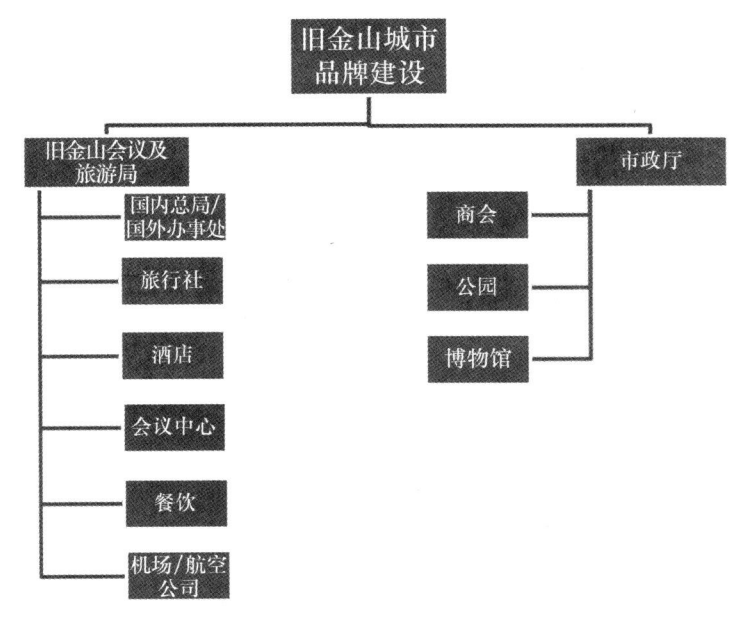

图 12—1　旧金山城市品牌管理结构

资料来源：笔者整理。

游局并不是纯政府部门，而是当地旅游产业联合会性质的组织。这也导致了另一个问题，即在美国政体中，私有部门权限和政治影响力一直很大，因此市政厅的项目推进相当迟缓，且决策过程始终是利益集团占据上风。同时，因为政治体制的关系，其决策过程有很大程度的利益相关者影响，因此会延长决策周期与项目实施。最后，旧金山高昂的消费也一定程度上阻碍了本地居民与游客的消费。且因为"唯有旧金山"活动推行较早，居民对旧金山品牌活动的认知局限于"唯有旧金山"，因此不愿意参与到针对本地的"购物在三藩，获得更多"活动中。

2015 年，随着旧金山会议与旅游局的组织调整，旧金山旅游协会（San Francisco Travel Association）正式接替旧金山会议与旅游局的工作，同时发起了新的名为"永恒旧金山"的活动，代替以前的"唯有旧金山"和"购物在三藩，获得更多"活动。"永恒旧金山"活动将以前相互分开的活动融合产生的新活动，即两个独立活动的叠加，采用同一个口号，可以让受众认知更统一，也方便进行市场推广。自 2015 年以来，在"永恒旧金山"主题下，每年旧金山旅游协会都会推出不同的活动，如 2016 年推出"视频中的永恒旧金山"（"Always SF Videos"）① 和 2017 年推出的"永远不一样，永恒旧金山"（"Never the Same, Always San Francisco"）活动②。2017 年 5 月，面对日益严峻的国际旅客数量下降问题，旧金山旅游协会推出了"永恒旧金山，永远欢迎您"③（"Always SF, Always Welcome"）活动。这项活动是美国总统特朗普签署关于修建隔离墙和实施旅行禁令之后，旧金山市政府作出的应对措施以减少禁令后带来的国际旅客数量下降问题。

可以看到，"永恒旧金山"是在之前的两个品牌活动成功的基础上的一次升级换代。在近十年的品牌建设中，旧金山跨部门合作取得了丰富的经验，在"永恒旧金山"中，整合了旅游的方方面面（如图 12—2 所示），包括风景观光、交通、本地居住情况、商品打折、整个湾区指南等。

图 12—2　Always San Francisco

资料来源：网站部分截图。

---

① 编者译，此活动主要面向社交媒体，让游客和本地居民拍摄他们眼中的旧金山。
② 编者译，此活动在 2014 年推出，但是中间有间断，在 2017 年重新设计推出。
③ 编者译。

这种整合不是简单意义上的政府将所有资源汇总，而是通过政府部门的协调作用，在解决了私有部门间的利益冲突后，形成的整体利益最大化。其中政府部门主要的作用是协调而不是管理。值得深思的是，这种公私部门合作的方式不仅体现在单纯的品牌建设上，也应用于基础设施资金短缺时的融资。在公共财政受到严重限制但对改善基础设施的需求不断增长的时候，公私合作伙伴关系 P3（public-private-partnership）为旧金山基础设施的融资和运营提供了有力保障。虽然 P3 模式不适用于所有项目，并且必须有明确的规则和监督，但它们已被美国和世界各地广泛和成功地使用。

（二）情景

情景维度重点考量受众的需求。地区品牌受众（包括但不限于游客、本地居民、投资者等）对于一个地区的体验是多重的，从基础设施到公共交通，从医疗保健到地区经济，从教育卫生到社区环境，这些是受众感知地区品牌的一部分。而怎样满足受众在这些领域的需求是情景维度需要考虑的。本部分将重点聚焦于交通领域的一个案例。

一般我们所认为的湾区都市圈应该像纽约和东京一样，城市化高度发展再逐步转向城郊化发展。但旧金山湾区的城郊化进程已经非常成熟，高度发达的产业功能区带动了周边地产，居民居住功能趋向郊区化发展。成熟的交通网络应能够满足湾区内庞大的通勤需求，然而每天有数百万居民面临该湾区的道路拥堵问题。服务和流动性的恶化带来了严重的经济成本，旧金山湾区的拥堵影响了其区域内的宜居性甚至可能限制经济的进一步增长。在大众运输方面，旧金山湾区内有频繁的跨郡交通系统，除了公路外，还有通过海底隧道连接旧金山市区和东湾各镇的湾区捷运（BART）以及连接南湾和旧金山半岛的加州通勤火车等都为每日庞大的通勤流量提供了支撑。

旧金山湾区 Transbay 运输线路，包括 BART 和旧金山湾大桥，组成了位于海湾的地理和经济中心奥克兰（东湾）和旧金山（南部）之间的主要交通连接。Transbay 运输线路也是该地区面临最多问题的交通枢纽。在通勤高峰期间，海湾大桥常常达到最大车辆容量，而 BART 列车经常过度拥挤。为了缓解这一问题，湾区实施了名为"湾区第二跨境交通走廊"① （the case for a second Transbay transit crossing）的交通改善计划。

当前，容量不足是湾区面临的主要问题，且 BART 列车的运载力不足对湾区的交通造成了巨大的威胁。首先，湾区严重依赖 Transbay 地铁线和 BART 基础设施，随着这些设施的老化，服务可靠性下降。诸如机械门故障或轨道交换设备故障之类的问题可能导致通勤延迟延长数小时并且可能使区域运输和道路网络瘫痪。其次，如果将 Transbay 的各种公共交通方式对通勤者保持开放，BART 进行日常维护和大修的能力将明显下降。如果重大机械问题或自然灾害导致现有线路长时间停用，湾区区域运输系统将没有任何可以替代的交通方式。在最繁忙的线路，Transbay 每小时运载 28000 名乘客，这是在海湾大桥上行驶的乘客数量的两倍，也就是说，哪怕只是 BART 线路（Transbay 的一部分）发生故障，整个湾区通勤流量都将会受到严重影响。伴随着湾区的发展，所有线路的乘客量都在增加，并且整个地区的高速公路走廊的交通依赖 BART 的性能，解决跨境走廊的运输瓶颈在该地区未来的经济复苏方面发挥着关键作用。鉴于规划和建设基础设施需要很长的时间，湾区的第二个跨境过境通道建设迫在眉睫。

由于湾区在过去 50 年中经历了重大变化，因此此项目的负责单位大都市区交通委员会（The Metropolitan Transportation Commission，MTC）对新的跨境过境通道进行了分析。BART 的设计始于 20 世纪 60 年代，当时湾区人口不足 400 万人。如今，湾区人口将达到 750 万人，预计 2040 年将达到 930 万人。自 2010 年以来，湾区就业人数每年增长 3.2%，是同类美国大都市区的两倍。人口的增长完全改变了整个地区的发展和特点。例如，当 BART 最初投入使用时，旧金山的 Mission Bay 地区是一个未充分利用的铁路站场，但现在其是加州大学旧金山分校校园的所在地，已成为国际生物技术中心，并且还有湾区的填充住房—办公室开发项目。奥克兰市中心的经济和人口增长也处于临界点，而现在的核心运输能力无法容纳这种扩张。人口和就业增长一直是跨境运输能力限制的重要驱动因素，但根据 MTC 的分析，其他因素也影响了湾区跨境运输的容量和可靠性：汽车拥有量的下降、旨在鼓励主要交通枢纽

---

① 编者译。

周边经济增长的区域规划、城市核心就业增长集中等。然而,与所有这些增长和巨大变化不同的是,湾区核心 BART 系统看起来与 20 世纪 70 年代开始运行的系统差异无多。采用更长的列车和更频繁地发车是 BART 应对乘客增长的措施,但该系统最终会因为这种解决方式限制其运输能力,本质上这是一种治标不治本的方案。核心运输基础设施的新投资是满足该地区的移动需求和未来运输需求的理想解决方案。湾区第二跨境交通走廊的建设对湾区的宜居性具有重要且长期的影响。

MTC 提出了营建新的 BART 线路以连接东湾 BART 服务,新线路通过连接奥克兰市中心和阿拉米达岛,与现有的旧金山 BART 线路形成闭环,并穿过 Mission Bay 和市场南区。在翔实地研究了旧金山湾区的情况后,MTC 提供了完整的湾区第二跨境交通走廊的建设的报告,目前已进入论证阶段,报告包括湾区第二跨境交通走廊建设的单独方案和如何利用创造性的融资模式及时为第二个跨境过境通道建设提供资金。

(三)原生

原生维度提倡地区有计划和无计划的活动,并建议地方品牌应该根植于地方的身份和文化。这方面不得不提到以旧金山市为基础并拓展到整个湾区的可持续城市建设。

可持续发展城市概念是旧金山市规划部门在其涉及的建筑、规划与自然协调工作中的举措中嵌入的全面可持续发展理念(环境、公平、经济)。具体适用的规划内容有邻里规划开发、土地使用、住房和交通政策、公共空间和城市设计、社区参与等[1]。

根据旧金山市规划部门网站,可持续发展城市是一项致力于实现旧金山自然环境长期可持续性的倡议。它包括全市范围内和邻里社区范围的参与,涉的环境可持续性内容有:气候保护、能源、水的利用、废物和材料、空气质量、生态和生态恢复。可持续发展城市团队与其他城市机构和主要利益相关部门相互协助,实现对现有环境法规的补充和支撑,实现协同效益最大化,促进在可持续发展方面的广泛创新。

单从内容来看,可持续发展城市这个概念过于老旧,但值得注意

---

[1] http://sf-planning.org/sustainable-development.

是，此项目早在1997年发起①，而可持续发展城市概念第一次由官方提出是在1996年土耳其伊斯坦布尔召开的第二届联合国人类住区会议中。最初此项目也可以称作"旧金山可持续发展五年计划"，其一开始是为了在2002年将旧金山市建成为一个经济、社会和环境健康的城市。虽然该计划是专门为旧金山市起草的，但它包含了先进理念与想法，几乎可以应用于任何希望实现更可持续未来的城市。随着20年的发展建设，可持续发展城市的目标变为②：建立环境可持续性，这是城市居住性、可负担性以及公平性的基本和相互支持因素；将整个城市的政策和项目的可持续性整合并制度化，发展为城市居民和社区可利用的资源；最大限度地实现公平的共同利益并激励所有社区的参与。

旧金山市的可持续发展城市项目随着时代的发展一直有所调整，根据旧金山规划部门网站公布的内容，现阶段其工作项目主要有三个：城市可持续发展、社区可持续发展以及建筑可持续发展，具体工作内容见表12—2。

表12—2　　　　　　　　　　可持续发展城市项目汇总

项目名称	分项目名称	主要内容
城市可持续发展	城市森林计划	与旧金山公共工程、城市林业委员会和城市森林之友合作开发的城市森林规划（当前正在进行第一阶段建设：街道树木种植），提供了一个长期愿景和战略，以改善城市的绿色居住环境和可持续性
	屋顶计划	侧重于设计和实施适用于旧金山气候和需求的居住屋顶的实践、指南、技术和建议，包括屋顶太阳能及绿色植物种植等
	绿色连接	绿色连接旨在通过设想一个"绿色连接"网络来促进居民对公园、开放空间和海滨的使用，城市街道将在未来20年内逐步升级，方便居民通过步行、自行车或其他交通方式更加快捷安全地前往上述区域
	旧金山植物搜索	提供园艺师、设计师、生态学家和其他对绿化街区感兴趣的资源，增强城市生态和对抗干旱，此项目会推荐适用于人行道、私家后院和屋顶的，适合旧金山独特环境、气候和栖息地的植物

---

① 旧金山环境委员会网站，https：//www. sustainable. org/creating-community/community-visioning/717 - the-sus%20tainability-plan-for-the-city-of-san-francisco。

② 旧金山规划局网站，http：//sf-planning. org/sustainable-development。

续表

项目名称	分项目名称	主要内容
社区可持续发展	可持续中国城	公共绿化，私人建筑保护与升级，本地居民环保服务，区域内水和绿色基础设施，社区利益相关者协调，使用开放数据驱动社区管理和监管
	中央 SoMa 区计划	到 2040 年建立一个可持续发展的社区，在满足现在社区需求的情况下，不损害子孙后代满足自身需求的能力；中央 SoMa 计划旨在实现其各个方面的可持续性，包括社会、经济和环境
建筑可持续发展	70 号码头总体规划	包括历史资源的恢复与保护，提供新的海岸线开放空间，开发新的填海物，开展历史性的船舶修理，并在必要时进行环境修复和基础设施改进
	市绿色建筑项目	绿色建筑问题和政策制定，市政部门沟通，支持绿色建筑实践与城市部门的整合，相关环境法律法规执行

资料来源：根据旧金山规划局网站整理。

其中城市可持续发展项目致力于通过制定支持性政策和立法、制订全市计划以及制定衡量和监测整个城市可持续发展的框架体系来推动旧金山市环境发展目标；旧金山生态区项目致力于通过社区建设来提高可持续发展绩效和扩大共同利益。可持续发展城市团队与利益相关方、合作伙伴机构、开发商和公用事业机构合作制定超出城市目标和要求的政策和计划，通过利用创新和系统的协调（单体建筑层面以上，城市范围以下），让有"绿色"意识的社区更加高效地进行可持续发展建设。建筑可持续性的工作主要在于可持续发展城市团队与其他市政府机构就绿色建筑政策和研究项目进行协调，以提高旧金山市新建筑和现有建筑存量的使用效率和可持续性。可以看到，这三个工作项目基于城市不同的主体，详细地划分了监管的层面，按监管范围大中小排列，即区分不同主体间的工作。同时，由于此三个项目皆由规划部门负责，保证了可持续发展城市的整体性，提高了沟通协调效率。

除了上述提到的项目以外，旧金山市政府其他部门还有各种目标。比如环境部门的"2016—2020 年战略计划"[①]，对旧金山到 2020 年的各种环境指标进行了详细标注，具体举措包括建设健康的社区和生态系

---

① 旧金山环境部门网站，https：//sfmayor.org/strategy-and-performance/environment。

统，实现无碳未来，增强社区的抗灾能力，消除浪费和加强社区行动。虽然环保部门的规划可以部分地与规划部门的可持续发展城市割裂来看，但是两个部门的规划与目标可以说是相辅相成的。比如，旧金山市比美国其他城市的垃圾回收循环利用率都要高，在 2010 年就达到了 70%。而这一数字在 2020 年计划上升到 100%，即实现"零废物"。这个目标的实现，离不开社区的配合，即可持续发展城市中的社区可持续发展。目前在旧金山市，居民家的垃圾桶会分为三类，包括蓝、绿、黑三个颜色，不同颜色代表不同类别。蓝色桶装玻璃瓶、塑料瓶、金属罐头盒、废纸等；绿色桶装有营养的废料如各类剩食物、饭菜、动物骨头等；黑色桶则装其他无法再生的生活垃圾。再比如，规划部门的屋顶计划涉及太阳能产业。为了推动太阳能开发与运用，旧金山市政府带头安装了 3 兆瓦的太阳能系统。并且规定，安装太阳能系统的居民，可以得到政府 3000—5000 美元的补助，商业用户最高可以补助 10000 美元。由于这些补助可以为居民与商家节约 50% 以上的安装费用，大大加速了太阳能在旧金山的普及程度，同时也促进了本地太阳能产业的发展。因此建设绿色城市并不会影响城市经济发展，反而会带来新的经济效益和工作岗位。目前，生态屋顶、能源友好型房租等计划已经遍布湾区甚至扩展到整个加州，其成功性不言而喻。

（四）创新

众所周知，旧金山湾区的硅谷一直是全球创新中心，而本书提到的创新不是指产业上的创新，而是指地区传播中的叙事创新。实际上，关于硅谷甚至湾区的成功故事在生活中几乎随处可见，如电视电影、网络平台、书刊报纸等，这些传奇故事激励着无数人奔向硅谷实现人生的自我价值。从 20 世纪 80 年代初出版的著名畅销书《硅谷热》（*Silicon Valley Fever*），到 20 世纪 90 年代的传记片《硅谷传奇》，再到因史蒂夫·乔布斯突然逝世而大卖的《史蒂夫·乔布斯传》，去除里面的个人精神不讲，这些作品都传播出了一个理念，那就是硅谷这个世界上最出名的创业生态圈的成功等于"名校+风投+创业"奇才。从 20 世纪 60 年代初仙童公司崛起到现在，硅谷的叙事路线从未改变。可以说，对于地区品牌产品或服务的输出，似乎难以从案例的角度找到合适的例子。硅谷的创造力和创新、资本运作以及对世界的影响，是其他地区或国家都想复制的典范。同样有政府的支持，科技创业园、大学的合作，这些模式套用在其他国家和地区并没有让人看到半点硅谷的影子。如果要挖掘不同点，只能在地区精神上加以发掘。硅谷精神有三个典型的特点即叛逆、宽容和追求卓越。仙童公司的解体始于八位联合创始人的另立门户。而仙童公司可以看成是硅谷形成的起点。一个公司的消亡竟然带动了地区发展，创造了一个传奇的开始，最后仙童公司被载入史册的原因不是繁荣昌盛，而是它的衰落。从这点来看，已经是一个叛逆的故事的开头了。同时，叛逆也意味着反传统反对权威的价值主张。工程师在硅谷地位很高且受人尊敬，才会让他们普遍的叛逆精神成为主流价值观。而从史蒂夫·乔布斯的经历中，我们也可以看到硅谷对失败的宽容以及对追求卓越的认可。

从创新叙事角度来看，几十年以来，硅谷并未给居民和潜在移民提供什么新的精神产品。而随着硅谷的极速发展，旧金山湾区整体生活成本的上升，竞争的高度饱和也让创业者望而却步。发展中国家的快速崛起也给硅谷的进一步发展带来了巨大的压力。

四　旧金山湾区品牌建设反思

城市的经济是系统经济、融合经济、区域经济，它综合性强，涉及面广，涵盖政治、经济、文化等多个领域。在发展和建设城市/区域品牌中，政府与市场两个主体同时扮演着各自重要角色，政府干政府的事，市场干市场的事，各尽其职，相互配合，才能产生合力，才能达到事半功倍的效果。旧金山城市品牌的成功，可以说充分发挥了政府与市场作用，使地区品牌和地区建设得以快速高效进行。

一是政府在地区品牌建设中的职责与作用。政府在地区品牌建设中的作用主要有两个：第一，制定发展规划，明确战略定位。通过规划明确战略定位，控制公共资源，协调各部门的意志，形成部门合力。第二，建设基础设施，提供公共服务。城市的发展离不开水、电、路等基础设施的建设与完善，没有完善、系统的基础设施难以形成功能完善的城市，更不用谈城市品牌。以交通建设为例，旧金山市是美国公共交通最发达的城市之一，交通尤其是轨道交通对湾区经济社会发展起到了极大的促进作用。20世纪末，"旧金山规划与城市研究"十分重视公交的作用，社会舆论开始呼吁对公交事业的扶持，发起"拯救 MUNI"的运动①，这些意见都得到政府的支持，在城市宪章中明确规定了关于公共交通优先的内容和措施。按照公交优先政策，不要求开发商在建筑周围建造泊车设施，而要求建造公交车站，或参与改进公交的投资。BART 是旧金山湾区最先进和最有影响力的快速交通系统，于 1972 年建成，带动了湾区的发展。从 1972 年第一条城际轨道通车以来，45 年间，BART 不断改变着湾区各城市的职住关系。截至 2017 年 3 月，湾区轨道交通已通车线路达 10 条，2016 年平均每周客运量 44.34 万人次。尤其是 2017 年 3 月硅谷沃姆斯普林斯延伸线建成，硅谷与其他城市的联系度进一步提升。政府各职能部门根据自身的职责，整合资源全力为城市发展提供水、电、气、通信、电视、医疗卫生、社会治安等综合配套服务，为城市提供综合基础配套，正是基于此，其他功能性部门才得以开展城市品牌建设活动。

　　二是市场主体的作用。市场主体在地区品牌建设中的作用有两个：第一是树立对外形象，进行城市的营销活动。以旧金山旅游品牌建设为例，其营销的主体是旧金山旅游协会，从营销标语到具体活动的确定，实施都是由旧金山旅游协会（前旧金山会议和旅游局）负责，而市政府仅负责协调配合。包括前文提到的"唯有旧金山"与"永恒旧金山"活动，皆是由著名品牌公司 Eleven② 策划的。第二是按市场需求合理有效配置资源、按市场经济规律生产、提供满足市场消费需要的各种产品与服务。包括旅游的功能性产品、景区的服务、本地商业街和店铺的产

---

①　旧金山市营交通公司（MUNI）是旧金山湾区最大的公共交通公司之一，在美国公交系统中排第 7 位。在 20 世纪八九十年代，MUNI 经历了十分困难的时期，经济来源发生问题，也得不到有力的支持。服务质量下降，乘客意见纷纭，有人说，在繁忙的市场大街上，公交速度甚至赶不上步行速度。公交司机队伍的士气低落，职工受到指责和侵权的事例时有发生。1999 年 MUNI 已经到了濒临破产的境地，而此时社会舆论开始呼吁对公交事业扶持，发起"拯救 MUNI"的运动。新的立法将 MUNI 从一个政府部门转变为更加独立的实体，总经理对新成立的城市交通管理机构负责。最实质性的内容是可以保证一定的资金来源，另外还按照一定的方式获得地区政府拨款。得到一系列支持后，MUNI 有条件实施其振兴计划，运行管理和营运绩效得到改善，服务质量也不断提高。

②　Eleven（www.eleveninc.com）是一家综合品牌营销机构，开发了该广告系列的概念和创意发展，包括新徽标、平面广告、电视广告、广播、户外、网站和商品设计、广告、平面设计和网页设计服务，其中包括柯达、威廉姆斯·索诺玛、谷歌、IDT 电信、Ameristar 赌场、巴克莱全球投资者和 Hyperion 等众多高质量客户。

品、会议等相关服务产业，这些在旧金山市皆是通过市场调节，政府从不干预，一则减轻了政府管理负担，二则充分发挥了市场主体的优势。

基于 ICON 模型层面，粤港澳大湾区品牌建设主要有以下三项未来工作重点：（1）加强公私部门间的合作。粤港澳大湾区的框架协议主要对公共部门间的合作进行了限定，包括四方会议协调机制等。但是在地区品牌建设的维度，公私部门合作和私有部门间的合作对品牌建设更加重要。无论是旧金山湾区还是其他大型的区域品牌案例（如阿姆斯特丹城市品牌、大伦敦区品牌、北欧三国核心旅游圈等），如何进行私有部门间的合作或更好地合作都是重点。如何实现私有部门间的联动能更好地配置市场资源，达到利益最大化，在这一点上粤港澳大湾区品牌还需加强。（2）品牌内外受众的细分。粤港澳大湾区品牌建设仍处在初期阶段，其最终的品牌受众无疑是面向全世界的。但现阶段粤港澳大湾区尚未形成世界级的吸引力，因此，无论是从实际地区能力还是从品牌传播成本来看，宣传推广应主要集中于对内的本土化的方式。在对外受众推广上可以尝试以"一带一路"亚洲区城市以期缩小或规避跨文化传播的障碍。（3）有计划的品牌推广活动。粤港澳大湾区的城市群有丰富的地方文化与地区身份甚至已经形成部分城市/区域品牌，这些丰富的资源为粤港澳大湾区品牌建设提供了良好的基础。目前的主要难点是如何最大化地利用现有资源，形成合力创造出独一无二的粤港澳大湾区品牌。从以往的成功案例来看，一个以政府为主导的品牌建设部门是不可或缺的。香港和澳门特别行政区都是由地区旅游局进行地区品牌的推广，粤港澳大湾区成立的品牌建设机构需要能够作出统一的规划部署，并对区域内进行统一的子品牌规划及管理。

从旧金山湾区的案例来看，其地区品牌建设是十分具有美式特点的。旧金山湾区的品牌可以归类为一种自适应范式。因为它强调了消费者作为品牌中心的作用，即品牌是消费者对产品的反应的结果，消费者是创造和维持某个品牌的最重要的参与者。按照此思路与逻辑，品牌身份会根据消费者的反应而改变。旧金山城市品牌管理团队将品牌描述为每个人都可以看到不同的品牌。"唯有旧金山"和"永恒旧金山"这两个口号表达了纯美式个人主义意识形态下想要建设统一旧金山形象的愿景，但是，过度的消费者中心品牌建设可能会产生并不统一甚至冲突的消费者认知，比如 A 消费者认为旧金山是美国最自由的地方，而 B 消费者认为旧金山的自由程度与其他地方无异。

此外，从严格意义上来说，旧金山湾区品牌的案例并不是一开始就按照品牌引领发展的思路进行的。比如，一般认为硅谷的成功也算作是旧金山城市品牌的一部分，然而，硅谷是自下而上的城市品牌塑造。硅谷并不是一个行政意义上的城市，而是由位于圣塔克拉拉谷中的圣荷西、帕洛阿尔托、森尼维尔、库珀蒂诺和山景城等城市群组成。此外，"硅谷"这个名字也不是政府想出来的，而是由当地的一家报纸于1971年首次提出，它非常形象地描绘出当地企业的主要业务——利用硅物质来制造半导体以及其他的电子设备硬件。后来，经过不断演变，新的产品、新的公司、新的产业在这片土地上不断崛起。由此可见，硅谷的诞生是自下而上的过程，从个体企业到城市群再到整个地区。从一开始，硅谷所象征的就是高科技研发，生产组装环节是被排除在外的。硅谷的城市品牌塑造，是由当地的公司与企业家的经营活动给这个地区打响了名号，受益于自身区位的品牌优势，能够帮助他们与其他成功的公司相连接，同时吸引到最优的人才。从这个角度而言，个体公司的品牌与整个地区的品牌是密不可分的。

前文中我们提到硅谷成功的原因得益于其几十年不变的独特硅谷精神，随着全球化的浪潮，无数曾在硅谷奋斗过的创业者将这一精神带到了世界各地，为其他地区赶超硅谷甚至旧金山湾区提供有力的精神基础。然而这一吸引无数创业者的叙事，随着时间的推移，变得越来越没有吸引力。诚然一个成功的地区精神是不能轻易改变的，但是其叙述的方式方法却是一个地区品牌建设和传播者应该思考的问题。在新时代背景下，如何更加准确地传播这一精神，进而精准地塑造地区品牌，是一个摆在众多学者和地区管理者面前的问题。

旧金山湾区的主要产业曾是农业，如果没有"二战"之后的高新技术产业发展，我们今天看到的旧金山湾区可能只是一个风光旖旎的美国乡村度假区。产业多中心化过程、丰富的教育资源、高科技企业的迅猛发展和区域统筹机构的促进作用使得旧金山湾区得以发展成为今天的模样。这些方面似乎与地区品牌不甚相关或关联甚弱。然而正是在这些因素的作用下才形成了现在旧金山湾区具有世界级影响力的品牌。事实上，在面对波士顿、孟买等其他新兴高新产业区的竞争时，旧金山湾区并不能在本地政策和居住环境等方面完全碾压其他竞争者，但每年仍然吸引了无数的资金与人才，靠的就是其品牌强大的影响力。在面对其他湾区或相似地区的崛起时，品牌的力量会被无限放大。从旧金山湾区的几十年的发展来看，其品牌建设活动仅集中在最近十年，但是其地区品牌影响力毋庸置疑。而旧金山湾区的品牌建设为中国的粤港澳大湾区提供了绝佳的案例，因为粤港澳大湾区的核心——深圳正是如硅谷一样的科创中心。作为新兴湾区，应当重视品牌建设，在发展初期完善品牌建设方向将会事半功倍，不会像旧金山湾区一样面临需要额外的品牌维护与新的品牌故事。

第十三章 东京湾区：超级"产业湾区"

一 区位及经济优势

东京湾区是全球三大湾区之一。从地理位置上看，它位于日本本州岛中部太平洋南岸，北枕日本的粮仓关东平原，东侧是千叶县的房总半岛，西侧是位于神奈川县的三浦半岛，湾底是东京的银座地区，通过两个半岛之间狭窄的蒲贺水道与西郊的相模湾汇合进入太平洋，南北长约50公里、东西宽约30公里，面积约1320平方公里。整体上看，湾区三面环陆、海岸线长、腹地广，适合建设港口，并能在面积相对狭小的空间培育多个港口城市，是优良的深水港湾。[1]

东京湾的开发始于17世纪的江户时代，德川家康的填海造地运动为东京湾周边城市拓展空间提供了可能，它位于日本关东地区的海湾，因与东京接壤而得名。以东京为中心和关东平原为腹地，主要包括东京、横滨、川崎、川桥、千叶5个特大城市，面积达3.68万平方公里，湾区人口为4383万人，[2] 集中了日本1/3的人口、2/3的经济总量和3/4的工业产值，是日本最大的以钢铁、石油冶炼、石油化工、精密机械、商业服务为主的综合性工业区以及全球经济最发达、城市化水平最高的城市群之一，享有"产业湾区"和"世界工厂"的美誉，是日本国际金融中心、交通中心、商贸中心和消费中心，是世界上第一个主要依靠人工规划而缔造的湾区。

---

[1] 数据来源于徐静波《日本如何将东京湾建成世界最成功的大湾区》。
[2] 2017年数据来源于CEIC、香港立法会和新财富。

二 东京湾区具有完整的产业体系

(一) 健全的产业体系

东京湾区作为全球有名的"产业湾区",已形成制造业、重化工业、新兴技术产业和现代服务业并存且分工合理的产业经济带。以东京为中心,在庞大的港口群带动下,建成了两大工业地带,即向西(川崎和神奈川方向)发展出京滨工业带,向东(千叶方向)发展出京叶工业带,以关东平原为腹地,包括东京、横滨、千叶、横须贺等几个大中城市以及川崎、船桥、君津等工业重镇。

一是高科技、高附加值制造业的快速发展。其中,京滨工业区以电子信息、3C电子消费品、精密机械、汽车制造、装备制造、高新技术产业等高科技、高附加值制造业为主。

二是重工业和化学工业体系齐全。以京叶工业区为主体,形成了以有色冶金、石油炼化、钢铁、印刷、造船、航运等重工业为主,是世界上规模最大的液化石油气储备基地、日本最大的材料与能源生产基地,其中也诞生了佳能、三菱电机、三菱重工、三菱化学、丰田、索尼、东芝、富士通等一批世界500强跨国大企业。

三是高端服务业快速发展。2012年后,东京湾区核心城市的发展催生出相应的服务业,如批发和零售业、不动产业、通信传媒业、游戏动漫产业、现代物流业、旅游业以及金融业等。为此,政府通过营造优良的服务业发展环境,鼓励加快东京湾区核心城市第三产业的发展。随着京滨工业区的兴起以及住宅、现代农业的发展,商业服务业也随之在东京以外的地区发展起来,服务业产值呈现出逐渐上升的趋势。

从历史上看,东京湾区的产业体系演变历经两次大的产业转型和升级。第一次是在20世纪60年代为贯彻"工业分散"战略解决东京快速膨胀的问题,将制造业尤其是机械工业向京滨、京叶地区转移,由此形成了世界领先的京滨工业带和京叶工业带,其中京叶工业带的发展较京滨工业区晚。第二次转型是在20世纪80年代以后,为了将重化工业逐步向外扩散,东京开始布局服务于制造业的生产性服务业,并在2012年以后渐成体系,最终成为日本的金融、政治、文化和商业中心。

表 13—1　　　　　　　东京湾区第三产业发展态势　　　　　单位：百万日元

年份	第三产业	电气热能及水供应	信息与传播业	交通和邮政业	批发业	金融保险业	商品租赁业	商业服务	零售业	不动产业	医疗卫生	生活和娱乐业
2012	101.1	95.3	100.5	104.6	97.1	105.7	96.3	101.6	100.5	101.7	107.7	100.5
2013	102.4	93.4	102.1	104.2	93.1	112.9	94.1	102.6	102.2	105.1	110.5	102.9
2014	101.8	91.3	103.4	105.7	89.9	114.2	92.5	102.8	101.2	103.7	113.0	99.2
2015	103.4	90.1	105.0	106.6	90.0	119.6	92.4	103.3	101.9	104.7	117.2	101.0
2016	104.4	89.8	106.6	108.7	92.7	119.3	95.2	105.6	99.8	104.9	120.5	99.8

资料来源：东京都统计。

（二）港口经济为产业体系的发展提供良好的条件

东京湾区拥有完善、布局合理、分工明确的港口体系，这主要得益于优良的天然条件以及根据港口经济发展的一般规律进行的规划建设。一方面，日本海岸线绵长，太平洋沿岸水深港阔，潮差不大，又多为优良的天然港湾，适合兴建深水码头，方便巨型货轮停泊，因此在东京湾沿岸形成由横滨港、东京港、千叶港、川崎港、木更津港、横须贺港6个港口首尾相连的"马蹄形"港口群，合理的规划避免了东京湾六大港口的同质化和恶性竞争，使之分工明确、合作有力。

表 13—2　　　　　　　　东京湾区港口群

港口名称	职能定位	港口贸易	经济规模	备注
东京港	输入型港口	主要进口服装、电机和食品，出口可再生材料、其他化工品、工业机械和汽车配件	2016年集装箱吞吐量为4250647标箱	
千叶港	能源进口、日本最大工业港口	主要进口钢铁、炼油、化工、铁矿石等，出口石油制品、化学药材和钢铁等	2016年货物总量为1.54亿吨	
横滨港	国际贸易港口、深水外港	出口重工业产品、汽车、化工品和可再生材料，进口液化天然气、原油、服装	2016年货物总量和集装箱吞吐量为1.09亿吨和2780628标箱	

续表

港口名称	职能定位	港口贸易	经济规模	备注
川崎港	全球性特大的企业专用港口、能源供应基地	进口以石油和天然气为主，辅以铁矿石和煤炭，出口以汽车和化工品为主	年货物吞吐量约为8189万吨	
木更津港	工业港口	为当地君津钢铁厂进口液化石油气和铁矿石等工业原料，出口钢铁产品，同时内贸主要是流通砂石、钢材以及其他运输机械		支持木更津腹地产业发展的重要港口
横须贺港	军事港口兼商业港口，"东洋"第一军港	日本海上自卫队和美国海军第七舰队的司令部所在地，以船舶制造和汽车制造为主，以本国内的商品输入为主，兼有外贸工业品输出		

资料来源：笔者根据相关文献整理。

从表13—2可以看出，一方面，六大港口的职能定位、贸易品种、吞吐规模均有差异，整体上为东京湾区的整个产业体系提供全方面的支撑。另一方面，由于港口经济是后续工业经济、服务经济和创新经济的起点和基础，加之日本各项自然资源条件等综合因素导致各类产业必须依托于港口建成临港工业，东京湾作为天然良港的优势使其工业布局发挥到最佳。随着全球贸易自由化的推进，东京湾区以建设自由贸易港为载体推动服务业创新，构建全球开放新规则，这同时也是高度开放的一个重要标志。如横滨港早在1859年就成为自由贸易港，通过大力发展自由贸易来解决本国原材料短缺的问题，为东京湾的高端制造业、国际贸易和金融业的快速发展奠定了扎实的基础。

（三）国际一流的金融服务业

任何产业体系的形成与完善离不开资金和资本的支持，东京湾区产业体系的快速发展也不例外。东京作为世界重要的国际金融中心，是日本最主要的银行集中地。在世界十大商业银行中，日本有三家银行即三菱UFJ银行、三井住友银行、瑞穗银行上榜。同时也具有亚洲最大的证券交易中心——东京证券交易所，它作为日本最大的证券交易所，证券交易量占全国的80%。根据2018年3月的全球金融中心指数（GFCI）显示，东京综合竞争力排名第5，并且GFCI23和GFCI22的得分为749分和725分，低于排名第一的伦敦的794分和780分。其中，商业银行分支行数量从2012年起稳步增加到2016年的1159家，资产和负债规模随之增长，同时服务于中小企业的信用金库贷出额也增加到2016年的13198720百万日元。从资本市场来看，日本的资本市场主要分为第一部和第二部，其中第一部相当于国内的主板市场，第二部相当于国内的中小板。其中，第一部市值从2012年的55352667千株曲折增加到68108588千株，第二部从111200千株稳步增加到730548千株，证券业的稳步发展为各类企业发行股票和债券融资提供了便利，同时也促使东京都成了全球著名的国际金融中心。

表13—3　　　　　　　　东京金融体系

年份	银行分支行数量（家）	银行资产（亿円）	银行负债（亿円）	Shinkin Banks 信用金库贷出金（百万日元）	第一部（千株）	第一部TOSTNeT市场（千株）	第二部（千株）	第二部TOSTNeT市场（千株）
2012	1109	1768816	1857786	11853376	519754423	55352667	7703508	111200
2013	1127	1820258	1935141	11969096	841857965	67339047	22225351	257927
2014	1133	1875110	2029111	12274518	612851073	63363918	36199273	304121
2015	1151	1935560	2200456	12675916	620005885	60318266	36580825	683192
2016	1159	1998626	2357338	13198720	593610396	68108588	25604041	730548

资料来源：东京都统计。

（四）创新主体是东京湾区高端制造业可持续发展的重要基石

东京湾区的可持续发展和产业转型升级离不开包括高校、科研院所、企业等创新主体的支撑，它们形成了充满活力的产学研创新体系，打造成东京首都圈产业研发中心。从高校来看，日本国共有708所大学，其中东京湾区有263所，[①] 占比高达29%，学术研究机构占全国的40%左右，研究人员更是超过60%，这两个比重超过全产业的企业数以及从业人数的占比，仅东京一个市就集聚了全日本20%以上的高校，

---

① 2013年统计数据。

并且在东京的高校教师占据国内的30%以上。例如，东京大学在2017年QS世界大学排名中位列全球第34、日本第1，培养了包括9名诺贝尔奖得主、6名沃尔夫奖得主、1名菲尔兹奖得主、16位日本首相、21位（帝国）国会议长在内的一大批学术名家、工商巨子、政界精英。东京工业大学是以工程技术和自然科学研究为主的日本顶尖、世界一流的理工类大学，是日本超级国际计划A类顶尖学校之一。东京工业大学位列世界第56、日本第3，其机械、航空制造工程排名世界第32；化学排名世界第21；电子电气工程排名世界第19；物理天文学排名世界第25；材料科学排名世界第24，是一所名副其实的世界一流的理工类大学。此外，早稻田大学、庆应大学、武藏工业大学、横滨国立大学等，它们承担起培养高端人才和科学研究的重要职责。根据世界知识产权组织调查，在区域创新集群的世界专利申请（PCT）排名中，东京湾区荣登榜首，其在最近的全球创新指数中也位居第一。

此外，根据汤森路透《全球百强创新机构》发布的科技创新企业名单，富士通、佳能、日立、三菱、东芝、丰田、索尼、NEC、资生堂、软银等世界顶级的跨国公司总部及其研发中心设立在东京湾区。同时东京湾区也汇聚了微软、华为等世界著名的外资企业的研发中心，集聚了近500所民间研究机构的1/4和600多家顶级技术型公司的1/2。这些具有技术研发功能的大型企业都成立了自己的研究所。每年日本企业R&D经费投入占日本R&D经费投入的80%以上。根据2017年《财富》杂志评选出的世界500强企业榜单，东京湾区的上榜企业高达38家，其中36家集中在东京，另外横滨和千叶各1家，其中行业分布榜单前三名为制造业、金融保险业、批发零售业。

表13—4　　　　　　　　　　四大湾区高校和企业科研力量

分类	粤港澳大湾区	东京湾区	纽约湾区	旧金山湾区
QS世界100强大学数量（所）	4	2	2	3
世界500强企业数量（家）	17	60	22	28

资料来源：《2016年全球百强创新机构》。

（五）高效有序的交通基础设施为东京湾区产业发展提供有力支撑

东京湾区内交通基础设施完善，交通工具齐全，涵盖铁路、高速公路、新干线，形成全球最密集的轨道交通网，有效地沟通了城市和港口、沿海与腹地之间，为东京湾辐射日本内陆和沟通国际市场提供重要支撑。它包括6条新干线、12条JR线、13条地铁、27条私铁、4条其他轨道交通线，其中14条直达东京湾区城市地下轨道交通线以及京滨东北线、中央线、总武线等过境铁路和各类轨道交通。公路网以"3环9射"的高速公路为交通骨架，到2020年正在完善的三环状公路预计将完成90%；内环有密集的高速公路网，在市中心50公里半径范围的汽车日流量超过500万辆次。以东京为例，东京拥有世界上最为复杂的公共交通系统，车站十分密集，JR、新干线贯穿全境，城市电车和地铁交织如网。东京地铁线路长326公里、人均道路面积10.3平方米、路网密度18.4公里/平方公里。东京在都心地带拥有内环线（山手线）和外环线（武藏野—南武）两条环形线路，铁路网呈放射状。从车站可以步行至都心地带的大部分地区。目前在东京都，铁路分担率已高达48%，远远高于伦敦、纽约、北京、首尔等其他世界级城市。此外，东京湾区构成了以东京羽田国际机场和成田国际机场为主的机场群，其中距离市中心仅12公里的东京羽田国际机场，2016年提供了超过5000万个可售座位，国内年定期航线升降9万架次、国际4.4万架次，国内旅客流量573万人次，国际旅客流量216万人次，占区域总数的67.6%；成田机场国内航线升降9万架次，国际航线升降4万多架次，占比32.38%。完善的交通基础设施，也大大促进了临海地带和高速公路沿线地带物流业的发展。2000年以后，占地面积3000平方米以上的物流设施的比例达到近42%，至此物流设施迎来了规模化的发展。

高度发达的交通布局，在缓解城市问题的同时，也为产业体系的发展奠定了重要的物质基础，使得人流、物流、信息流、资金流等各类要素能以最低的成本进入湾区内进行各种交换和生产。

（六）公平健康的商贸环境

公平健康的商贸环境为东京湾区的可持续发展提供了重要支撑。2017年10月31日世界银行发布的《2018年营商环境报告》显示，世界湾区核心营商环境比较中,东京的国际城市营商环境指数为0.626,仅次于美国纽约的0.655,居世界第2。从软环境到国际营商环境,东京都在全球名列前茅。此外,东京具有巨大的市场规模、潜在的多样化商务伙伴以及丰富的高级人才储备,在保护知识产权以及交通便利性方面均有很大的优势。东京的商品及服务质量在全球口碑极佳,拥有全球第二大的医疗市场,电子与通信设备产业成为日本的领军产业,并且市内很多写字楼配置了耐震功能、自立型发电系统、MICE设施,能保证在地震灾后连续24小时365天与全球市场开展业务。另外,政府提供了自由、公正、舒适的商业环境,为开展商务提供了难以比拟的优惠,尤其是知识产权保护处于亚顶级水平,同时商事规则国际化,营商环境和商事仲裁流程透明、公平、公正。湾区内组建半官方性质的地方政府联合组织,以协调湾区发展过程中的区域矛盾,强化区域合作。以日本东京湾区的"事务委托"合作机构为例,根据《日本地方自治法》的规定,日本地方政府可以与其他地方政府签订协议,将某些事务委托给另一地方政府处理,委托方将资金转移至受托方,同时责任与权限也被转移。日本官方调查显示,商业目的的访日外国人中有60%访问东京湾,而观光旅游的访日外国人占比仅为42%。[1]

公平健康的营商环境吸引了许多国内外著名的大企业落户东京。首先,数据显示,国内资本金为10亿日元以上的企业数量多达5919家,其中东京占2964家,占比50.1%,外资企业落户东京与国内外资企业总部数量占比为76.6%[2]。其次,在载入《财富》世界500强的企业总公司数量中,东京以38家企业的数量位居全球第2,仅次于北京。开放包容的创业环境和经营环境一方面吸引了世界500强企业和机构的进驻,充分发挥了大企业的规模效应和示范效应;另一方面也吸引了众多的创业者投身于湾区经济建设,充分调动了中小企业和创业人才的积极性,为湾区的发展注入了更多的活力。

---

[1] 数据来自《东京湾区的发展及启示》。
[2] 东京都"图解东京的产业与雇佣就业2017"、Fortune Global 500(2017年)。

表13—5　　　　　世界湾区核心城市营商环境比较

排名	城市	软环境指数	生态环境指数	基础设施指数	商务成本指数	社会服务指数	市场环境指数	国际城市营商环境指数
1	纽约	0.781	0.547	0.588	0.753	0.609	0.660	0.655
3	东京	0.695	0.588	0.618	0.501	0.645	0.644	0.626
8	香港	0.841	0.566	0.376	0.331	0.428	0.306	0.487
19	广州	0.553	0.433	0.420	0.478	0.196	0.399	0.417
21	深圳	0.541	0.526	0.295	0.299	0.312	0.425	0.406

资料来源：《2018年营商环境报告》，世界银行2017年10月31日发布。

（七）产业体系的形成离不开强大的城市竞争力

东京湾区内形成以东京为中心的大型城市群，规模在全球居于首位。在全球各家调查机构实施的城市排名调查中，东京都位居前列。尤其在市场规模、世界顶级企业聚集、企业的环保举措、充实的公共交通与时间的正确性、良好的治安、好客性、街道清洁性等方面获得好评。首先，根据森纪念财团《全球城市综合实力排名2016》就"经济""研究与开发""文化与交流""居住""环境""交通与便利性"6个领域对全球42个城市进行综合评估，东京位列第3。其次，在经济学人智库发布的 *Hot Spots: Benchmarking Global City Competitiveness*（2012）中就"经济实力""社会资本""金融成熟度""统治机关的有效性""社会文化特征""人力资本""环境与自然灾害""国际影响力"8个指标对世界120个城市进行全球城市竞争力排名中，东京位列第6。此外，根据日本政府国势调查中对城市人口的定义（Densely Inhabited District，DID）即每平方公里4000人以上连片的人口密集区域，其中东京高达98.2%，东京都市圈为89%，日本全国为67.3%。根据国际知名咨询公司科尔尼发布的最新报告《2017年全球城市指数》显示，东京近年来保持在第4位，总得分为47.4分，其中位列第1的为纽约，总得分为63.2。

三　东京湾区产业体系的治理经验借鉴

（一）基于湾区有限空间和经济发展规律打造协同发展、错位发展的产业体系

东京湾区在全球四大湾区中面积较小，土地空间有限，加之依托港口成长的经济体系均会依次经历港口经济、工业经济、服务经济和创新经济的发展阶段,因此它在产业空间分布上表现为集群发展模式,根据周边城市功能在不同阶段的演变,不断进行产业转移和升级。东京湾区的产业布局从传统工业化时期的一般制造业、重化工业为主的产业格局,逐渐蜕变为以对外贸易、金融服务、高新技术等高端产业为主,同时又与湾区两侧的京滨、京叶工业区紧密互动,促使产业形成合理化、专业化的分工格局。京滨工业带和京叶工业带的发展,最初也是为了贯彻"工业分散"的战略来解决东京工业体系过分膨胀的问题,比如20世纪六七十年代,制造业尤其是机械工业开始从东京中心地区迁移至横滨、川崎等地。

(二)形成合理分工高效协同发展的港口体系

日本政府对东京湾区港口的规划和治理由来已久,通过官方牵头和第三方智库共同发挥治理功能,并制定相关法律法规和规划保持港口建设的可持续发展。1951年颁布的《港湾法》设立了港口管理机构这一地方政府公共团体来管理相关港口。此后,由运输省负责制订全国港口发展的长期计划,港口管理机构则负责在此范围内制定对应港口的年度预算和长期规划。1967年日本东京都港湾局提出《东京湾港湾计划的基本构思》,通过将东京港、千叶港、川崎港、横滨港、横须贺港、木更津港进行有机整合,形成广域港湾,以港口群整体的能力来与世界其他港口竞争。在这一构想实施后的三十年,东京湾区的各大港口吞吐量长期居于世界前十。此外,港湾局设置主要由大学教授和智库研究人员组成的港湾计划调查委员会,共同负责对港湾改造进行规划。如东京港第八次修订港湾计划,委员会就召集了5位分别来自东京海洋大学、东京大学、港湾技术研究所、青山学院大学和政策研究大学院大学的专家教授为制订东京湾计划提供海洋科学、生命科学、港湾技术、经济学和政策学全方位的咨询。

(三)充分发挥产学研协同攻关优势

一是加强高校、企业研究机构的协同研究与攻关,积极促进科研成果的产业化。顺应湾区经济发展和产业扩张对人才需求的一般规律,设立各类高等学府和企业研究中心以及各类资本孵化组织,同时加强大学与企业开展科研合作,建立专业的产学研协作平台。东京大学、早稻田大学、庆应大学、武藏工业大学、横滨国立大学等知名研究型大学与大企业保持良好的校企合作,共同加快科研成果的产业化,目前东京湾区已培育出一大批具有技术研发功能的大型企业,如 NEC、佳能、三菱电机、三菱重工、丰田研究所等,竭力打造日本首都科研重地。

二是确立科研单位的独立主体地位,引导企业科研经费投入,培育技术创新能力。通过行政放权赋予科研单位更多的自主权,将原来隶属于多个省厅的大学和研究所调整为独立法人机构,充分发挥它们的创新能力,每年企业研发经费的投入均占日本研究与试验发展经费的 80% 左右。创新驱动发展战略推动产业结构优化升级,以京滨、京叶工业区为核心的东京湾沿岸已经成为日本经济最发达、工业最密集的区域。正如日本前首相鸠山由纪夫所言:"这些机构不单单在人才输出上为产业服务,在研究合作上,部分大学和研究所作为独立法人机构也有拥有更大的行政权力来分配资源。"

三是政府积极营造鼓励企业创新的制度环境。高度重视科研创新,并实现科研项目联合攻关的文化氛围,使京滨工业带内不断聚集高科技研发机构和企业,湾区经济才能催生出强大的产业集聚效应,从而为制造业转型升级奠定扎实基础。此外,政府加强对知识产权的保护也为构建有效的创新体系提供了保障,日本对侵犯知识产权行为的惩戒力度仅次于美国,位居全球第 2。

(四) 制定完善的城市规划缓解"城市病"

一是不断出台相应的法规和规划。统一规划最早可以追溯至 1956 年日本国会所制定的《首都圈整备法》,该法案的出台在法律层面为东京湾区的开发建设提供了保障。类似的专门性、补充性法律还包括 1958 年的《首都圈市街地开发区域整备法》、1959 年的《首都圈建成区限制工业等的相关法律》、1966 年的《首都圈近郊绿地保护法》以及 1986 年的《多极分散型国土形成促进法》等。在构建湾区法律保障体系的同时,日本分别在 1960 年、2006 年、2011 年和 2014 年推出了《东京规划1960——东京结构改革的方案》《10 年后的东京——东京将改变》《2020 年的东京——跨越大震灾,引导日本的再生》以及《创造未来——东京都长期愿景》等专项湾区规划，通过具有延续性、可调整的统一规划实现经济的深度融合。

二是成立专门机构对接城市规划。在东京湾区的开发管理与城市规划中，由日本政府国土交通省关东地方整备局空港部牵头、湾区内所有地方政府共同参与的协会组织"东京湾港湾联协推进协议会"，以及由各海运公司和港区开发公司、沿港工厂企业共同参与的东京都港湾振兴协会（如日本开发构想研究所、东京湾综合开发协议）等发挥了重要的治理机制作用。

三是成立一系列副都心缓解东京都人口过于集中和城市功能集中的"城市病"。在20世纪50年代后，日本经济的快速发展"黄金期"使得东京都中心人口快速膨胀和城市功能过于集中，为缓解这一压力，先后成立了池袋、新宿、涩谷、上野·浅草、锦糸町·龟户、大崎、临海7个副都心。以临海为例，它位于东京都南部的东京湾，是一座完全由城市垃圾填海而成的人工岛，是作为一个完整的城市功能来规划的。早在1986年"第二次东京都长期计划"就被提上日程，正式确立其作为副都心的开发部署，缓解生产和生活处于异地的情形。例如在埼玉、川崎、神奈川和横滨居住的人，到东京上班太麻烦。东京湾区的几个重要城市横滨、川崎、千叶以及两大机场（成田、羽田）可以旱成一条线，而临海正好处于这条线上，由于通过填海造地的方式拓展空间，并通过跨海彩虹搭桥和高架电联车系统连接东京各市区，使得临海距离东京市中心仅仅6公里，比其他6个副都心更能分担市中心的压力。在临海副都心内主要分为台场、青海、明北和明南四个区域，并且四个区域存在明确的分工。其中，台场地区作为临海的核心区域，定位为商业设施和旅游观光，明南地区打造国际会展中心，明北为居住和物流业中心，青海则是文化、教育和科研集中的地方。在统筹推进临海副都心建设上，临海与东京都中心是补充关系而不是竞争关系，它充当东京都中心的左膀右臂，在经济、文化、科技等方面提供信息交流、传递和发送基地。因此，临海副都心对于整个东京城市而言，是一个像多点式城市结构转化的重要节点，是东京活跃发展的新中心。临海副都心将集中信息、通信、多媒体等新的国际城市型产业和研究功能，形成知识信息开发基地，面向世界，建成充满活力、交流频繁、未来型信息的模范城市，创造繁华市区和新型文化。

四是人口高密度的管理经验。根据日本政府实施的国势调查中城市人口密度指标 DID (densely Inhabited District) 显示，东京都的 DID 高达 98.2%，东京大都市圈为 89%，全国整体水平为 67.3%，可见东京都市圈的人口分布和管理水平较好。东京都 3800 万人贴近海湾连成一片，相当集中，效率也随之提高，这人口聚集带来的经济优势来自服务业和知识经济的快速形成，即发挥经济的集聚性。

（五）一流的宜居环境为产业湾区的发展留住了人才

东京湾区的宜居环境吸引了全球人才，它主要通过以下四个方面打造创业宜居之都。

一是自然生态环境优美。湾区内具有稀缺的自然生态环境，气候湿润，四面环岛、山水相连、公园密布，通过退堤、盐碱化治理等手段将沿岸生态景观体系融为一体，打造滨水景观生态廊道，将绿色还给土地，利用绿地功能布置带活滨水地区，建立复合型、立体化、多功能的绿色生态体系，通过制定规划"创造一个有良好的滨海景观和绿地的城市"，注重生态和可持续发展。

二是湾区内各类基础设施健全。完整便捷的城市资源、优秀的交通等硬件配套，打造了集居住、商务、旅游、港口多位一体的国际湾区。

三是高度包容性的市场环境提供很多工作机会。湾区成了大量外来人口的聚集地，从而荟萃成来自世界各地的多民族文化，这进一步促进了湾区的开放，激发与反哺湾区城市的创新发展。东京湾区的发展吸引了全球各地尤其是亚洲地区的大批移民和日本其他地区的人口，东京都区内为外国人创业放宽限制，让外国人"经营、管理"在留资格预留 6 个月，因此创业人才可以充分利用这 6 个月，在日本国内进行各种各样的准备工作。

四是优良的社会环境。以治安为例，东京的治安良好，其中警察常驻街道的"交番"系统十分密集，交番和驻在所的数量约有 1100 处，每隔 500 米设有一个交番，使得每一百万人口的年杀人案件数量仅为 10.5 件，与世界其他主要城市相比都较少，甚至每年都有 30 亿日元现金被拾金不昧者如实上交，即便夜幕降临也可以放心地独自上街。

东京湾区通过打造自然生态、健全基础设施、弘扬包容文化和秉持开放精神打造出了一流的宜居环境，吸引世界各地人才聚集于此，成为东京湾区发展的重要动力。

（六）制定产业准入门槛，从源头控制能耗排放

一是制定一系列环境治理的法律法规。自20世纪50年代起，东京湾区有很大一部分工业用地是用填海造地的方式实现的，破坏了当地的海洋生态和海岸生物的生存环境，人工岛的形成会阻碍河道，极有可能造成水灾泛滥，同时由于大量发展重化工业，造成了严重的环境污染。20世纪世界环境八大事件中有四件发生在日本，其中最出名的是京滨工业区大门四日市的"哮喘病"事件。因此政府一直将环境管理纳入行政管理范围，并根据实际情况出台了一系列环境治理的法律法规，整治湾区各种综合能耗排放，及时阻止了工业污染（如二噁英）的进一步蔓延，并在20世纪80年代突出特色和注重生态，开始打造国际一流的海湾生态圈，形成世界上第一个主要依靠人工规划缔造的湾区。由于高度重视环境生态的修复与安全，东京湾区至今已发展成为人工规划区的典范。

表13—6　　　东京湾区出台的关于环境治理的法律法规

年份	出台法律法规	内容
1958	《公共水域水质保护法》	针对水域重金属污染
1958	《工厂排水控制法》	重点控制工业污水排放
1967	《防止公害基本对策法》	探索综合治理环境公害
1970	《水污染防治法》	明确规定了排放浓度控制和总量空制、排水设施和排水申报制度一级未达标的惩治措施
1973	《港湾法》	制订重要港湾开发计划时必须同时规划港湾环境治理和保护内容，必须实施环境评价
1993	《环境基本法》	调整了环境政策的理念和基本措施，确立了防止地球变暖、废弃物循环利用、化学物质处理和生物多样性保护等领域的政策框架；通过流域管理，扩大再生水利用，促进污水资源化，建设雨水渗透设施、加强地下水涵养，修复水生态环境等措施，推动水资源循环，实现水消费型社会向节水型社会转变
2002	《东京湾再生行动计划》	采取完善陆路排水设施，加强沿海滩涂资源和生物的保护利用，改善能源环境，采取能源替代的措施

资料来源：笔者根据相关资料整理。

二是制定产业准入门槛正面清单，围绕准入产业制定细分产业政策，从源头上控制污染行业进入，实现通过产业转型来应对工业污染和做好环境治理，即通过规划调整各产业的发展战略、主导产业和支柱产业的选择、产业地区布局来实现。比如重污染工业先从东京转移到横滨，最后迁移到海外。在对重污染业去产能的同时，也扶持发展绿色产业等新兴产业，以及加强对知识密集型的"高精尖产业"的培育。

三是通过规划交通体系入手，遏制严重的汽车尾气排放等。从大力发展公共交通入手，建成纵横交错、四通八达的现代轨道交通网络，其中轨道交通承担东京湾区城市交通客运的80%—90%，同时加强对新能源汽车包括以液化石油气和天然气为燃料的汽车、以压缩天然气为燃料的汽车、电力汽车，以及废气排放标准远低于国家标准的新式柴油汽车，改进了汽车排污性能。

四 东京湾区治理经验为粤港澳大湾区的发展提供借鉴

东京湾区作为全球"产业湾区"的成功范例，以其发达的经济建设、高密度大规模的城市群、完善的基础设施、开放包容的市场环境和兼容并蓄的文化氛围，吸引着全球优秀的人才。从整个湾区的发展轨迹来看，始终离不开工业化发展的一般规律、国家发展战略以及产学研结合的升级之路、城市群的不断扩大以及环境治理的综合考量。从长远角度来说，粤港澳大湾区不仅仅是要借鉴吸收东京湾区的成功经验，更重要的是在实践中稳步推进、统筹兼顾。

（一）粤港澳大湾区发展需要遵循港口发展一般规律及自身情况

综观三大国际湾区经济的发展，总结起来大致经历港口经济、工业经济、服务经济和创新经济四大发展阶段。20世纪40—50年代为单一的港口经济，这一时期对周边发展推动不明显；20世纪50—80年代，以临港工业为主打，经济活动向外扩展。以港口城市为中心，加上工业文明和海洋运输的优势，临港工业开始聚集和发展；20世纪80年代到21世纪，以服务业为主导，经济继续向周边延伸，港口成为区域和全球资源配置的重要环节；21世纪以来，港湾区进入创新经济时期，以信息产业为主导，经济范围更广阔，形成多极增长。尽管粤港澳大湾区已经迈向创新经济阶段，但是整体上仍然以港口经济和工业经济为主，如港口集装箱吞吐量是其他湾区总和的4.5倍，第三产业增值比重只有62.2%，远低于其他三个湾区80%以上的水平。因此，在粤港澳整体建设的过程中，需要充分结合港口经济一般发展规律、国家发展战略以及粤港澳大湾区的特殊国情，即"一个国家、两种制度、三个关税区"，构建一个统一有效的区域公共治理机制，秉持稳中求进求质的工作基调，使得大湾区的建设能够统筹协调逐步推进。

（二）构建协同发展的产业体系

根据湾区产业发展趋势，未来产业将会在临海区域内集中，而粤港澳大湾区将会通过构建高标准对接的投资贸易规则体系，努力打造成为重要的高端制造业总部，比如以信息产业、研发等为代表的知识经济和高端服务业会向这一块集中，实现制造业和服务业双轮驱动。鉴于广东和港澳的产业结构不同，广东将打造科技、产业创新和先进制造业高地。香港以发达的金融业、专业服务业等生产性服务业见长，可以作为科技创新的一个中心。澳门以博彩业、旅游业等生活性服务业见长，作为世界级的旅游休闲中心，打造中国与葡语系国家的商贸合作服务平台。粤港澳大湾区在高端制造业上协同攻关的基础与东京相比较为薄弱，因此需要通过构建上下游一体化的产业协同发展机制，鼓励产业技术联盟，打造高端制造与科技创新、现代服务业基地。

（三）构建"一极两翼"式的金融中心体系

充分发挥香港国际金融中心的核心地位以及深圳、广州区域性金融中心的比较优势，构建"一极两翼"的金融中心体系，发挥金融支持的协同作用，为粤港澳大湾区的建设提供资金支持。在东京湾区内，东京都作为国际金融中心的核心地位为产业体系的形成、转型与升级提供了支撑。因此，需要充分发挥香港金融优势，比如将全球重要金融机构的亚洲总部放在香港，进一步拓宽人民币离岸市场的深度和广度，同时积极发挥深圳和广州作为香港金融后援基地的作用，如深圳的交易所、私募股权基金、风险投资基金、创业投资基金等资源，以及通过广州在金融服务珠三角上的比较优势，形成金融服务湾区建设的合力，为湾区内的建设提供低成本、多渠道的资金支持。

(四) 产学研企需协同发展

东京湾区内产学研的协同攻关能力较强，这不仅源于 R&D 的资金投入比例大和注重基础研究，更加重要的是政府通过放权的方式给予科研主体更大的创新空间，从而能够更加有效率地实现科研项目的产业化，为高端制造业的技术升级和产业转型提供了技术支持。因此，对于粤港澳大湾区来说，尤其是广东在基础研究、科研投入、科研成果转化还存在一定的短板，需要与港澳加强合作对基础问题的研究，同时积极推进粤港澳三地高校、科研院所以及企业的沟通与交流，打造科研高地，从而为粤港澳大湾区的建设提供前瞻性的科研咨询服务。

(五) 正确处理湾区发展与环境治理之间的关系

东京湾区在战后工业化前期以及人工填海拓展湾区发展空间的过程中，对环境产生了一定程度的污染。如开发期间，东京湾周边地区的农业劳动力大量流入东京湾都市圈，城市人口成倍增长，企业竞相大规模扩建，出现了无序发展的势头，污染、公害、交通拥挤、供水困难等环境问题和社会问题日益突出，还出现了日本特有的"水俣病"，后来采取紧急刹车，通过治理的方式使湾区重回绿色、生态的发展轨道，并结合自然生态打造成多位一体的宜居之都。因此，粤港澳大湾区在统筹推进建设的过程中，需要规避典型的"先污染、后治理"发展路径，需要考虑到环境污染、生态保护等问题，充分利用土地资源、水资源、海洋资源、能源资源等，同时在已有基础上积极打造适合人类宜居的国际一流的生态湾区，吸引全球人才前来创业就业。

(六) 构建全面高效的交通体系

东京湾区交通网络发达，东京和近畿之间的轨道联系密切，接驳换乘效率高，在途时间短，大幅降低了交通成本，凭借一张"西瓜卡"即可以连接首都核心区和外围三个省之间的通勤，实现市民生活的一体化。值得一提的是，"新干线 + 地铁"构成的轨道交通网络，成为日本经济崛起的重要驱动力，同时也为日本的生产和生活提供了巨大方便，使得日本整个城市格局迈入新的发展轨道。虽然粤港澳大湾区内"高铁+地铁"的模式也初步建立起轨道交通网络框架，但需要进一步发挥好这一交通优势，距离交通一体化还需要很长一段路要走，它的最大障碍不在于技术层面而在于体制机制的壁垒。比如，由于从内地到香港和澳门需要签注，因此一体化的前提是需要在国家战略层面出台落地签注的个人自由便利化措施。未来粤港澳大湾区需要加大区域内高速公路、城际铁路、轨道交通、机场群等交通基础设施的互联互通，建议使用"粤港澳一卡通"，摒弃"岭南通""深圳通""香港通""澳门通"的割裂局面，从而方便人流、物流、信息流和资金流等，这都需要相应的基础设施和制度改革的配套推进。

（七）加强对城市人口的管理

中国的城市管理水平较日本低，但 DID 人口密度却高于日本。粤港澳大湾区城市规模发展、人口密度和对海岸线的利用还有较大的差距，这意味着经济集聚度与东京湾区相比还存在很大的提升空间，这对于培育人口密集型的服务业和知识经济是不利的，但同时也应该看到，未来粤港澳大湾区的发展还有很大的潜力，需要充分统筹规划这一空间未来的人口密度以及建立与之匹配的产业体系和优化产业结构。

第十四章 粤港澳大湾区：崛起中的世界级大湾区

一 粤港澳大湾区演进轨迹与特征

（一）粤港澳大湾区的演进轨迹

粤港澳大湾区的形成是珠三角与香港、澳门经济文化等相互融合发展的必然结果。从新中国成立到改革开放前，由于商品经济的发展受到严重的阻碍，农业经济也发展滞缓，因此，区域经济合作融合发展也经历着漫长的历史过程。改革开放后，在深圳、珠海设立中国的第一批经济特区，珠三角地区率先成为中国对外开放的窗口和先行地。随着对外开放的深度发展，逐渐形成了全方位、多层次、宽领域的对外开放格局，也构成了珠三角地区经济地域空间的基本结构框架：第一层次是经济特区；第二层次为沿海开放城市；第三层次则为经济开放区。1994年11月，广东省委、省政府为了使珠江三角洲地区成为最先实现现代化的经济区，正式宣布建立珠江三角洲经济区，这成为中国第一个打破行政区划，按照经济区划原则建立的经济区。自此，珠三角经济区抓住港澳强劲经济辐射的优势，以广州、深圳为经济区的核心增长极，带动各个中小城市以及众多建制镇的发展。2003年，在遵循"一国两制"方针和WTO规则前提下，为了加强与港、澳之间的贸易和投资合作，促进双方的共同发展，中央与香港、澳门特区政府先后签署了《内地与香港关于建立更紧密经贸关系的安排》和《内地和澳门关于建立更紧密经贸关系的安排》（以下简称CEPA）。这一协议的签署，从制度上标志了包括香港、澳门和珠三角经济区在内的大珠三角经济区（以下简称"大珠三角"，即粤港澳）正式成立。

"湾区"设想最早由香港科技大学吴家玮教授提出,后来经过澳门科技大学黄枝连教授的进一步发展,提出以"第三制"探索建立纳入珠海的港澳发展圈的开发问题——"伶仃洋湾区"及"伶仃洋—粤港澳发展湾区"(黄枝连,2003,2009),郑天祥等更进一步提出"珠港澳湾区""环珠江口湾区"等一些粤港澳大湾区的雏形概念(郑天祥,2005;江璐明、张虹鸥、梁国昭,2005)。2005 年在广东省委、省政府印发的《珠江三角洲城镇群协调发展纲要(2004—2020)》中,第一次正式提出"湾区"概念,这也是官方对"湾区"发展的极大肯定。2008 年在《珠江三角洲改革发展规划纲要(2008—2020)》中,将加强珠三角 9 市与香港、澳门的紧密合作纳入规划纲要,到 2020 年形成粤港澳三地分工合作、优势互补的全球最具核心竞争力的大都市圈之一,标志着粤港澳地区的合作作为国家政策开始出台。2009 年在《环珠江口湾区宜居区域建设重点行动计划》中,提出了"宜居湾区"是建设大珠三角宜居区域的核心和突破口,"湾区"合作开始成为重点工作。2014 年在深圳市的《政府工作报告》中,提出了构建"湾区经济"。2015 年在《推动共建丝绸之路经济带和 21 世纪海上丝绸之路的愿景与行动》中,第一次明确提出"粤港澳大湾区",进一步深化粤港澳的合作建设。2016 年在国家的"十三五"规划纲要中提出要推动粤港澳大湾区和跨省区重大合作平台建设,表明粤港澳大湾区合作平台建设成为国家的重点工作之一。2017 年在全国两会《政府工作报告》中提出"研究制定粤港澳大湾区城市群发展规划",粤港澳大湾区自此上升为国家战略层面。2018 年 3 月 7 日,习近平总书记在参加广东省代表团审议时指出,要抓住建设粤港澳大湾区重大机遇,携手港澳加快推进相关工作,打造国际一流湾区和世界级城市群。这是粤港澳大湾区比肩世界三大湾区,成为世界级城市群的重要一步。

总之,粤港澳大湾区的建设是基于"一带一路"倡议和国家开放发展全局来综合考虑的结果,它不仅是广东省和香港、澳门的区域经济文化整合协调发展内在需要,也是国家承接"一带一路"的重要战略平台支撑点,以及国家构建高水平开放型经济新体制的重要探索(蔡赤萌,2017)。粤港澳大湾区的建设发展将推进全面深化改革、创新建设开放新格局,是加快建设中国成为现代化强国的需求,提升国家参与全球合作和治理能力体现。因此,打造粤港澳大湾区成为国际一流湾区和世界级城市群已经成为中国新时代条件下的重要任务，具有重大战略意义，其形成与发展是促进粤港澳和全国经济发展的时代选择和必然结果。

（二）粤港澳大湾区的内涵特征

湾区，从地理概念上看，是由一个海湾或相连的若干个海湾、港湾、邻近岛屿共同组成的区域。当今世界发展条件最好的、竞争力最强的城市群，都集中在沿海湾区。比如，东京湾区、纽约湾区、旧金山湾区是世界公认的知名三大湾区。可以说，湾区已成为带动全球经济发展的重要增长极和引领技术变革的领头羊。而"湾区经济"有着一般性内涵特征，"湾区经济"一词由美国旧金山湾区而得（伍凤兰等，2015），但早期研究都表明湾区经济仅仅是依靠湾区而为地区发展带来的经济效应（张日新、谷卓桐，2017），这仅是对湾区经济简单的表层理解。随着湾区经济的不断发展，带来的经济辐射效应更加广泛，湾区经济也被赋予了更加深刻的实质内涵。目前，学者们普遍认为"湾区经济"依托于海港，以优越的自然地理条件为基础，与周边城镇群聚变融合发展形成的独特的区域一体化经济形态（谢志强，2015；雷佳，2015；张日新、谷卓桐，2017）。该经济形态具有开放的经济结构、高效的资源配置能力、强大的集聚外溢功能和发达的国际交往网络，发挥着引领创新、聚集辐射的核心功能（马忠新、伍凤兰，2016），是未来经济发展的增长极和推动力。因此，湾区经济具有显著的网络性、开放性、协调性、创新性、辐射外溢性、宜居性等主要特点。

粤港澳大湾区是在2017年全国两会《政府工作报告》中提出的，自此大湾区上升为国家战略层面，得到了国家的高度重视和支持，并加快建设粤港澳大湾区，使之成为世界级城市群和一流湾区。目前来看，粤港澳大湾区已经成为中国经济增长的重要引擎。粤港澳大湾区由广东的广州、深圳、珠海、佛山、惠州、东莞、中山、江门、肇庆9市和香港、澳门两个特别行政区组成，2015年其经济规模为1.36万亿美元，港口集装箱年吞吐量超过6500万标箱，机场旅客年吞吐量达1.75亿人次；产业结构以先进制造业和现代服务业为主，港澳地区服务业增加值占GDP比重均在90%左右，广东9市制造业基础雄厚，已形成先进制造业和现代服务业双轮驱动的产业体系，因此，粤港澳大湾区已经具备了建成国际一流湾区和世界级城市群的基础条件。

但是，粤港澳大湾区距离实现其真正的内涵尚存在着差距，湾区城市群整体的经济特征表现并未优于长三角城市群，甚至仍有落后的现象。大湾区内部的中心城市定位突出，但边缘城市的定位尚未清晰明确且存在被边缘化、孤立化的风险，城市群内部城市的协调合作发展程度不高。因此，最优化的城市资源配置效率、互联互通的经济交通、利益协同互补的城市合作，在粤港澳大湾区都尚未得到实现。在未来规划发展中，时空距离的阻隔将会被首先打破，随着连接粤港澳的交通基础设施的建设，比如港珠澳大桥、深中通道、虎门二桥等跨珠江通道、"一小时城轨交通圈"的建设、广深港高铁香港段等都将港澳到珠三角的时空距离大大缩短。这不仅只代表着粤港澳时空距离的变化，更是粤港澳城市群内部加速融合的重要体现，将促进珠江东西两岸资本流、人才流、商品流等各种经济要素的加速流动。其次，粤港澳大湾区内部存在"两种制度，三种货币、法律体系和关税制度"，如果单靠市场力量是无法解决跨区、跨境带来的体制机制阻碍的，应注意结合有形和无形的手，实现跨区域的公共产品的互补互通发展，争取达到港澳与珠三角的深度融合，让大湾区迎接并搭上中国发展的高质量列车（王方方、杨焕焕，2018）。

（三）粤港澳大湾区的独特特征

粤港澳大湾区与世界三大湾区有着明显不同的体制机制，世界三大湾区是"一国一制"，即在同一政治制度和经济体系下运行，粤港澳大湾区则是在"一国两制"背景下的"三税区三法律三货币"，即在一个国家、两种制度背景下，三个关区、三种法律、三种货币。运行机制的不同对粤港澳大湾区既是重要的挑战也是重大的机遇，由于不同的体制和粤港澳三地的法律货币制度的不同，这使得粤港澳三地的经济深度融合发展困难。但是粤港澳大湾区在"一国两制"背景下"三税区三法律三货币"体制已经显示出巨大优势，这样的体制决定了必须探索符合中国实际的湾区经济发展模式。这一模式在粤港澳大湾区建设中，须坚守"一国"之本，善用"两制"之利，不追求同质化的特区、关税区、货币区。

走出一条独特的湾区发展之路，首先应实现各优其优。湾区内城市资源禀赋各异，坚持特色、精准发力，"禀赋"就能转化成"优势"，"比较优势"就会变成"核心竞争力"。其次，应促进互惠互利。制度的差异性，给贸易和产业的合作提供了更多的选择空间。改革开放以来，广东得益于毗邻港澳，既有国内市场为依托，又能借助港澳的国际平台快速联通世界，实现了飞跃发展。香港以内地的改革开放为后盾，其国际金融、航运、贸易三大中心的地位不断巩固和提升。再次，应优化资源配置。建设好粤港澳大湾区，关键是要优化资源配置，使其符合市场经济的发展需求。如果实现港澳与珠三角地区资源合理分配，各地各展所长，就能实现"1+1＞2"的效果。最后，应避免同质化竞争。湾区经济同样遵循竞争与合作的天然法则。按照过去经验，如果把粤港澳大湾区搞成同质化的区域，这看似和国际接轨了，但恰恰把大湾区天然的体制优势和潜力给抹平了，最后极大可能是深圳抢香港的优势、珠海抢澳门的优势、广州抢深圳的优势，导致11个城市竞争大于合作，11个各具动力特征的发动机变成一个普通发动机，造成内耗局面。

总之，正是由于粤港澳大湾区具有制度多样性、互补性的优势，才有效促进了人才、技术、资金的汇聚流动和优化配置，形成了在世界湾区中名列前茅的地位。

二 粤港湾大湾区发展整体现状

（一）经济总量持续增加，进出口水平屡创新高

2014—2017年，粤港澳大湾区GDP实现了"四连增"，湾区11个城市的GDP总量从2014年的81720.8亿元增长到2017年的101843.0亿元（约1.6万亿美元），约占全国GDP的12.3%，整体经济规模超过世界第十一大经济体韩国（1.53万亿美元），与第十大经济体加拿大（1.64万亿美元）总量水平相当。此外2014—2016年，粤港澳大湾区的进出口总额在8万亿—9万亿美元，占据了全国（含港澳）对外贸易总量的40%左右，是京津冀城市群进出口总量的4倍，对比世界湾区之一的东京湾区，则是其进出口总量的3倍以上。从港口的吞吐量看，2016年粤港澳大湾区三大港口的吞吐总量为6247万标箱，远超东京湾区766万标箱、纽约湾区465万标箱和旧金山湾区227万标箱，成为世界第一大吞吐量的湾区。可见，粤港澳大湾区港口最为密集，航线航运最为繁忙。

（二）产业结构优化提高，城市群空间分布合理

整体来看，粤港澳大湾区的产业结构特征呈现良好的优化趋势，已经从工业经济阶段迈进了服务经济阶段。据统计数据指出，2016年粤港澳大湾区的三次产业比例结构为1.34∶33.23∶65.44，形成了以第三产业为主的"三二一"产业分布格局。服务业在国民经济中占据着主体地位，成为粤港澳大湾区的第一大产业，经济增长也主要由服务业拉动。在大湾区城市群的内部发展空间上，湾区已经形成了"3+3+3"的空间结构，分别为"广佛肇""深莞惠""珠中江"三大经济圈，拥有深港、广佛和珠澳3个大湾区发展内核，同时环绕珠江形成了"广佛肇清""深港莞惠""珠澳中江"三个城市带，这一城市群的空间布局合理，组团明确，也不断推动着河源、汕尾、阳江、韶关、清远、云浮环珠三角6市的融合发展。

（三）高度开放融合，创新引领成果显著

粤港澳大湾区内部拥有三大自贸区（前海、横琴、南沙），未来自贸区将全面对接港澳，推动更大程度的湾区区域协作。可借助三大自贸区这一开放平台，设计更多对接港澳以及外部的接口，协力探索和解决港澳与珠三角在体制机制、运行机制、社会文化等方面的差距与需求，力争实现合作互补、分工明确、协同发展的深度开放融合的新格局。在科技创新方面，据世界知识产权组织发布的《2017年全球创新指数报告》指出，深圳—香港地区已经超越旧金山湾区（硅谷所在地），排在东京湾区之后，在全球创新集群中位列第2。从具体数据来看，粤港澳大湾区研发经费支出比重与美国、德国在相同水平，达到2.7%左右，国家级高新技术企业总量超过1.89万家，居于全国首位。2012—2016年，湾区每年发明专利逐年稳步上升，年均增长速度高达33%以上，且专利总量增幅达到了213.6%。这都为粤港澳大湾区迈向世界级城市群打下了坚实的贸易和科技基础，从而促进其世界级科技创新中心的建设。

（四）人口经济效应突出，极具发展潜力

粤港澳大湾区内部人口数仅占全国人口总量的5%左右，而创造出

来的 GDP 总量却超过了全国总量的 12%，可见，大湾区是以投入较少的人口规模可达到较大经济效益的地区，具有显著的人口集聚经济效应。从年龄结构看，大湾区人口偏向于青年，劳动参与率高，这为大湾区的持续强劲发展带来动力。据相关数据表明，2016 年大湾区 15—64 周岁的人口规模达到了 5181.23 万人，占据总人口规模的 75% 以上，高出全国平均水平 3.72 个百分点。与世界其他三大湾区相比，粤港澳大湾区面积最大，人口最为密集，人才成长潜力大，经济增速高于其他湾区 2—3 倍，具有明显的后续发展潜力的优势，是中国乃至世界最具活力的湾区。

（五）与"一带一路"紧密对接，发挥核心枢纽作用

粤港澳大湾区背负着推动世界经济平衡发展的重要使命，是新时代中国布局全球性网络的关键枢纽。粤港澳大湾区不单市场化、外向度最高，机制最成熟，而且还是西太平洋—印度洋航线的要冲，近交东南亚，远及非洲、北美洲，因此大湾区将成为 21 世纪海上丝绸之路与丝绸之路经济带有效对接、相互融汇的重要支撑区和示范区。伴随基础设施建设互联互通、要素流动逐渐加快，粤港澳三地通过其航空网络或港口群，各施所能、各展所长，充分发挥网络化效应的巨大力量，有利于实现三地经济的高度融合，并且打通粤港澳大湾区迈向世界开放的脉络，建立起与国际接轨的平衡性开放经济体制，从而使世界各国在开放发展中共同受益，共享中国开放经济发展的成果。

三 粤港澳大湾区的建设重点

（一）大力推进基础设施互联互通

一直以来，交通基础设施的建设都是城市群发展中最先行和最重要的一环。要进一步加快大湾区基础设施建设，推动内地与港澳交通基础设施的有效联通。构建便捷高效的现代综合交通运输体系，建设世界级港口群和空港群，继续优化铁路、公路、城市轨道交通等交通网络布局，早日实现 1 小时通达经济圈，为大湾区城市群的建设提供重要支撑。完善现代货运物流体系，提升客货运输服务水平。通过粤港澳大湾区建设的机遇，共建高速密集的轨道路网，以便形成便捷紧密的超级城市群和经济闭环，赶超纽约湾区、东京湾区和旧金山湾区，形成新的世界湾区经济格局。

（二）打造国际科技创新中心

创新是粤港澳大湾区发展建设的源泉和动力，加强科技创新也是建设粤港澳大湾区的必要选择。首先，应组建粤港澳大湾区科技创新发展智库，集合国内外专家学者为大湾区科技创新建言献策，充分发挥大湾区各城市的科技优势，积极吸引和对接全球创新资源。其次，加快落实推进粤港澳大湾区科技体制机制改革，推动构建人才、资金、物品、信息等资源要素便捷流动机制，提升大湾区科技创新效率。再次，注重新兴产业发展培育，抢占产业发展制高点，紧跟科技创新最前沿产业，如基因技术、人工智能、虚拟现实、新能源、新材料、大数据、云计算等，积极转变产业发展思路、主动谋划，充分发挥技术优势和产业优势，抓好平台型新兴产业发展机遇。最后，加快构建区域协同创新体系，推动内地和港澳科技合作体制机制创新，深化粤港澳科技创新交流，加快创新成果转化，支持粤港澳在创业孵化、科技金融、国际成果转让等领域开展深度交流合作。

（三）共建宜居宜业宜游的优质生活圈

始终坚持以人民为中心的发展思想，着力让大湾区居民获得实实在在的满足感与幸福感，大湾区城市群不仅是地域共同体、经济共同体，更是生态环境共同体，因此要把生态环境的发展合作置于区域经济协调发展的合作规划之中，努力实现经济社会发展和生态环境保护协同共进。推进美丽湾区建设，加强生态环境协同治理，注重绿色山体和蓝色海湾保护，推动形成绿色发展方式和生产生活方式；推进区域旅游发展，凭借特色的旅游品牌、多元的文化融合，大力发展全域旅游、共享旅游，推动旅游惠民，以旅游改善民生质量、提升湾区人民幸福感。建议粤港澳三地联合成立大湾区健康产业发展委员会，推动健康产业信息、人才、资金等要素顺畅流动，释放更多的健康发展动能。增加优质公共产品和服务供给，推动教育合作发展，健全就业创业服务体系，深化粤港澳文化交流，密切大湾区内部的医疗卫生合作，建设休闲人文湾区。

（四）着力支持重大合作平台建设

2017年7月1日签署的《深化粤港澳合作推进大湾区建设框架协议》中特别提出要支持重大合作平台建设，可见，合作平台的建设具有推动大湾区进一步深化发展的重要作用。近年来，深圳前海、广州南沙、珠海横琴等重大合作平台开发建设都在粤港澳合作方面作出了积极的探索，要继续充分发挥其在合作中的实验示范和引领带动作用，并将成功的经验复制推广。支持港深创新及科技园、江门大广海湾经济区、中山粤澳全面合作示范区等合作平台建设，发挥合作平台示范作用，拓展港澳中小微企业发展空间。强化南沙新区综合服务枢纽功能，依托国家级新区和自贸试验区双区叠加优势，加强与港澳全面合作；优化提升前海深港现代服务业合作区功能，打造营商环境对接、经济发展协同的深港合作体系；抓住澳门作为葡语系国家商贸合作服务的重要平台的优势，支持横琴与澳门加强合作，密切与葡语系国家的商贸往来。

四 粤港澳大湾区独特优势和发展经验

（一）粤港澳大湾区的独特优势

综观全球，湾区经济现已成为拉动世界经济发展的重要增长极和支撑点。而与世界其他湾区相比，中国的粤港澳大湾区内部经济空间复杂且独特，内部存在"两种制度，三种货币、法律体系和关税制度"，虽存在阻碍经济发展的体制机制问题，但也使大湾区与其他湾区与城市群有着本质的区别。因此，粤港澳大湾区内部的经济空间结构具有独特性和复杂性，这也将成为粤港澳大湾区发展的最大潜力和动力所在。

1. 运行机制

从运行机制来看，世界三大湾区都是在同一政治制度和经济体系下运行的，即"一国一制"，因此湾区内形成的核心产业和产业价值链也较为单一。例如，纽约湾区重点发展金融产业，是重要的世界级金融湾区；旧金山湾区则以科技发展著称，是闻名遐迩的"硅谷"；而东京湾区是日本最大的工业产业城市群。可见，世界三大湾区都具有鲜明的产业发展重点，且整个湾区经济也是由重点产业支持和发展的，尚不能达到多样化、多领域、多层次的产业化发展。与此不同，粤港澳大湾区是在同一政治制度下发展着不同的经济体系，即在"一国两制"背景下，在拥有三个关税区、三种法律体系和三种货币的粤港湾大湾区内发展多格局、多层次、多领域的现代产业体系，特别是自由贸易区、自由港、经济特区和特别行政区等经济区划和行政区划叠加，为大湾区的产业发展提供了更多的机会和可能，能够集合达到世界三大湾区的各主要功能。

2. 区域发展格局

从区域发展格局来看，粤港澳大湾区已经形成多中心网络化发展格局。首先，以公路、铁路为主体，其他交通协同发展的交通网络化体系已形成。截至2013年年底珠三角公路总里程为5.96万公里，其中高速公路密度为6.21公里/百平方公里，接近东京和巴黎都市圈的密度，铁路总里程达2192公里；拥有4个国际机场（广州、深圳、香港、澳门）和3个区域性机场（珠海、佛山、惠州），也拥有广州、深圳、香港等国际性大港和珠海、江门、惠州等区域性港口，交通网络发达。其次，紧密的城市联系网络已经形成，核心城市凸显。从2009年、2012年、2015年粤港澳大湾区的城市经济联系数据来看，城市群空间经济网络的联系程度得到显著增强，各城市间存在较为强烈的经济引力。广州、香港、深圳、佛山作为网络中心城市凸显，对其他城市具有较强的控制力和影响力，在区域一体化过程中，以香港、深圳、珠海、澳门、广州、佛山为核心的多中心联动态势明显。因此，粤港澳大湾区内部已经逐步构筑了日益紧密的城市网络。

3. 未来发展方向

从未来发展方向来看，粤港澳大湾区建设应善用"两制"之利，求异质化的特区、关税区、货币区。湾区内部各城市的资源禀赋各异，各具特色，坚持精准定位，各城市产业错位合作发展，将各自的资源禀赋优势顺利转化为自身的核心竞争力。比如香港作为大湾区内市场化环境最发达的城市，在金融、航运、商贸等方面的优势突出，最应扮演连接大陆和全球各国的"超级联系人"的角色；澳门作为世界旅游休闲中心，在加强与葡语系国家经贸联系具有独特的优势。因此，粤港澳大湾区每个城市各具特色，应充分发挥其优势特征，使其成为自身的核心竞争力。此外，在现有制度下，也给粤港澳大湾区内部各城市提供了互惠互利的空间。广东实现快速的飞跃发展，不仅要依托国内市场，还需借助港澳的力量连通全球各国；同时香港也依托"一国两制"的独特机遇，加上内地企业的支撑，其资本市场快速与国际接轨，远超台湾等资本市场。所以在现有格局下，粤港澳大湾区各城市是互惠互利的。

（二）粤港澳大湾区的发展经验

粤港澳大湾区内部的政治经济体制多样，对整体湾区的发展既是独特的优势也是独特的挑战，重点是如何把握引导政治经济体制朝向有利于大湾区的方向发展。推动粤港澳大湾区建设，当务之急是如何建立新的机制破除生产要素自由流动障碍，须着力于破除大湾区城市间的制度壁垒，中央政府需给地方政府更多的自主探索融合模式的空间，有效激发地方政府、企业的积极性，尊重香港、澳门特区的意见和建议，在共同协商、互惠互利的原则上开展合作。

1. 促进交通网络的成熟发展，各种交通方式互联互通

总结世界级湾区的发展路径，发现经济的协同融合发展都是以交通基础设施互联互通为前提，这对粤港澳大湾区内部的经济要素自由畅通的流动具有关键性的作用，而粤港澳大湾区仍有较大差距。因此，粤港澳大湾区首先要发挥香港作为国际航运中心优势，带动大湾区其他城市共建世界级港口群和空港群，形成铁水联运、公水联运、公铁联运、空铁联运等综合交通网络优势，大湾区内部城市可高效通达全球。其次，要加强大湾区与内地的经济联系。优化高速公路、铁路、航空等交通网络布局，加强粤港澳大湾区与周围省市以及全国各大城市群的紧密联系。最后，完善粤港澳大湾区内部交通网络。完善环大湾区的城际轨道网，尽早建成"一小时城轨交通圈"，发挥好港珠澳大桥、广深港高铁、粤澳新通道等对空间优化的引领作用。总之，要通过提高通勤效率，促进大湾区经济交流和资源整合。

2. 提高通关效率，实现关检的互联互通

关检的互联互通是推动贸易发展水平的重要手段，自全面深化改革以来，中国海关推进与"一带一路"沿线国家海关的贸易安全便利合作，支持开通多条中欧国际货运班列，都得益于各国海关互联互通。因此，推动粤港澳大湾区内部的关检一体化，是将粤港澳大湾区打造成为具有全球竞争力营商环境湾区的重点。党的十八届三中全会对关检提出新的要求，即"信息互换、监管互认、执法互助"，以便使得口岸管理

服务更加便利高效。目前，应抓住内地关检机构整合的机遇，大力推动关检一体化，实现粤港澳大湾区内部快速通关，实现"一个窗口、统一受理、互联互通、并联审批、同步作业"。要推动粤港澳产品检验和认证结果的互认，推动内地与港澳在教育、金融、文化、医疗等领域进一步开放。

3. 推动人才的聚集与流动，实现人才的互联互通

一个地区的人员流动情况是该地区经济状况的重要体现之一，人才的聚集和互动交流正是粤港澳大湾区未来发展至关重要的环节。据相关统计数据显示，香港居民通过深圳出入境日均达到了 40 万人次，深圳居民往来香港日均也达到了 12 万人次，且呈现出日渐上升的趋势，可见大湾区内部存在着居民频繁的往来需求。而目前从珠三角通往香港和澳门仍需要特别通行证，这将无法满足居民频繁往来的需求，因此，首先应该确保人员流动的便利化，使大湾区内部人员可自由地在香港、澳门与珠三角各城市间流动。其次，要加深粤港澳大湾区青少年的交流融合、加强高校互动合作，并要多措并举促进粤港澳大湾区人才自由流动。此外，对于提升湾区内居民的就业、就学、就医等生活基本方面应保障便利化，放开住房、就业、教育、医疗等方面的限制性规定，实现粤港澳三地真正的人员的融合发展、互联互通。

4. 加强顶层建设，实现规划互联互通

粤港澳大湾区的经济发展必须加强顶层设计，加强规划引领和政策协调一致，注重提高大湾区城市群发展的区域整体性。首先应注重城市间产业错位和协调发展。近日《粤港澳大湾区发展规划纲要》即将出台实施，身处其中的各城市更是积极利用此次战略优势，加快对自身城市综合实力的提升，逐渐形成湾区城市内部激烈竞争的趋势，一旦湾区内城市开展无序的恶性竞争，将严重影响粤港澳大湾区整体经济水平的提升。因此，更需注重产业异质化发展，精准地把握各城市的核心功能，整合产业集群，发挥各城市的优势的产业，加快向全球价值链高端迈进。其次，科技创新要协同。大湾区内有 173 所高等院校，多于旧金山湾区的 73 所、东京湾区的 120 所，仅次于纽约湾区的 227 所。应充分发挥这一优势，积极吸引和对接全球创新资源，构建国际化、开放型区域创新体系，建设广州—深圳—香港—澳门科技创新走廊，推动四地加强科研合作，促进创新资源共享，打造大湾区科技创新中心。最后，

进一步深化合作领域，综合考虑政治经济文化社会等领域的合作。不仅是经济领域的资源优化配置，还要在提高社会管理能力、增加优质公共服务供给等方面加强标准对接和资质互认，共建宜居宜业宜游的优质生活圈。特别指出，人文价值链的融合发展是粤港澳大湾区独特的核心要素，与其他三大湾区不同，粤港澳大湾区的文化继承了世界先进文化和中华民族优秀传统文化，在经济要素融合的同时，更需注重打造独特而丰富的大湾区城市群人文价值链。

五 粤港澳大湾区核心城市建设布局

在粤港澳大湾区建设提出后，粤港澳三地的合作进入了新的历史阶段，其合作已经由原先的跨境产业合作以及以区域政府间合作为主的发展模式向有国家规划目标引导的跨境协同发展模式转变（蔡赤萌，2017）。城市群的经济空间发展模式也进入了多中心发展模式，为实现城市群空间结构的多中心模式的合理有序发展，需要对粤港澳大湾区各城市进行明确的城市定位和产业分工，以引导城市间有序的合作和协调发展。目前，粤港澳大湾区各城市的精准定位尚未明确，而地方官员的晋升与政治绩效的存在使湾区城市间竞争激烈，同等级城市之间的关系大都是竞争大于合作。一些重要建设项目、特殊政策、人才、资本等方面争夺愈演愈烈，地方保护主义盛行，城市之间严重缺乏合作，从而限制了经济要素在城市间的自由流动，使得粤港澳大湾区城市群的经济效率低下。因此，为了更好地促进大湾区城市间的有序合作竞争，形成湾区内部完整的产业链和价值链，推动湾区城市间的平衡发展，更需要对粤港澳大湾区各城市进行精准的城市定位，以加快世界级湾区的建设。

（一）香港是大湾区的"超级联系人"

香港北靠广东省、西背珠江口及澳门，位于大湾区的经济最中心位置，地处太平洋西岸中央，是世界上最大的大陆——亚欧大陆与世界上最大的海洋——太平洋交汇处，也为中国通往世界提供了基础。香港不仅自然条件优越，也具有雄厚的经济基础。香港拥有齐全的基础设施，国内外人才聚集，资本流动速度快，信息系统完善，各种经济要素流动顺畅且得到了高效利用，与大湾区其他城市经济联系最为密切。同时拥有强势的国际贸易和交往网络，是国际金融、贸易中心、离岸人民币业务的重要枢纽，因此可作为大湾区面向世界的"跳板"和"联系人"，为内地不断地打开国际市场，吸引国际资本流入，并为内地提供跨境交易、人才交流、投资融资和商贸服务平台等服务，逐渐形成香港带动大湾区内部城市，大湾区内部城市带动周边城市，周边城市带动内陆城市等逐级经济辐射模式，助推大湾区建设，带动湾区朝向世界级高质量大湾区迈进。

（二）澳门是大湾区的"特定联系人"

澳门作为特别行政区，地处中国东南沿海，水陆空交通便利，与欧盟、拉美国家展开长期的经济交流合作关系。但澳门并不具备香港的国际航运中心、国际金融中心等地位，不能为大湾区提供较为便利的国内外的联系，因此澳门应发挥其自身独特的优势，形成大湾区与世界特定国家的特定联系。澳门一直是中国与葡语系国家商贸合作服务的重要平台，连接欧洲、拉丁美洲的关键枢纽城市，同时澳门自身也是国际著名的休闲娱乐中心，这些也是香港并不具备的固有优势。因此，澳门可发挥其固有优势，扮演好其国际合作平台的角色，形成大湾区对葡语系国家以及国际休闲娱乐服务的精准对接。在大湾区城市群的建设发展过程中，澳门可以充分发挥自身独特优势，结合城市群企业，通过多种方式走出去、引进来，在国家战略中发挥助力作用。

（三）广州是大湾区的"核心枢纽"

广州是广东省的省会城市，不仅位于大湾区的地理中心，也作为华南地区的政治中心，是粤港澳大湾区一个重要的核心枢纽城市。广州各方面优势突出，不仅医疗卫生服务完善，历史文化底蕴深厚，而且最为重要的是高校云集，人才吸附能力强，自身有着强大的人才储备和科研实力。由于广州特殊的政治中心地位和本身的优势特征，在大湾区的城市定位也具有特殊的意义。广州应承担其政治中心的责任，具体发挥其作为核心城市的引领、集散、辐射的功能和作用，主动积极协调各城市之间的生产联系关系，优化城市群经济空间内部发展平衡结构，只有协调好湾区内城市间的生产联系关系，调节和配置湾区各城市间的资金流、信息流、人才流和物质流等各种生产要素流，才能实现大湾区整体经济实力的提升,打造世界级湾区。

(四) 深圳是大湾区的"核心引擎"

首先,深圳在地理位置上毗邻港澳,背靠珠三角,地处亚太主航道,具有独特的先天地理优势。其次,作为中国最早和最成功的经济特区之一,经过改革开放40年的发展,深圳已经深度融入世界经济中,在全球产业分工体系中占据一定的地位。在粤港澳大湾区的建设中,深圳最先提出发展湾区经济,是大湾区内部最具活力的核心城市。深圳经济实力雄厚,不断发挥着区域经济的"集聚效应"和"扩散效应",带动周边城市的发展。其创新能力突出,无疑是当代的"创新之都",也为粤港澳大湾区源源不断地输送创新动力。在港口建设、金融、物流、信息等方面在全球都具有一定的影响力,深圳可凭借优越的地理位置、雄厚的经济实力、强大的创新驱动力、较强的汇聚经济动能以及对周边城市的辐射力强大优势和影响力,成为粤港澳大湾区内部的引擎,为未来大湾区的融合协调发展,不断地发挥和创造其核心城市的助推价值。

(五) 佛山是大湾区的"制造脊梁"

佛山作为珠江西岸的龙头城市,是连接珠江东西两岸的枢纽城市,有着天然的承东启西的优势区位。在产业分布上,佛山的制造业尤其是民企制造业表现十分突出,近几年,佛山的工业产值不断上升,2016年规模以上工业总产值突破2万亿元,2017年为22350.65亿元,增速高达8.8%。土耳其艾丁大学经济学教授塞达特·艾巴曾把佛山类比为中国制造业的"领头雁",叶小青(2017)也曾评论佛山制造为大湾区的脊梁。但佛山制造尚未达到智能创造,传统的"制造"距离先进的"创造"也尚存在差距,因此,在粤港澳大湾区的城市定位方面,应重点抓住佛山的制造业定位,使其成为湾区制造产业的支柱,挑起制造业发展的大梁,为大湾区的先进制造业发展做贡献。

(六) 珠海是大湾区的"新引擎"

珠海拥有珠三角最长的海岸线和面积最大的海域,有优良的湾区资源和经济基础,在大湾区的建设中战略地位突出,有着区位、政策、产业等各方面的优势。珠海一直秉承着"创新"的特色发展方式,政府也明确提出将珠海打造成大湾区的创新高地的战略定位,因此珠海的创新引擎的定位将是其未来发展的必然选择。抓住创新这一重点发展方向,应主动紧跟国际技术前沿和产业变革方向,吸引港澳以及世界高端人才的聚集,借助港澳国际化的商贸环境,为珠海相关的产业发展和科技创新做服务,融合港澳和珠海的人才、产业和科技等要素发展,促进其产业向世界中高端水平迈进,率先形成创新引领的经济体系和发展模式,辐射带动大湾区内部各城市的创新发展,力争建设大湾区城市群创新共同体,成为大湾区迈向世界一流湾区的新引擎。

(七) 东莞是大湾区的"制造中心"

东莞位于珠江口东岸,是大湾区的重要节点城市,东莞南邻深圳,北靠广州,且处于穗深港经济走廊的中心位置,可谓"左右逢源",地缘优势突出。东莞堪称国际制造名城,也因发达的制造业而有"世界工厂"之称。在政府发展规划文件中,如2015年的《东莞市城市总体规划(2016—2030年)》和2017年的《广东省沿海经济带综合发展规划(2017—2030年)》,都提出了东莞要定位于建设"国际制造名城",这都表明了东莞在粤港澳大湾区建设中明确的"制造中心"的定位。与佛山制造不同,东莞更多的是要以加工制造业为基础,以国际市场为导向,产品远销海外的外向型经济发展模式。因此,在粤港澳大湾区的建设中,进一步拓展了东莞的制造业发展空间,东莞可紧紧依靠自身强大的现代制造业基础,与大湾区内其他城市形成产业优势互补、错位协调发展。

(八) 中山是大湾区的"几何中心"

中山在地理区位上恰恰处于粤港澳大湾区的几何中心,成为大湾区城市群的重要连接点。从世界三大湾区的发展经验来看,交通的互联互通是湾区经济一体化发展的重要推动力。而粤港澳大湾区的世界级城市群和一流湾区的建设完全离不开各城市间交通的互联互通,中山正位于地理上的几何中心,距离大湾区东西南北都有相似的里程数,因此在促进大湾区交通的互联互通方面,中山起着关键性的作用。中山应借助大湾区建设发展机遇,依托城市群体效应和交通流量,综合建设公路、铁路、航运及港口等交通基础设施,利用交通基础设施建设实现由向大湾区四周对接发展，向粤西延伸、升级港口，以各式交通连接大湾区内部各城市，激活其作为大湾区几何中心的枢纽功能。

（九）惠州是大湾区的"承载地"

惠州地处珠三角北部，西北毗邻广州，西南与深圳接壤，邻近香港，中部又与东莞相连，海岸线长，是广东省的海洋大市之一，坐拥空港和海港，地理位置和资源优势明显。惠州地域空间广，开发程度仅有10%，经济发展程度和人口密度都较低，是天然的大湾区内其他城市进行产业转移和人口、资源外溢的承载地。惠州也具有轻重工业结合发展的产业优势，既有国家级电子信息产业等现代产业体系，也有石油、化工以及清洁能源等临海工业基础，具备承载溢出产业的现实条件和实力。在具体实践中，惠州一直紧密对接深圳和东莞，承接两地的产业转移，接受两地的产业辐射，不断地推动自身的产业升级，这也为惠州成为深化合作的理想承载地做了现实基础和实践经验的铺垫。因此，惠州要发挥自身区位、资源条件、产业、空间等优势条件，扮演好大湾区城市群深度合作承载地的角色，不断地推动粤港澳大湾区城市间的深度经济融合和合作发展。

（十）江门是大湾区的"西部核心枢纽"

江门地处粤港澳大湾区的西部，邻近珠海，与澳门隔海相望，空间上形成了与广佛、深港经济圈共同搭建起大湾区的"黄金三角地带"，并且已经建立了沿江港口群，已经成为大湾区西部的核心城市。江门市委十三届七次全会指出，要抢抓粤港澳大湾区的发展机遇，构建功能明晰的区域发展新布局。在交通建设方面，应全力打造珠西综合交通枢纽，在"一枢纽、两中心、三通道"的基础上构建综合交通网络，尽快实现广州、深圳、江门的交通三足鼎立的新局面。在产业发展方面，江门具备建设高水平产业平台的能力，加快核心产业园区建设，重点打造的重大产业发展平台，加深了与香港、澳门、深圳等的密切合作，带动粤西地区深度融入大湾区的建设中，实现湾区城市间的高度互补融合发展。

(十一) 肇庆是大湾区的"西南枢纽门户"

肇庆作为珠三角的"经济洼地",在激烈的城市竞争中面临着众多挑战和困难,但也应寻找到自身独特的优势,比如肇庆拥有独特的地理优势、丰富的资源禀赋优势、良好的人才环境与丰厚的政策红利等优势。肇庆背靠大西南,面向整个大湾区,是唯一一个与西南地区接壤的城市,不仅是大湾区连接大西南的重要节点城市,也是大湾区通往大西南以及迈向东盟的重要的西部通道,因此,肇庆无疑肩负着大湾区辐射大西南和东盟的重要责任,成为大湾区连接大西南枢纽门户城市。肇庆的经济发展空间大,从土地利用来看,据统计,2016年肇庆市土地开发强度仅为6.2%,是珠三角城市平均水平的1/3,在大湾区土地资源普遍吃紧的情况下,肇庆市已成为下一阶段珠三角发展不可多得的战略空间。肇庆需加强交通基础设施建设,统筹推进水陆空交通基础设施的建设,推动珠三角连接大西南的综合交通网络逐步形成。此外,要着力实施工业发展"366"工程和创新驱动发展"1133"工程,加快打造三大千亿支柱产业集群,推动肇庆科技创新产业带建设,使其全面融入大湾区城市群一体化发展。

对粤港澳大湾区内部各城市进行精准的定位,不仅有助于促进各个城市寻找到自身的核心价值,制定符合自身发展的城市规划和产业布局,也有利于打造粤港澳大湾区整体的核心竞争力,实现大湾区产业的错位、协同发展。但是对各城市的定位并不是一成不变的,随着大湾区经济的融合发展,城市内部因素和外部因素的不断变化,各城市的定位也会发生相应的变化,因此要精准把握市场、经济环境的变化,及时作出调整,争取早日实现大湾区世界级城市群的建设目标。

ln
展望与建议

第十五章 粤港澳大湾区影响力：优势、劣势、机遇与挑战分析

在前述指数研究、发展解析和案例研究的基础上，本章拟通过四大湾区影响力比较的视角，着重探讨粤港澳大湾区的优势与劣势，以及机遇和挑战，以此为粤港澳大湾区在未来的发展进程中，能进一步抓住时代机遇、不断巩固自身优势以及有效弥补存在的问题和短板，以有效应对各种威胁和挑战，进而不断提升整体发展质量和影响力，提供参考和借鉴。

一 优势分析

（一）区位优势突出，经济实力雄厚

众所周知，东京、纽约及旧金山等世界著名湾区的成长均依托于巨大的港口群，这样既可以通过"走出去"，加强和其他国家间的经济往来，也可以将湾区视作桥头堡"引进来"，辐射国家内地的发展。而粤港澳大湾区面向太平洋、辐射泛珠三角，具备世界四大湾区中拥有最大腹地的显著区位优势。同时该区域也是"一带一路"建设的重要枢纽，拥有世界上最大的海港群和空港群，是中国对外开放的前沿与窗口。港珠澳大桥的开通在强化粤港澳三地经贸联系的同时，也将大湾区庞大的腹地区位优势发挥得淋漓尽致。得天独厚的区位优势给予了大湾区亮眼的经济发展成绩，据统计，2017年大湾区GDP总量约1.6万亿美元，已经超过旧金山湾区，与东京湾区和纽约湾区GDP的差距日趋缩小。此外，粤港澳大湾区的人口与土地规模远超其他三大湾区，这既为大湾区经济持续向好增长提供劳动力与土地要素保障，也为其展示了极为广

阔的本地市场前景。通过本书的研究可知，粤港澳大湾区经济规模仅次于东京湾区，位居第2，这也为未来粤港澳大湾区经济持续转型升级，提升经济影响力奠定了厚实基础。

（二）经济活力旺盛，集聚效应显著

虽然当前粤港澳大湾区经济总量与其他湾区相比不具备领先优势，但粤港澳大湾区的经济领先优势更多体现在其发展活力与空间上，这在地区经济增速、颇具活力的金融业及发达的对外贸易方面表现尤为明显。首先，经济发展总体速度既体现了区域经济发展空间，也彰显了经济发展活力，截至2017年，粤港澳大湾区地区生产总值保持了8%的增速，其GDP增速明显高于纽约湾区（3.5%）、旧金山湾区（2.7%）及东京湾区（3.6%）。其次，金融业发达程度是经济发展活力的重要表征，也是区域经济走向的晴雨表，粤港澳大湾区金融业活力十足，在金融设施与经济增加值方面均有较高的绩效表现。具体而言，粤港澳大湾区拥有的证券交易所数量超过东京湾区与旧金山湾区的总和，与纽约湾区持平，并吸引了一定数量的高等级银行入驻，其银行总资产高达7.17万亿美元，是纽约湾区的2倍之多，金融业创造的经济增加值也高达2030.3亿美元，分别是东京湾区与旧金山湾区的2.6倍与1.6倍。再次，对外贸易代表了区域的对外开放程度及国际接轨程度，成为提升经济国际影响力的重要条件，粤港澳大湾区已成为中国开展对外贸易的重点地域，据统计，2017年，粤港澳大湾区对外贸易规模分别是东京湾区的7.12倍、纽约湾区的6.16倍、旧金山湾区的21.31倍，利用外资规模分别是东京湾区的3.93倍、纽约湾区的9.9倍、旧金山湾区的5.6倍。而在港口集装箱吞吐量方面，2016年粤港澳大湾区是全球港口最密集、航运最繁忙的区域，其吞吐量总计6520万标箱，是世界三大湾区总和的4.5倍之多。粤港澳大湾区由此成为中国乃至世界上颇具经济活力的湾区，在本书的湾区经济影响力二级指标中，粤港澳大湾区在经济活力一项排在世界四大湾区之首就是最好的说明。此外，粤港澳大湾区日趋高涨的经济活力带来了较为明显的人口与土地集聚的经济效应，大湾区以全国约5%的人口规模，创造了超过全国12%的GDP总量，凭借仅0.6%的国土面积，贡献了全国GDP总量的12.57%，彰显了粤港澳大湾区不仅未来经济发展潜力无穷，还具备高质量发展的持久动力，助推了其经济影响力的进一步提升。

（三）各级政府共同推动，湾区形象脱颖而出

从 2017 年 3 月全国两会《政府工作报告》的粤港澳大湾区概念提出，到《粤港澳大湾区城市群发展规划》的出台，乃至 2018 年 3 月全国两会《政府工作报告》提出的"实施粤港澳大湾区发展规划"的要求，这都离不开三地政府部门的主导参与，尤其是在粤港澳大湾区内两种制度、三种货币、法律体系和关税制度，区域文化的显著差异及基础设施条件互联互通尚待完善的背景下，粤港澳大湾区的布局建设，主要由国家发改委、广东省发改委、香港特区政府与澳门特区政府来共同主导，并协调解决粤港澳大湾区发展中出现的重大问题及推进湾区建设规划的落实，这极大降低了三地协调发展的成本，提升了大湾区协调建设的效率。此外，粤港澳大湾区相关政府部门出台《深化粤港澳合作推进大湾区建设框架协议》，相继召开粤港澳大湾区城市旅游联合会第一次成员大会、粤港澳大湾区旅游业界合作峰会、粤港澳大湾区文化合作论坛、第十九届中国风险投资论坛、第六届中国国际金融交易博览会、第二届"一带一路"高峰论坛及 21 世纪海上丝绸之路国际博览会等在内的诸多会议论坛。通过政府出台的各项区域协同政策、举办的会议论坛等种种建设来看，其影响的层面不单落在区域的协同治理上，更进一步体现在了湾区总体形象影响力方面。通过本书结论可知，粤港澳大湾区在国际上的湾区形象影响力已仅次于旧金山湾区，跻身湾区形象影响力第 2 名，并从中看到自政府层面积极推进大湾区旅游、文化、投资等方面的形象建设有关绩效。

（四）科技创新条件充分，具备全球创新高地潜能

世界上一流的湾区，都具有一流的科技创新能力，科技创新也是经济增长的首要驱动力。粤港澳大湾区具有优异的科技创新条件，在科技创新的基础条件、科技成果转化环境、创新集群打造及创新产出等方面在全国乃至国际上均占据重要地位。具体而言，首先，在基础条件方面，粤港澳大湾区高等教育较为发达，根据来自 QS 世界大学排名（2018）的数据，粤港澳大湾区的高校总数多达 160 所，明显超过纽约湾区（95 所）、旧金山湾区（80 所）及东京湾区（116 所）。其中，粤港澳大湾区拥有的全球排名前 50 名的高校数量也是纽约湾区与东京湾区之和，广东省的高校数量在珠三角居于首位，而香港拥有香港大学、香港科技大学及香港中文大学等数所全球闻名的高校，能够为粤港澳大湾区高质量发展输送高素质人才。其次，在成果转化环境方面，粤港澳大湾区内有以佛山、东莞及中山等为代表的制造业发达城市，其产业体系较为完善合理，能够让科技创新与发明就近落地与产业化运作，最大化发挥创新成果价值。再次，在创新集群打造方面，粤港澳大湾区在全球创新网络中地位愈发重要，《2017 年全球创新指数报告》显示，深圳—香港地区的全球创新集群能力已经超越旧金山湾区，仅次于东京湾区，在全球创新集群中排名第 2，这也为推动粤港澳大湾区迈向世界级科技创新中心奠定重要基础。最后，在创新产出方面，湾区内的国家级高新技术企业总数已超过 1.89 万家，位居全国第 1，湾区发明专利增幅已高达 213.6%，PCT 国际专利申请量占全国的 56%，成就了湾区创新产出高绩效表现，上述提到的优势条件于本书中也得到确认。粤港澳大湾区的创新影响力排在四大湾区第 2，仅次于旧金山湾区，且实力相差不多，其中创新绩效表现优异，排名仅次于东京湾区，足以说明粤港澳大湾区具备成为全球创新高地的潜质。

（五）文化资源互补性强，兼具同一性和多样化

湾区既能孕育出极富创造力和竞争力的湾区经济，又因此滋养出湾区人共有的精神家园，正是鲜活的文化赋予湾区人民强烈的湾区认同感和自豪感。一方面，与旧金山湾区是世界著名的科教文化中心，纽约湾区、东京湾区均以发达的文化创意产业而闻名不同，粤港澳大湾区的文化优势更多体现在其多样性方面，拥有英语、葡语和侨乡的三大文化纽带，而岭南文化兼具本土与外域，具有开放包容、多样性明显的特征，是繁荣发展粤港澳大湾区文化的主要凭借。粤港澳三地文化资源和要素的互补性强，通过合力推动文化与经济相结合，可成为有效打造湾区高质量发展典范的重要支撑。同时，粤港澳大湾区具有一定数量的世界文化遗产，仅澳门就有澳门历史古城区文化遗产及联合国教科文组织评定的创意城市美食之都荣誉，除此之外，还有江门市的开平碉楼文化遗产，能够有效提升粤港澳大湾区的文化知名度与吸引力。另一方面，湾区内文化与旅游设施较为完善。在文化设施层面，以粤港澳大湾区的核心城市深圳、香港为例，两个城市均在文化设施上优势突出，香港的文化特色优势主要体现在流行文化及电影娱乐方面，其文化设施也集中在以流行文化为导向的电影、剧院等方面，其209块电影屏幕的数量位居四大湾区代表性城市之首，同时拥有4座歌剧院及110处夜店迪斯科等娱乐场所就是较好例证，而深圳的公共图书馆数量（共639座）远胜于其他湾区城市，展现了深圳文化设施的优越性。在旅游设施条件层面，粤港澳大湾区文旅设施基础坚实，在本书湾区影响力二级指标中，其文旅设施与东京湾区实力相差不大。湾区内酒店设施数量多，设备齐全，文体设施规模较大，相较于其他湾区，具备了较好的文旅吸引力资源与设施基础，以上这些文化优势也使得粤港澳大湾区得以在文旅吸引力指标中成功拿下四大湾区的亚军宝座。

二　劣势分析

（一）制度体系不一，湾区内部协调困难

粤港澳大湾区目前是"一国两制三关税区"的多元制度格局。一方面，香港与澳门有别于大陆，实行资本主义制度；另一方面，粤港澳三地不仅分属独立的关税区，而且社会制度、法制体系，甚至是使用的货币也不同。虽说多元的制度格局为粤港澳大湾区建设带来独特制度资源，为对接国际、推动国家"一带一路"倡议提供了灵活的制度安排，但同时也成为湾区内各行政区及城市间合作的重要隔阂。粤港澳大湾区的区域协调性不足，主要体现在各行政区、城市间的同质竞争，市场分割，各自为政，导致粤港澳三地协同合作难度大、进展慢，区域一体化进程充满诸多困难和挑战。

（二）经济发展质量不高，创新能力尚不足

2017年，粤港澳大湾区的经济总量突破1.5亿美元，位列世界四大湾区经济总量第2。虽说粤港澳大湾区在经济总量、人口规模、进出口总额、港口集装箱吞吐量等方面于世界湾区排名中均占有一席之地，但实际上，其经济发展质量并不高。粤港澳大湾区的人均GDP、第三产业所占比重和内部区域发展的均衡度，与其他国际一流湾区相比仍存在显著差距。另外，由于当前仍高度依赖第二产业，使得粤港澳大湾区内

产业结构并不合理，以上种种皆显示出粤港澳大湾区在当前经济发展上的缺口。此外，与世界其他湾区相比，粤港澳大湾区尚缺乏坚实的创新能力。目前，粤港澳大湾区在拥有的世界500强企业数量、高等院校密度、劳动力素质方面和其他国际一流湾区间存在较大的差距，该结果也体现在本书湾区创新影响力二级指标中，粤港澳大湾区虽拥有不错的创新绩效与口碑，但在创新能力方面发力不足，落入四大湾区最末，这两项指标与其他三大湾区得分也有相当的落差。创新能力的不足使粤港澳大湾区在主导全球资源配置、引领全球技术创新和带动全球产业升级上，难以与其他三大湾区抗衡。

（三）中心城市缺乏综合实力，区域资源整合难度加大

在现有的国际顶级湾区中，拥有一个或多个具有综合发展实力的核心城市是必要的。一旦确立了核心定位，湾区在政策执行上阻碍也相对较少。在粤港澳大湾区中，以香港、广州、深圳和澳门四座城市共同作为湾区发展的中心城市。虽四大城市各有发展优势，却无一具备足够成熟的国际顶级的综合性发展实力。举例来说，香港以金融、贸易等服务产业为主要优势，但产业呈现空心化；广州具有较高的政治与文化影响力，但金融与科技发展欠佳；深圳的高科技和创新发展迅猛，然而教育与文化层面发展较为薄弱；澳门的旅游休闲发展成绩斐然，却面临人力短缺与产业发展结构不均衡的问题。由于四大城市的综合发展实力与伦敦、纽约、东京等全球城市相比，尚未凸显出无可争议的核心城市，加上多元制度格局的影响，导致区域协同治理和资源的共享、整合的难度加大，城市间也容易出现分化。

（四）交通网络功能有待完善，港陆空交通缺乏沟通

完善的公共交通系统是推动湾区实现同城化、促进协同发展建设的重要支撑。为因应粤港澳大湾区的建设需求，2018年广东省发改委启动了粤港澳大湾区城际铁路建设规划编制工作，推进珠三角城际铁路网建设与环大湾区城际轨道网，全力实现湾区"一小时城轨交通圈"。同时，加强珠三角东西岸主要城市轨道交通网，重点推进赣深高铁、广汕、深茂铁路等湾区城市交通联系建设。2018年港珠澳大桥的正式通车运营，不仅成为全世界关注的焦点，也为粤港澳大湾区交通建设增添一笔新的风采。尽管现阶段湾区内重点城市间的基础交通运输已大致打通，但湾区内部其余城市间的交通网络功能仍不发达，许多建设尚处于规划阶段，对外的综合运输通道和内部的快速轨道、高速公路与城市道路的有效衔接等基础交通设施仍有进一步提升的空间，这使得区内联系紧密程度不足。而在港空交通方面，湾区内的机场、港口功能重叠，在缺乏具体的统一协调机制下，出现了同质竞争的情况，且目前港口与陆路公共交通联结不强，也成为未来交通建设方面需要重点加强的项目。

（五）文化交流沟通不畅，湾区软实力有待提升

粤港澳三地虽地缘亲近、同根同源，但由于历史发展因素，使得粤港澳三地的文化观念与文化特色大相径庭，产生了文化落差。除了港澳对湾区的开放融合尚存在一定疑虑和争议外，广东9市也因经济发展所产生的地方保护、行政壁垒等非市场干扰因素较多，使得其社会包容度与市场的开放程度不足。这些因素使得粤港澳三地在文化交流与融合上形成了一定的阻碍，总体社会包容氛围与开放程度不足，文化认同还不够强，造成文化创意产业发展受到一定限制，加上现阶段的区域协同建设中，加大人文湾区建设和湾区文化整合的力度和行动还远远不足，因此在湾区整体文化软实力的培养方面还存在欠缺。从本书湾区文旅影响力指标可发现，粤港澳大湾区无论在文旅活力、文旅设施还是在文旅口碑方面表现均不理想。尽管文旅吸引力排名四大湾区第2，但却与首位的纽约湾区相去甚远，这与当前湾区内部文化旅游联系不紧密有很大的关系。

三 机遇分析

（一）湾区经济的集聚效应日益凸显，成为全球经济发展的重要趋势

湾区经济是区域经济发展到一定阶段后的必然选择，成为区域高资源配置功能、高财富集聚能力及强产业带动作用的重要地域载体，不仅成为全球经济的重要增长点，同时也成为先进技术变革的领头羊及对外开放的重要窗口。据统计，在全球化高度发达的今天，全球经济总量60%集中在各国家的港口海湾地区，75%的经济城市、70%的工业资本都聚集在距海岸100公里内的地区，经济竞争力最强的城市经济带都集中在湾区。国内外均高度重视湾区经济的培育，且不说国外较为成熟的东京湾区、纽约湾区、旧金山湾区、澳大利亚双水湾及新西兰霍克湾等，在国内沿海地区，环杭州湾大湾区、渤海大湾区及青岛环胶州湾区建设与规划也开始提上当地政府议事日程。然而现阶段唯有粤港澳大湾区是中国最有条件形成具有国际影响力的"湾区经济"的地区。作为大国战略，粤港澳大湾区肩负着中国进一步深化改革、扩大开放以及推动中国经济发展进一步融入国际合作与竞争格局的使命，吸引了世界关注的目光，对国内外投资者、人才、游客及各类机构等，形成了巨大的吸引力。

（二）"一带一路"倡议强力带动，地区贸易便利化进程提速

自中国发起"一带一路"倡议以来，"一带一路"已经成为中国深化对外开放及区域合作的重要平台，"一带一路"行动正在持续深化，加之"空中丝绸之路"、"一带一路"海上合作设想及"冰上丝绸之路"等创新和拓展的概念及倡议，使得"一带一路"行动的具体内容不断得以深化、形式更加多样化，获得的国际共识与支持也越来越多。同时，中国关于进一步推进"一带一路"建设、加快地区贸易便利化进程的倡议，也得到沿线各国的积极响应。粤港澳大湾区作为"一带一路"建设的重要枢纽，基础设施最为全面，供应网络高度发达。因此在第二届"一带一路"高峰论坛上，粤港澳大湾区与"一带一路"的对接也成为焦点，《推动共建丝绸之路经济带和21世纪海上丝绸之路的愿景与行动》也明确将粤港澳大湾区纳入其中，这也为将粤港澳大湾区打造成推进"一带一路"建设的重要支撑区与巨型门户枢纽提供了难得的机会。

（三）"双创"升级持续推动，立体式产业链网络合作步伐加快

"大众创业、万众创新"的有效开展不断助推中国产业经济转型，而在中国特色社会主义新时代，经济高质量发展的目标与任务，又对"双创"升级提出了更高的要求。《国务院关于推动创新创业高质量发展　打造"双创"升级版的意见》中，提出"双创"升级需要依托国家战略平台的引领性和示范性作用。要有全球化视野和全球化行动以及

立体式的产业链网络合作，同时也需要高起点的产业载体。粤港澳大湾区作为世界制造中心的关键组成部分，同时也能够借助自身拥有的科技创新优势，在国家"双创"持续升级的历史机遇面前，承担起这一历史重任，推动湾区形成一批国际化创新创业集聚地，将粤港澳大湾区打造为海外人才离岸创新创业基地及国家产业创新中心、国家技术创新中心的空间载体乃至全球化与国家战略互动的引领性平台。

（四）国家经济发展空间全面优化，粤港澳腹地优势进一步彰显

城市群是城市发展到成熟阶段的最高空间组织形式，成为带动区域发展新模式、推动区域板块之间融合互动发展的重要载体。中国高度重视城市群发展，2018年11月18日《中共中央、国务院关于建立更加有效的区域协调发展新机制的意见》明确指出以京津冀城市群、长三角城市群、粤港澳大湾区、成渝城市群、长江中游城市群、中原城市群、关中平原城市群等城市群推动国家重大区域战略融合发展，以香港、澳门、广州、深圳为中心引领粤港澳大湾区建设，带动珠江—西江经济带创新绿色发展。粤港澳大湾区城市群经济发展既要求各城市功能和定位的特色化与差异化发展，推动广东核心城市打造科技、产业创新中心和先进制造业、现代服务业基地，强化香港国际金融、航运、贸易职能中心的地位，推进澳门建设世界旅游中心，又要求带动港澳及内地经济协同发展，强化广佛同城、深莞惠一体化、深汕合作、港珠澳的联通等。国家经济空间的优化和区域联动与合作的发展，大大有利于粤港澳大湾区打造国际一流湾区和世界级城市群。

四　挑战分析

（一）世界经济持续低迷，整体不确定性提高

2018年以来，全球经济相继减速，在中美贸易摩擦、欧洲多重政治风险、新兴市场危机等多重挑战下，全球经济受到巨大冲击，使得2019年经济增长预期也受到威胁。在全球金融环境趋紧、工业生产进程放缓、贸易紧张加剧等诸多负面影响下，多家投行、国际货币基金组织（IMF）和世界银行纷纷下调对全球经济和贸易增速的预期，动荡和多变成为2019年国际经济贸易的关键词，也引发了各界对新一年国际经贸走势的担忧。在 2018 年世界银行发布的《2019 年全球经济展望报告》中指出，2019 年全球经济增长将从前一年的 3% 降至 2.9%，并于 2020—2021 年再次跌至 2.8%。IMF 对 2018—2019 年全球经济增速的预测也由 3.9% 调降至 3.8%，成为 2016 年以来 IMF 首次调降全球经济增长预测。同时，世界经济整体面临的挑战和不确定性都较以往更为严峻，威胁世界经济复苏的风险因素与日俱增。首先，发达经济体央行将继续取消十年前国际金融危机后起到支撑作用的宽松政策。其次，酝酿已久的贸易纠纷可能出现升级。最后，较高的债务水平使得一些经济体在面对全球利率攀升、投资者情绪转变或汇率波动的情况下更显脆弱。随着债务危机可能性的提升，全球经济在面临较大的系统性风险下，粤港澳大湾区要开展对外合作时的风险与阻碍势必会攀升。特别是贸易摩擦给粤港澳大湾区带来的影响尤其不容小觑，事实上近来湾区内多个城市的出口总额都有不同程度的下降，尤其是技术性的贸易摩擦可能给广州、深圳等城市的产业结构升级、高新技术产业发展都带来巨大的挑战。

（二）中国人口红利渐失，经济发展进入瓶颈期

在经历 40 年的经济高速增长后，如今中国已进入经济发展新常态。经济发展由高速增长阶段迈向追求高质量发展的阶段。当前，中国经济仍保持增长态势，且结构持续优化，但也伴随着诸多发展的瓶颈和挑战。成本提高、创新不足、产能过剩等问题日益突出，资源环境约束力不断增大，以往低工资、充沛的劳动力与城镇化等发展红利也在逐渐消失。此外，当前中国经济地位虽在全球占有一席之地，然而实际上发展水平与质量并不高。技术创新水平不足、科技资源浪费严重、制造业竞争力薄弱、核心技术受制于人等问题，使得中国全要素生产率无法获得实质性的提高与改善。而支撑着中国经济增长的储蓄率，也伴随着老龄化社会的来临逐年下降，要想短期内克服这些经济上的问题并非易事，加上中国面临各类对外贸易争端不断加剧，不仅成为当前经济改革的绊脚石，更是为中国经济发展种下了一颗不稳定的种子。粤港澳大湾区中的珠三角地区，是中国制造业的重要基地之一，目前尚在由传统工业向高端产业的转型过程之中。如何加快产业转型步伐、实现制造业从价值链低端向中高端的转移，以有效应对劳动力短缺和成本上升等挑战，是

摆在粤港澳大湾区面前不可回避的挑战之一。

(三) 高质量发展以宜居为本，环境协同治理压力陡增

当前，国际一流的城市群，特别是世界级发展较为成熟的湾区，无不以宜居环境为其基本的优势，以吸引人才等高端要素。尽管粤港澳大湾区在经济体量上已跻身世界级大湾区之一，然而其宜居生活品质却成为湾区高质量发展的短板。粤港澳大湾区在绿色环境与基础设施方面的表现是导致粤港澳大湾区宜居水平滞后的主要原因，经济基础的低效表现也造就了其低水平的宜居绩效。首先，从总体经济基础来看，粤港澳大湾区作为一个新兴湾区，在世界主要湾区中的经济地位上升幅度明显，但在经济发展水平上明显乏力。粤港澳大湾区人均GDP虽超过2万美元，但却不及旧金山湾区的20%，仅为纽约湾区和东京湾区的50%左右，经济密度也仅有三大湾区的46%，经济发展水平与三大湾区相比尚且不足，提升空间极大。其次，粤港澳大湾区的空气污染、水污染严重。2017年表征大气污染的PM2.5浓度超过其他三大湾区该指标的3倍之多，在表征水污染的地表水黑臭水体方面，粤港澳大湾区占比达8.9%，而其他三大湾区均为0。同时，粤港澳大湾区的单位GDP能耗也为世界湾区中最高。由此可见，节能减排，淘汰落后产能，注重集约型发展，继续强化生态环境的治理与改善是粤港澳大湾区补齐宜居短板的重要方向与举措。在宜居设施方面，粤港澳大湾区中每千人拥有医生数量仅为1.8个，护士比例也仅为4.3个，医疗资源难以有效满足湾区居民需求。与此同时，在医疗技术及医疗设施投入方面，粤港澳大湾区也与发达国家湾区存在显著差距。从本书湾区宜居影响力来看，粤港澳大湾区除了宜居口碑表现尚可，经济基础、绿色环境和基础设施方面均垫底四大湾区，也使得粤港澳大湾区在湾区宜居影响力上显著落后于其他三大湾区。

(四) 国内外城市群竞争激烈，湾区吸引力有待加强

随着经济全球化的加速，城市间的竞争已日益表现在以核心城市为中心的城市群之间的竞争，城市群成为一种具有全球性意义的区域发展模式与空间组合模式，强强联合的经济共同体才得以应对全球化的挑战。借由城市群带动区域发展以作为国家参与全球竞争与国际分工的全新地域单元，城市群为当前世界经济、政治开拓出了崭新的格局。在工业化与城镇化获得快速发展的基础下，城市群也成为中国经济发展的重要推手。中国已连续10年将城市群提升为推进国家新型城镇化的空间主体，可以看出政府对城市群的重视程度不一般。然而，截至2018年年底，中国已重点规划19个主要城市群，当中还包括9个国家级城市群，尽管从中能看出政府推动区域发展的积极态度，却也引发了国内城市群之间无形的竞争。加上多数城市群发展定位不明确、资源分配不均，在没有形成错位发展的情况下，更加剧了城市群间激烈的竞争。粤港澳大湾区上升为国家发展战略，致力于打造国际一流的城市群和世界级湾区，意味着未来不仅对内要和其他国家级城市群争夺资源，对外更要与国际发达国家的城市群特别是世界级的成熟大湾区展开竞争，这就需要粤港澳大湾区要致力于营造更好的发展环境，打造更富魅力的大湾区地区品牌形象，提升对高端要素的吸引力，助力湾区的高质量发展。

五　小结

通过上述分析可以发现，粤港澳大湾区在影响力方面既有明显的优势条件，也存在许多不足与挑战。基于此，粤港澳大湾区应聚焦于对标东京湾区、纽约湾区及旧金山湾区等世界级成熟湾区的发展，巩固和发挥自身优势，有效补齐自身存在的劣势与短板，紧抓机遇，应对挑战，努力打造湾区影响力提升的持久推动力。

第十六章　湾区影响力：展望与建议

经过工业革命以来的长足发展，湾区已经成为当今世界经济版图中最为重要的空间载体。湾区经济的背后，是雄厚的腹地基础、丰富的创新要素、便捷的交通网络和密切的全球联系，不断引领和带动着世界经济增长和新一轮技术变革。继美国纽约湾区、旧金山湾区以及日本东京湾区之后，粤港澳大湾区的战略定位和强势崛起，必将进一步丰富湾区发展的理论与实践，对于中国打造世界级湾区和城市群、加快形成全面开放新格局、探索创新"一国两制"体制机制，具有十分重要的战略意义。未来在总结国际先进湾区发展经验的基础上，粤港澳大湾区通过进一步深化体制机制改革，共建区域协调发展机制，大力提升区域对外开放层次、高端要素集聚水平和创新驱动能力，共同建设打造具有可持续竞争力的世界一流湾区和高质量发展典范。

一　四大湾区未来发展目标展望

在当前新技术革命方兴未艾、全球贸易保护主义抬头的背景下，湾区未来发展将被赋予更加深远的时代内涵。综观国际湾区的发展历程，其未来发展目标将主要集中在以下几个方面。

（一）引领新一轮开放潮流，打破贸易保护主义藩篱

高度开放是湾区经济最为本质的特征之一。作为全球经济的开放门户，湾区无论从货物贸易时代还是服务贸易时代都始终走在时代开放前列。在贸易保护主义抬头的背景下，湾区根深蒂固的经济自由度，在引进外来先进技术、生产方式、管理制度和吸收对外投资方面，会成为抵

御贸易保护主义的天然屏障。加上历史上形成的多元文化传统，以及开放包容的移民政策，会吸引大量外来人口来此投资兴业，形成商品要素自由流动、信息服务互联互通、本地市场与国际市场无缝对接的全方位对外开放格局。在大国间贸易摩擦加剧和政策分歧加深的现实条件下，湾区自由开放政策的"洼地效应"将会进一步凸显，成为吸纳全球资源要素、打破贸易保护主义藩篱的推进器。

（二）开创新经济增长模式，推动全球科学技术变革

当前以制造业数字化、网络化和智能化为核心内容，同时融合了物联网、新材料和新能源等科技创新和技术应用的新技术革命，正在深刻改变着全球经济增长模式和技术变革方向。与此同时，全球竞争已经从工业革命以来注重商品货物的有形竞争，演化为吸收创新要素和资源的无形竞争。四大湾区集中了全球最为优厚的大学科研机构和创新研发资源，今后在"互联网+"、大数据与云计算、新能源与新材料、3D打印和人工智能、航空航天与海洋工程设备、生物医药和生命科学等前沿领域，继续扮演新经济增长模式和全球技术变革的引领者角色。

（三）打造宜居宜业城市，推广可持续发展理念

在城市化高速发展和城市病泛滥的当今世界，四大湾区通过前瞻性的战略定位和规划布局，既保留了独特的自然生态和城市风貌，又具备现代商业城市的生产服务功能，实现人与自然和谐统一、城市与自然相互交融。通过基础设施和公共服务的国际化对接改造、英语等国际语言的普及推广，以及长期开放形成的兼容并蓄的多元文化，使湾区保持了对现代服务业和高端人才的持续吸引力，为世界城市树立了一个可持续发展的优质生活圈样板。今后四大湾区将会进一步依托其发达的全球联系，持续吸引高端人才和创新要素集聚，形成更加优质的宜居宜业社会环境，向全球推广创新、协调、绿色、开放、共享的可持续发展理念。

（四）制定国际通用规则标准，树立区域协调发展典范

四大湾区是全球跨国公司总部云集之地，许多生产和服务部门的标准制定和定价机制都源自四大湾区。此外，湾区分布着众多国际组织总部和分支机构，引领了国际通用规则的制定和发展趋势。在区域合作方

面，湾区一方面确立了市场的自发作用和主导地位；另一方面也积极发挥湾区各级政府机构在消除行政壁垒、促进区域合作、保护知识产权、协调利益分配等领域的作用。未来湾区发展应从人类共同利益出发，突破行政区划限制束缚，逐步形成湾区与湾区之间、湾区与湾区之外互利共赢、协同发展的长期合作共识。

二 粤港澳大湾区的战略目标与定位

如前所述，经过改革开放以来的长期合作发展，粤港澳大湾区已成为中国市场化程度最高、经济实力最强的区域之一。按照现有地区生产总值增速，从经济总量上跃居世界第一湾区将只是时间问题。然而，通过对标世界先进湾区的发展经验，粤港澳大湾区在功能层级、创新引领和体制机制等诸多方面还存在不足之处，创新基础和创新能力有待加强，文旅吸引力和宜居竞争力等亟待提升。党的十九大报告明确提出，"以粤港澳大湾区建设、粤港澳合作、泛珠三角区域合作等为重点，全面推进内地同香港、澳门互利合作"。2018年政府工作报告也提出要"出台实施粤港澳大湾区发展规划纲要，全面推进内地同香港、澳门互利合作"。2018年10月，习近平总书记在广东考察时强调，要把粤港澳大湾区建设作为广东改革开放的大机遇、大文章，抓紧抓实办好（李超，2018）。可以预期的是，粤港澳大湾区将在加快形成全面开放新格局、打造创新驱动现代产业体系、实施区域协调发展战略、进一步深化体制机制改革等方面迎来一个千载难逢的战略机遇期。

（一）粤港澳大湾区是加快形成全面开放新格局的桥头堡

"开放带来进步，封闭必然落后。中国开放的大门不会关闭，只会越开越大。"综观党的十九大报告，全面对外开放、增进对外交流合作成为浓墨重彩的一大亮点。报告全文先后27次提到"开放"，9次提到"外交"，5次提到"一带一路"。2018年8月召开的粤港澳大湾区建设领导小组全体会议上，国务院明确将粤港澳大湾区定位为"建设高水平参与国际经济合作新平台，构筑丝绸之路经济带和21世纪海上丝绸之路对接融汇的重要支撑区"①。2018年11月，国家发展改革委对外发布粤港澳大湾区建设的六个方面重点工作，包括打造国际科技创新中心、推进基础设施互联互通、促进要素流动便捷高效、培育国际合作新优势、加快推进重大平台建设、共建优质生活圈②。这一系列制度安排和政策措施为粤港澳地区的跨越式发展指明了方向和路径。

作为中国改革开放的先行地和市场化程度最高、开放型经济最活跃的地区之一，同时具有特别行政区、经济特区和自由贸易试验区等对外开放交流平台，粤港澳大湾区的开放程度，一定程度上引领和决定了整个国家的对外开放程度。在2017年度《中国城市竞争力报告》开放便捷的信息城市排名中，香港、澳门、深圳、广州、东莞和珠海6个城市进入了10强之列，彰显了区域整体的对外开放程度。特别是在中美贸易摩擦和全球贸易保护主义抬头的大背景下推进粤港澳大湾区建设，相对于改革开放以来的转口贸易和"前店后厂"模式而言，具有更加深远的时代意义和战略价值导向。

（二）粤港澳大湾区是打造创新驱动现代产业体系的领头雁

改革开放以来，以珠三角地区为代表的"前店后厂"模式，通过大力发展出口加工业率先融入全球价值链体系。尽管这种模式可以帮助后发地区以成本低廉的方式获得技术进步，但由于这些国际产业转移内涵的技术水平并不处于国际技术前沿，因而很难帮助后发地区缩小与发达国家的相对位势。随着本地技术越来越接近国际技术前沿，"干中学"的回报将会不断降低，可供引进和吸收的技术越来越少，加之发达国家对中国实行高新技术出口的限制。因此，外资在充分利用中国要素禀赋比较优势的同时，又将自身对代工企业的技术关联局限在安全可控的范围，这样就使得代工企业和地区长期处于被俘获的价值链体系之中，虽然在一定程度上实现了工艺升级和产品升级，但并未完成功能升级和链条升级。这种价值链的锁定状态也直接导致了湾区内部存在一定程度的产业同构和过度竞争现象。有些产业规划与布局还欠合理，具有明显的

---

① 新华社：《韩正主持召开粤港澳大湾区建设领导小组全体会议》（http：//www.gov.cn/guowuyuan/2018-08/15/content_5314122.htm）。

② 国家发改委：《粤港澳大湾区建设将重点推动六方面工作》（http：//www.gov.cn/xinwen/2018-11/15/content_5340795.htm）。

行政区划特征,结构性矛盾和问题日渐凸显。2008—2016年,在粤港澳大湾区11个城市中,除香港、澳门以外,珠三角9市的产业结构相似系数均值均大于0.8,而东莞、珠海、深圳、惠州的产业结构相似系数均值均大于0.9(覃成林、潘丹丹,2018)。产业同构无疑成为一体化的一大阻碍,它使得各城市之间的竞争紊乱无序,既削弱珠三角城市群的核心竞争力,也造成城市间的重复建设和资源浪费。总体上,粤港澳大湾区仍面临着由行政区划经济向以产业分工为主的区域经济转变的艰巨任务。

与此同时,虽然在转型发展的实践探索中,广东省较早提出了"腾笼换鸟"和打造现代产业体系的相关举措,积极加大产业科技创新投入力度,扶持高端产业并转移升级落后产业,在全国率先开展了转变发展方式、优化经济结构、转换增长动力的积极实践,先进制造业和高新技术制造业出现向好趋势,从而进一步奠定了全球制造业基地的地位。但与国内外其他发达地区相比,广东省在创新要素和产业引领方面仍有待提升。目前广东R&D经费支出占地区GDP比重仅为2.65%,装备制造业增加值仅占总产值的25%左右,独角兽企业仅有19家,远落后于京沪等同类发达地区。在创新驱动的知识城市排名方面,珠三角城市中仅有深圳、广州排名较为靠前,其他城市均位于20名以外。为此,亟须借力粤港澳大湾区建设机遇,积极吸引和对接全球创新资源与科技前沿领域。进一步加大研发投入和自主创新能力建设力度,努力突破西方国家对中国的技术锁定状态,通过构建区域价值链来引领和带动粤港澳地区实现产业升级和互利共赢,携手抢占价值链环节中的制高点。

(三)粤港澳大湾区是实施区域协调发展战略的助推器

党的十九大报告提出,"创新引领率先实现东部地区优化发展,建立更加有效的区域协调发展新机制"。在实施践行区域协调发展战略方面,珠三角地区在长期发展过程中已经形成了一些初步的合作与协调机制,主要表现在合作领域扩大、合作机构的建立、合作行为制度化、重视合作纠纷的解决等方面,如合作领域不断深化,基础设施建设、环境保护、旅游资源的开发与整合、贸易一体化、产业结构转移和升级、搭建信息服务平台等项目和内容不断扩大。创建了长期互动的组织机制,在珠三角内部,有关城市之间签署了《"广佛同城化"合作协议》《"深惠莞"合作协议》《"珠中江"合作协议》《珠三角区域应急管理合作协议》《警务合作协议》《九市反走私合作协议》及《公积金异地互贷协议》等众多协议。按照《珠三角规划纲要》，在珠三角签订的合作框架协议中，都提出设立市际区域合作"领导小组""专责小组"和日常办公机构，作为推进和发展合作的领导机构，领导小组通常由协议成员方的市委书记、市长组成，负责重大事项的决策和协调。

虽然珠三角城市间协调发展表现较好，但粤北和东西两翼发展仍相对滞后，经济发展过程中仍面临许多不平衡不充分的矛盾和问题。2017年，粤东西北地区生产总值的增速低于珠三角1.2个百分点，占全省比重较2016年下降了0.2个百分点；规模以上工业增加值增速低于珠三角1.8个百分点，占全省比重进一步下降了0.5个百分点。从广东省地级市的地区生产总值增速来看，增幅极差为4.2个百分点，比2016年进一步扩大了0.2个百分点。从反映区域发展差距的变异系数来看，2017年广东城市综合经济竞争力指数的变异系数达到1.331，从省级层面排名全国第26，远远落后于广东省城市综合经济竞争力的整体表现。并且从全国的排位情况来看连续4年保持不变，表明省内城市间的经济发展水平差异较大的局面并未得到显著改善。各分项指标之间的表现情况也差异较大，生态城市、和谐城市与文化城市竞争力的表现相对较弱。其中，单位GDP二氧化硫排放量、城市国际知名度以及万人刑事案件逮捕人数三个指标是拉低分项竞争力的重要原因。因此，通过全力打造粤港澳大湾区，统筹推进珠三角地区优化发展、引领粤东西北地区协调发展，对于国家实施区域协调发展战略、妥善解决当前发展过程中面临的不平衡不充分的矛盾，具有明显的战略意义和示范作用。

（四）粤港澳大湾区是进一步深化体制机制改革的试验场

去年是改革开放40周年，进一步深化体制机制改革是对改革开放40周年的最好纪念。习近平总书记在党的十九大报告中，先后69次提到"改革"，并告诫全体党员干部要"以壮士断腕的勇气、凤凰涅槃的决心，敢于向积存多年的顽瘴痼疾开刀，敢于触及深层次利益关系和矛盾，把改革进行到底"。广东作为中国近代民主革命策源地和改革开放先行地，在新时期进一步引领改革时代潮流、破除体制机制障碍的任务异常艰巨。一方面，中国改革已进入攻坚期和深水区，容易改的问题都改得差不多了,剩下的都是难啃的硬骨头;另一方面,改革开始从"帕累托改进"走向"卡尔多改进",来自既得利益群体的阻力将会制约改革的进程。

为此,在新形势下推进粤港澳大湾区建设,既要具有改革探路者的非凡勇气和责任担当,更要在关系国计民生的一些重大改革领域实现新突破。第一,要在粤港澳大湾区框架下探索"一国两制"的制度创新空间,如何严格依照宪法和基本法办事,坚守"一国"之本并善用"两制"之利。第二,要在深圳、珠海、汕头经济特区和前海、南沙、横琴自贸片区等粤港澳合作平台上,赋予更大改革自主权,为全国提供可复制和推广的先行先试经验。第三,鼓励并支持跨区域合作向纵深推进,如澳门与珠海合作推进的"澳门大学横琴校区"、澳门与中山共建的"粤澳全面合作示范区"、深圳与汕尾合作推进的"深汕特别合作区"等。第四,要加强推进粤港澳大湾区实行统一的非歧视性原则、市场准入原则、透明度原则、公平原则,清理各类不一致的法规文件,逐步取消一切妨碍区域市场一体化的制度与政策规定,取消一切妨碍商品、要素自由流动的区域壁垒和歧视性规定,促进市场的发育与完善,为生产要素在区域内自由流动创建制度化平台。

三 粤港澳大湾区影响力提升建议

(一)以全球视野大力提升湾区对外开放总体层次

为顺应国家实施新一轮对外开放的总体走势,粤港澳大湾区应积极发挥港澳的自由港优势和前海、南沙、横琴自贸试验片区的制度创新优势,加快建立促进湾区投资贸易便利化、与国际标准无缝衔接的体制机制。具体而言可以从如下方面着手推进。

一是建立符合国际通用规则的全方位对外开放新体制。充分发挥香港、澳门的自由贸易港优势和广东开放型经济体系优势,探索推广"法不禁止皆可为"的负面清单制度,全面实行外商直接投资准入前国民待遇,对外商投资的监管重点由以前的重视事前审批转化为事中事后监管,建立更加开放、透明的市场准入制度,依法保护外商投资企业及其所有权人的财产权益。全面推广粤港澳对接,符合国际惯例的集工商、税务、质检于一体的"一照三号"商事登记制度,将行政服务体系纳入国际化和法制化的轨道中来,打造透明高效、竞争有序的国际化营商环境。加大国际口岸、国际航空港的互联互通水平和便利化程度,推动国内电子商务与跨境电子商务融合发展,放眼国内和国际两种要素、两个市场,加大湾区企业"走出去"和外部企业"引进来"步伐,逐步形成全方位、高层次的对外开放新格局。

二是加大英语、葡语等国际语言的推广力度和使用范围,努力实现基础设施和公共服务的国际化对接改造。充分利用港澳数百年来积淀的国际贸易中心的历史地位和面对英语国家、葡语国家的平台窗口作用,有效对接国家"一带一路"倡议,在商品和服务贸易、检验检疫和质量标准、国际会展、跨境电子商务、人民币跨境业务创新等领域内,共同打造21世纪海上丝绸之路的重要战略节点和先行先试示范区。从粤港澳大湾区的整体层面,重点提升区域文旅影响力和宜居影响力,不断增强对国际组织和国际旅客的吸引力。

三是以港澳自由贸易港和粤港澳大湾区建设为契机,探索推进自由贸易港的扩容扩围。早在1988年,邓小平同志就曾指出:"现在有一个香港,我们在内地还要造几个'香港',就是说,为了实现我们的发展战略目标,要更加开放。"党的十九大报告以及2018年政府工作报告均明确指出,要"在自贸试验区的基础上,探索建设自由贸易港"。未来要在充分总结自贸试验区试点经验的基础上,通过积极与国家有关部门沟通协调,争取在粤港澳大湾区范围内进行自由贸易港扩容扩围的"先行先试",逐步形成"大湾区+自由贸易港"的发展模式,可以有力支撑粤港澳大湾区成为国际标准和全球贸易规则的引领者。

(二) 以制度创新为突破口共建湾区协调发展机制

从世界发达湾区一体化发展经验来看,成熟而完善的超越地方行政区划的组织机构是区域一体化的核心动力,也就是说需要有一个权威的组织机构来统领区域一体化发展。粤港澳大湾区一体化发展要充分考虑在中央统一领导及发挥粤港澳三地协调功能的背景下,构建以粤港澳大湾区建设领导小组为区域一体化的协调推进机构,统筹推进粤港澳大湾区发展规划,协调解决粤港澳大湾区一体化发展的重大现实问题(毛艳华、荣健欣,2018)。

在粤港澳大湾区建设领导小组下面,设立粤港澳大湾区协调管理委员会、粤港澳大湾区协调发展理事会和粤港澳大湾区法律监督委员会三个主要执行机构，承担粤港澳大湾区一体化具体的执行监督任务。其中，粤港澳大湾区协调管理委员会包括跨地区政府协调组织、大湾区利益协调组织、综合绩效评价组织及应急管理协调组织，负责大湾区政府之间的沟通与交流，按期举办粤港澳大湾区建设领导小组会议、粤港澳大湾区市长联席会议，协调诸如信息交流、社会福利等地方之间的利益分配。构建和实施一体化进程中的地方政府综合绩效评价体系，负责针对诸如自然灾害、经济危机以及社会事件等应急管理事件的沟通协调。粤港澳大湾区协调发展理事会包括发展规划协调组织、大湾区发展基金会、产业协调发展组织、基建与环境协调组织以及教育与人才交流组织。粤港澳大湾区法律监督委员会包括大湾区法制协调组织、大湾区监督协调组织、反馈与争端协调组织以及民间行业协会组织。

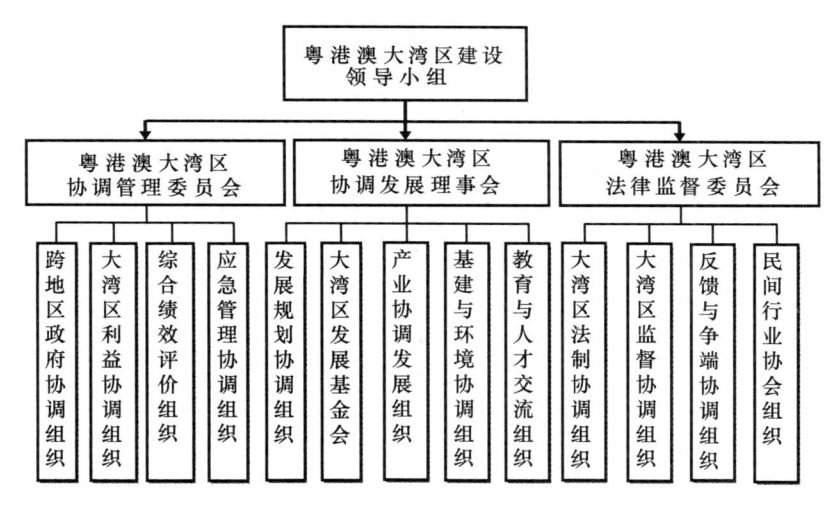

图 16—1　粤港澳大湾区建设领导小组结构框架

粤港澳大湾区建设领导小组及主要执行机构的职能可划分为以下六个方面：（1）规划统筹职能，包括空间组织性规划、社会发展调适性规划、经济导向性规划及生态功能性规划，区域开发规划、土地控制规划、城镇体系规划、产业布局规划、设施配置规划、生态保育规划等。（2）设施配置职能，主要指区域性公共基础设施的统筹安排、科学设置与合理布局，包括城际通道、物流枢纽、信息平台、地下网管、安全装置等现代化服务设施设备等。（3）产业协作职能，制定产业协作政策，提升大湾区产业协作深度、广度、力度与强度。（4）市场监管职能，强化区域市场的共同治理和有序监管，维护具有强大扩张集聚势能的产业成长生态与市场竞争秩序，营造优良的产业竞争机制与最佳营商环境。（5）服务协同职能，协调大湾区各城市行为，构筑目标激励性与规制约束性并存的经济社会竞合机制和政府职能运作协调机制，适度推进饮用水质量、空气质量等粤港澳大湾区公共服务的统一标准制定。（6）资金调配功能，通过设立粤港澳大湾区发展基金或发行专项债券来发挥资金调配功能。可参照欧盟模式设立大湾区发展基金，湾区11个城市按照比例缴纳。基金的使用应该符合"共同受益"原则，使用方向应该是对一体化建设推进，如加紧对新五同（交通同网、能源同体、信息同享、生态同建、环境同治）的建设治理。

（三）以战略眼光加快提升湾区高端要素集聚水平

未来世界的竞争将主要围绕金融资本和创新资源等高端要素展开。积极吸引和对接全球创新资源，深入推动投资便利化和贸易自由化，将是充分发挥粤港澳综合优势、建设富有活力和国际竞争力一流湾区的核心要义[1]。具体而言可以从如下两个方面重点推进。

一是携手打造功能完备的国际金融中心。国际金融中心已经成为世界著名湾区的标配，东京国际金融中心、纽约华尔街国际金融中心以及旧金山湾区完备的风险投资和创业投资基金，成为湾区经济引领世界发展潮流的重要支撑因素。截至2017年年底，粤港澳三地银行总资产合计约7万亿美元，银行存款总额高达4.7万亿美元，两项均超过纽约湾区和旧金山湾区，完全具备打造国际金融中心的现实基础。未来围绕大湾区国际金融中心建设，一方面要进一步提升强化香港作为全球人民币离岸中心和国际资产管理中心的地位，加强人民币金融产品和制度创新，以建设国际金融中心为契机大力推进人民币国际化；另一方面，在"深港通"和"债券通"基础上，进一步推动粤港澳资本市场互联互通步伐，充分发挥广州、深圳金融中心的外引内联作用，为香港和境外金

---

[1] 国家发改委：《粤港澳大湾区建设将重点推动六方面工作》（http://www.gov.cn/xinwen/2018-11/15/content_ 5340795.htm）。

融机构投资内地提供中转站和后援服务。此外，要大力探索推广风险投资理念，打造具有粤港澳大湾区特色的"知识产权银行+金融资本全链条服务+创新成长指数"的知识产权金融服务支撑体系，开创知识产权与金融资本、资本市场密切结合的风险投资和创业投资运营新模式。

二是携手打造具有全球影响力的创新引智基地。积极吸引和对接全球创新资源，以粤港澳高校和科研院所为基础，加快建设"广州—深圳—香港—澳门"科技创新走廊，打造粤港澳大湾区国际科技创新中心和国际知识产权交易中心；以香港中文大学深圳校区、澳门大学横琴校区、香港科技大学南沙校区、广东以色列理工学院为基础，大力吸引世界知名高等院校和科研机构到湾区合作办学、联合建立科技创新中心，支持在大湾区建立中国科学院、中国社会科学院、中国工程院等院属研究机构；逐步扩大港澳高校对"一带一路"国家和内地的招生规模，加快推进国际化办学步伐和国际化人才的培养力度，搭建一个开放互通、中西共融的科技创新舞台；加快国际人才流动服务中心和国际创新合作平台建设，以创新产业园区和创业谷等多种形式，鼓励支持高技术研发人才和高级管理人才到大湾区就业、创业和居住，形成具有全球影响的创新要素密集区。

（四）以前瞻性思维长远谋划湾区现代产业体系

发达的现代产业体系和完备的城市群治理体系，是世界先进湾区成功的基本经验。而现代产业体系的价值链环节在特定空间分布中，一般也会遵循附加值距离衰减原理。因而，在纽约、旧金山和东京等核心城市周围，一般会形成与现代服务业相配套的产业集群。这样既可以充分利用核心城市的资金、人才和信息优势，又有利于湾区内部实现差异化的发展格局。未来将粤港澳大湾区建设成为具有国际竞争力的一流湾区，必须要以前瞻性思维长远谋划湾区现代产业体系。

一是要准确把握世界新技术革命的发展态势和粤港澳大湾区的比较优势，坚持贯彻创新、协调、绿色、开放、共享的新发展理念，打造具有中国特色、湾区特点的高质量发展典范。充分利用"互联网+""人工智能+"等产业融合和业态融合模式，加快推进大湾区由"前店后厂""世界工厂"向"全球制造业中心"转型升级，积极推动大湾区制造业服务化。在大数据与云计算、新能源与电动汽车、新材料和生物医药、轨道交通与人工智能等战略性新兴产业领域,力求实现技术突破和弯道超车。在汽车及零部件制造、船舶及海洋工程装备、核电、风电、光伏发电及输变电设备、通用专用机械、航空等装备制造业,以及石油化工、家用电器、金属制品、纺织建材等优势传统产业领域,实现规模化、自主化和集约化改造。在旅游休闲、外包服务、教育培训、物流会展等现代服务业领域,形成国际化、规模化和品质化升级。

二是积极构建粤港澳大湾区"总部经济+制造基地"产业布局体系。总部经济的发展,通过增加生产环节的维度延长了价值链,丰富了各种生产要素进行重组的空间,为充分发挥生产要素的潜能提供了基础。同时也为湾区城市之间"从竞争走向合作"奠定了分工基础,从而成为粤港澳大湾区形成良性互动的微观机制。在湾区内部合理分工和发展定位的基础上,加快形成"A"字形产业空间布局形态,即东岸知识密集型产业带、西岸技术密集型产业带和沿海生态环保型重化产业带;支持香港巩固提升国际贸易、金融和航运中心地位,积极谋划建设国际创新科技中心;支持澳门建设"一中心、一平台"(即"世界旅游休闲中心"和"中国与葡语国家商贸合作服务平台"),努力打造中医药科技产业发展平台。

三是协调城市群与现代化经济体系的互动机制。实践研究表明,一个内部经济发展协调的城市群可以使地理位置、生产要素和产业结构不同的各等级城市承担不同的经济功能,在区域范围内实现单个城市无法达到的规模经济和集聚效应。因此,构建城市群与现代化经济体系的互动机制,有利于形成资源互补、产业关联、梯度发展的多层次现代化经济体系功能圈。在现实条件下大力推进粤港澳大湾区一体化的同时,可以从经济基础相近和发展条件相似的地区之间率先构建"区域价值链",从而通过湾区整体的辐射渗透作用,实现向全球价值链附加值高的环节攀升。

(五)以宜居宜业为目标共同打造粤港澳优质生活圈

共建粤港澳大湾区优质生活圈,是未来大湾区建设的重大任务之一。"以改善民生为重点,增加优质公共服务和生产生活产品供给",是事关新时代"一国两制"伟大构想成功实践的重点民心工程,也是彰显中国特色社会主义生命力和美好未来的重要窗口平台。未来共同打造粤港澳优质生活圈,可以从如下方面进行重点推进。

一是在基础设施互联互通的基础上，实施推进高效的"一地两检"制度。探索在粤港澳大湾区内部实现货物和人员通关"一地两检"，争取通过一次查验完成粤港澳大湾区多方的检查检验要求，建立简洁高效的湾区通关便利化制度。在粤港和港澳两地车牌、澳门配额的港籍单牌车辆基础上，探索在大湾区内部实现车辆配额上逐步放宽，有序实现粤港澳大湾区私家车便利出行。充分利用港珠澳大桥、广深港高铁建成通车的示范效应，以及完成深中通道、虎门二桥等多座连接珠江口东西岸跨江跨海大桥的建设规划，构建高效便捷的现代综合交通运输体系，全力打造粤港澳大湾区城市群"一小时"优质生活圈。

二是着力解决大湾区一系列重点民生领域问题。针对香港、澳门地域空间狭小和房价高企的现实问题，可以探索大湾区合作共建集养老、居住、医疗、就业、教育于一体的社区项目，参照港澳先进社区治理模式进行日常管理，在公共场所和办事机构增加英语、葡语和繁体字等工作语言和指示标记，更好地实现大湾区居民优质公共服务的共建共享。在粤港澳大湾区范围内可参考国际标准，开展内地与港澳高校学历和职业资格证互认工作，落实粤港澳三地居民个税差额补贴办法。支持港澳居民在珠三角地区开办社会福利机构，配合粤港澳大湾区完善对接社会福利政策，鼓励港澳医院和学校与内地医疗教育机构合作，跨地域为湾区居民提供医疗教育服务，实现包括医疗保险和教育公共服务的异地接续。逐步实现在通信资费、上网流量费、跨境交通卡等领域的同城化，逐步建立以资本项目可兑换、扩大跨境人民币使用为重点，探索大湾区企业居民资金往来同城结算（李超，2015）。

三是建立统一的社会协同治理机制。充分学习和借鉴上海自贸区已经形成的安全审查制度、反垄断审查制度，健全社会信用体系、信息共享和综合执法制度、社会力量参与市场监督制度，共同谋划大湾区的定位和长远发展，进一步建立健全三地的合作交流机制，创新社会管理机制，完善法律互补机制。针对粤港澳三地市场监管执法标准不一问题，制定市场经营行为差异化责任豁免、争端协调机制和处理办法，当事人在仲裁规则中可根据实际情况约定中文、英文和葡文作为仲裁语言。在司法制度建设上，深化法官会议制度和主任检察官制度等司法领域改革，利用国际仲裁院挂牌的契机，打造亚太地区国际仲裁和法律服务高地，逐步建立起与港澳对接的国际化、法制化的司法制度环境。

主要参考文献

广东省社会科学院：《粤港澳大湾区建设报告（2018）》，社会科学文献出版社 2018 年版。

国世平：《粤港澳大湾区规划和全球定位》，广东人民出版社 2018 年版。

刘彦平主编，许峰、赵峥、钱明辉、何春晖副主编：《中国城市营销发展报告（2018）：创新推动高质量发展》，中国社会科学出版社 2019 年版。

刘彦平主编，许峰、赵峥、钱明辉、何春晖副主编：《中国城市营销发展报告（2017）：国家品牌战略的城市担当》，中国社会科学出版社 2018 年版。

卢文彬：《湾区经济：探索与实践粤港澳大湾区》，社会科学文献出版社 2018 年版。

马化腾：《粤港澳大湾区数字化革命开启中国湾区时代》，中信出版社 2018 年版。

王廉：《粤港澳大湾区城市群文化特色与发展对标》，花城出版社 2018 年版。

温国辉：《2017 粤港澳大湾区城市群年鉴》，方志出版社 2017 年版。

张光南、周吉梅：《粤港澳大湾区可持续发展指数报告》，中国社会科学出版社 2018 年版。

张文忠：《中国宜居城市研究报告》，社会科学文献出版社 2006 年版。

蔡赤萌：《粤港澳大湾区城市群建设的战略意义和现实挑战》，《广东社会科学》2017 年第 4 期。

陈德宁、郑天祥、邓春英：《粤港澳共建环珠江口"湾区"经济研究》，

《经济地理》2010 年第 10 期。

陈飞、陆伟、李健：《日本京滨临海工业区建设发展实践及启示》，《国际城市规划》2014 年第 29 期。

范恒山：《把握战略机遇　推动高质量发展》，《区域经济评论》2018 年第 3 期。

范恒山：《推动实现城市发展的动态平衡》，《宏观经济管理》2018 年第 4 期。

庚晋、周洁：《美国被袭暴露国家安全问题》，《吉林劳动保护》2001 年第 5 期。

辜胜阻、曹冬梅、杨嵋：《构建粤港澳大湾区创新生态系统的战略思考》，《中国软科学》2018 年第 4 期。

顾文选、罗亚蒙：《宜居城市科学评价标准》，《北京规划建设》2007 年第 1 期。

关红玲、吴玉波、宋媚婷、张珂：《粤港澳大湾区"9 + 2"城市创新科技关键因素比较分析》，《港澳研究》2018 年第 1 期。

桂昭明、梅介人、娄星：《人才资源是现代经济增长的主要源泉——人才与经济增长模型实证研究》，《科技进步与对策》1997 年第 5 期。

何诚颖、张立超：《国际湾区经济建设的主要经验借鉴及横向比较》，《特区经济》2017 年第 9 期。

黄枝连：《探索"大珠三角"的可持续发展——关于粤港澳在珠三角交流协作的理论与实践》，《计划与市场探索》2003 年第 1 期。

黄枝连：《粤港澳湾区发展论》，《经济导报》2009 年第 16 期。

江璐明、张虹鸥、梁国昭：《环珠江口与环东京湾地区产业发展及环境比较》，《热带地理》2005 年第 4 期。

蒋玉宏、王俊明、朱庆平：《从 2017 硅谷指数看美国硅谷地区创新创业发展态势》，《全球科技经济瞭望》2017 年第 32 期。

经济学人智库：《2018 全球安全城市排名榜单》，《经济学人》2018 年。

李超：《澳门与横琴自贸区融合发展机制探析》，《澳门研究》2015 年第 3 期。

李超：《粤港澳大湾区：广东改革开放的大机遇大文章》，《深圳特区报》2018 年 11 月 20 日。

李丽萍、吴祥裕：《宜居城市评价指标体系研究》，《中共济南市委党校学报》2007年第3期。

李业锦、张文忠、田山川：《宜居城市的理论基础和评价研究进展》，《地理科学进展》2008年第3期。

刘艳霞：《国内外湾区经济发展研究与启示》，《城市观察》2014年第3期。

刘应希：《广州地区经济发展与大气二氧化硫排放的关系探讨——近18年广州环境库兹涅茨曲线分析》，《广州环境科学》2005年第2期。

鲁玫村：《世界湾区产业发展的特征及其经验借鉴》，《特区经济》2018年第8期。

鲁志国、潘凤、闫振坤：《全球湾区经济比较与综合评价研究》，《科技进步与对策》2015年第11期。

陆仕祥、覃青作：《宜居城市理论研究综述》，《北京城市学院学报》2012年第1期。

马忠新、伍凤兰：《湾区经济表征及其开放机理发凡》，《改革》2016年第9期。

毛艳华、荣健欣：《粤港澳大湾区的战略定位与协同发展》，《华南师范大学学报》（社会科学版）2018年第4期。

欧小军：《世界一流大湾区高水平大学集群发展研究——以纽约、旧金山、东京三大湾区为例》，《四川理工学院学报》（社会科学版）2018年第3期。

申勇、马忠新：《构筑湾区经济引领的对外开放新格局——基于粤港澳大湾区开放度的实证分析》，《上海行政学院学报》2017年第1期。

宋会敏：《从"犯罪之都"到"安全城市"——20世纪90年代纽约市犯罪率下降原因探析》，硕士学位论文，华东师范大学，2010年。

覃成林、潘丹丹：《粤港澳大湾区产业结构趋同及合意性分析》，《经济与管理评论》2018年第3期。

王传福：《粤港澳湾区可对标东京湾区，大力发展轨道交通》，《中国机电工业》2017年第9期。

王方方、杨焕焕：《粤港澳大湾区城市群空间经济网络结构及其影响因素研究——基于网络分析法》，《华南师范大学学报》（社会科学版）

2018 年第 4 期。

王宏伟：《日本城市公共安全管理的经验与启示》，《中国减灾》2009 年第 8 期。

王建红：《日本东京湾港口群的主要港口职能分工及启示》，《中国港湾建设》2008 年第 1 期。

王静田：《国际湾区经验对粤港澳大湾区建设的启示》，《经济师》2017 年第 11 期。

温婷、蔡建明、杨振山：《国外城市舒适性研究综述与启示》，《地理科学进展》2014 年第 33 期。

伍凤兰、陶一桃、申勇：《湾区经济演进的动力机制研究——国际案例与启示》，《科技进步与对策》2015 年第 23 期。

冼雪琳、安冬平：《粤港澳大湾区高等教育现状及合作模式探讨》，《深圳信息职业技术学院学报》2017 年第 4 期。

谢志强：《深圳湾区经济助推中国开放》，《人民论坛》2015 年第 6 期。

杨海生、周永章、林剑箐：《中国城市大气环境库兹涅茨曲线——来自动态面板数据的证据》，《资源开发与市场》2008 年第 7 期。

叶小青：《佛山制造挺起粤港澳大湾区脊梁》，《佛山日报》2017 年 3 月 10 日。

俞少奇：《国内外发展湾区经济的经验与启示》，《福建金融》2016 年第 6 期。

张日新、谷卓桐：《粤港澳大湾区的来龙去脉与下一步》，《改革》2017 年第 5 期。

张文忠：《中国宜居城市建设的理论研究及实践思考》，《国际城市规划》2016 年第 31 期。

赵健：《纽约—新泽西港务发展运营模式及对上海港的启示》，《中国名城》2013 年第 5 期。

郑天祥：《大珠三角港口群的竞争与合作》，《港口经济》2005 年第 3 期。

钟韵、胡晓华：《粤港澳大湾区的构建与制度创新：理论基础与实施机制》，《经济学家》2017 年第 12 期。

陈庭翰：《21 世纪日本制造业企业竞争战略调整研究》，博士学位论文，吉林大学，2017 年。

Anholt, Simon (2007), *Competitive Identity*, *Hampshire*, U. K.: Palgrave Macmillan.

Barke, M. (1999), "City Marketing as a Planning Tool", Pacione, M. (ed.), *Applied Geography: Principles and Practice*, London: Routledge.

Braun, E., J. Eshuis, E. H. Klijn (2014), "The Effectiveness of Place Brand Communication", *Cities*, Vol. 41.

Dinnie, Keith (2015), *Nation Branding: Concepts, Issues, Practice*, U. K.: Routledge.

Hankinson, Graham (2007), "The Management of Destination Brands: Five Guiding Principles based on Recent Developments in Corporate Branding Theory", *Journal of Brand Management*, 14 (3).

Hanna, S., & Rowley, J. (2014), "Towards a model of the Place Brand Web", *Tourism Management*, 48 (June).

Kavaratzis, M. (2007), "City Marketing: The Past, the Present and Some Unresolved Issues", *Geography Compass*, 1 (3).

Kavaratzis, M. (2004), "From City Marketing to City Branding: Towards a Theoretical Framework for Developing City Brands", *Place Branding*, 1.

Kavaratzis, Mihalis; Hatch, Mary Jo. (2013), "The Dynamics of Place Brands: An Identity-based Approach to Place Branding Theory", *Marketing Theory*, 13 (1).

Kotler, P., Gertner, D. (2002), "Country as Brand, Product, and Beyond: A Place Marketing and Brand Management Perspective", *Journal of Brand Management*, 9 (4).

Kotler, P. and Keller, K. (2006), *Marketing Management*, *12th Edition*, Prentice Hall, Upper Saddle River.

Landry, C. (2008), *The Creative City: A Toolkit for Urban Innovators*, Routledge, New Stroud, UK: London; Sterling, VA.

Stubbs, J. and Warnaby, G. (2015), *Rethinking Place Branding from a Practice Perspective: Working with Stakeholders in Kavaratzis & Warnaby, G*

& Ashworth G. J. (eds) *Rethinking Place Branding*, London, Springer.

Warren, Giannina and Dinnie, Keith (2017), "Exploring the Dimensions of Place Branding: An Application of the ICON Model to the Branding of Toronto", *International Journal of Tourism Cities*, 3 (1).

Wood, Phil and Landry, Charles (2008), *The Intercultural City: Planning for Diversity Advantage*, London: Earthscan.

主要数据及资料来源

BEA, Regional data.

Governing Metropolitan Areas Growth and Change in a Networked Age.

http：//hk. eastmoney. com/news/1532，20180822931774574. html，2018 - 10 - 15.

https：//labor. ny. gov/stats/PDFs/Significant-Industries-New-York-State. pdf，2018 - 11 - 12.

https：//learningenglish. voanews. com/a/millionaires-in-america-where-are-they-/4562023. html，2018 - 09 - 15.

https：//www. bestplaces. net/economy/city，2018 - 10 - 16.

https：//www. cheatsheet. com/money-career/these-are-the-cities-where-millionaires-live-in-america. html，2018 - 09 - 12.

https：//www. hotel-online. com/News/PR2004_ 2nd/June04_ SFCVB. html.

https：//www. labor. ny. gov/stats/cesemp. asp.

https：//www1. nyc. gov/site/opportunity/poverty-in-nyc/poverty-measure. page.

http：//library. rpa. org/pdf/RPA-Anchors-Opp ortunity-Network. pdf.

Wind 资讯数据库，https：//wind. com. cn/。

大都会运输委员会网站，https：//mtc. ca. gov/。

东京市政府网站，http：//www. metro. tokyo. jp/english/。

广东统计信息网，http：//stats. gd. gov. cn/。

旧金山规划局网站，http：//sf-planning. org/sustainable-development。

旧金山环境部门网站，https：//sfmayor. org/strategy-and-performance/en

vironment。

旧金山环境委员会网站，https：//www. sustainable. org/creating-community/community-visioning/717 – the-sus% 20tainability-plan-for-the-city-of-san-francisco。

旧金山旅游局网站，http：//www. sftravel. com/article/% E2% 80% 9Cshop-sf-% E2% 80% 93 – get-more% E2% 80% 9D-includes-180-special-offers-and-other-incentives-san-francisco。

每日商业网站（Business News Daily），https：//www. businessnewsdaily. com/8775-doing-business-in-new-york. html。

区域规划委员会网站（Regional Plan Association），http：//www. rpa. org/publications。

湾区政府协会网站，https：//www. abag. ca. gov/。

香港金融管理局，https：//www. hkma. gov. hk/chi/index. shtml。

粤港澳大湾区建设官网，https：//www. bayarea. gov. hk/sc/home/index. html。

新华社：《韩正主持召开粤港澳大湾区建设领导小组全体会议》，http：//www. gov. cn/guowuyuan/2018 – 08/15/content_ 5314122. htm。

国家发改委：《粤港澳大湾区建设将重点推动六方面工作》，http：//www. gov. cn/xinwen/2018 – 11/15/content_ 5340795. htm。

广东各市的《国民经济和社会发展第十三个五年规划纲要》。

附录一　中国社会科学院财经战略研究院简介

中国社会科学院财经战略研究院（National Academy of Economic Strategy，CASS）（以下简称"财经院"），成立于1978年6月。其前身为中国社会科学院经济研究所财政金融研究组和商业研究组。初称"中国社会科学院财贸物资经济研究所"。1994年，更名为"中国社会科学院财贸经济研究所"。2003年，更名为"中国社会科学院财政与贸易经济研究所"。2011年12月29日，作为中国社会科学院实施哲学社会科学创新工程的一个重大举措，也是在创新工程后成立的首批跨学科、综合性、创新型学术思想库和新型研究机构，以财政与贸易经济研究所为基础，组建综合性、创新型国家财经战略研究机构——财经战略研究院，并从此改用现名。

著名经济学家刘明夫、张卓元、杨圣明、刘溶沧、江小涓、裴长洪、高培勇、何德旭先后担任所长。现任院长为何德旭研究员，党委书记为闫坤研究员。

作为中国社会科学院直属的研究机构，自成立以来，财经院与祖国的改革开放事业共同成长，始终以天下为己任，奋进在时代前列。几代财经院人，不辱使命，在中国经济社会发展进程中的几乎每一个环节，都留下了自己的印记。经过40年的努力，今天的财经院已经发展成为拥有财政经济、贸易经济和服务经济等主干学科板块，覆盖多个经济学科领域的中国财经科学的学术重镇。

附录二 "中社智库"简介

2015年，中国社会科学出版社根据中央加快中国高端新型智库建设的要求，服务中国社会科学院党中央和国务院思想库与智囊团的定位，创新推出了国家智库报告这一新的出版形态，不仅得到了政府和学界的高度关注，还被社科院纳入创新工程绩效考核体系，成为国家级高端智库的重要发布平台，在国内外产生了良好的反响。随着国家智库报告影响力的不断提升，2016年中国社会科学出版社成立中国社会科学智库成果出版中心，配有专业编辑13人，打造了"中社智库"品牌。该品牌分为四大出版系列：国家智库报告、地方智库报告、智库丛书和年度报告。三年来，"中社智库"共推出国家智库报告200余种，地方智库报告30余种，年度报告40余种，智库丛书100余种。中国社会科学出版社已经成为国内第一家系统、密集、快速发布高端智库成果的平台。

近两年，"中社智库"图书频频亮相国际论坛。在2017年"一带一路"国际合作高峰论坛、2018年中非合作论坛北京峰会、改革开放与中国扶贫国际论坛上，"中社智库"均由中宣部点名推荐，将中英文智库成果送上论坛展示，取得了良好的效果，在与会政界人士、各国媒体中引起热烈反响。

"中社智库"积极推动优秀智库成果在海外的出版发行，其中，《中国工业经济运行年度报告》就与斯普林格出版社签约。国家智库报告等相关智库成果被英国帕斯出版社做成季刊，目前已完成4期，受到了欧美学者、智库的广泛欢迎，销量情况良好。"16+1"智库系列在欧洲已经获得认可，其中《欧洲与"一带一路"：风险与回应》等报告被塞尔维亚几所大学列为教材，在东欧引起了较大反响，波兰、克罗地亚、罗马尼亚三国大使称赞报告非常有价值，希望以后能继续出版这一系列报告，供双方企业参考。《中国海外投资风险评级报告》也是2017年中国社科院创新工程重大成果发布项目，现已成为品牌报告，各国大使馆非常重视该报告一年一度的发布，有国家就因排名靠后而派大使前来斡旋，以期提高来年排名。

2018年年底，国家智库报告中英文版"新时代中非友好合作系列"被列为中国社会科学院年度重大发布成果，国家智库报告中英文版"精准扶贫系列""中国海外投资国家风险评级"被中国智库索引（CTTI）列入年度精品成果。

三年来，"中社智库"立足中国社科院，与院内30多家研究所及智库单位签订了战略合作协议，同时也面向全国高端智库，和中国人民大学、北京大学、复旦大学、中山大学、武汉大学、国家发改委宏观经济研究院等建立合作。

作为新时代智库出版的领跑者，"中社智库"今后将继续利用各种平台和渠道，宣传推广各高端智库的研究成果，不仅发挥其在国内咨政建言的作用，更要通过对外合作，实现其公共外交的职能。

跋

湾区经济是伴随着原有港口贸易功能提升而不断衍生出的空间经济形态，是全球区域经济格局中重要的驱动力量和备受瞩目的部分。湾区经济内部产业的发展更是在全球经济发展和产业重组的过程中发挥着重要的引领带动作用。经过数十年的发展，美国纽约湾区、旧金山湾区和日本东京湾区都因其强大的综合优势，引领着区域内的经济发展和技术变革，并且在很大程度上影响着区域乃至国际经济的竞争格局。特别是在当前新技术革命方兴未艾、全球贸易保护主义抬头的背景下，湾区未来发展正被赋予更加丰富的时代内涵。

粤港澳大湾区自概念提出以来，引发举世关注。原先的"大珠三角"区域经济合作战略，已上升为深化改革和扩大开放的重大国家战略。如今，粤港澳大湾区已具备了打造国际一流湾区的条件，成为中国经济活力最强、科技创新资源最集中、新兴产业发展最活跃的区域之一。作为中国参与世界经济发展与竞争的重要空间载体，粤港澳大湾区被公认为是继美国纽约湾区、旧金山湾区及日本东京湾区后的世界第四大湾区。

为深入考察上述四大湾区的发展态势及其优劣得失，以为粤港澳大湾区的发展提供参考和借鉴，本书从影响力的角度对四大湾区及其主要城市的发展进行了评估和研究。课题运用定量和定性相结合的方法，试图从多个维度来剖析四大湾区及其主要城市的影响力发展态势，以为粤港澳大湾区的协同发展与影响力提升，提供借鉴与参考。

报告付梓之际，我们对诸多领导、专家给予课题研究的鼎力支持心怀感激。感谢中国社会科学院财经战略研究院院长何德旭研究员、党委书记闫坤研究员对本课题给予的宝贵的支持和指导；感谢中国社会科学院城市与竞争力研究中心主任倪鹏飞研究员从数据、研究方法等方面给予课题研究的大量支持；感谢广东省中山市人大常委会常务副主任、孙中山研究院院长唐颖先生对课题研究的鼎力支持，感谢国家发改委原副秘书长、著名经济学家范恒山教授对课题成果修订给予的宝贵意见和建议！

作为集体努力的成果，本书倾注了课题组同仁大量的热情和心血，衷心感谢各位同仁的信任和付出！按照课题组分工及完成情况，各章执笔人如下：第一章，王方方；第二章，刘彦平；第三章，刘彦平；第四章，刘彦平；第五章，石先进；第六章，李凌燕；第七章，黄浩；第八章，刘彦平、王玉玺；第九章，王明康；第十章，刘彦平、钮康；第十一章，刘彦平、钮康；第十二章，张博文、刘彦平；第十三章，张方波；第十四章，王方方；第十五章，刘彦平；第十六章，李超。全书由主编刘彦平设计研究框架、研究方法和统稿，副主编李超、黄浩、王方方、张方波协助统稿和修订。车良静、王明康、钮康、刘延莉在数据收集、资料整理等方面做了大量辛勤的工作。

感谢中国社会科学出版社的喻苗老师及各位编辑老师，没有他们辛勤、专业的审校和编辑，本书的问世也是不可能的。

本书是课题组围绕四大湾区比较研究的起步，书中一定还存在许多不足之处，诚望各界读者多多批评、不吝赐教！我们将在未来的研究中，进一步发掘数据资源，不断扩宽研究视野、提升成果学术水平，努力为粤港澳大湾区的建设及相关讨论，提供更好的研究参考。

刘彦平
2019 年 1 月 28 日